Fingerpicking.

Der Komplettkurs

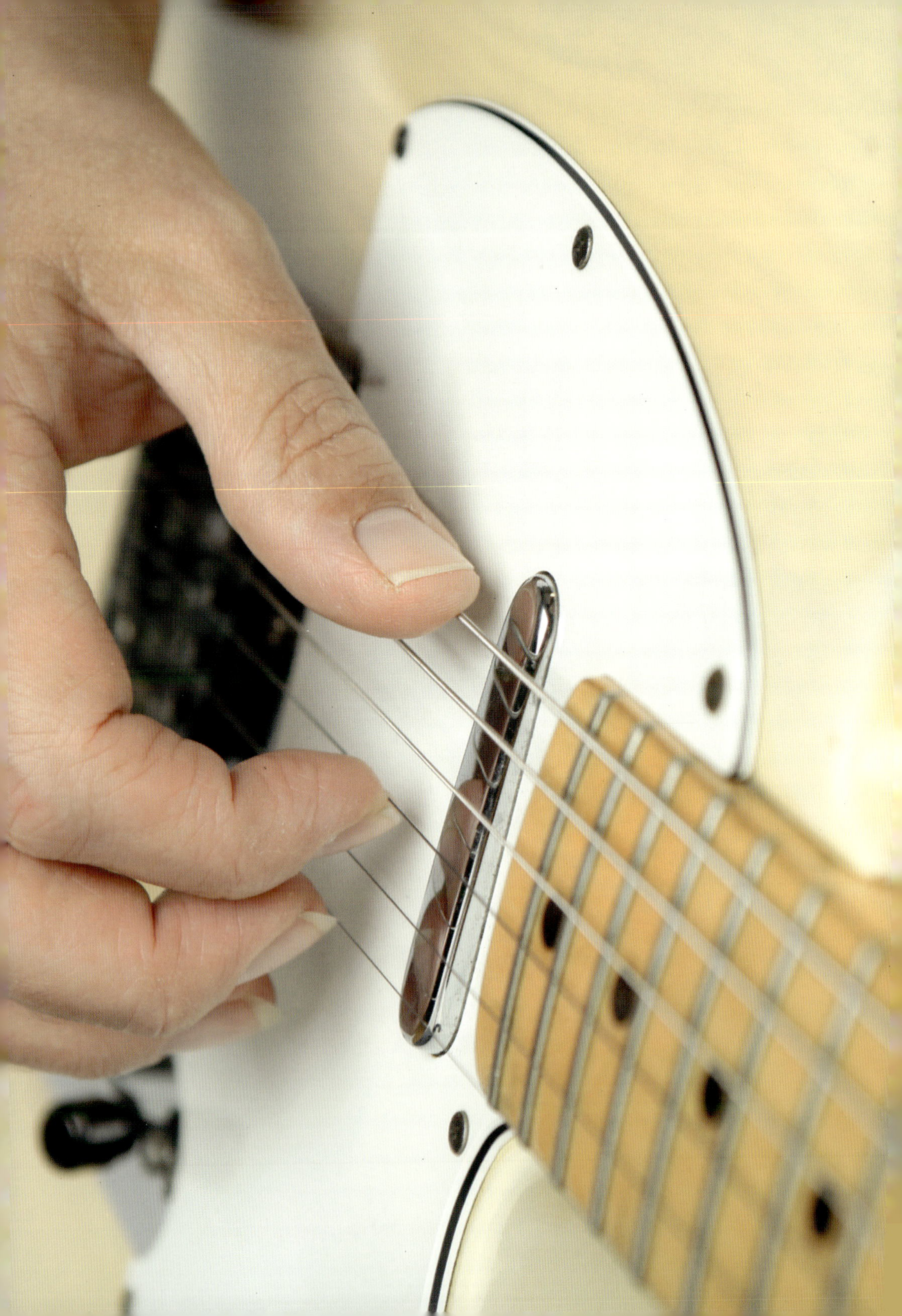

Fingerpicking.

Der Komplettkurs

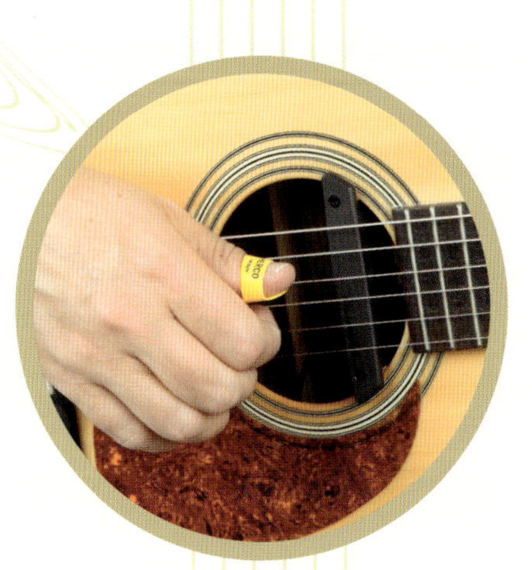

PHIL CAPONE

A QUARTO BOOK

Conceived, designed, and produced by
Quarto Publishing plc
The Old Brewery
6 Blundell Street
London N7 9BH

Project Editor: **Emma Poulter**
Art Editor: **Elizabeth Healey**
Design Assistant: **Saffron Stocker**
Photographer: **Martin Norris**
Copy Editor: **Sally MacEachern**
Proofreader: **Claire Waite Brown**
Indexer: **Dorothy Frame**
Art Director: **Caroline Guest**
Creative Director: **Moira Clinch**
Publisher: **Paul Carslake**

Printed by 1010 Printing International Ltd,China

Deutsche Lizenzausgabe
© 2010 Voggenreiter Verlag OHG
Wittfelder Stich 1, 53343 Wachtberg
www.voggenreiter.de
Tel.: 0228.93 575-0

Auflage 2022

ISBN: 978-3-8024-0858-8

Deutsche Übersetzung: B&O

Inhalt

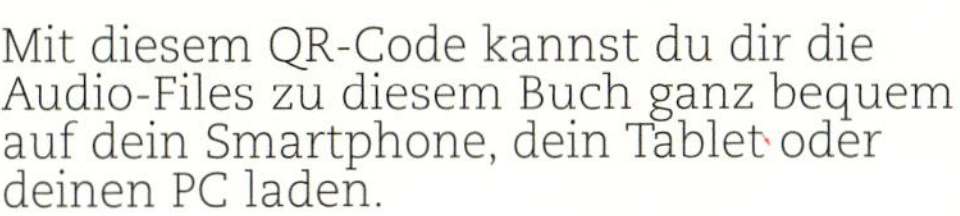

Mit diesem QR-Code kannst du dir die Audio-Files zu diesem Buch ganz bequem auf dein Smartphone, dein Tablet oder deinen PC laden.

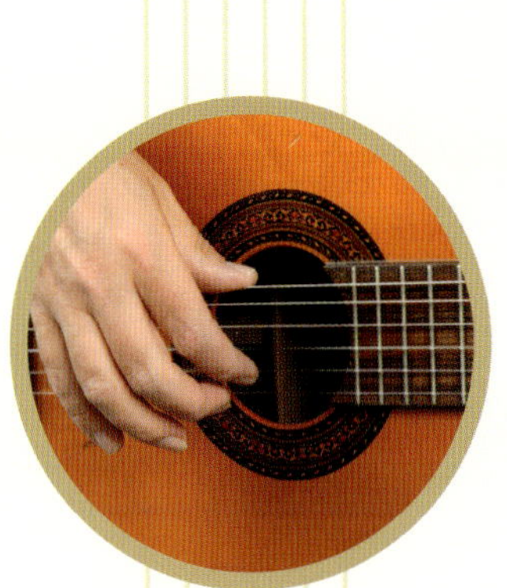

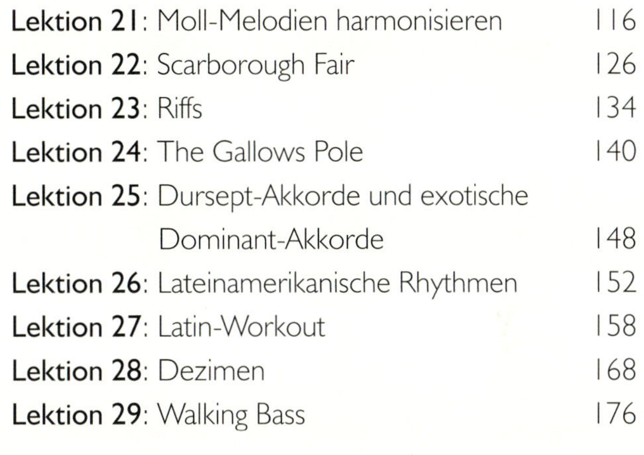

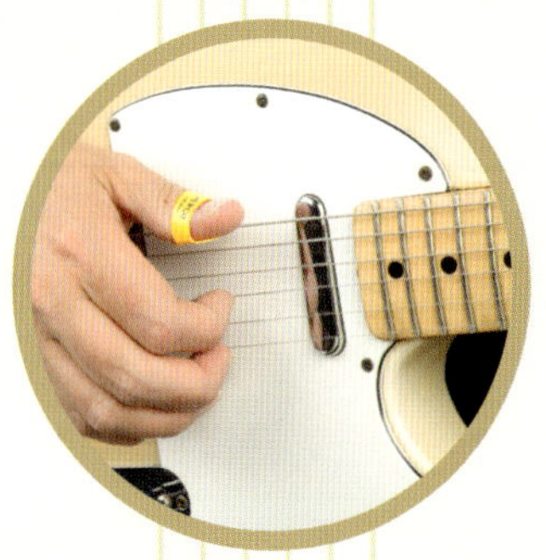

ÜBUNGEN AUF DER CD 

Hinweis: In diesem Buch wird die international gebräuchliche Schreibweise für Tonnamen, Akkorde etc. verwendet. Das deutsche „h" wird als „B" bezeichnet, das deutsche „b" als B♭ (B flat).

Vorwort

Fingerpicking ist nicht gerade die einfachste aller Gitarrentechniken, aber dafür ist es auch viel lohnender, als zum Beispiel einfach nur ein paar Akkorde anzuschlagen. Manche Leute könnten sagen, dass Fingerpicking über die Möglichkeiten des Selbstunterrichts mit Hilfe eines Buches hinausgeht und nur mit einem Lehrer zu erlernen sei; aber dieses Buch ist auch kein normales „Unterrichte dich selbst"-Lehrbuch. Jede Lektion wird mit Text, Fotos und einfacher Notation (sowohl traditionelle Notenschrift als auch Tabulatur) klar dargestellt und genau erklärt. Auf der beiliegenden CD kannst du genau hören, wie jedes Beispiel klingen soll. Kurz gesagt, wenn du das Fingerpicking lernen willst, kannst du das mit diesem Buch – und zwar in deiner eigenen Geschwindigkeit. Außerdem sparst du ein kleines Vermögen für Unterricht!

Diese 29 Lektionen werden dich von den Grundlagen (Stimmen, die richtige Haltung und Spieltechnik usw.) bis zu aufregenden Arrangements traditioneller und neukomponierter Stücke führen. Der erfrischend flotte Schreibstil macht die Lektionen zum Vergnügen, nicht zur lästigen Pflicht; kein langweiliger Monolog, sondern Stücke, die zu spielen Spaß macht! Die Picking-Pattern-Übersicht enthält eine umfangreiche Auswahl von Pattern für jeden Musikstil. Jedes Pattern ist detailiert beschrieben und um Spielhinweise, eine passende Akkordfolge und ein leicht verständliches „Finger- und Saitenfolge"-Diagramm (nur in diesem Buch) ergänzt. Und zum Schluss: Fingerpickers Liebling, der Kapodaster. Auf die Erklärung seiner Vorzüge folgt ein Abschnitt, der dir zeigt, wie du mit einer Handvoll Leersaiten-Akkorde und dem Kapo in jeder Tonart spielen kannst. Eine weitere nützliche und informative Hilfestellung, die du in anderen Fingerpicking-Büchern nicht findest.

Dank seiner kompakten Form kann dieses Buch überall hin mitgenommen werden und mit der Spiralbindung bleibt es aufgeschlagen liegen – das erleichtert das Üben. Nimm also deine Gitarre und los geht's ...

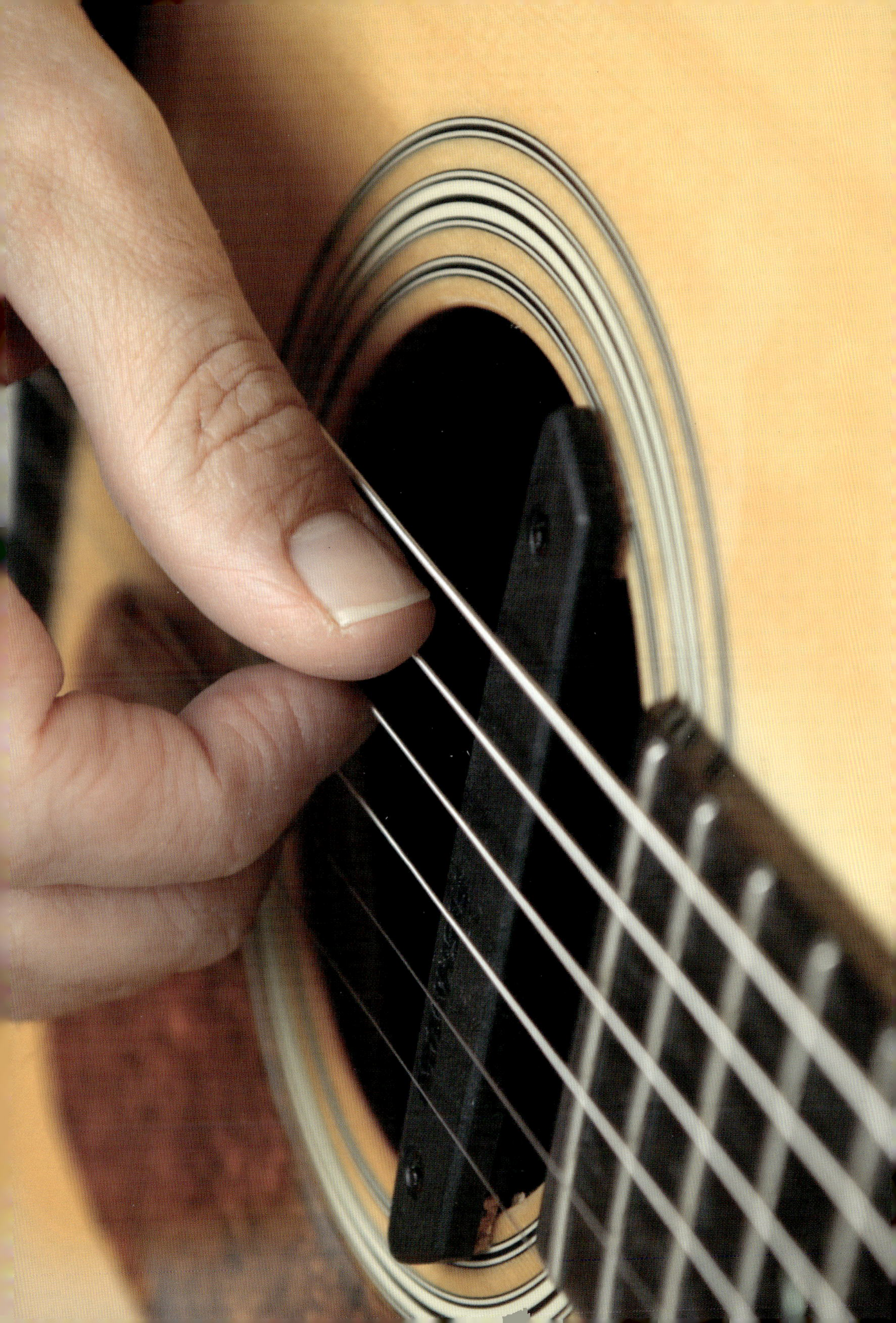

Über dieses Buch

Als idealer Begleiter für Gitarristen setzt dieses Buch grund–legende Kenntnisse voraus, ist aber sowohl auf den Anfänger als auch den fortgeschrittenen Musiker zugeschnitten. Es ist perfekt für alle, die ihre Spieltechnik in vielen Stilen verbessern wollen.

Die Lektionen (Seite 14–181)

In diesem Kapitel lernst du in einer Reihe von Lektionen, wie sich mit Fingerpicking-Techniken die Geheimnisse einiger der kultigsten Sounds des Gitarren-Repertoires erschließen.

Die Lektionen umfassen eine Folge von Übungen, die auf der Begleit-CD aufgenommen sind. So hörst du, was man erreichen kann und hast ein Übungsziel, weil du weißt, wie das Endergebnis klingen soll.

Zu jeder Lektion gibt es spezielle Tipps, die wichtige Spieltechniken oder Denkansätze vorstellen und erklären.

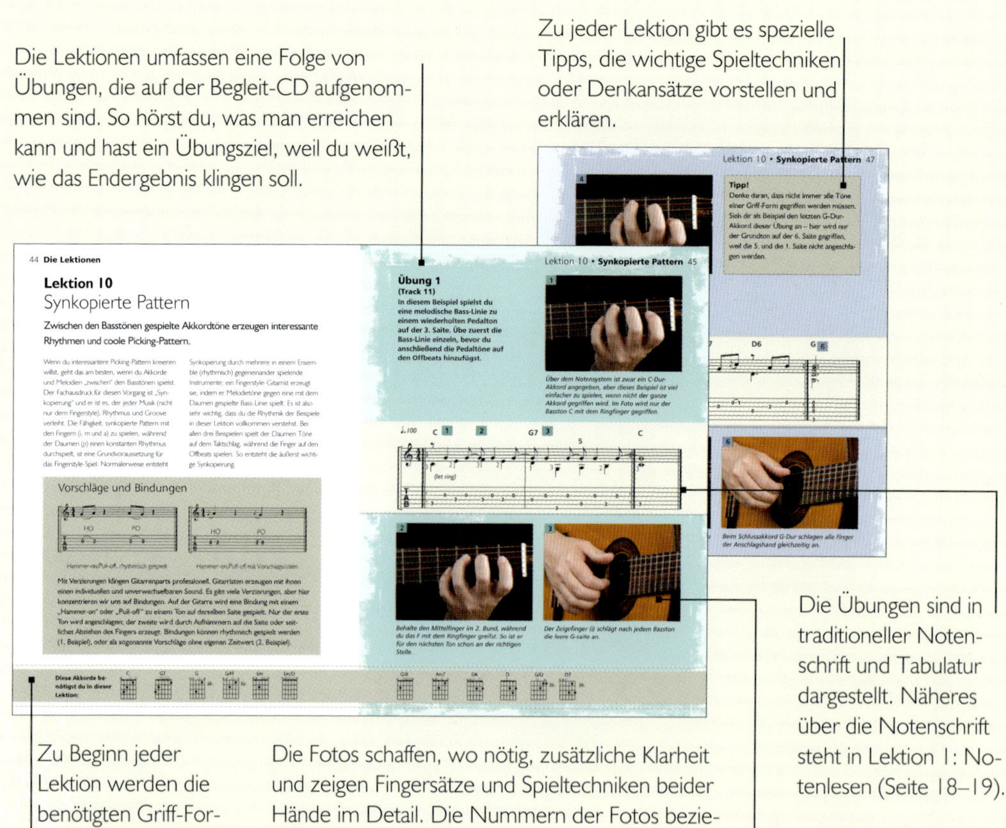

44 **Die Lektionen**

Lektion 10
Synkopierte Pattern

Zwischen den Basstönen gespielte Akkordtöne erzeugen interessante Rhythmen und coole Picking-Pattern.

Wenn du interessantere Picking-Pattern kreieren willst, geht das am besten, wenn du Akkorde und Melodien „zwischen" den Basstönen spielst. Der Fachausdruck für diesen Vorgang ist „Synkopierung" und er ist es, der jeder Musik (nicht nur dem Fingerstyle), Rhythmus und Groove verleiht. Die Fähigkeit, synkopierte Pattern mit den Fingern (i, m und a) zu spielen, während der Daumen (p) einen konstanten Rhythmus durchspielt, ist eine Grundvoraussetzung für das Fingerstyle-Spiel. Normalerweise entsteht Synkopierung durch mehrere in einem Ensemble (rhythmisch) gegeneinander spielende Instrumente; ein Fingerstyle-Gitarrist erzeugt sie, indem er Melodietöne gegen eine mit dem Daumen gespielte Bass-Linie spielt. Es ist also sehr wichtig, dass du die Rhythmik der Beispiele in dieser Lektion vollkommen verstehst. Bei allen drei Beispielen spielt der Daumen Töne auf dem Taktschlag, während die Finger auf den Offbeats spielen. So entsteht die äußerst wichtige Synkopierung.

Vorschläge und Bindungen

Hammer-on/Pull-off, rhythmisch gespielt — Hammer-on/Pull-off mit Vorschlagsnoten

Mit Verzierungen klingen Gitarrenparts professionell. Gitarristen erzeugen mit ihnen einen individuellen und unverwechselbaren Sound. Es gibt viele Verzierungen, aber hier konzentrieren wir uns auf Bindungen. Auf der Gitarre wird eine Bindung mit einem „Hammer-on" oder „Pull-off" zu einem Ton auf derselben Saite gespielt. Nur der erste Ton wird angeschlagen; der zweite wird durch Aufhämmern auf die Saite oder seitliches Abziehen des Fingers erzeugt. Bindungen können rhythmisch gespielt werden (1. Beispiel), oder als sogenannte Vorschläge ohne eigenen Zeitwert (2. Beispiel).

Diese Akkorde benötigst du in dieser Lektion:

Lektion 10 • **Synkopierte Pattern** 45

Übung 1
(Track 11)
In diesem Beispiel spielst du eine melodische Bass-Linie zu einem wiederholten Pedalton auf der 3. Saite. Übe zuerst die Bass-Linie einzeln, bevor du anschließend die Pedaltöne auf den Offbeats hinzufügst.

Über dem Notensystem ist zwar ein C-Dur-Akkord angegeben, aber dieses Beispiel ist viel einfacher zu spielen, wenn nicht der ganze Akkord gegriffen wird. Im Foto wird nur der Basston C mit dem Ringfinger gegriffen.

Behalte den Mittelfinger im 2. Bund, während du das F mit dem Ringfinger greifst. So ist er für den nächsten Ton schon an der richtigen Stelle.

Der Zeigefinger (i) schlägt nach jedem Basston die leere G-saite an.

Lektion 10 • **Synkopierte Pattern** 47

Tipp!
Denke daran, dass nicht immer alle Töne einer Griff-Form gegriffen werden müssen. Sieh dir als Beispiel den letzten G-Dur-Akkord dieser Übung an – hier wird nur der Grundton auf der 6. Saite gegriffen, weil die 5. und die 1. Saite nicht angeschlagen werden.

Beim Schlussakkord G-Dur schlagen alle Finger der Anschlagshand gleichzeitig an.

Die Übungen sind in traditioneller Notenschrift und Tabulatur dargestellt. Näheres über die Notenschrift steht in Lektion 1: Notenlesen (Seite 18–19).

Zu Beginn jeder Lektion werden die benötigten Griff-Formen als Diagramm dargestellt.

Die Fotos schaffen, wo nötig, zusätzliche Klarheit und zeigen Fingersätze und Spieltechniken beider Hände im Detail. Die Nummern der Fotos beziehen sich auf die Notation.

Picking-Pattern-Übersicht (Seite 182–229)

Hier findest du eine fantastische Sammlung von Picking-Pattern, mit deren Hilfe du sofort eine Begleitung erstellen kannst.

Die Akkorde für die erste Hälfte des Pattern sind zur Hilfestellung fotografiert; danach sind die Akkorde nur noch als Diagramme dargestellt.

Kurze Beschreibung von Vorzügen, technischen Anforderungen und möglichen Verwendungen des Pattern.

Dreifache Notation jedes Patterns: traditionelle Notenschrift, Tabulatur und – einzigartig in diesem Buch – ein leicht zu lesendes „Finger- und Saitenfolge"-Diagramm. Die Finger der rechten Hand tragen die traditionellen spanischen Abkürzungen p, i, m, a (vgl. Seite 23).

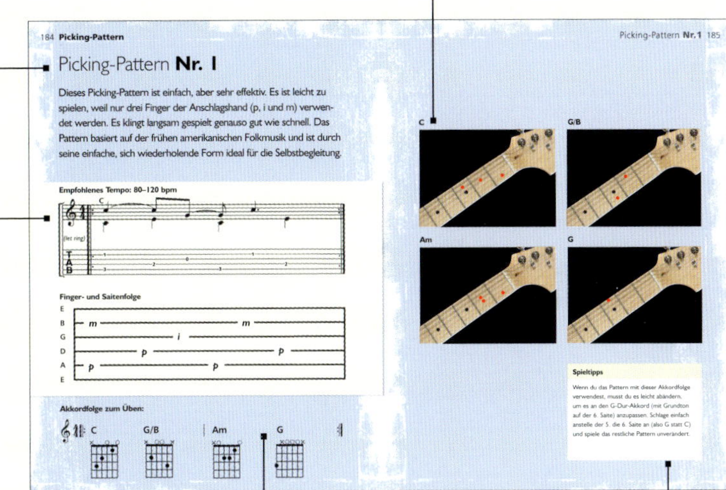

184 **Picking-Pattern**

Picking-Pattern **Nr. 1** 185

Picking-Pattern **Nr. I**

Dieses Picking-Pattern ist einfach, aber sehr effektiv. Es ist leicht zu spielen, weil nur drei Finger der Anschlagshand (p, i und m) verwendet werden. Es klingt langsam gespielt genauso gut wie schnell. Das Pattern basiert auf der frühen amerikanischen Folkmusik und ist durch seine einfache, sich wiederholende Form ideal für die Selbstbegleitung.

Empfohlenes Tempo: 80–120 bpm

Finger- und Saitenfolge

Akkordfolge zum Üben:

Spieltipps

Wenn du das Pattern mit dieser Akkordfolge verwendest, musst du es leicht abändern, um es an den G-Dur-Akkord (mit Grundton auf der 6. Saite) anzupassen. Schlage einfach anstelle der 5. die 6. Saite an (also G statt C) und spiele das restliche Pattern unverändert.

Zum Ausprobieren empfohlene Akkordfolge zu diesem Pattern.

Spielhinweise – nützliche Tipps und Hilfestellungen – ermöglichen dir, aus diesen Pattern das Meiste herauszuholen.

Der Kapodaster (Seite 230–249)

Diese nützliche Verzeichnis unterstützt dich beim Suchen der Kapo-Position und der Grundakkorde für eine bestimmte Tonart.

Die Kapo-Position und die entsprechenden Leersaiten-Akkorde sind als Diagramme dargestellt.

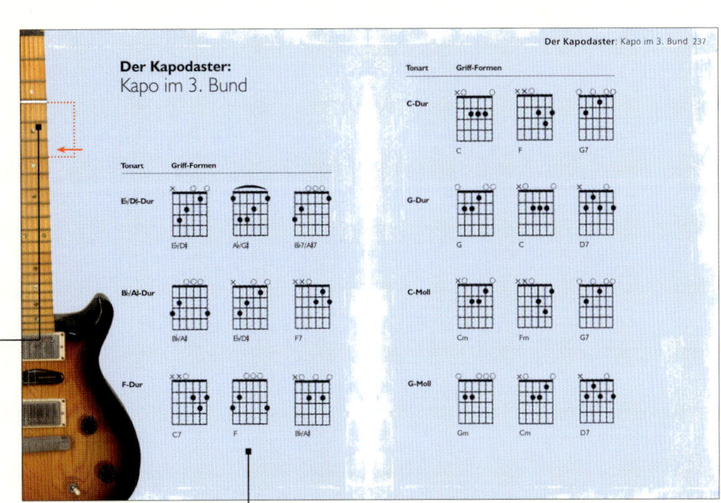

Der Kapodaster: Kapo im 3. Bund 237

Der Kapodaster:
Kapo im 3. Bund

Tonart	Griff-Formen		
E♭/D♯-Dur	E♭/D♯	A♭/G♯	B♭7/A♯7
B♭/A♯-Dur	B♭/A♯	E♭/D♯	F7
F-Dur	C7	F	B♭/A♯

Tonart	Griff-Formen		
C-Dur	C	F	G7
G-Dur	G	C	D7
C-Moll	Cm	Fm	G7
G-Moll	Gm	Cm	D7

Die Akkorde mit dem Kapodaster in jedem Bund.

Das Griffbrett

Die Töne auf dem Griffbrett zu finden ist nicht einfach, sogar erfahrene Musiker sind dabei manchmal etwas unsicher, wenn sie „nach dem Gehör" gelernt haben. Mit diesem einfachen Diagramm kannst du jeden Ton leicht und schnell finden. Ab dem 12. Bund wiederholen sich alle Töne eine Oktave höher.

1. Bund
6 – F
5 – A♯/B♭
4 – D♯/E♭
3 – G♯/A♭
2 – C
1 – F

2. Bund
6 – F♯/G♭
5 – B
4 – E
3 – A
2 – C♯
1 – F♯/G♭

3. Bund
6 – G
5 – C
4 – F
3 – A♯/B♭
2 – D
1 – G

4. Bund
6 – G♯/A♭
5 – C♯/D♭
4 – F♯/G♭
3 – B
2 – D♯/E♭
1 – G♯/A♭

WIEDERHOLUNG AUF DEM GRIFFBRETT
Der 12. Bund entspricht der Leersaite; ab diesem Bund wiederholen sich alle Töne. Die Töne im 13. Bund sind dieselben wie im 1. Bund, aber eine Oktave höher.

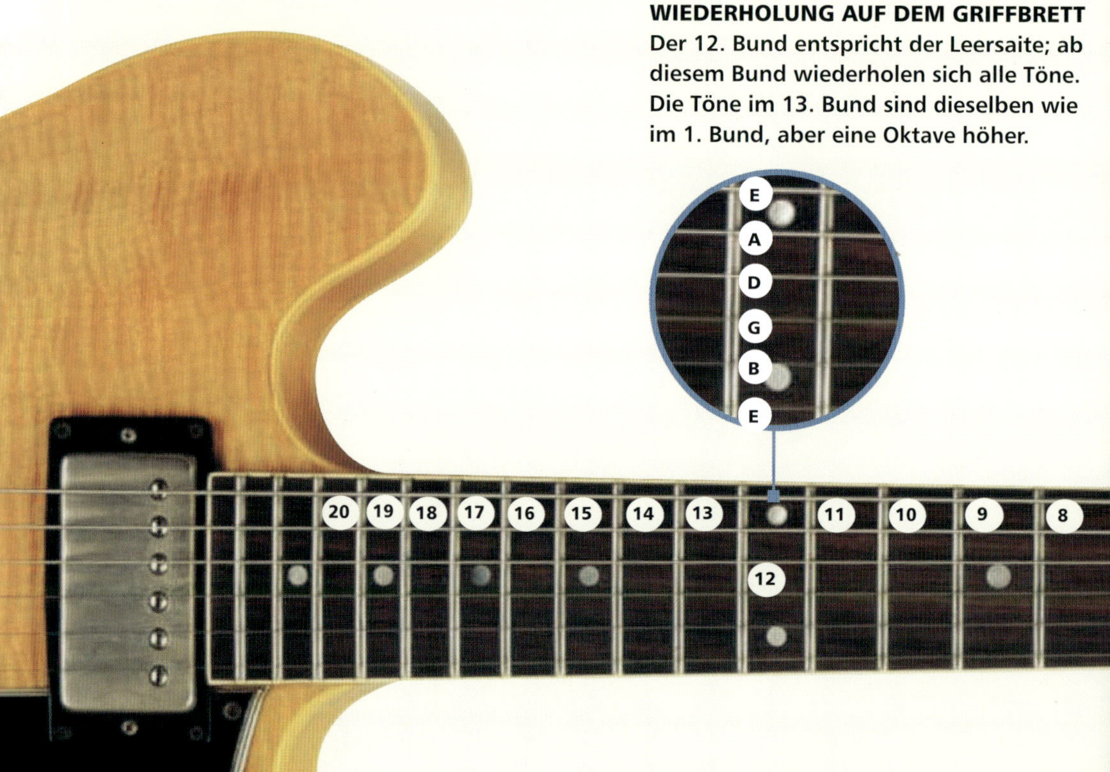

5. Bund
6 – A
5 – D
4 – G
3 – C
2 – E
1 – A

6. Bund
6 – A♯/B♭
5 – D♯/E♭
4 – G♯/A♭
3 – C♯/D♭
2 – F
1 – A♯/B♭

7. Bund
6 – B
5 – E
4 – A
3 – D
2 – F♯
1 – B

8. Bund
6 – C
5 – F
4 – A♯/B♭
3 – D♯/E♭
2 – G
1 – C

9. Bund
6 – C♯/D♭
5 – F♯/G♭
4 – B
3 – E
2 – G♯/A♭
1 – C♯/D♭

10. Bund
6 – D
5 – G
4 – C
3 – F
2 – A
1 – D

11. Bund
6 – D♯/E♭
5 – G♯/A♭
4 – C♯/D♭
3 – F♯/G♭
2 – A♯/B♭
1 – D♯/E♭

12. Bund
6 – E
5 – A
4 – D
3 – G
2 – B
1 – E

LEERSAITEN UND BARRÉ-AKKORDE
Eine nicht gegriffene Saite (Leersaite) wird in den Akkord-Diagrammen mit „O" bezeichnet. Saiten, die nicht klingen dürfen, tragen die Bezeichnung „X". Zwei mit einem Bogen verbundene Töne bezeichnen ein Barré (ein Finger liegt quer über mehreren oder allen Saiten).

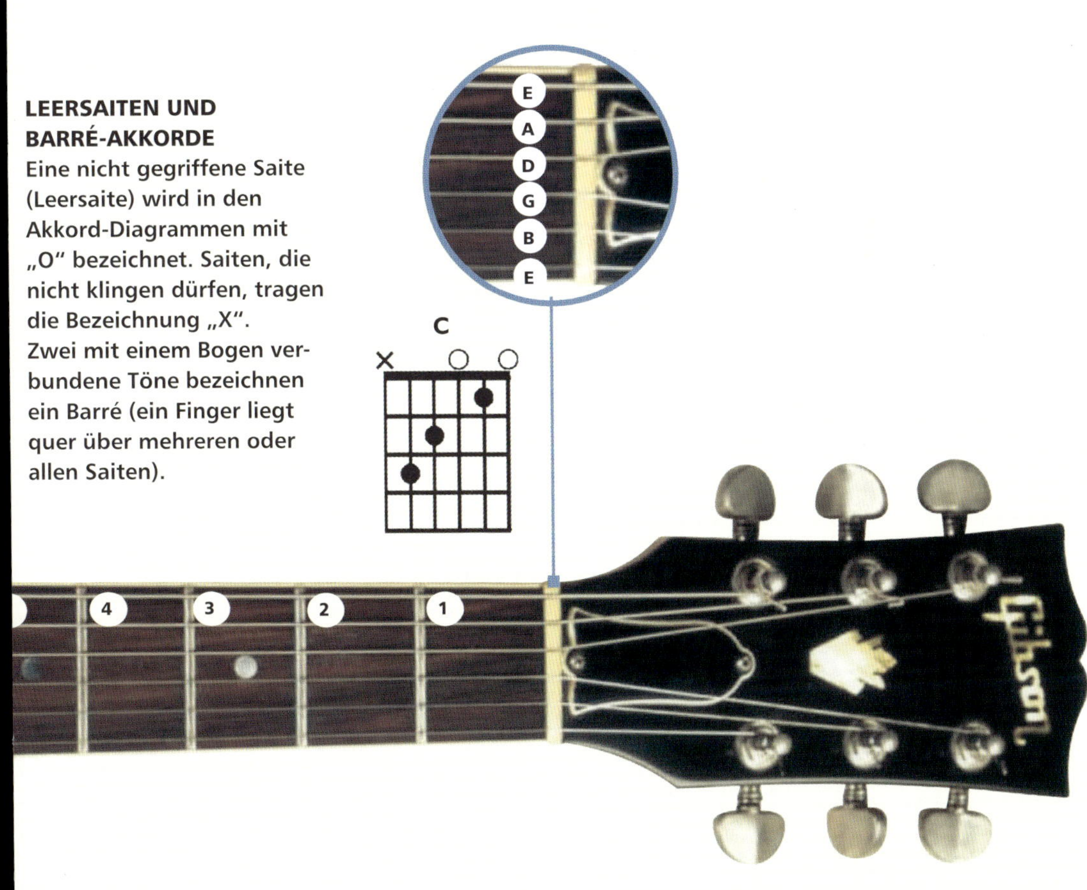

Hinweise für Linkshänder

Der aufstrebende linkshändige Gitarrist sieht sich einem Dilemma gegenüber: ein linkshändiges Instrument kaufen oder einfach rechthändig spielen und damit eine größere Auswahl (mit häufig niedrigeren Preisen) haben?

Links gegen Rechts

Normalerweise wird für den Anschlag die rechte Hand verwendet. Das kann für Linkshänder ein Problem sein. Manche spielen deshalb einfach eine Rechtshänder-Gitarre. Es gibt schließlich auch kein Linkshänder-Klavier. Probiere Linkshänder und Rechtshänder-Gitarren im Musikgeschäft aus, bevor du dich entscheidest. Du musst dafür nicht spielen können, setze dich einfach mit dem Instrument hin und schlag ein paar Leersaiten an. Wenn sich dabei eine Linkshänder-Gitarre besser anfühlt, dann folge deinem Gefühl. Es gibt viele berühmte linkshändige Gitarristen (z.B. Sir Paul McCartney) du wirst also mit deiner Linkshänder-Gitarre nicht allein sein. Alle größeren Hersteller bieten Linkshänder-Gitarren in jeder Preisklasse an.

Rechtshänder-Gitarren anpassen

Alternativ kannst du eine Rechtshänder-Gitarre kaufen, sie umdrehen und neu besaiten. Das kann allerdings Probleme beim Stimmen und der Intonation verursachen und das Spielen im Sitzen erschweren. Der Cutaway einer E-Gitarre ist dann auf der falschen Seite und die hohen Töne schwer erreichbar. Auf lange Sicht ist es einfacher, eine Linkshänder-Gitarre anzuschaffen: alle wichtigen Komponenten (Steg, Sattel, Korpus und Hals) sind umgedreht, damit das Instrument einfach zu stimmen und leicht zu spielen ist. Es gibt dafür allerdings keine einfachen Regeln. Manche Musiker lernen sogar auf einer umgedrehten Rechtshänder-Gitarre ohne Neubesaitung! Mit der hohen E-Saite als „unterster" Saite ist dann wirklich alles umgedreht!

Paul McCartney spielt sowohl „echte" Linkshänder-Instrumente, als auch (wie im Bild) ein für Linkshänder angepasstes Rechtshänder-Modell.

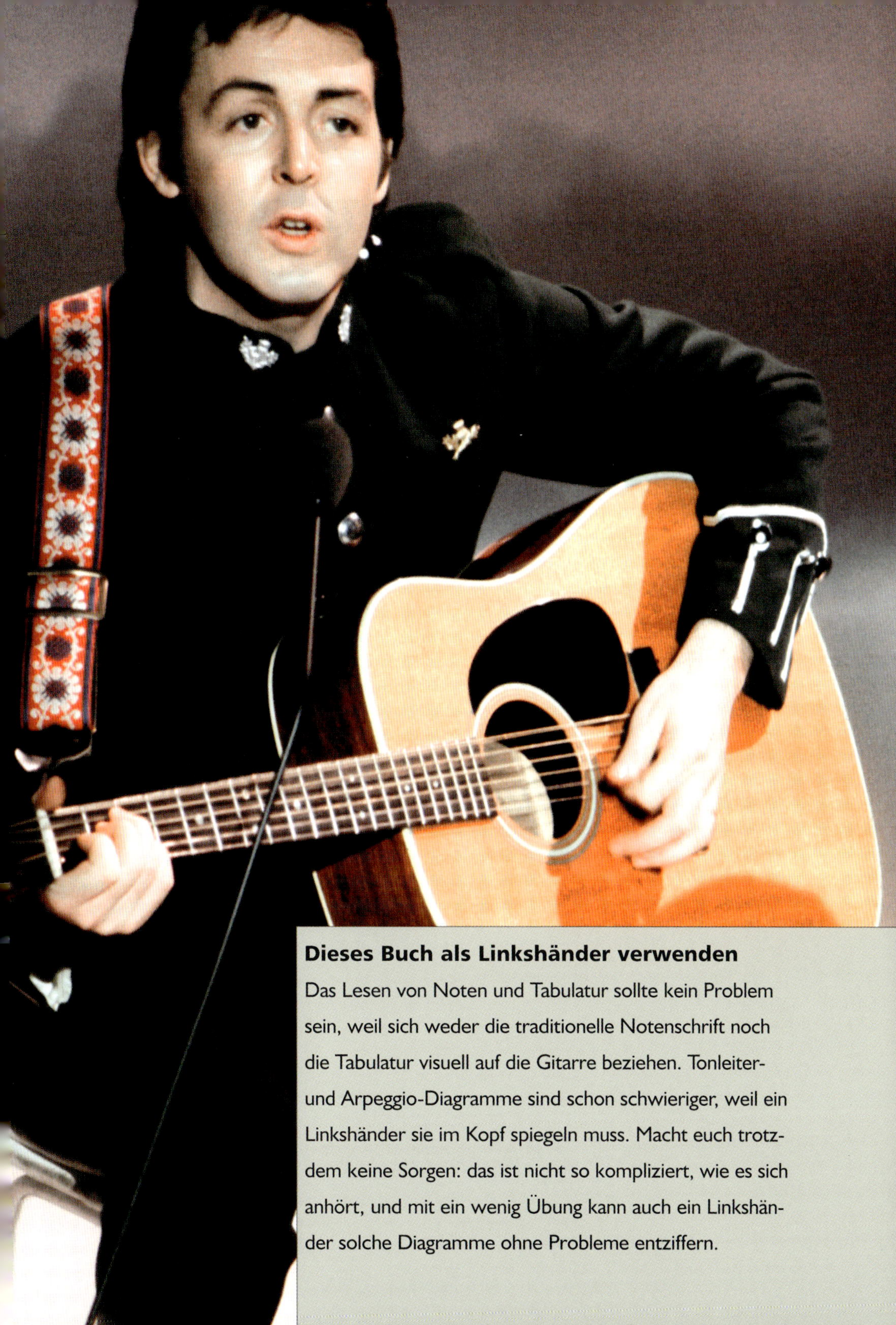

Dieses Buch als Linkshänder verwenden

Das Lesen von Noten und Tabulatur sollte kein Problem sein, weil sich weder die traditionelle Notenschrift noch die Tabulatur visuell auf die Gitarre beziehen. Tonleiter- und Arpeggio-Diagramme sind schon schwieriger, weil ein Linkshänder sie im Kopf spiegeln muss. Macht euch trotzdem keine Sorgen: das ist nicht so kompliziert, wie es sich anhört, und mit ein wenig Übung kann auch ein Linkshänder solche Diagramme ohne Probleme entziffern.

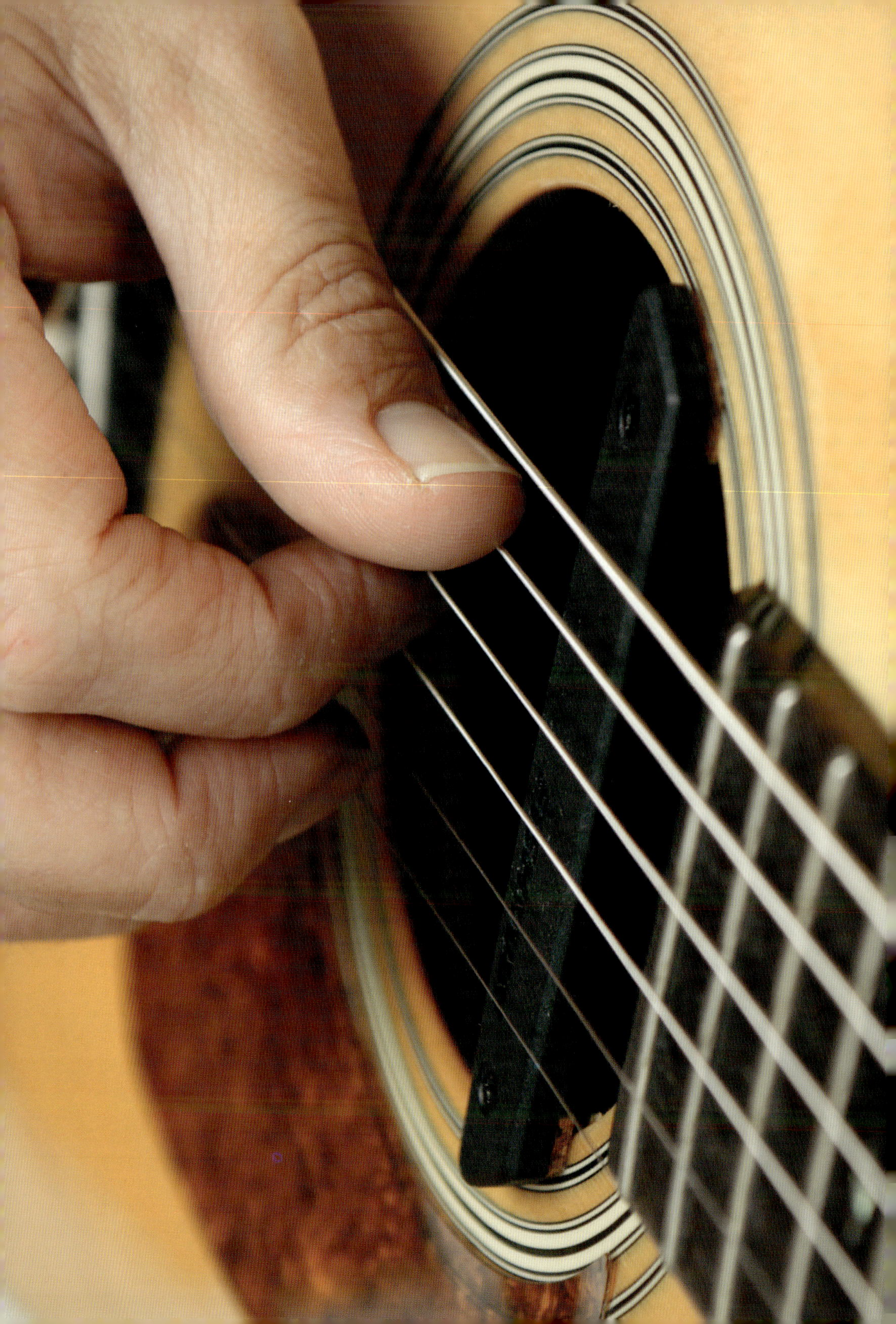

Kapitel 1

DIE LEKTIONEN

In diesem Kapitel erwirbst du in einer Reihe von Übungen alle Fähigkeiten, die ein kompetenter Fingerstyle-Gitarrist haben sollte. Die Lektionen sind fortschreitend schwerer und wurden entwickelt, um deine Spieltechnik beim Spielen langsam zu verbessern. Widerstehe der Versuchung, einzelne Kapitel zu überschlagen; die besten Resultate erzielst du, indem du die Lektionen der Reihe nach durcharbeitest. Jede einzelne Übung und jedes Arrangement wurde extra dafür entwickelt, den Lernprozess möglichst spannend und unterhaltsam zu gestalten; hier findest du keine langweiligen Tonleitern und Arpeggien!

Um den größten Nutzen aus diesem Buch zu ziehen, solltest du möglichst oft die bereits erarbeiteten Lektionen wiederholen, am besten zu Beginn jeder Übungsstunde. Das festigt nicht nur deine Kenntnisse, sondern erhöht auch dein Selbstvertrauen; und schon bald wirst du deine Freunde mit deinem neuentdeckten musikalischen Talent begeistern!

Lektion I
Notenlesen

Auch wenn du bereits Tabulatur lesen kannst, wirst du mit dieser Einleitung größeren Nutzen aus jeder Lektion ziehen.

Alle Beispiele in diesem Buch sind mit einer Kombination aus konventioneller Notation (von Musikern auch „Fliegendreck" genannt) und TAB (die Abkürzung von „Tabulatur") notiert. Das ist der heute übliche Standard für Gitarrennoten. Er wird überall verwendet; in den Songbooks deiner Lieblingsbands genauso wie in den Transkriptionen der führenden Gitarrenmagazine.

Du musst kein flüssiger Notenleser sein, um das Meiste von diesem Buch zu haben, allerdings ist die konventionelle Notation in zwei grundlegenden Bereichen sehr nützlich: bei der Notation von Rhythmen und für die Unterscheidung zwischen Melodie und Bass-Stimme bei Fingerstyle-Arrangements (also die mit den Fingern gespielten Töne gegenüber den mit dem Daumen gespielten Tönen – darüber später mehr).

Beispiel 1

Das traditionelle Notensystem mit fünf Linien ist nicht Gitarren-spezifisch, sondern wird für jedes im Violinschlüssel notierte Instrument verwendet. (Manche Instrumente werden mit anderen Schlüsseln und deshalb anderem Tonumfang notiert). Jeder Linie und jedem Zwischenraum wird ein Ton zugeordnet.

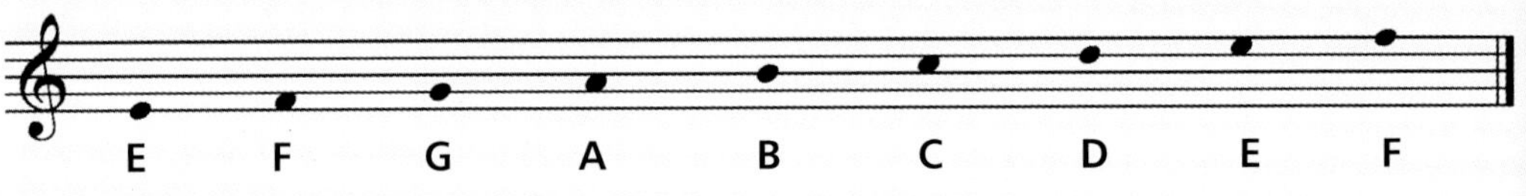

Beispiel 2

Die sechs Linien der Tabulatur entsprechen den Saiten der Gitarre; die unterste Linie entspricht dabei der tiefen E-Saite. Die Zahl auf der Linie gibt den Bund an, in dem die betreffende Saite gegriffen werden soll (0 = Leersaite) – das ist einfach!

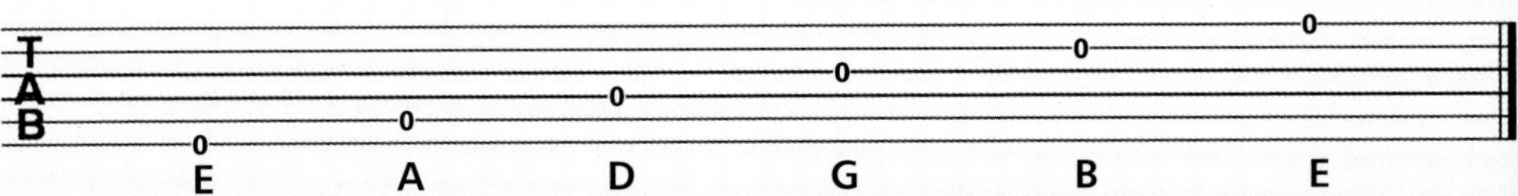

Beispiel 3

Hier wurde die Tabulaturzeile um eine konventionelle Notenzeile ergänzt. Du kannst sehen, wie einfach die Töne von Beispiel 1 zu finden sind, wenn zusätzlich zur Notenzeile eine Tabulaturzeile notiert ist.

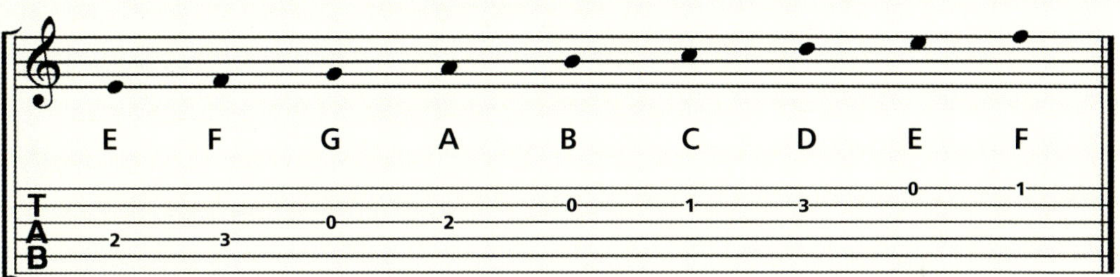

Beispiel 4

Mit konventioneller Notation kann man sowohl die Tondauer (den Rhythmus) als auch die Tonhöhe angeben. Mit etwas Übung wirst du schon bald verschiedene Rhythmen lesen können.

Ganze Note =4 Schläge | Halbe Note =2 Schläge | Viertelnote =1 Schlag | Achtelnote =1/2 Schlag | 16tel-Note =1/4 Schlag

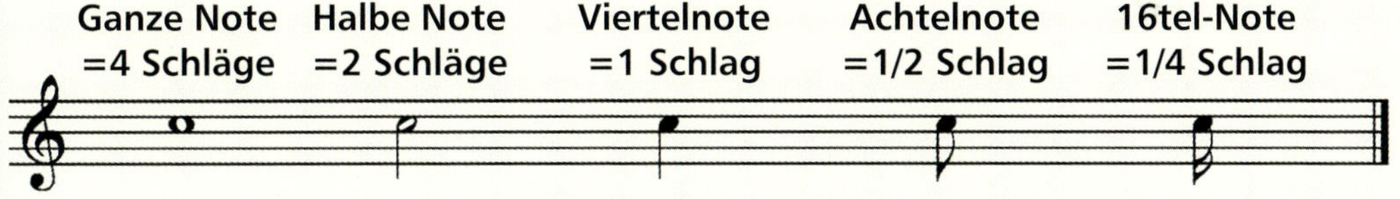

Beispiel 5

Für jeden Notenwert in Beispiel 4 gibt es eine entsprechende Pause. Denke immer daran: wichtig ist nicht, was du spielst, sondern, was du nicht spielst!

Ganze Pause =4 Schläge | Halbe Pause =2 Schläge | Viertelpause =1 Schlag | Achtelpause =1/2 Schlag | 16tel-Pause =1/4 Schlag

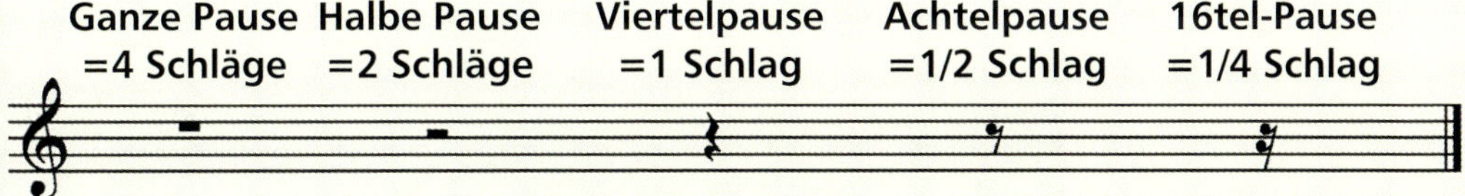

Lektion 2
So hältst du die Gitarre

Ob im Sitzen oder Stehen: die Zeit zum Erlernen der richtigen Haltung ist gut investiert.

Eine schlechte Haltung kann Muskelprobleme verursachen und macht außerdem das Üben zur Qual, weil du nicht entspannt bist. Beim Üben ist es sehr wichtig, sich wohlzufühlen; es sollte eine angenehme Erfahrung sein, wenn die Musik dich in andere Welten mitnimmt. Üben kann genauso befriedigend sein wie Meditation, allerdings nur, wenn du nicht aufgrund schlechter Haltung unter Schmerzen leidest. Die meisten Gitarriste üben im Sitzen, ganz einfach weil das über längere Zeiträume bequemer ist. Einige E-Gitarristen spielen auch im Sitzen mit Gitarrengurt, weil es das Instrument nach oben bringt und sein Gewicht besser verteilt (eine Solidbody kann ganz schön schwer sein). Das ist für Akustikgitarristen wohl kein Thema, aber vielleicht möchtest du es einfach einmal ausprobieren. Wenn es sich gut anfühlt, tu es!

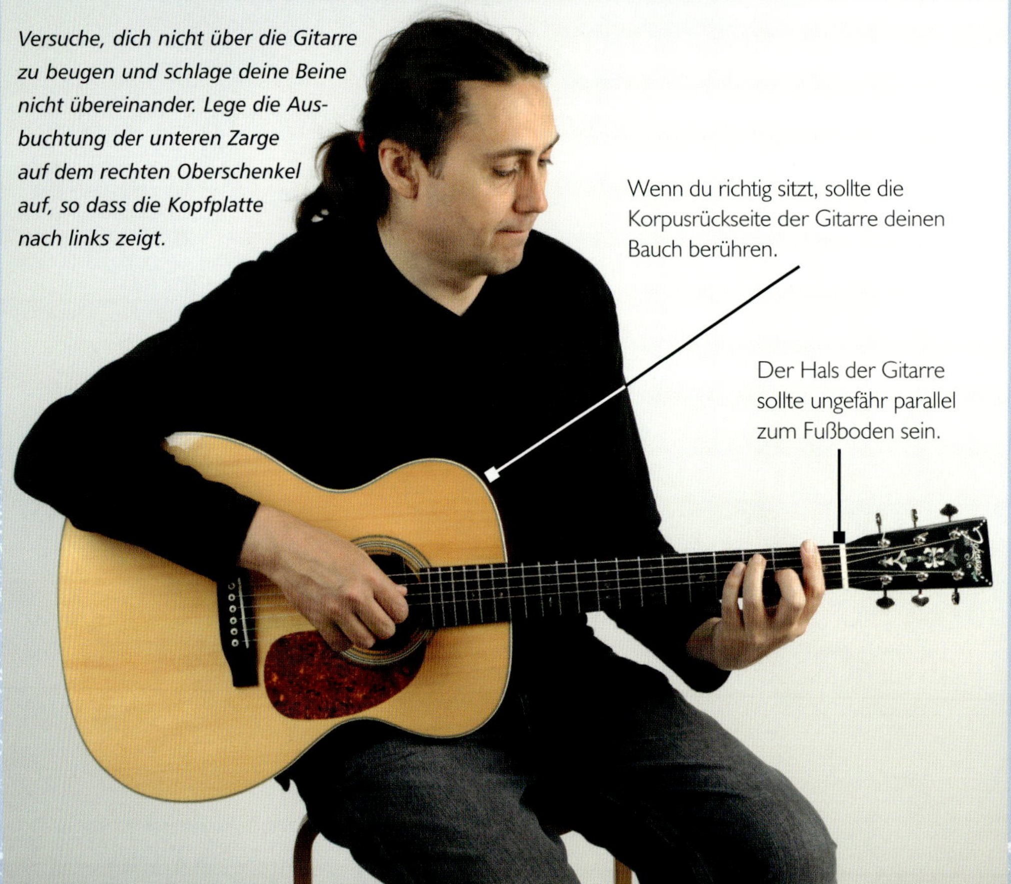

Versuche, dich nicht über die Gitarre zu beugen und schlage deine Beine nicht übereinander. Lege die Ausbuchtung der unteren Zarge auf dem rechten Oberschenkel auf, so dass die Kopfplatte nach links zeigt.

Wenn du richtig sitzt, sollte die Korpusrückseite der Gitarre deinen Bauch berühren.

Der Hals der Gitarre sollte ungefähr parallel zum Fußboden sein.

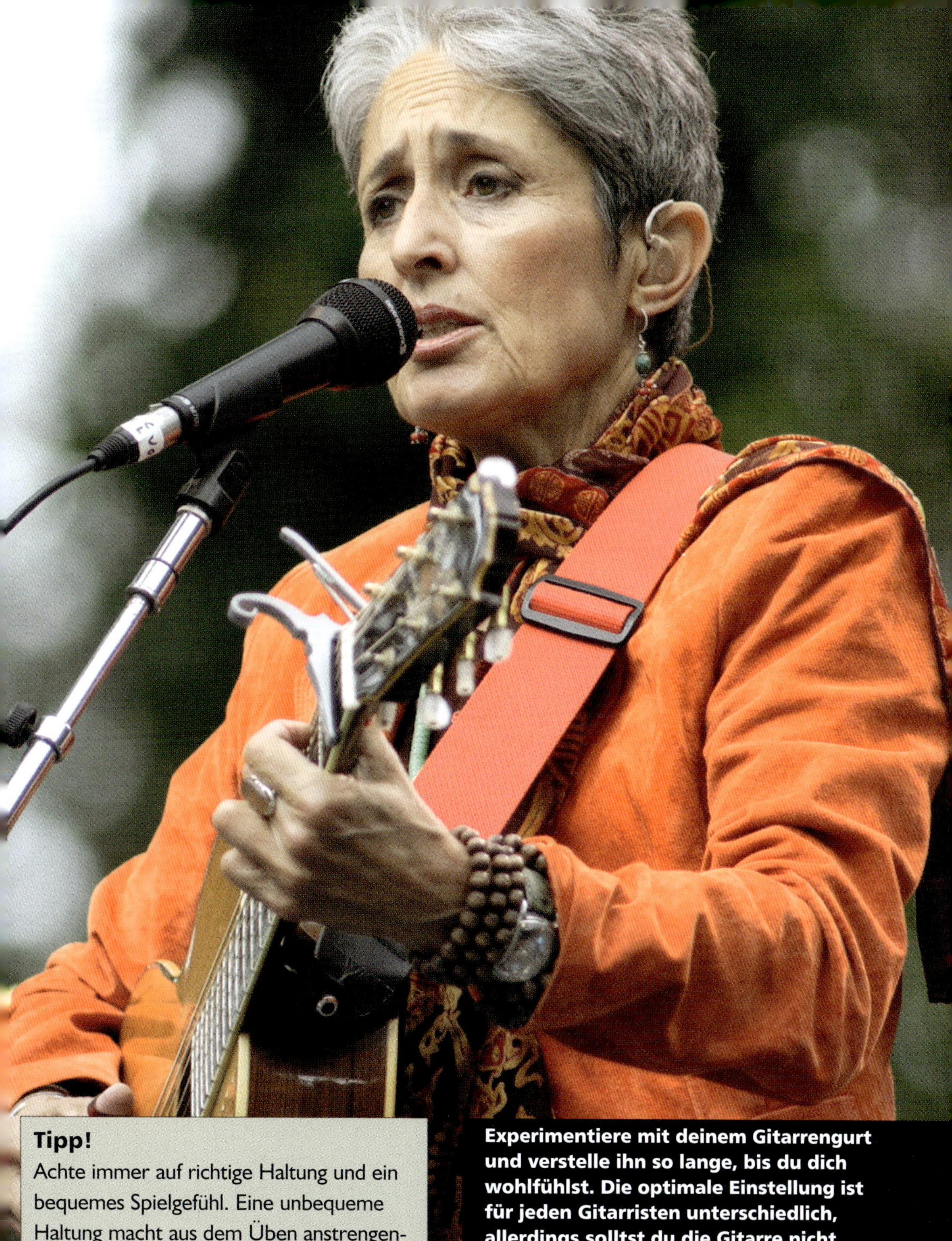

Tipp!

Achte immer auf richtige Haltung und ein bequemes Spielgefühl. Eine unbequeme Haltung macht aus dem Üben anstrengende Arbeit, was bedeutet, du wirst weniger Zeit mit deinem Instrument verbringen.

Experimentiere mit deinem Gitarrengurt und verstelle ihn so lange, bis du dich wohlfühlst. Die optimale Einstellung ist für jeden Gitarristen unterschiedlich, allerdings solltst du die Gitarre nicht zu tief tragen – das sieht vielleicht cool aus, ist aber gar nicht gut für deine Greifhand. Hier siehst du Joan Baez beim Fingerpicking mit einem für Tragekomfort optimierten Gitarrengurt.

Lektion 3
Das Stimmen

Eine verstimmte Gitarre klingt einfach schlecht, deshalb solltest du unbedingt lernen, wie man richtig stimmt.

Viele Gitarristen halten Stimmen für eine gelegentlich nötige lästige Pflicht – falsch! Gitarrensaiten stehen unter hoher Spannung und selbst eine Qualitätsgitarre bleibt nicht lange gestimmt. Gewöhne dir an, die Stimmung immer zu prüfen, wenn du die Gitarre in die Hand nimmst.

Stimmen nach dem Gehör

Diese Methode heißt „relative Stimmung", weil die Gitarre nur in sich selbst gestimmt wird, nicht auf eine absolute Tonhöhe (wie bei Konzertstimmung). Mit Hilfe der Tabulatur unten kannst du die Saitenpaare überprüfen. Jedes Saitenpaar soll den über der Tabulatur angegebenen Ton erzeugen, schlage also die beiden Saiten zusammen an. Wenn die Tonhöhe beider Saiten fast gleich ist, hört man einen pulsierenden oder „schlagenden" Ton. Dieses Pulsieren wird langsamer, je näher die beiden Tonhöhen einander sind und verschwindet, wenn beide Saiten gleich gestimmt sind.

Stimmen mit dem Stimmgerät

Mit einem elektronischen Stimmgerät kannst du in Konzertstimmung stimmen. Das ist nicht nur für das Spiel mit anderen Musikern wichtig, sondern auch für die richtige Saitenspannung. Die falsche Saitenspannung kann den Hals deiner Gitarre beschädigen. E-Gitarren (oder Akustikgitarren mit Tonabnehmer) kann man direkt am Stimmgerät anschließen. Die meisten Stimmgeräte haben zusätzlich ein eingebautes Mikrofon für akustische Instrumente. Einige werden auf die Kopfplatte geklemmt und erfassen so die Saitenschwingung. Das Stimmgerät zeigt an, ob die Saite zu hoch, zu tief oder richtig gestimmt ist, du musst also nur noch den dazugehörigen Stimmwirbel drehen. Wenn deine Gitarre sehr verstimmt ist, kann das Stimmgerät die Tonhöhe der Saite eventuell nicht erkennen. Sollte das passieren, bitte deinen Musikalienhändler (oder einen gitarrespielenden Freund) um Hilfe.

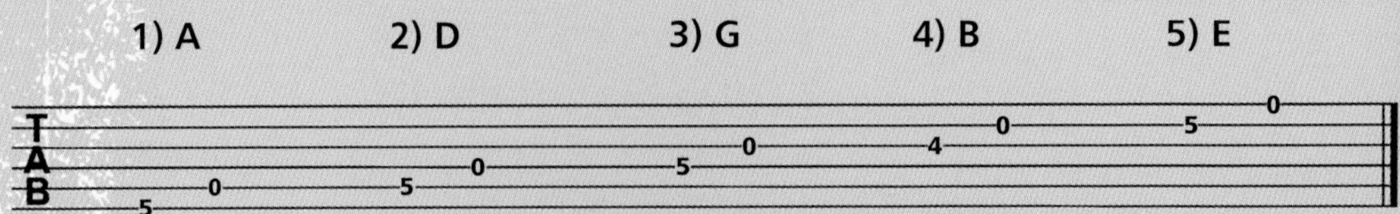

Tipp!

Wenn du ein elektronisches Stimmgerät verwendest, stelle den Lautstärkeregler der Gitarre auf volle Lautstärke. Wenn du das eingebaute Mikrofon verwendest, lege das Stimmgerät möglichst nah am Schall-Loch auf dein Bein.

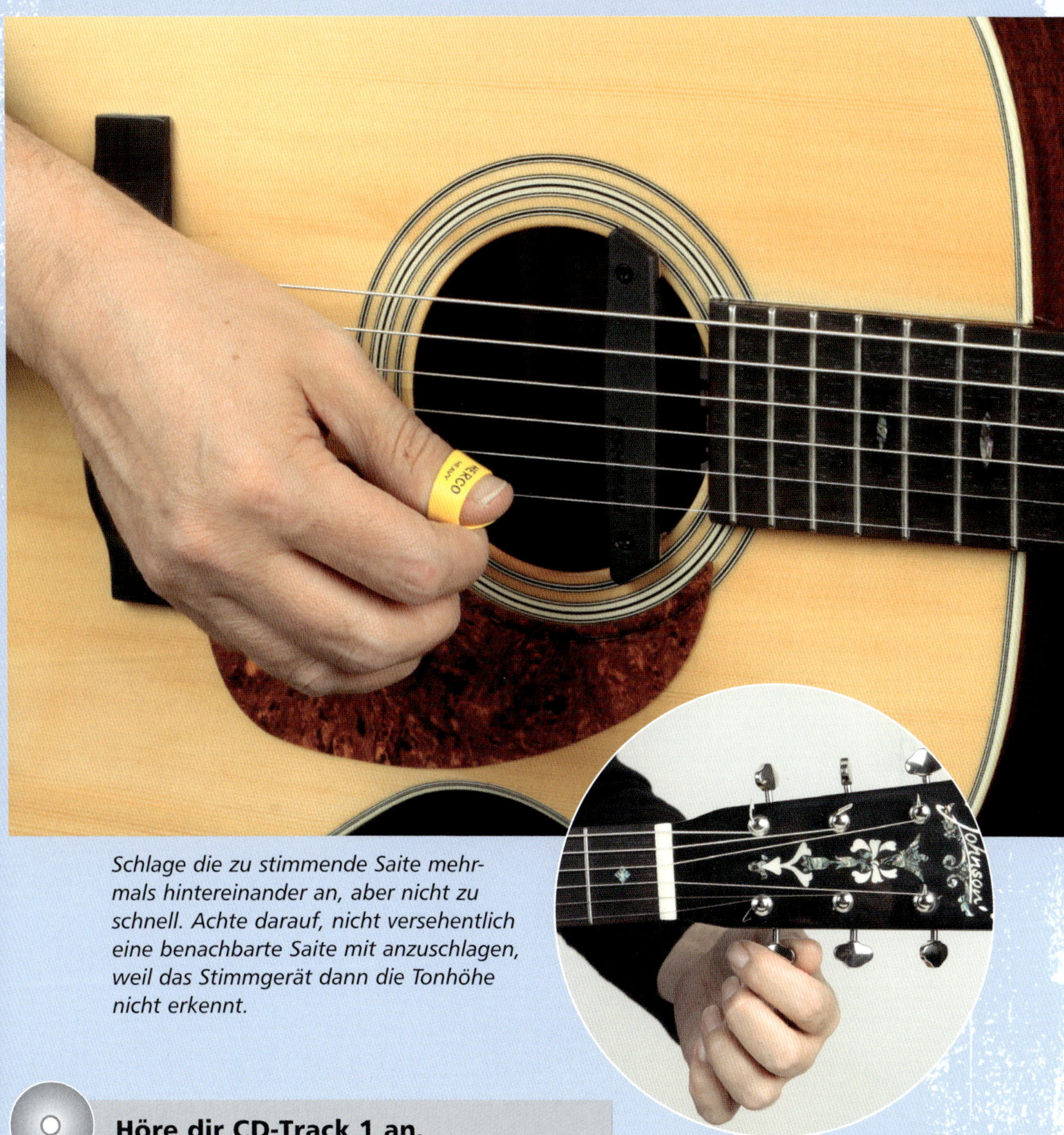

Schlage die zu stimmende Saite mehrmals hintereinander an, aber nicht zu schnell. Achte darauf, nicht versehentlich eine benachbarte Saite mit anzuschlagen, weil das Stimmgerät dann die Tonhöhe nicht erkennt.

Drehe den Stimmwirbel langam, während du die Saite anspielst – wahrscheinlich muss er nur den Bruchteil einer Umdrehung gedreht werden.

Höre dir CD-Track 1 an.

Du findest als Hilfestellung die Stimmtöne auf der Begleit-CD (innen auf der Umschlagrückseite) – jede Saite wird dreimal gespielt, beginnend mit der 1. Saite (die hohe E-Saite).

Lektion 4
Die rechte Hand

Für Fingerpicker ist die rechte Hand das Entscheidende – also überspringe diese Lektion auf gar keinen Fall!

In dieser Lektion lernst du eine einwandfreie Technik der Anschlagshand. Weil es in diesem Buch ausschließlich um die Fingerstyle-Gitarre geht, ist diese Lektion äußerst wichtig, und du wirst bestimmt von Zeit zu Zeit zu ihr zurückkehren. Grundsätzlich wird beim Fingerpicking der Daumen (p) für die Basstöne auf den drei tiefsten Saiten (E, A und D) verwendet und die nächsten drei Finger (i, m, und a) für Melodie und Akkordtöne auf den drei höchsten Saiten (G, B und E). Die Unabhängigkeit von Daumen und Fingern ist – unabhängig vom Niveau – sehr wichtig beim Fingerpicking, deshalb sollte die Leistungsfähigkeit der Finger nicht durch schlechte Handhaltung eingeschränkt werden.

Daumen- und Fingerpicks

Die Saiten können auf viele unterschiedliche Arten angeschlagen werden. Manche Gitarristen schlagen mit der Fingerkuppe an, manche lassen ihre Fingernägel wachsen (oder verwenden künstliche Fingernägel); einige verwenden eine Kombination von Fingern und/oder Daumenpicks. Ich bevorzuge Daumenpicks aus Plastik (es gibt auch welche aus Metall), ich finde, es gibt den Basstönen etwas mehr Tiefe und Durchsetzungsvermögen. Auch wenn auf einigen Fotos ein Daumenpick zu sehen ist, heißt das nicht, dass du auch einen benutzen musst. Finde selbst heraus, was für dich am besten ist.

Konventionelle Notation

Die Tabulatur enthält keine Anschlagsfinger, sondern nur die zu spielenden Töne. Für Fingerstyle-Arrangements ist konventionelle Notation deshalb sehr nützlich. Man notiert wie hier verschiedene Stimmen im selben Notensystem. Die höheren Töne (Notenhals nach oben) werden mit den Fingern gespielt, die tieferen Töne (Notenhals nach unten) mit dem Daumen. Ein Fingersatz für die rechte Hand kann wie hier ergänzt werden.

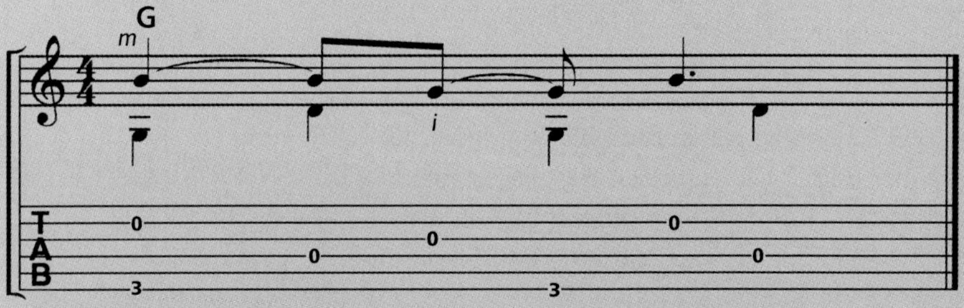

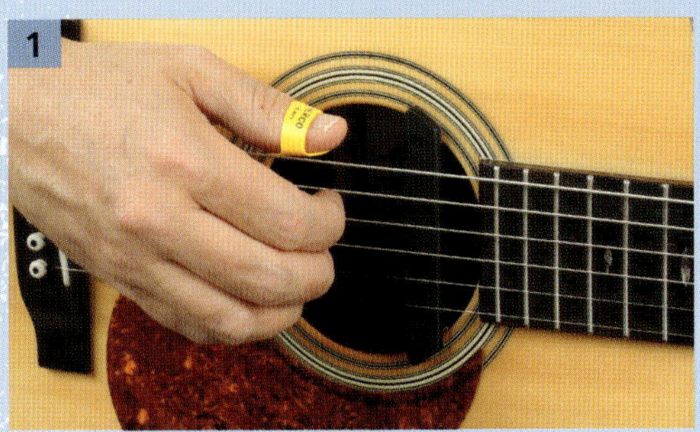

Halte deine rechte Hand in der Luft schwebend, mit dem Daumen parallel zu den Saiten. Die übrigen Finger werden in Klauenform über den drei Melodiesaiten gehalten. So kannst du die Saiten ohne Handbewegung anschlagen.

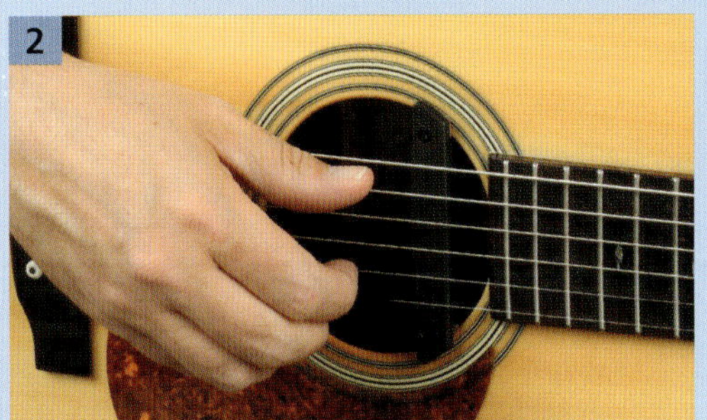

Die Seite des Daumens schlägt die Saiten immer abwärts an.

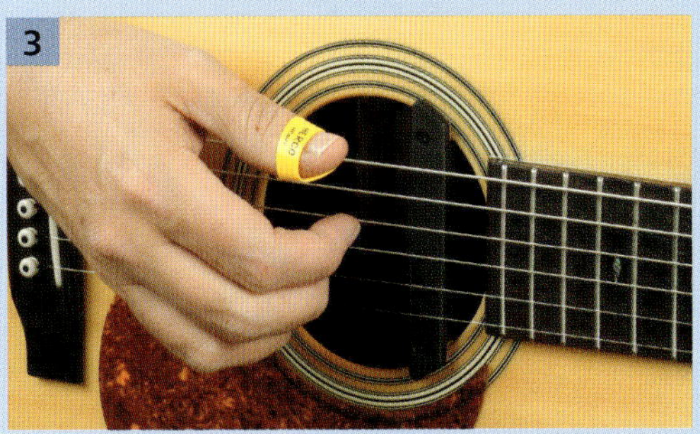

Hier wird die tiefe E-Saite mit einem Daumenpick angeschlagen. Beachte, dass der Winkel des Daumens gleich bleibt, ob mit oder ohne Daumenpick.

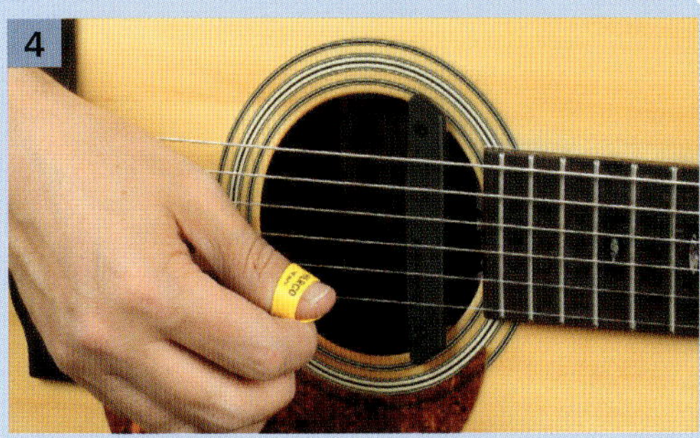

Manche Gitaristen dämpfen die Bass-Saiten leicht mit am Steg aufgelegtem Handballen. So kann man verhindern, dass die Basstöne zu laut werden und die Melodie übertönen.

Tipp!

Wenn dein Plastik-Daumenpick nicht so richtig passt, tauche es für einige Sekunden in heißes Wasser (halte es dabei nicht mit den Fingern). Danach kann es leicht geformt werden, bis es perfekt passt.

Die Finger der rechten Hand

Die Finger der rechte Hand werden mit den Abkürzungen ihrer spanischen Namen bezeichnet – Zahlen würden zu Verwechslungen mit den Fingern der linken Hand führen.

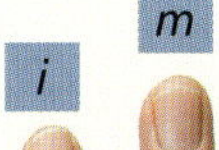

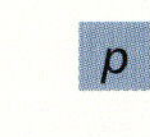

p (*pulgar*) = Daumen
i (*indice*) = Zeigefinger
m (*medio*) = Mittelfinger
a (*anular*) = Ringfinger

Lektion 5
Die linke Hand

Vernachlässige deine linke Hand nicht – es ist wichtig, eine gute Spieltechnik beider Hände zu entwickeln.

Fingerstyle bedeutet doch, Akkorde mit Leersaiten durch coole Zupfmuster gut klingen zu lassen, oder? Stimmt, aber das ist nicht alles. Wenn du mit Akkordwechseln kämpfst, oder Leersaiten versehentlich dämpfst, weil du die Akkorde nicht richtig greifst, wirst du niemals musikalische Ergebnisse erzielen, egal wie gut die Technik deiner rechten Hand sein mag. Deshalb ist eine gute Spieltechnik auch für die linke Hand wichtig; du wirst erst dann ausgefeilt spielen, wenn du beide Hände mit maximaler Ökonomie der Bewegung einsetzen kannst. Bestimmt gibt es Teilbereiche deiner Spieltechnik der linken Hand, die etwas verbessert werden könnten, also überspringe diese Lektion nicht.

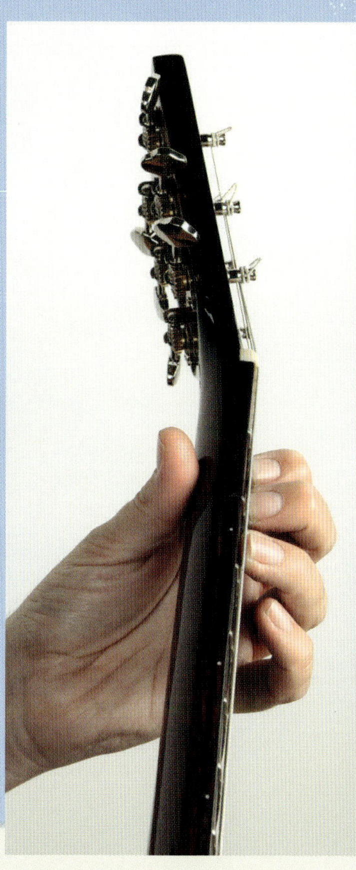

Der Daumen sollte in der Mitte der Halsrückseite aufliegen. So unterstützt er die Finger beim Greifen optimal. Die Innenfläche der Hand sollte den Hals nicht berühren.

Die Finger der linken Hand

In konventioneller Notation werden die Finger der linken Hand mit Zahlen angegeben.

T = Daumen
1 = Zeigefinger
2 = Mittelfinger
3 = Ringfinger
4 = Kleiner Finger

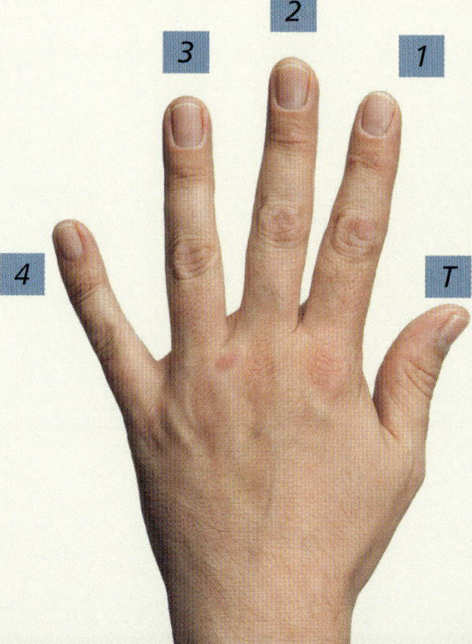

Tipp!
Der Daumen der linken Hand sollte immer in der Mitte der Halsrückseite liegen. Das ist die Ausgangsposition, zu der du stets zurückkehren solltest – auch wenn du mit dem Daumen auf der tiefen E-Saite gegriffen hast.

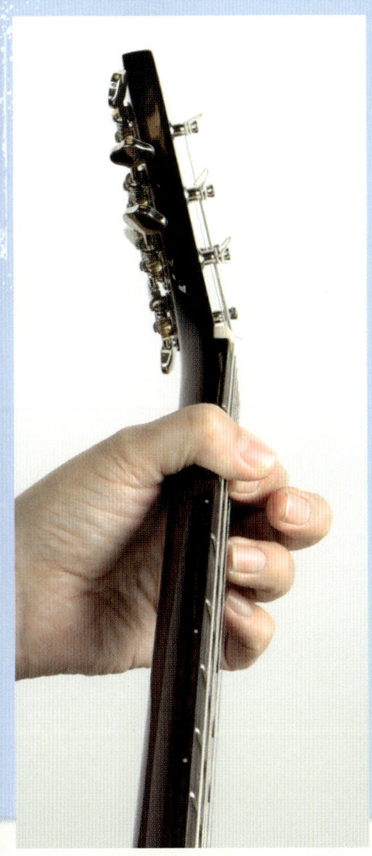

Viele Fingerpicker spielen Basstöne auf der tiefen E-Saite mit dem Daumen. Natürlich kann man so spielen, aber um Überlastungen zu vermeiden, kehre stets zur Grundposition mit dem Daumen auf der Halsrückseite zurück.

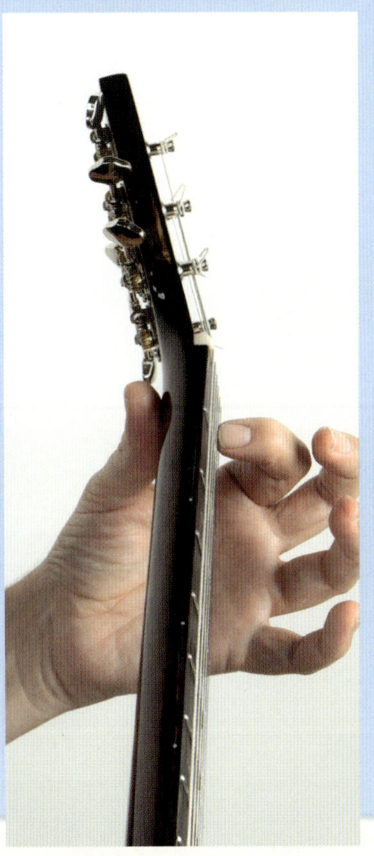

Die Fingerspitze sollte möglichst von oben in einem 90°-Winkel auf dem Griffbrett aufgesetzt werden (damit du nicht versehentlich die benachbarten Saiten dämpfst). Greife nah am Bundstäbchen, um unsaubere, klirrende Töne zu vermeiden.

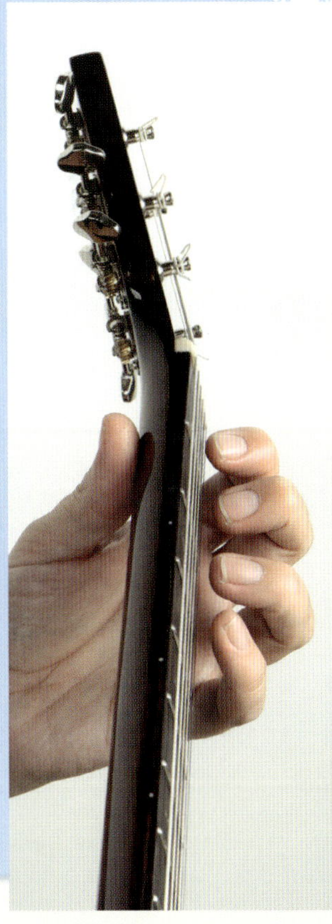

Halte die Finger, die nicht greifen, immer schwebend nahe über den Saiten. Das reduziert die nötigen Bewegungen und erleichtert damit das Greifen.

Lektion 6
Basstöne

Die Fingerstyle-Technik basiert auf der Fähigkeit, unabhängige Bassläufe zu spielen, bringe also deinen Daumen mit dieser Lektion in Form.

Anders als ein Plektrumspieler, der immer nur eine Saite gleichzeitig spielen kann, kann ein Fingerstyle-Gitarrist mehrere Saiten gleichzeitig und unabhängig voneinander spielen. Beim Spiel mit den Fingern spielst du eine Bass-Linie, ein paar Begleittöne und dazu noch eine Melodie, alles gleichzeitig! Wer braucht noch eine Band?

Weil der Daumen dabei unabhängig von den Fingern sein und letzten Endes „automatisch" spielen soll, musst du eine gute Spieltechnik des Daumens entwickeln. Deshalb konzentriert sich diese Lektion auch auf Bass-Linien und nicht auf Melodien oder Akkorde. Du lernst hier zwei einfache Bass-Linien ohne Akkorde, nur mit Leersaiten und gegriffenen Tönen.

Traditionell spielt der Daumen (p) die Töne auf den drei tiefsten Saiten: der 6. Saite (E), der 5. Saite (A) und der 4. Saite (D). Manchmal wird er aber auch auf den höheren Saiten eingesetzt; ebenso kommen die Finger (i, m, a) manchmal auch auf den tieferen Saiten zum Einsatz.

Fingersatz für die rechte Hand

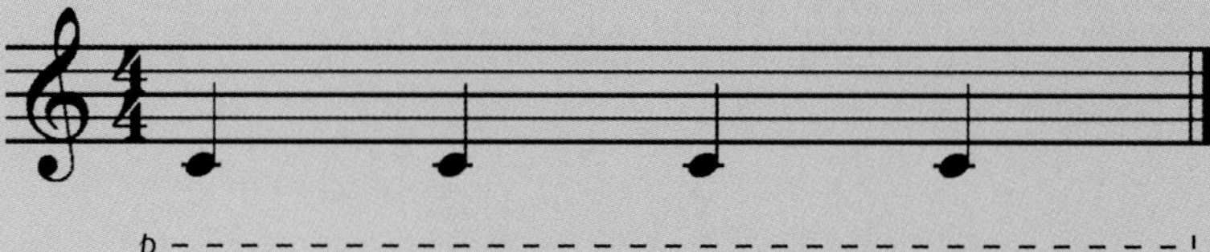

Der Fingersatz für die rechte Hand (welcher Finger die Saite anschlägt) wird immer mit den Abkürzungen der spanischen Fingernamen (p, i, m, a) angegeben. Bei den nächsten Beispielen werden alle Töne mit dem Daumen (p) angeschlagen.

Wiederholungszeichen

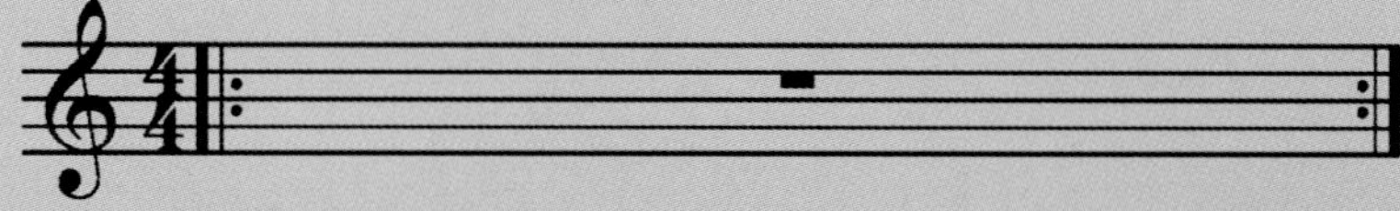

Eine dicke senkrechte Linie, gefolgt von einer dünneren und einem Doppelpunkt ist ein Wiederholungszeichen. Alles zwischen zwei solchen Zeichen wird wiederholt (der wiederholte Abschnitt kann wie in dieser Lektion mehrere Takte umfassen).

Übung 1

(Track 2)

Dieses Riff wird komplett auf der 6. Saite gespielt, damit du dich ganz auf deinen Daumen konzentrieren kannst.

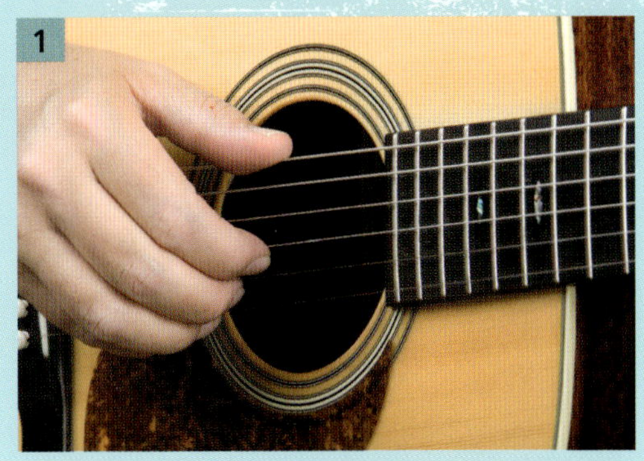

Der Daumen sollte während der ganzen Übung parallel zur 6. Saite liegen. Schlage die Saite mit der Seite des Daumens an.

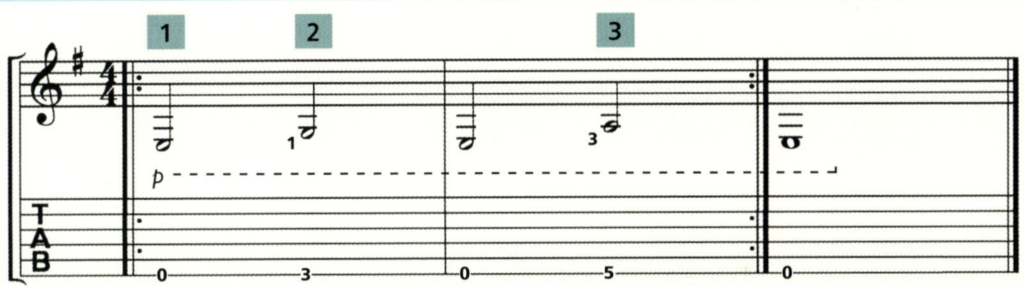

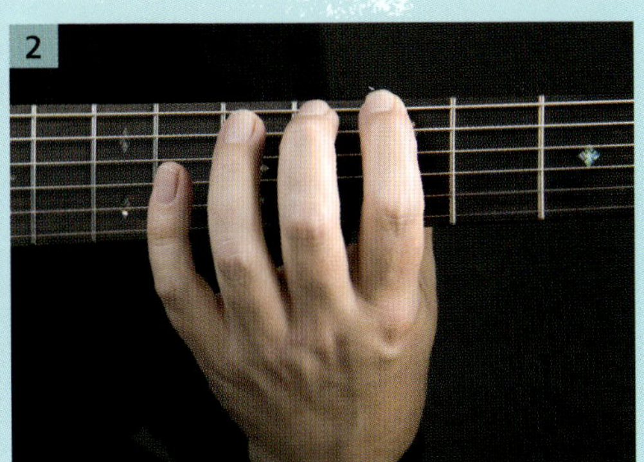

Positioniere deine Greifhand so, dass der Zeige- und der Ringfinger für die gegriffenen Töne bereits an der richtigen Stelle sind. Hier greift der Zeigefinger das tiefe G im 3. Bund.

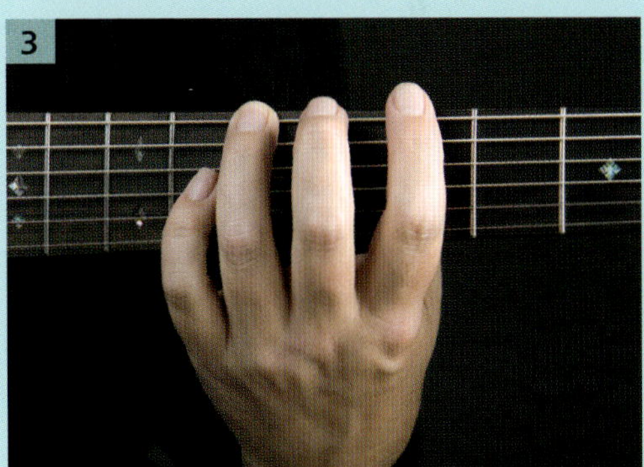

Greife für das tiefe A mit dem Ringfinger kurz vor dem 5. Bundstäbchen, ohne die Position deiner Hand zu verändern. Wiederhole die Sequenz anschließend.

Übung 2

(Track 3)

Diese Übung bewegt sich von der 6. zur 5. Saite, deshalb ist sie etwas schwerer zu spielen als die vorangegangene. Übe zuerst immer langsam, unterhalb des vorgegebenen Tempos.

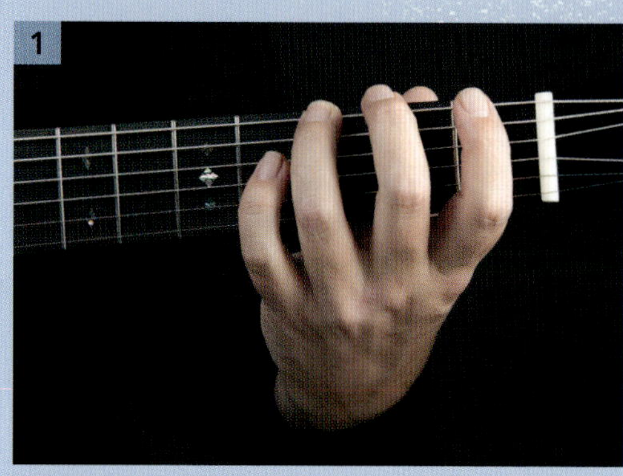

Verschiebe für diese Übung deine Hand halsabwärts, so dass der Ringfinger das tiefe G (3. Bund) greifen kann.

Tipp!

Üben mit einem Metronom beschleunigt deinen Lernfortschritt und hilft dir, ein gutes Timing zu entwickeln. Beginne langsam und erhöhe das Tempo allmählich.

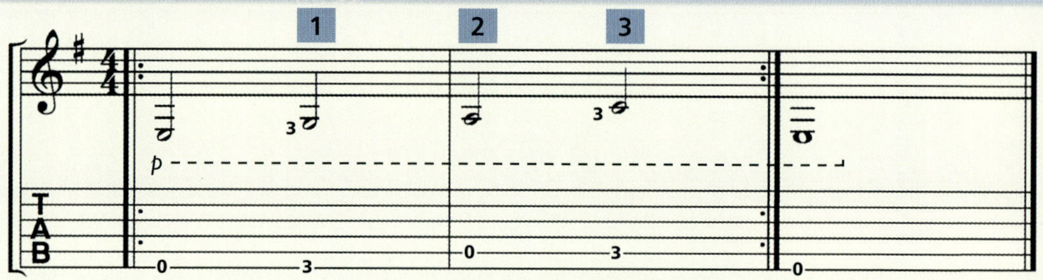

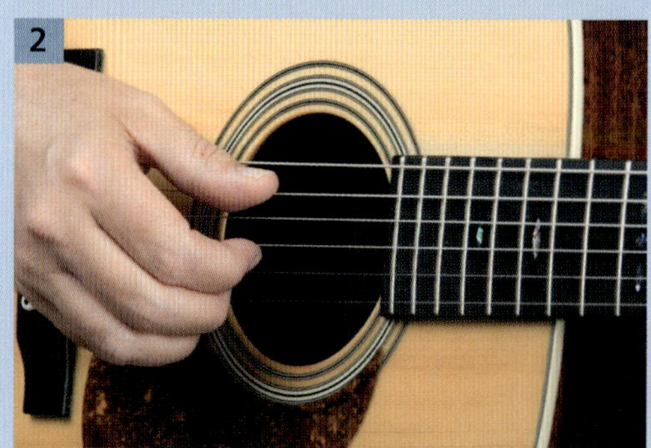

Im 2. Takt bewegt der Daumen sich zur 5. Saite. Achte darauf, dass er weiterhin parallel zu den Saiten liegt.

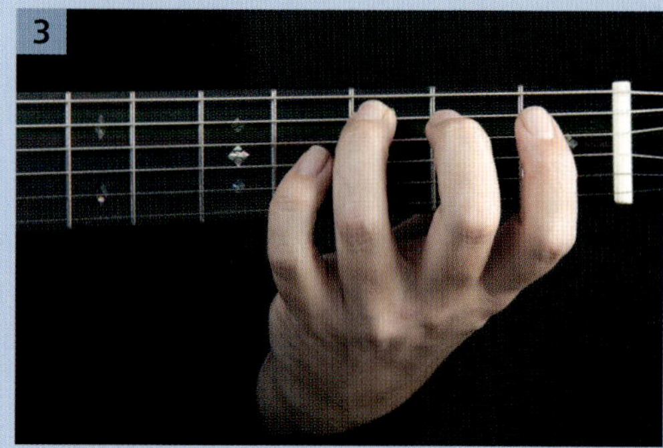

Greife das C auf der 5. Saite mit deinem Ringfinger, ohne die Position deiner Hand zu verändern. Wiederhole die Sequenz anschließend.

Übung 3

(Track 4)

Dieses Beispiel wird im selben Tempo gespielt, aber der Puls sind Viertelnoten (ein Ton pro Taktschlag), es fühlt sich also viel schneller an. Übe anfangs wieder langsamer als angegeben.

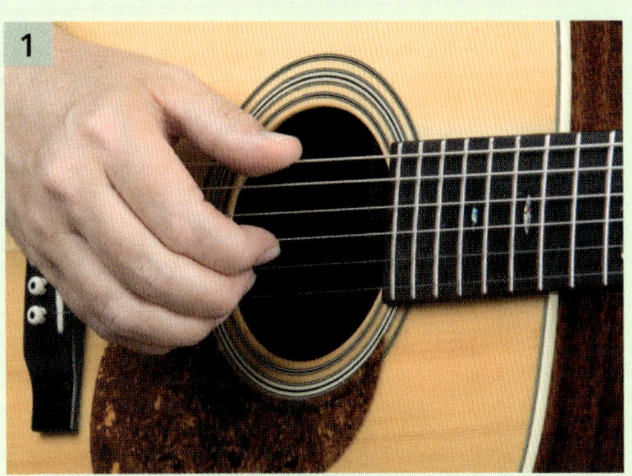

Diese Übung beginnt mit dem Anschlag der 6. Saite mit der Seite des Daumens. Behalte den Daumen parallel zur Saite.

> **Tipp!**
> Alle Übungen sind auf der CD eingespielt. Höre dir jede Übung vor dem Spielen an. Es ist leichter, etwas zu lernen, wenn man weiß, wie es klingen soll.

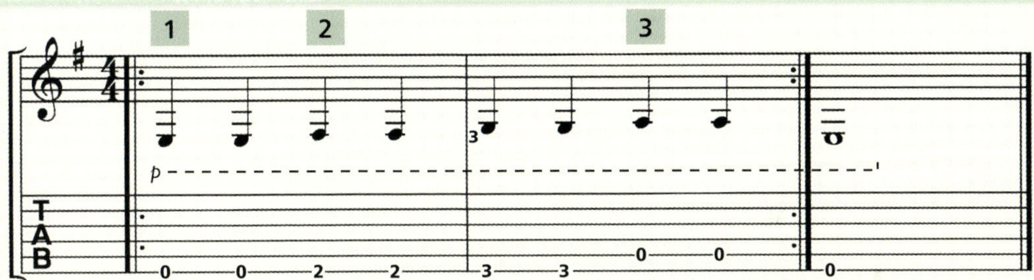

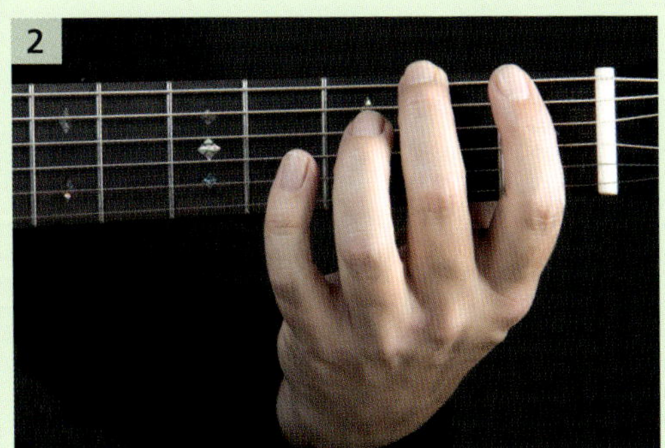

Du greifst das tiefe F# mit dem Mittelfinger. Achte darauf, ganz nahe am Bundstäbchen zu greifen, um einen klaren Ton zu erzeugen.

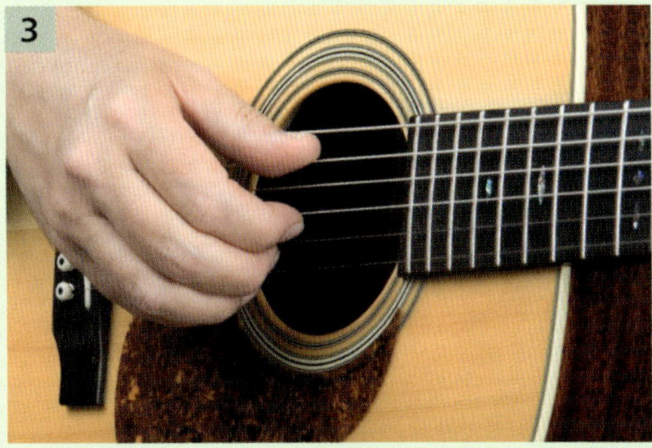

Am Ende des 2. Takts bewegt sich der Daumen zur 5. Saite, um das A (als Leersaite) anzuschlagen. Schlage wieder mit der Seite des Daumens an.

LIES AUSSERDEM
Basstöne, Seite 26

Lektion 7
Melodien hinzufügen

Beim Fingerstyle-Spiel geht es um eine Illusion. Dem Zuhörer soll suggeriert werden, dass mehr als eine Gitarre spielt.

Fingerstyle-Gitaristen erzeugen diese Illusion, indem sie zwei oder mehrere Melodien gleichzeitig spielen. Das mag kompliziert klingen, muss aber gar nicht so sein; du wirst hier entdecken, wie man mit einer um ein paar Töne ergänzten Bass-Linie wunderschöne Gitarrenparts erschaffen kann. Um es dir leichter zu machen, verwenden wir die Bass-Linien aus Lektion 6, du hast also die Hälfte der Arbeit bereits erledigt! Das ist übrigens auch die beste Methode, ein neues Fingerstyle-Arrangement zu lernen; lerne zuerst das Bass-Pattern und finde dann heraus, wie der restliche Song drumherum passt.

In diesen drei Übungen begegnen dir die beiden grundlegenden Fingerstyle-Spieltechniken: der sogenannte „Pinch" bei dem ein Basston und ein Melodieton gleichzeitig gespielt werden, und das „synkopierte" Picking, bei dem ein Melodieton zwischen den Basstönen gespielt wird. Der Pinch ist die einfachere der beiden Techniken: wenn der Daumen einen Basston anschlägt, schlägt gleichzeitig einer der anderen Finger einen Melodieton auf einer der höheren Saiten an. Wenn du Töne in den Zwischenräumen der Basstöne (also den Offbeats) spielst, entsteht eine Synkopierung (Betonungsverschiebung). Die Kombination dieser beiden Konzepte gibt einem guten Fingerstyle-Pattern seinen coolen Sound.

Taktschläge zählen

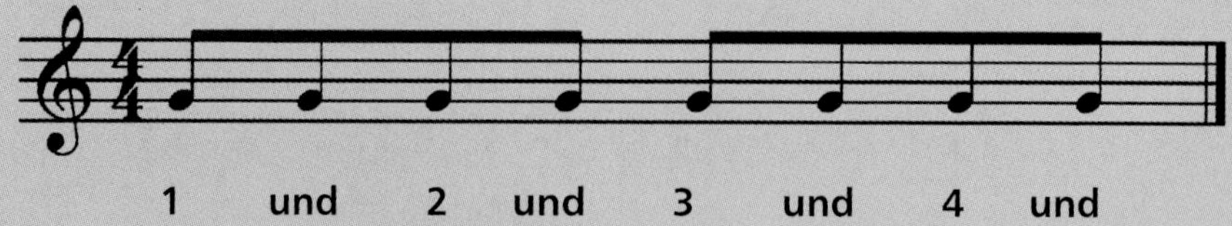

1 und 2 und 3 und 4 und

Wenn du Offbeats zählen musst, hänge beim Zählen an jede der Zählzeiten ein „und" an. Mit diesem „und" kannst du auch die schwierigeren Töne zwischen den Zählzeiten ganz genau spielen.

Übung 1

(Track 5)

Diese erste Übung soll dich daran gewöhnen, den Daumen und die Finger beim Pinch gleichzeitig einzusetzen. Behalte die Finger über ihren jeweiligen Saiten in Schwebestellung, auch wenn sie gerade nicht anschlagen.

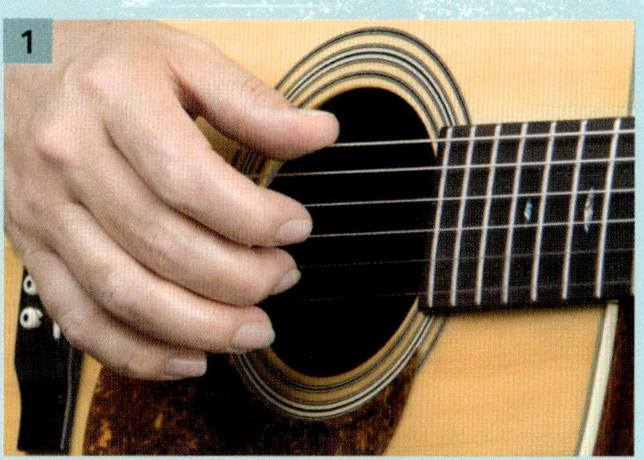

Während du die 6. Saite mit dem Daumen anschlägst, zupft der Mittelfinger (m) gleichzeitig die 2. Saite.

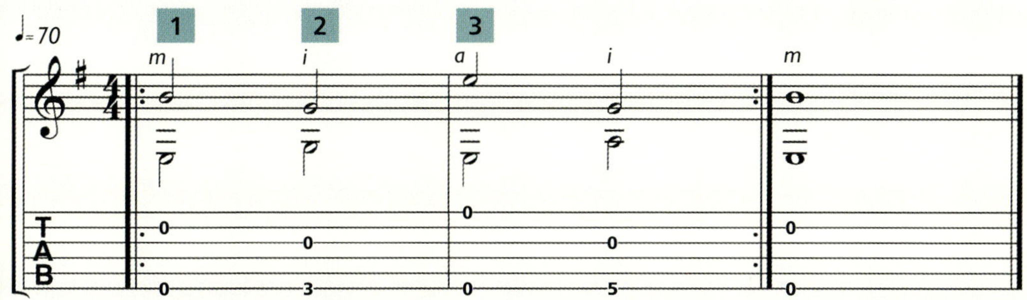

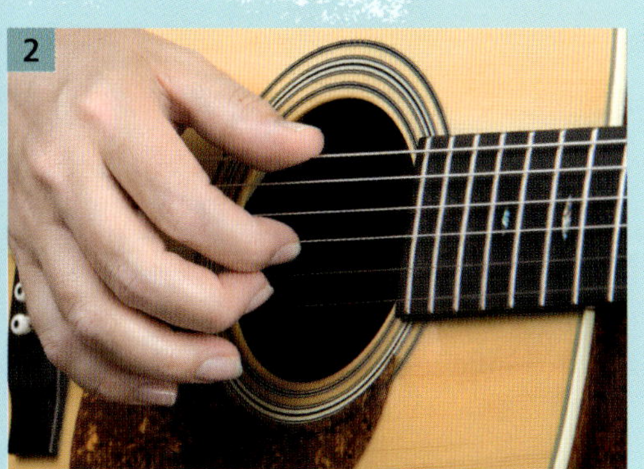

Der zweite Pinch wird mit dem Daumen und dem Zeigefinger (i) gespielt.

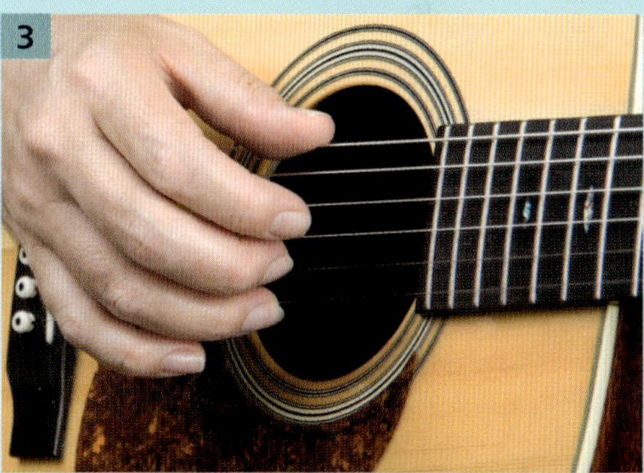

Bei diesem Pinch schlägt der Daumen die 6. Saite an, während der Ringfinger (a) gleichzeitig die 1. Saite anschlägt.

Übung 2

(Track 6)

Bei diesem Beispiel ensteht die Synkopierung durch zusätzliche Melodietöne im 1. Takt und die ausgehaltenen Akkordtöne im 2. Takt.

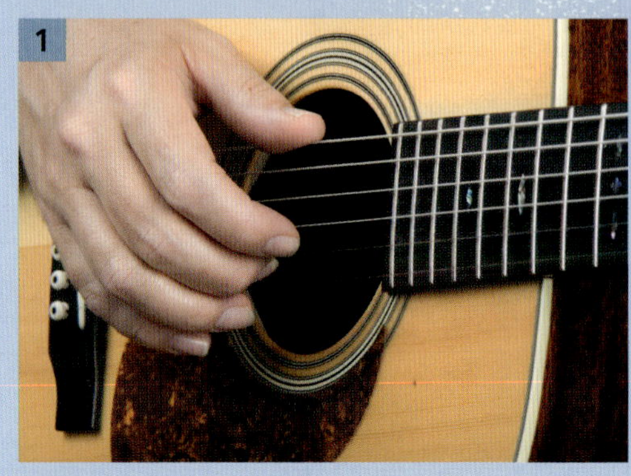

Diese Übung beginnt mit einem Pinch mit dem Daumen und dem Mittelfinger (m). Behalte die anderen Finger über ihren Saiten in Position. Bei der Anweisung „let ring" (klingen lassen) muss der Zeigefinger liegenbleiben, damit die Akkordtöne ineinanderklingen.

Tipp!
Wenn du frustriert bist, mache eine Pause und versuche es später in langsamerem Tempo noch einmal. Wenn du etwas dreimal ohne Fehler spielen kannst, hast du den Dreh raus!

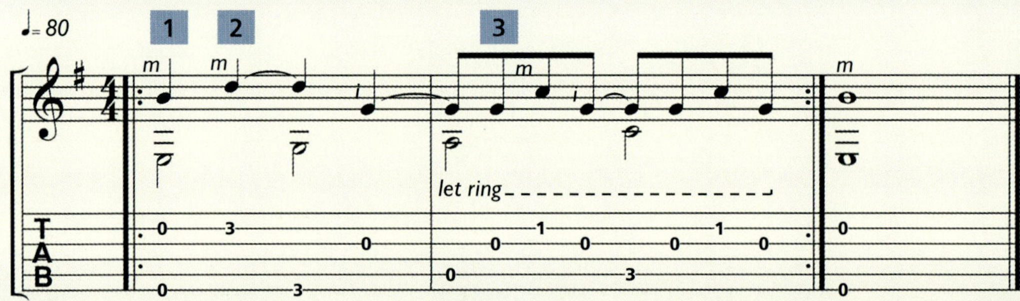

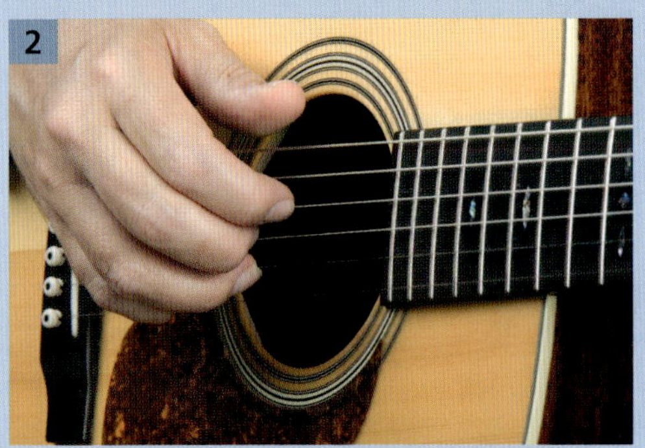

Nachdem der Mittelfinger (m) das D auf der 2. Saite angeschlagen hat, ist hier im Foto der Daumen bereit zum Anschlag der 6. Saite.

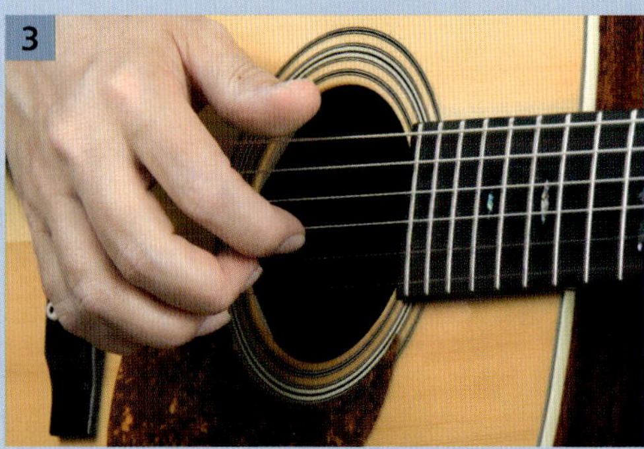

Nach dem Anschlag der leeren 5. Saite schlägst du die 3. Saite mit dem Zeigefinger (i) an.

Übung 3

(Track 7)

In diesem Beispiel werden Pinch und Synkopierung gemischt, wodurch ein aufregendes Picking-Pattern entsteht. Der 2. Takt ist schwierig, übe deshalb zuerst langsamer (mit etwa 55 bpm).

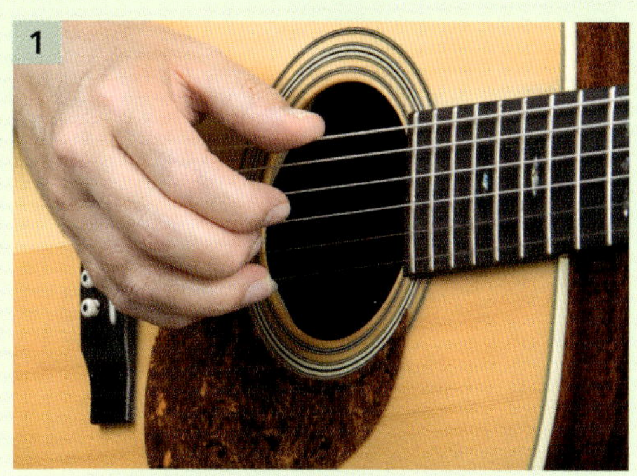

Der Eröffnungs-Pinch dieses Beispiels wird mit dem Daumen und dem Ringfinger (a) gespielt. Diese geschäftige Bass-Linie ist mit dem Daumen parallel zu den Saiten leichter zu bewältigen.

Tipp!

Höre dir die CD an. Es ist eine gute Übung, beim Hören die Noten mitzulesen. Konzentriere dich auf das obere System – es enthält die Rhythmik jeder Übung.

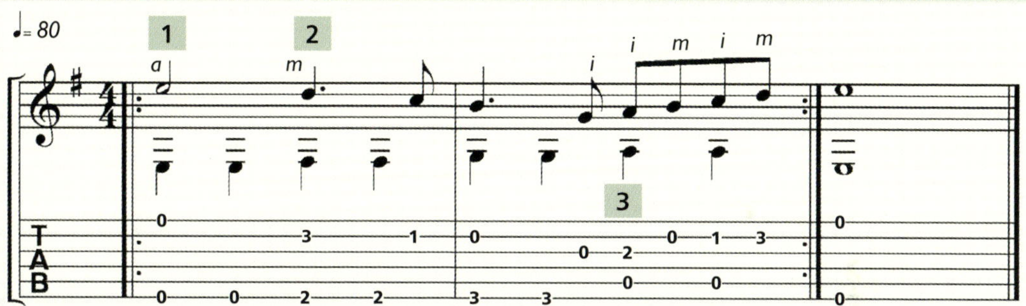

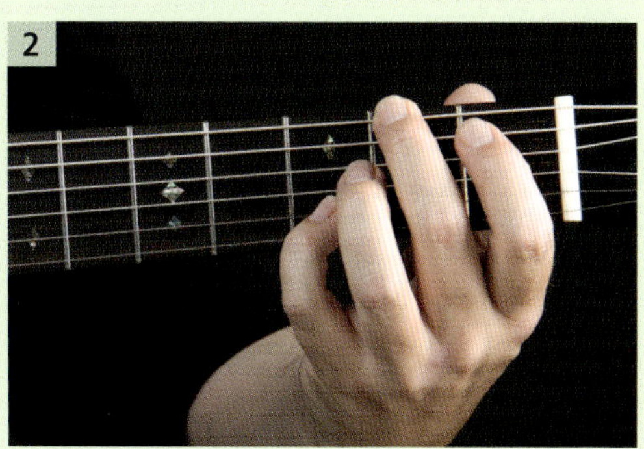

Greife das hohe D auf der 2. Saite mit dem kleinen Finger. Gleichzeitig greift der Mittelfinger das tiefe F♯ auf der 6. Saite.

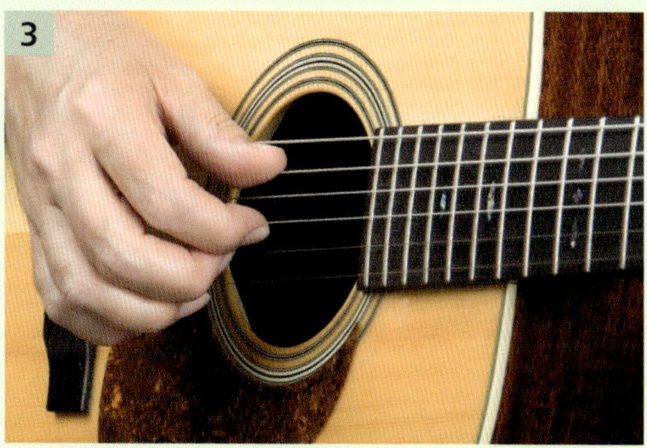

Für den Pinch auf dem 3. Taktschlag in Takt 2 sollten der Daumen und der Zeigefinger (i) nahe beieinander positioniert sein.

Lektion 8
Offene Akkorde

Ein gutes Verständnis offener Akkorde (Grundakkorde mit Leersaiten) ist für das Fingerstyle-Spiel unverzichtbar – überprüfe dich hier selbst.

Auch wenn du meinst, bereits genug über Akkorde zu wissen, solltest du dich mit den Griff-Formen dieser Lektion beschäftigen. Wahrscheinlich findest du ein paar, die du noch nicht verwendet hast, oder auch neue Fingersätze für bekannte Akkorde.

Dieses Buch soll keine Musiktheorie sein, aber einige grundsätzliche Kenntnisse in Harmonielehre sind äußerst wünschenswert und bei eigenen Arrangements eine wertvolle Hilfe. Also werden wir uns kurz mit der Theorie hinter den Akkorden befassen. Man kann Akkorde grundsätzlich in drei „Familien" einteilen: Dur-, Moll- und Dominantsept-Akkorde. (Wenn dir das alles völlig unbekannt ist, solltest du dir eine gute Musiklehre zum Nachschlagen zulegen). Als einfache Faustregel klingen Dur-Akkorde glücklich, Moll-Akkorde traurig und Dominantsept-Akkorde auflösungsbedürftig (instabil). Der Dominantseptakkord ist äußerst wichtig, weil er Spannung und Bewegung erzeugt; er erfordert die Auflösung in einen Akkord eine reine Quarte höher (eine sogenannte Kadenz – das musikalische Äquivalent eines Satzes). Diese harmonische Unruhe erzeugt der Tritonus (die verminderten Quinte) im Dominantsept-Akkord. Im Mittelalter war dieses dissonante Intervall verboten, weil es angeblich den Teufel heraufbeschwor; daher stammt auch die Bezeichnung „Teufelsmusik" für den Blues, der vollständig auf Dominantsept-Akkorden aufbaut.

Akkordaufbau

Dur-Akkord = G - 3 - 5

Moll-Akkord = G - ♭3 - 5

Dominantsept-Akkord = R - 3 - 5 - ♭7

Akkordtheorie

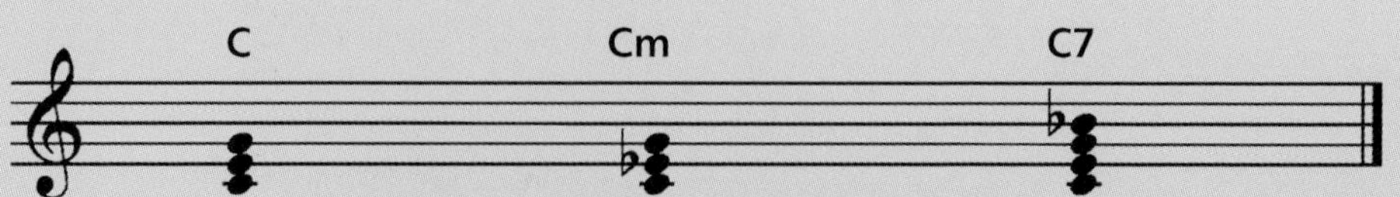

Dur- und Mollakkorde bestehen aus nur drei Tönen: dem Grundton (nach dem der Akkord benannt wird), der Terz und der Quinte. Solche Akkorde heißen Dreiklänge. Wenn man einen Dur-Dreiklang um eine weitere Terz erweitert, entsteht ein viertöniger Dominantsept-Akkord. Wenn du den Aufbau von Akkorden verstehst, hast du mehr kreative Möglichkeiten; außerdem kannst du andere Töne als den Grundton im Bass verwenden (sogenannte Umkehrungen).

Beispiel 1
Dur-Griff-Formen

Es gibt fünf grundlegende Dur-Griff-Formen (Umkehrungen nicht mitgezählt). Der Fingersatz ist neben jedem Punkt angegeben. Hier sind nur allgemein gebräuchliche Umkehrungen angegeben.

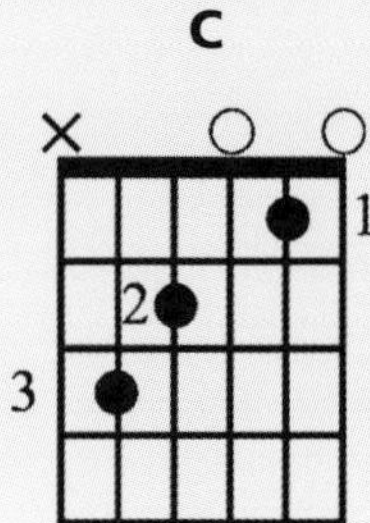

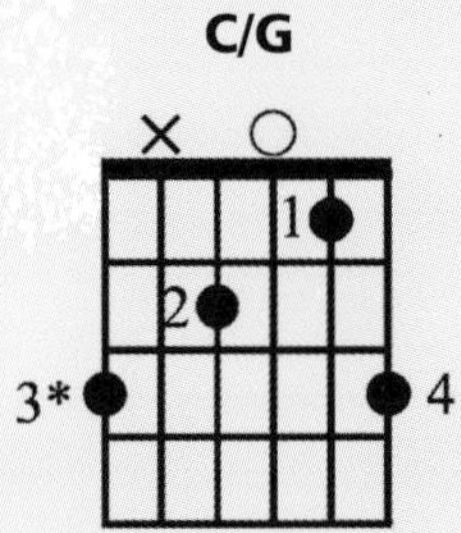

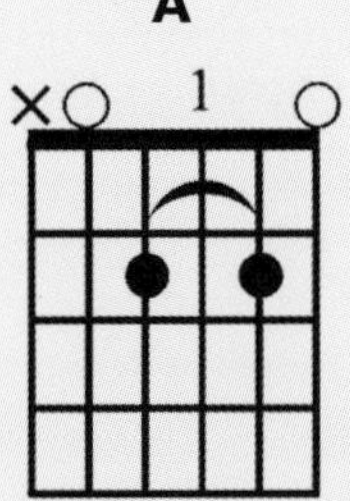

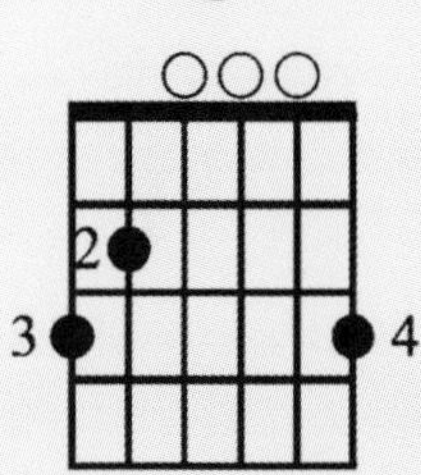

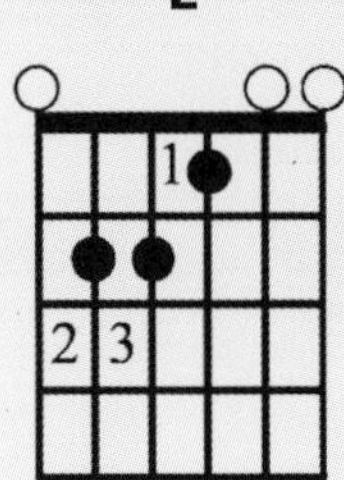

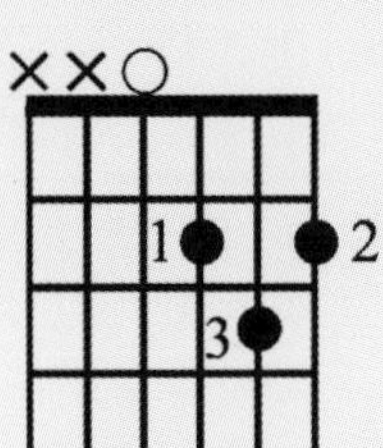

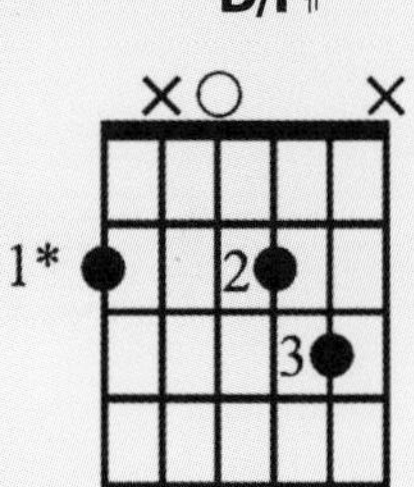

*** Basstöne auf der 6. Saite können auch mit dem Daumen gegriffen werden.**

Tipp!

Wenn bei einem Akkord nicht der Grundton der tiefste Ton ist, spricht man von einer Umkehrung. Umkehrungen werden mit einem Schrägstrich notiert, wie unten. Links steht der Akkord, rechts der Basston.

C/G = C-Dur-Akkord mit G im Bass

Beispiel 2
Moll-Griff-Formen

Weil es für C-Moll und G-Moll keine Griff-Formen mit Leersaiten gibt, gibt es für Moll-Akkorde nur drei einfache Griff-Formen. Auch hier sind nur die gebräuchlichen Umkehrungen angegeben.

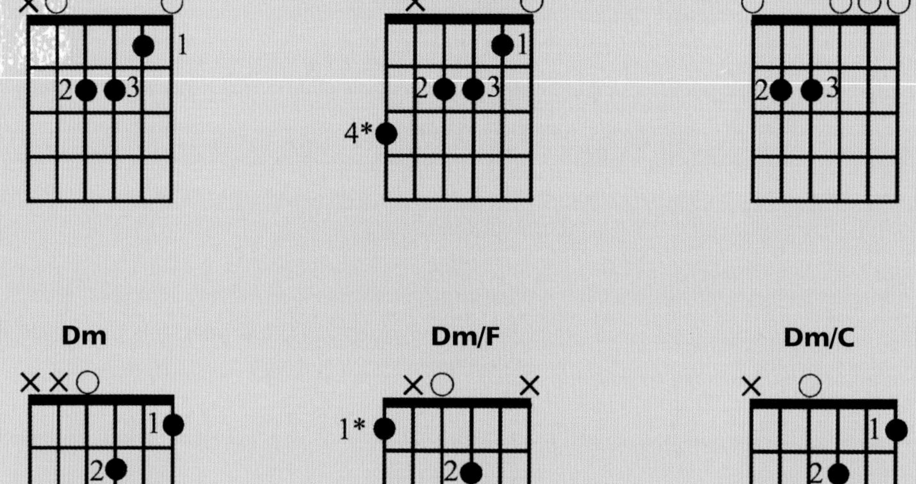

Tipp!

Akkordsymbole werden in Gitarrenmusik immer abgekürzt. Hier sind die gebräuchlichsten Abkürzungen:

Akkord	**Symbol**
C-Dur	C
C-Moll	Cm oder Cmin
C-Dominantsept	C7

*** Basstöne auf der 6. Saite können auch mit dem Daumen gegriffen werden.**

Beispiel 3
Dominantsept-Griff-Formen

Die fünf offenen Griff-Formen ergeben zusammen mit den drei gebräuchlichsten Umkehrungen acht Griff-Formen des Dominantsept-Akkordes, die du lernen solltest. Wie bei allen Akkorden in dieser Lektion müssen nicht immer alle Töne gegriffen werden – es hängt immer davon ab, wieviele Saiten du mit der rechten Hand anschlägst.

C7

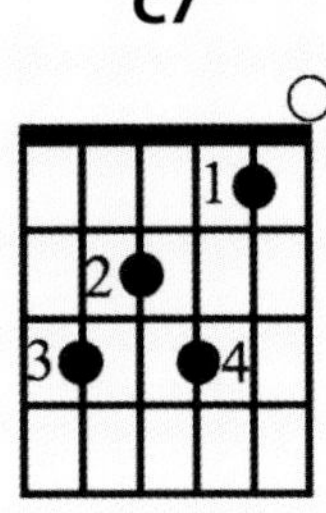

C7/G

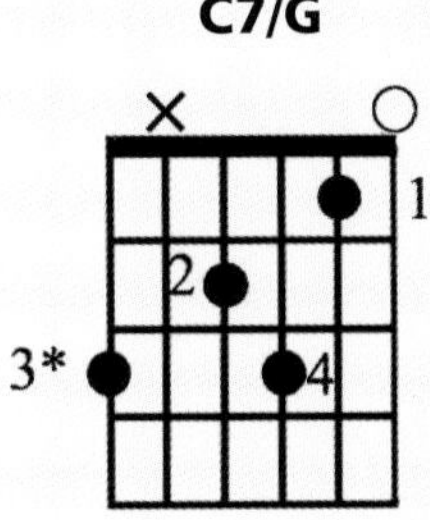

A7

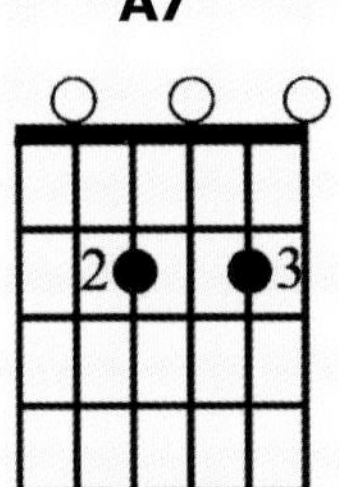

G7

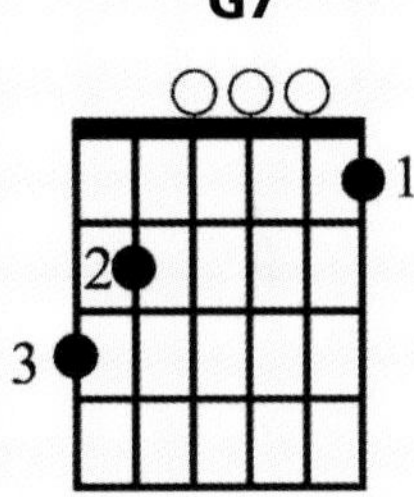

G7/B

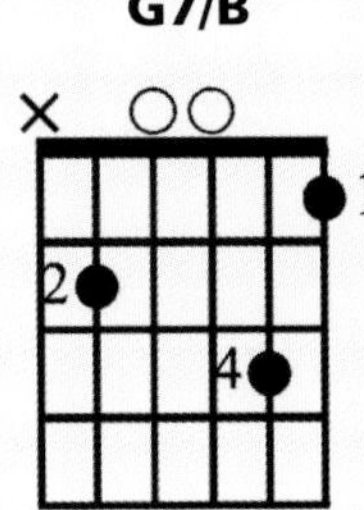

D7

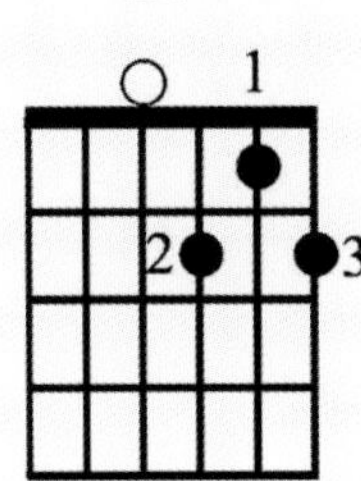

D7/F♯

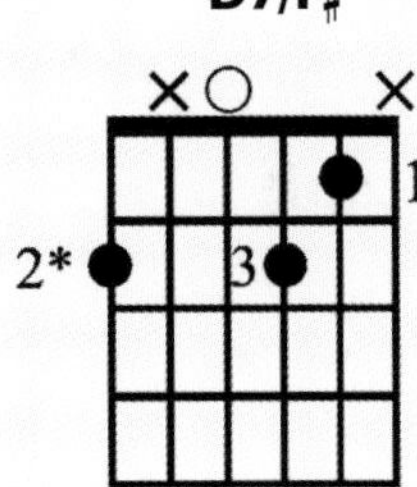

E7

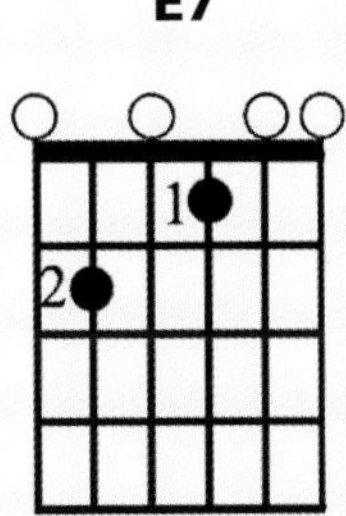

Lektion 9
Drei einfache Stücke

Drei einfache Begleitungen, die dich in die Geheimnisse der großen Sänger/Songwriter einführen.

Wenn man eine einfache Akkordfolge mit Fingerpicking spielt, erwacht sie plötzlich zum Leben und klingt viel cooler als mit langweiligem Akkord-Geklampfe. Von Paul Simon bis James Taylor und von Joni Mitchell bis Eva Cassidy wissen das alle großen Sänger/Songwriter. Man benötigt nur ein einfaches Pattern, das über eine komplette Akkordfolge gespielt werden kann, und schon hat man alles, was man für stilvolle Arrangements braucht. Durch Variationen im Anschlag kann man sogar Dynamik und Kontrast zwischen Strophe und Refrain erzeugen, ohne das Pattern zu ändern. Die ursprünglichen Pattern wurden von der Banjo-Begleitung des Bluegrass (die während der 1920er und 1930er Jahre aus den Kentucky Mountains kam) auf die Gitarre übertragen. Aber erst das amerikanische Folk-Revival der späten 1950er und frühen 1960er brachte das neue Genre Sänger/Songwiter hervor und definierte die Kunstform der Fingerstyle-Begleitung. Pioniere wie Bob Dylan, Joan Baez, Pete Seeger und Arlo Guthrie haben sich alle ihre Sporen in den Kaffebars des Greenwich Village in New York City verdient.

Arpeggios

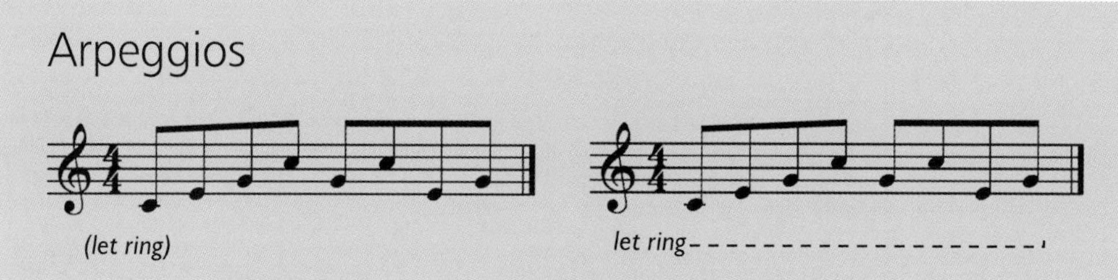

Man könnte Picking-Pattern leicht als Abfolge von Arpeggios missverstehen. Achte deshalb immer auf die Angabe „let ring" (klingen lassen), die klarstellt, dass es sich wirklich um einen arpeggierten Akkord handelt. Halte einfach den kompletten Akkord gegriffen und schlage die angegebenen Töne an. Beim ersten Beispiel steht die Anweisung „let ring" in Klammern, das bedeutet, sie gilt für das gesamte Arrangement. Die gestrichelte Linien hinter dem „let ring" im zweiten Beispiel bedeutet, dass nur ein bestimmter Abschnitt des Arrangements so gespielt werden soll.

Diese Akkorde benötigst du in dieser Lektion:

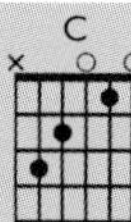

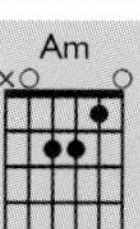

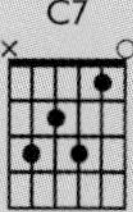

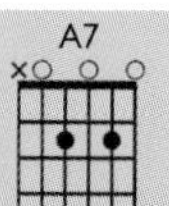

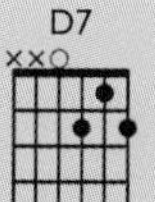

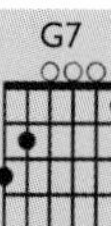

Übung 1

(Track 8)

Dies ist ein typisches Beispiel für den Begleitstil, der in den 1960ern bei Sänger/Songwritern populär wurde. Es handelt sich um ein einfaches eintaktiges Pattern, das auch eine ideale Aufwärm-Übung für die rechte Hand ist.

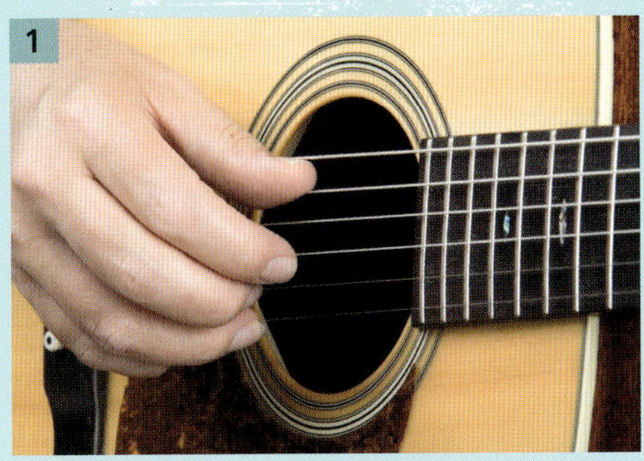

Dieses Beispiel beginnt mit einem Pinch auf der 1. und der 5. Saite; schlage den Basston mit dem Daumen an, während du gleichzeitig die 1. Saite mit dem Ringfinger (a) anschlägst.

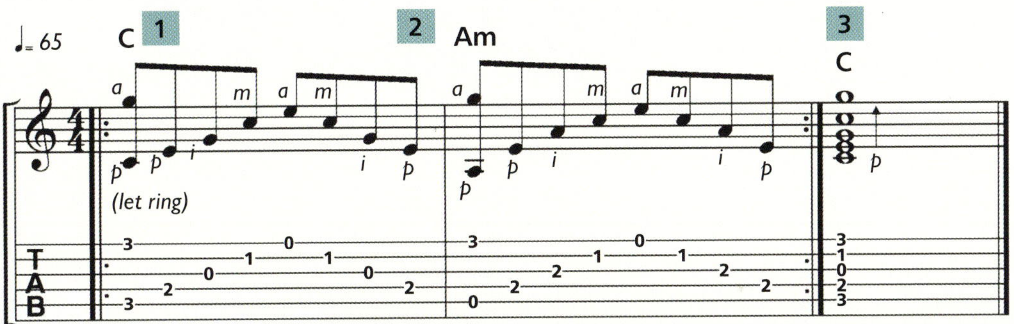

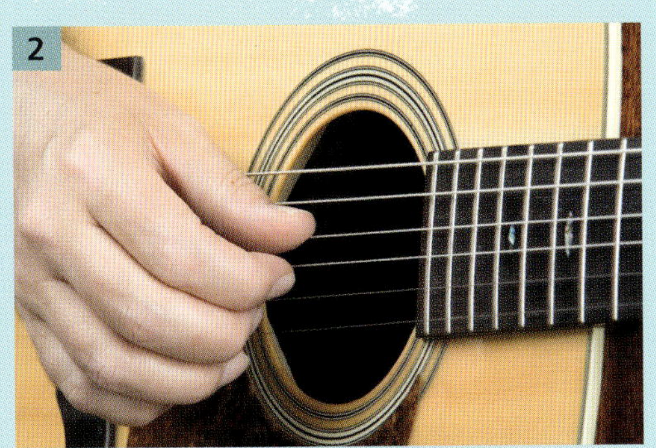

Denke daran, alle Töne auf der 4. Saite mit dem Daumen zu spielen. Hier im Bild spielt der Daumen den letzten Ton im 1. Takt.

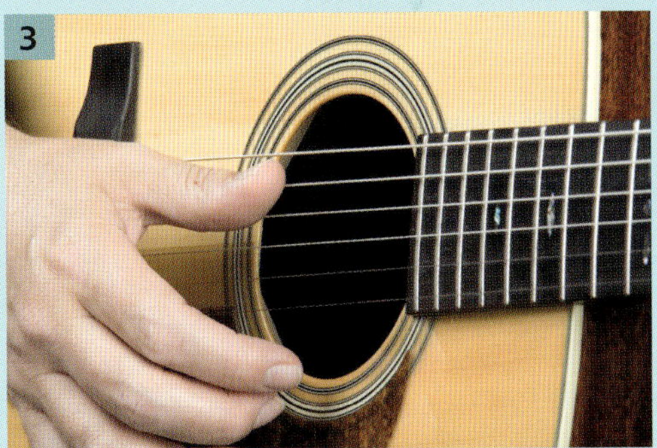

Den Schlussakkord kannst du einfach mit einem Daumenanschlag über alle Saiten spielen. Schlage zuerst die 5. Saite an und bewege anschließend den Daumen mit einer wischenden Bewegung abwärts über die übrigen Saiten.

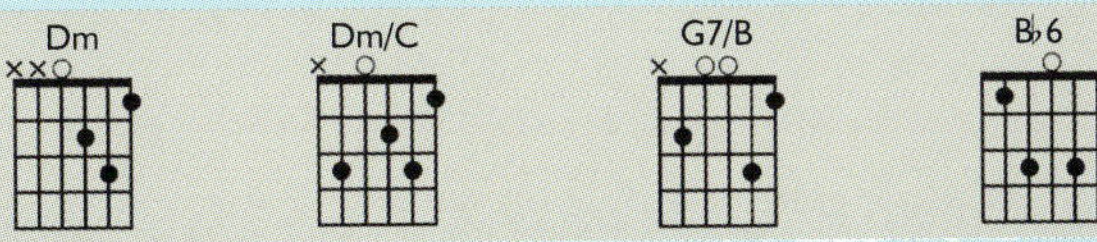

Übung 2

(Track 9)

Diese Fingerpicking-Übung macht dich mit den einfachen offenen Griff-Formen für Dominantsept-Akkorde vertraut. Sie basiert auf einer Folge von Akkorden aus dem Quintenzirkel, die sich zur Tonika C7 zurückbewegt. Solche Akkordfolgen nennen Musiker „Turnaround".

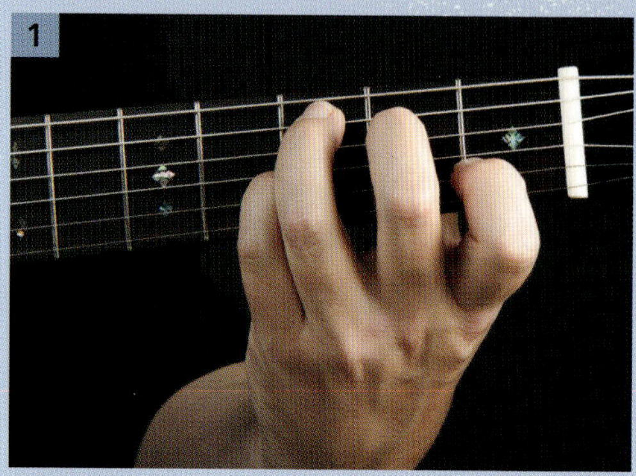

Der C7-Akkord wird genauso gegriffen wie der normale C-Dur-Akkord, allerdings greift der kleine Finger den zusätzlichen Ton auf der 3. Saite.

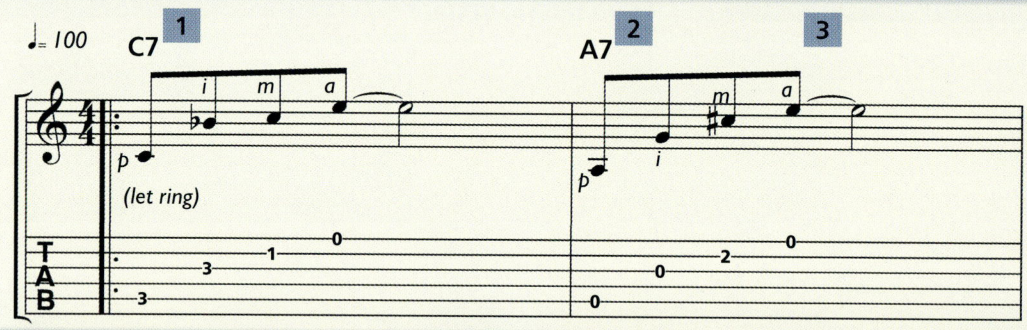

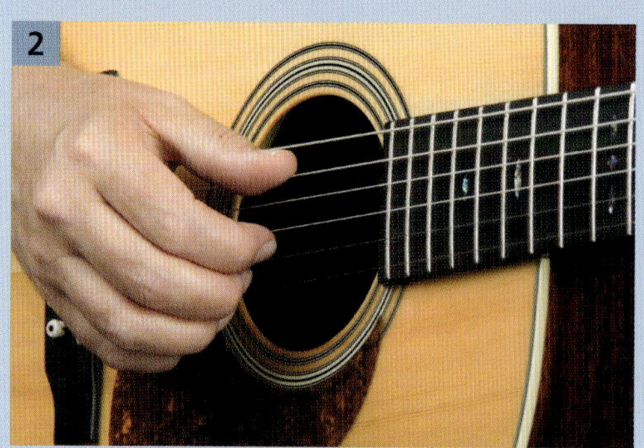

Der Daumen ist hier bereit zum Anschlag der 5. Saite, während die übrigen Finger (i, m und a) in Bereitschaft über den hohen Saiten schweben.

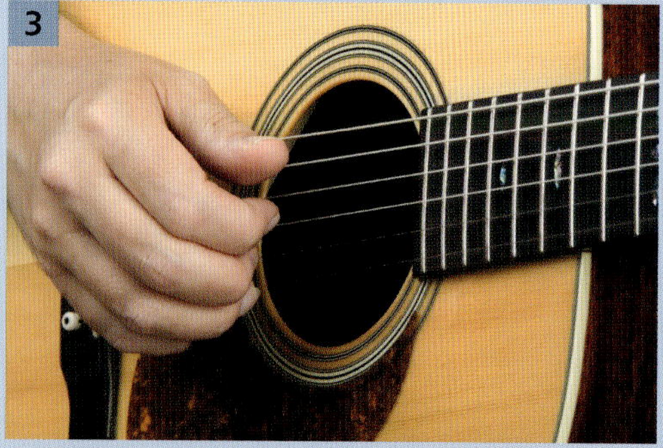

Behalte die Position der Anschlagshand bei, wenn der Ringfinger (a) die leere 1. Saite anschlägt.

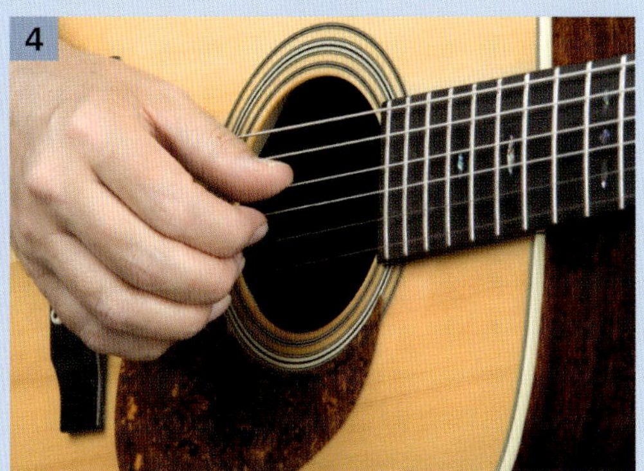

Der Basston des D7-Akkordes (die Leersaite D) wird mit dem Daumen gespielt. Wie zuvor sind die verbleibenden Finger der Hand den drei Melodiesaiten zugeordnet.

Tipp!
Beim Akkordwechsel muss man nicht immer alle Finger von den Saiten abheben. Wenn irgendwelche Akkordtöne auch im nächsten Akkord vorkommen, kann der betreffende Finger liegenbleiben – so wird der Akkordwechsel leichter und klingt geschmeidiger.

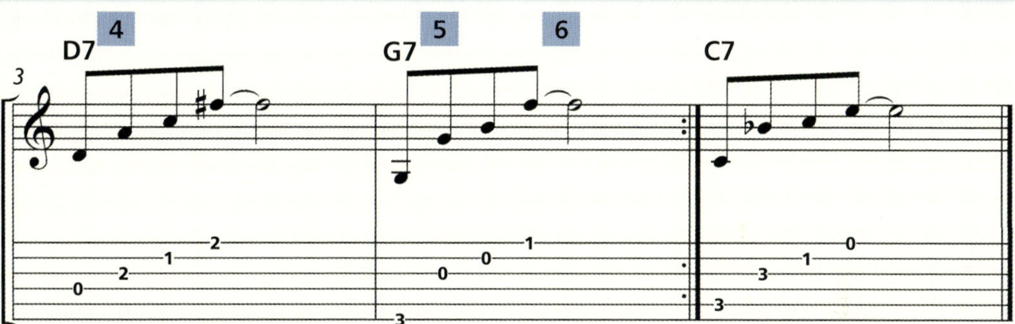

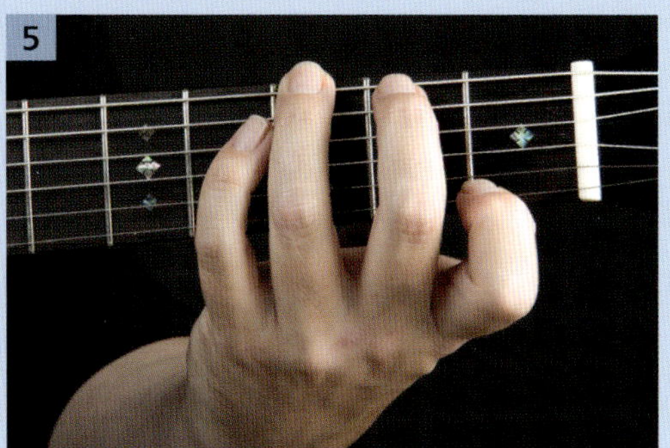

Weil die 5. Saite nicht angeschlagen wird, muss nicht der gesamte G7-Akkord gegriffen werden. Greife einfach die beiden äußersten Saiten mit dem Zeige- und dem Ringfinger.

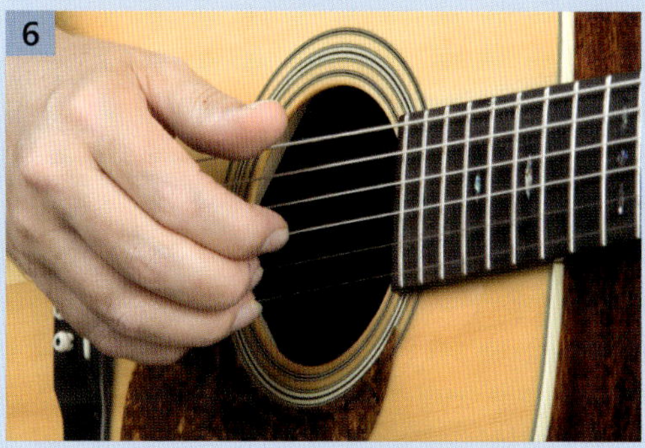

Der letzte Ton des G7-Akkords (F) wird mit dem Ringfinger (a) angeschlagen. Achte darauf, wie der Daumen hier gleichzeitig über der 5. Saite schwebt, bereit für den Anschlag des nächsten Basstons.

Übung 3

(Track 10)

Eine klassische Akkordfolge in Moll, die mit Akkordumkehrungen eine beinahe hypnotische fallende Bass-Linie erzeugt. Solche Akkordfolgen wurden während der 60er Jahre beliebt und tauchen in vielen klassischen Songs dieser Zeit auf, zum Beispiel in „Dear Prudence" von den Beatles und Led Zeppelin's „Babe I'm Gonna Leave You".

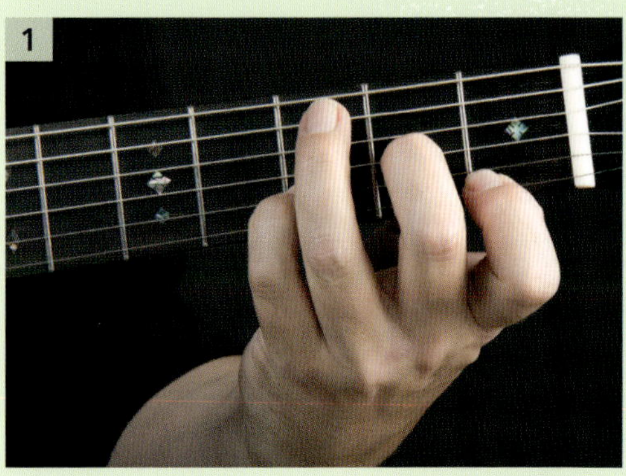

Hier im Bild siehst du den richtigen Fingersatz für den D-Moll-Akkord dieses Beispiels. Der Ringfinger greift die 2. Saite; der Mittelfinger schwebt über der 5. Saite, für den nächsten Akkord bereit.

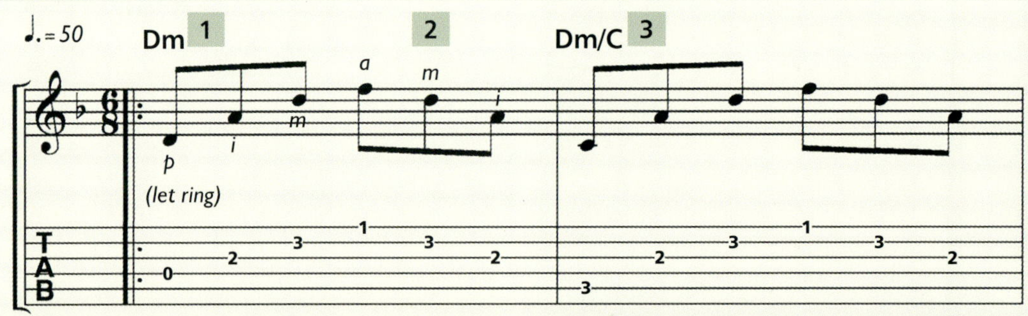

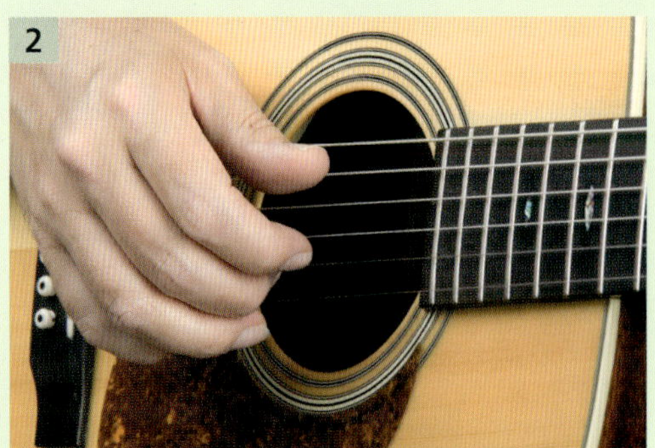

Behalte deinen Daumen über der 5. Saite in der Schwebe, während du die Melodietöne anschlägst. Hier siehst du den Mittelfinger (m) beim Anschlag der 2. Saite; der Daumen bleibt in seiner Position.

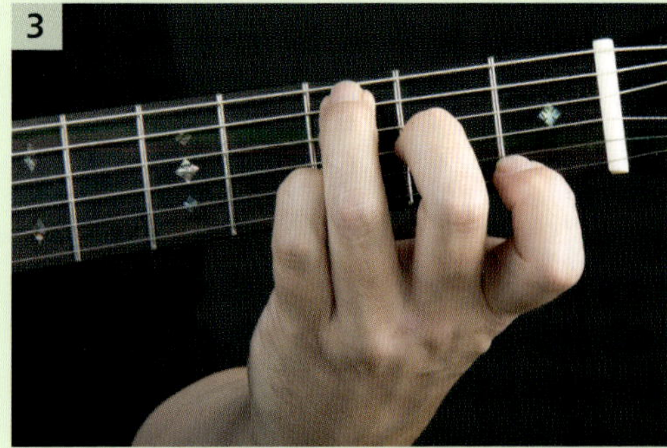

Wenn du die 2. Saite mit dem kleinen Finger greifst, bleibt der Zeigefinger für das tiefe C am Anfang des 2. Takts frei.

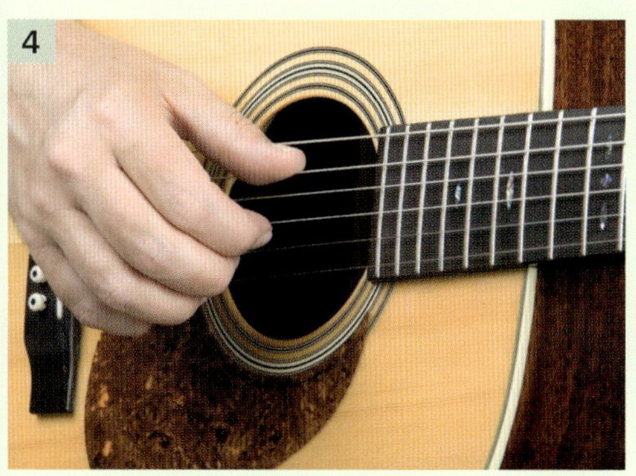

Du bist es wahrscheinlich gewöhnt, die Basstöne des G-Dur-Akkords auf der 6. Saite zu greifen, aber bei dieser Umkehrung liegt der tiefste Ton auf der 5. Saite. Schlage ihn mit dem Daumen an.

Tipp!

Lass dich von der merkwürdigen Taktart diese Beispiels nicht abschrecken – der 6/8-Takt kommt in Fingerpicking-Arrangements sehr häufig vor, vor allem im Folk. Er ist eine sogenannte zusammengesetzte Taktart, weil man – anders als beim 4/4-Takt („einfache Taktart") – zwei Pulse zählen kann: 6 Achtelnoten oder 2 punktierte Viertelnoten (deshalb sind die Achtelnoten in Dreiergruppen zusammengefasst).

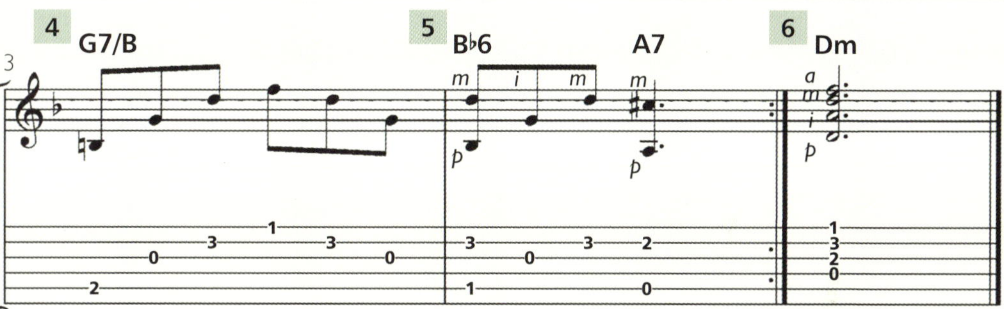

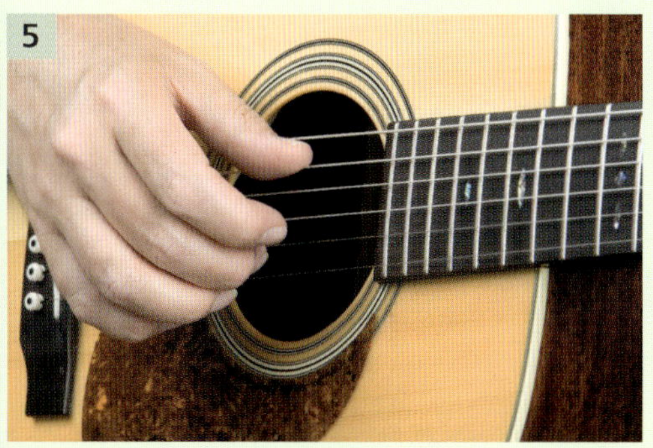

Spiele den Pinch zu Beginn von Takt 3 mit dem Daumen und dem Zeigefinger.

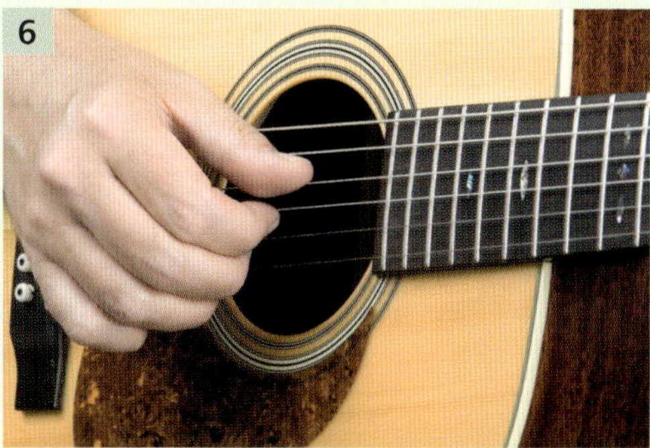

Alle Töne des Schlussakkords D-Moll sollten mit dem Daumen und den Fingern gleichzeitig angeschlagen werden.

Lektion 10
Synkopierte Pattern

Zwischen den Basstönen gespielte Akkordtöne erzeugen interessante Rhythmen und coole Picking-Pattern.

Wenn du interessantere Picking-Pattern kreieren willst, geht das am besten, wenn du Akkorde und Melodien „zwischen" den Basstönen spielst. Der Fachausdruck für diesen Vorgang ist Synkopierung. Synkopierung verleiht jeder Musik (nicht nur dem Fingerstyle) Rhythmus und Groove. Die Fähigkeit, synkopierte Pattern mit den Fingern (i, m und a) zu spielen, während der Daumen (p) einen konstanten Rhythmus durchspielt, ist eine Grundvoraussetzung für das Fingerstyle-Spiel. Normalerweise entsteht Synkopierung durch mehrere in einem Ensemble (rhythmisch) gegeneinander spielende Instrumente; ein Fingerstyle-Gitarrist erzeugt sie, indem er Melodietöne gegen eine mit dem Daumen gespielte Bass-Linie spielt. Es ist also sehr wichtig, dass du die Rhythmik der Beispiele in dieser Lektion vollkommen verstehst. Bei allen drei Beispielen spielt der Daumen Töne auf dem Taktschlag, während die Finger auf den Offbeats spielen. So entsteht die äußerst wichtige Synkopierung.

Vorschläge und Bindungen

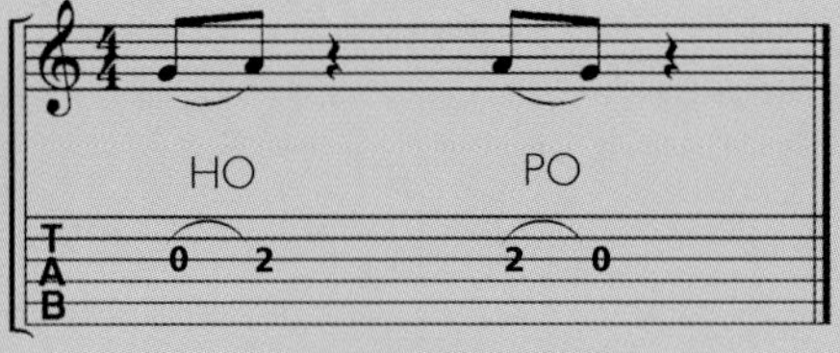

Hammer-on/Pull-off, rhythmisch gespielt

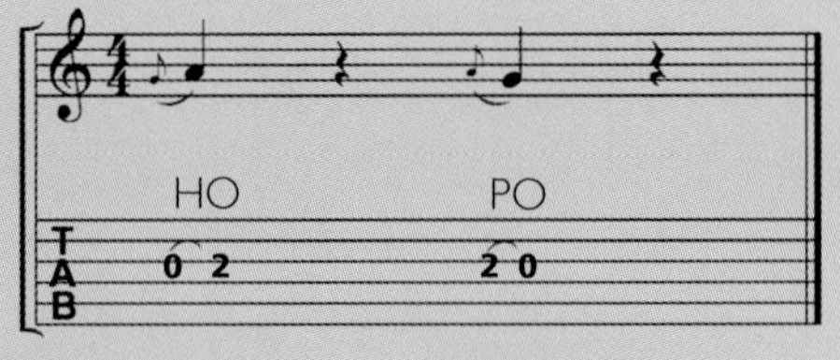

Hammer-on/Pull-off mit Vorschlagsnoten

Mit Verzierungen klingen Gitarrenparts professionell. Gitarristen erzeugen mit ihnen einen individuellen und unverwechselbaren Sound. Es gibt viele Verzierungen, aber hier konzentrieren wir uns auf Bindungen. Auf der Gitarre wird eine Bindung mit einem „Hammer-on" oder „Pull-off" zu einem Ton auf derselben Saite gespielt. Nur der erste Ton wird angeschlagen; der zweite wird durch Aufhämmern auf die Saite oder seitliches Abziehen des Fingers erzeugt. Bindungen können rhythmisch gespielt werden (1. Beispiel), oder als sogenannte Vorschläge ohne eigenen Zeitwert (2. Beispiel).

Diese Akkorde benötigst du in dieser Lektion:

C
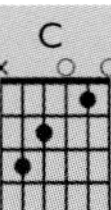

G7
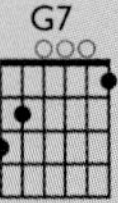

G
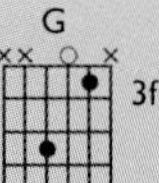

G/F♯
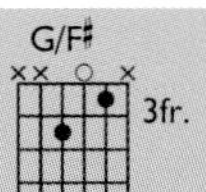

Em
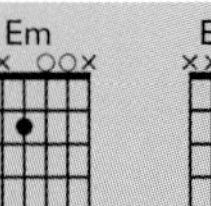

Em/D

Übung 1
(Track 11)

In diesem Beispiel spielst du eine melodische Bass-Linie zu einem wiederholten Pedalton auf der 3. Saite. Übe zuerst die Bass-Linie einzeln, bevor du anschließend die Pedaltöne auf den Offbeats hinzufügst.

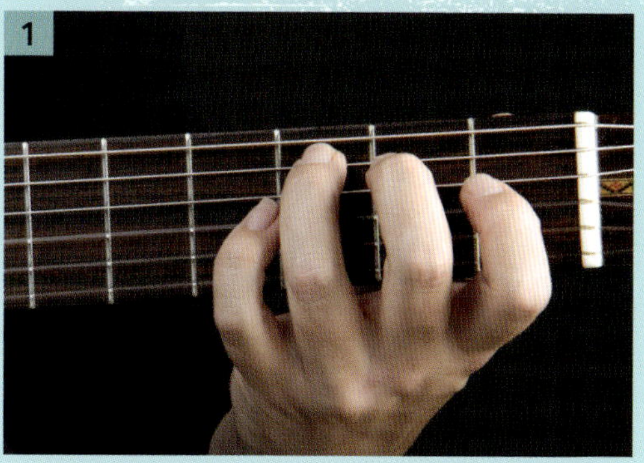

Über dem Notensystem ist zwar ein C-Dur-Akkord angegeben, aber dieses Beispiel ist viel einfacher zu spielen, wenn nicht der ganze Akkord gegriffen wird. Im Foto wird nur der Basston C mit dem Ringfinger gegriffen.

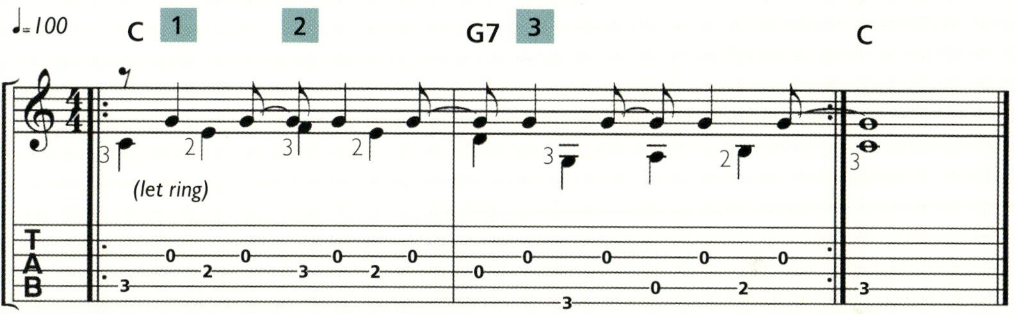

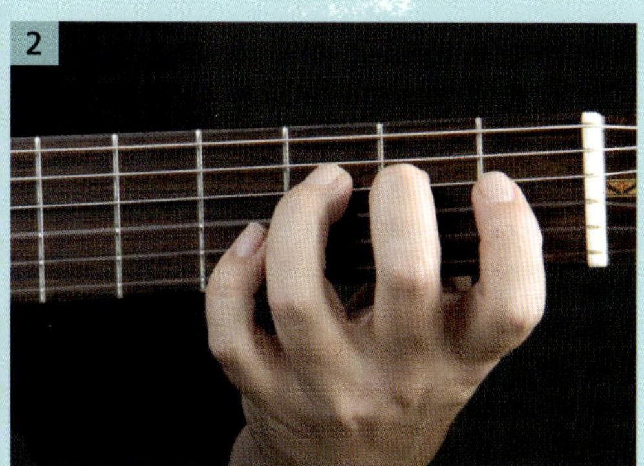

Behalte den Mittelfinger im 2. Bund, während du das F mit dem Ringfinger greifst. So ist er für den nächsten Ton schon an der richtigen Stelle.

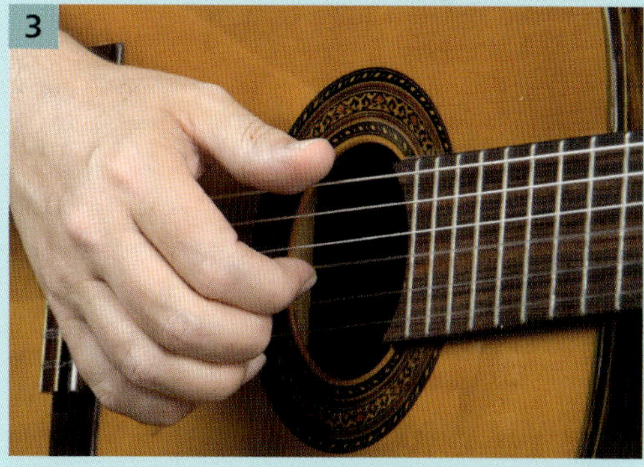

Der Zeigefinger (i) schlägt nach jedem Basston die leere G-Saite an.

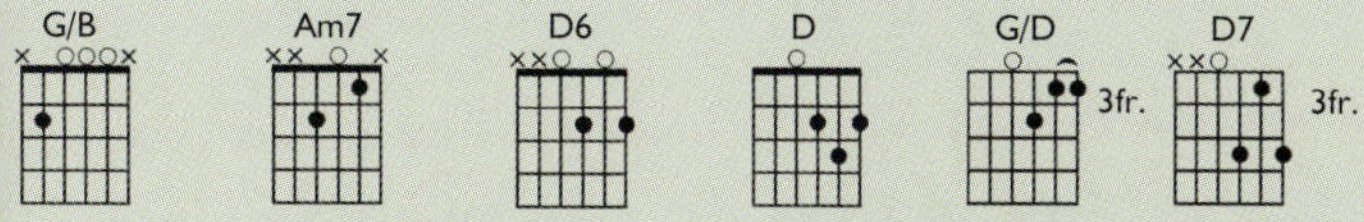

Übung 2

(Track 12)

Ein weiteres Pattern im 6/8-Takt; diesmal als Übung für den Zeige- (i) und Mittelfinger (m) der rechten Hand. Füge die Hammer-ons (in den Takten 1 und 4) erst hinzu, wenn du diese Übung sicher beherrschst.

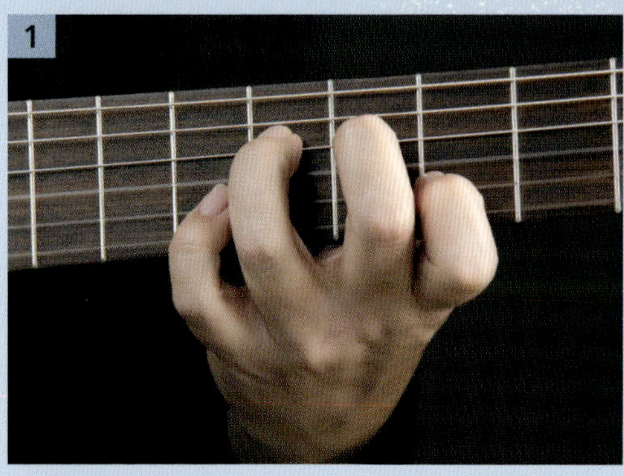

Hier siehst du die Greifhand in ihrer Position zu Beginn des 1. Takts. Greife das G auf dem 5. Bund (D-Saite) mit dem Ringfinger und das hohe D im 2. Bund (B-Saite) mit dem Zeigefinger.

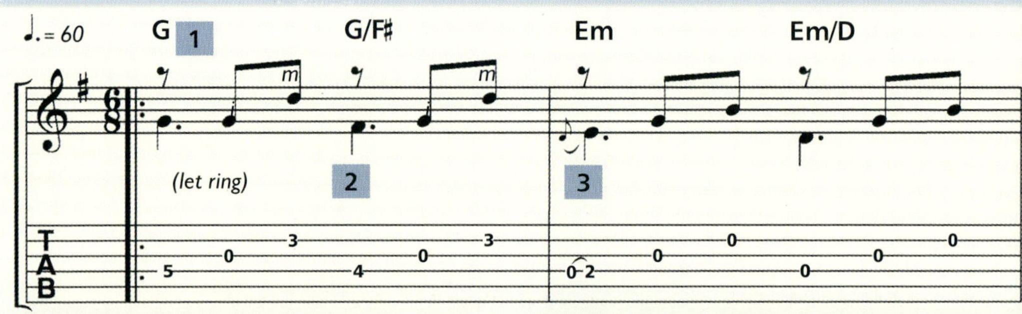

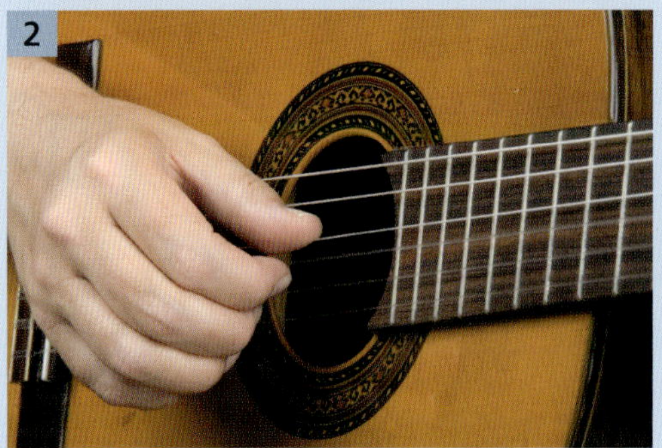

Während der Daumen die 4. Saite anschlägt, bleiben die übrigen Finger der Greifhand über der jeweiligen Saite in Stellung.

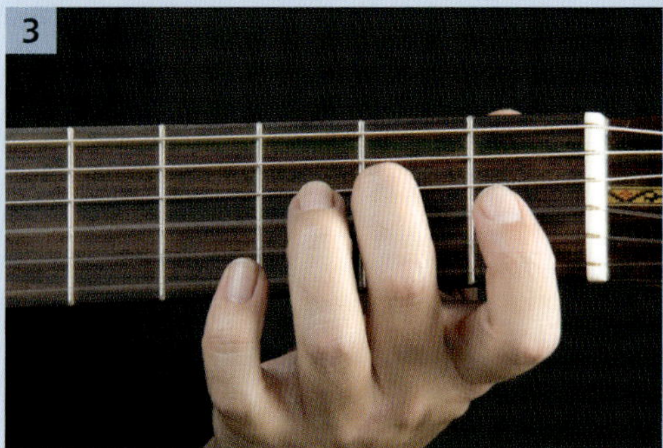

Für das Hammer-on zu Beginn des 2. Takts schlage die leere D-Saite an und hämmere das E kräftig mit dem Mittelfinger auf.

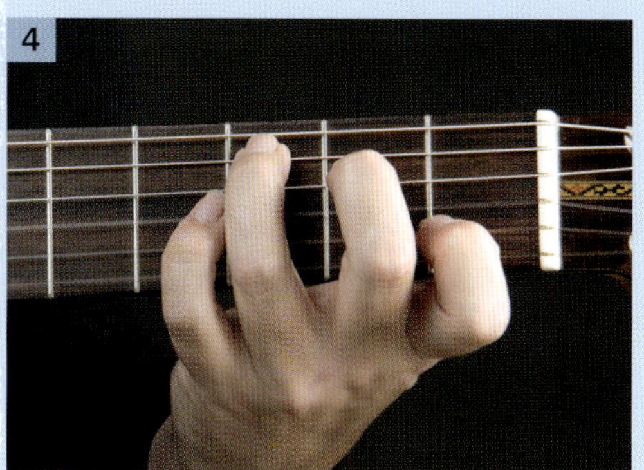

Hier werden für den C-Dur-Akkord nur der Zeige- und der Ringfinger benötigt. Weil die 4. Saite nicht angeschlagen wird, kann der Mittelfinger über der Saite in Position bleiben.

Tipp!
Denke daran, dass nicht immer alle Töne einer Griff-Form gegriffen werden müssen. Sieh dir als Beispiel den letzten G-Dur-Akkord dieser Übung an – hier wird nur der Grundton auf der 6. Saite gegriffen, weil die 5. und die 1. Saite nicht angeschlagen werden.

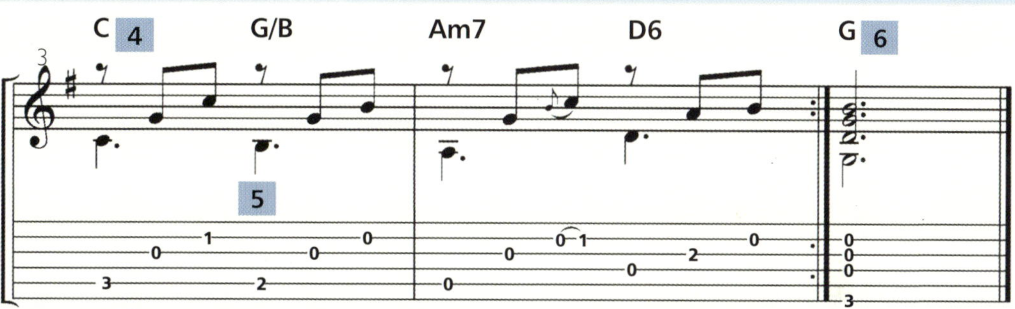

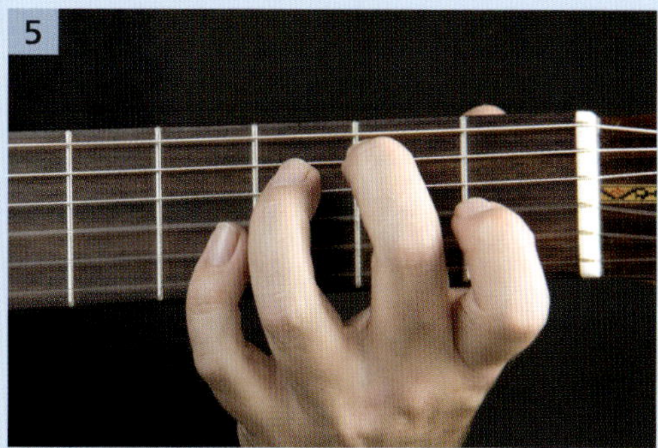

Es ist nicht nötig, alle Töne des G/B-Akkordes zu greifen. Greife einfach nur die 5. Saite mit dem Zeigefinger.

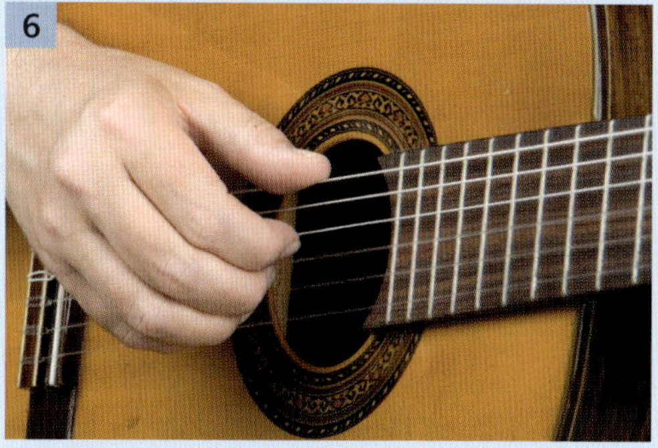

Beim Schlussakkord G-Dur schlagen alle Finger der Anschlagshand gleichzeitig an.

Übung 3

(Track 13)

Im letzten Beispiel kommen alle Finger der rechten Hand vor (i, m und a). Aus dem Verschieben von Dreiklängen gegen ein Leersaiten-Pedal (hier: D) sind viele coole Riffs entstanden, unter anderem „Pinball Wizard“ von The Who und „The Bucket“ von The Kings of Leon.

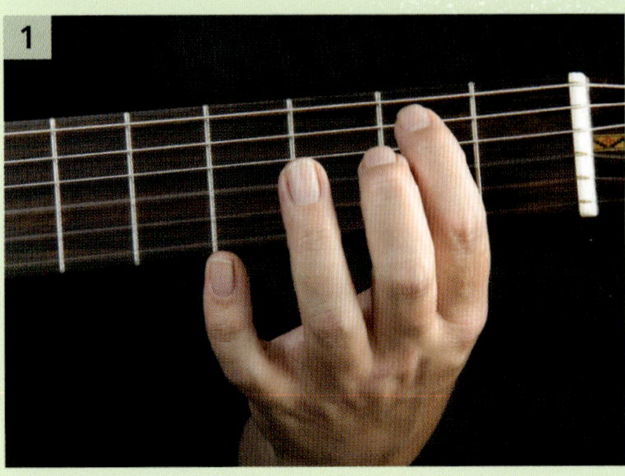

Spiele das Hammer-on im Auftakt mit dem Zeigefinger. So hast du den Mittelfnger für das unmittelbar folgende A auf der 3. Saite frei.

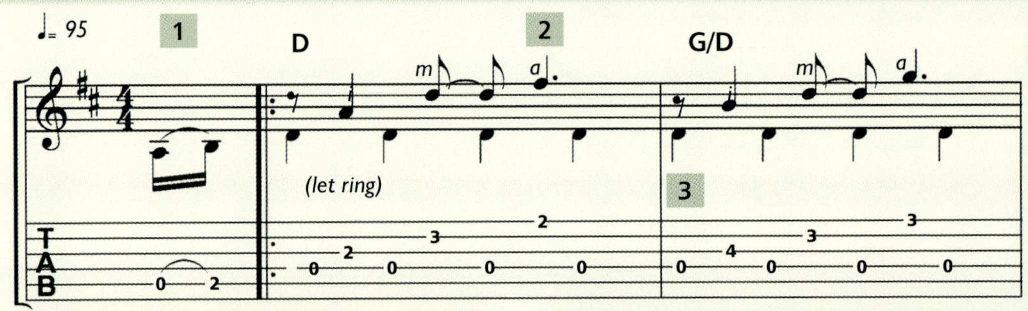

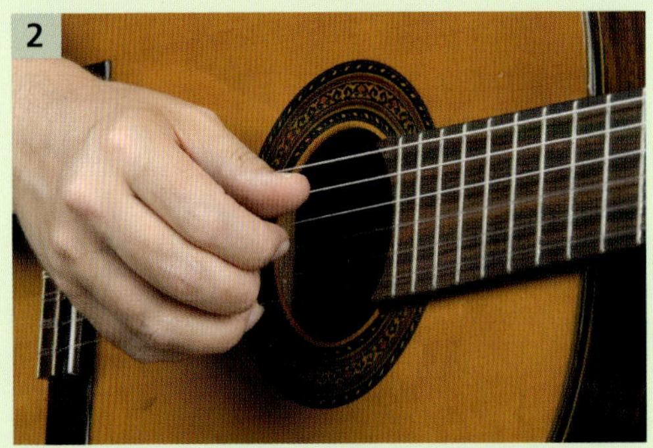

Der Daumen sollte für den Anschlag des nächsten Basstons in Position bleiben, während der kleine Finger (a) die 1. Saite anschlägt.

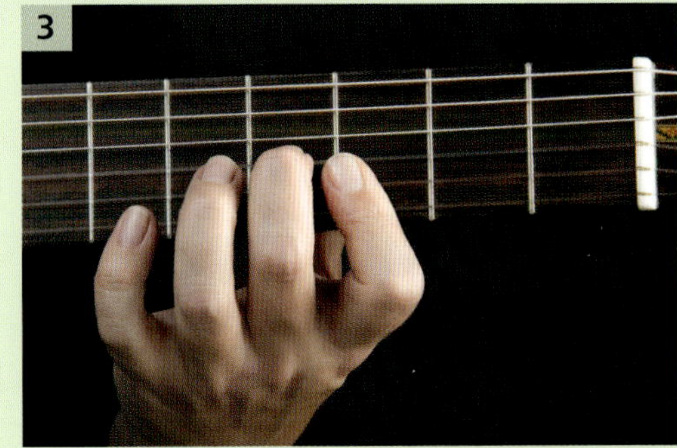

Greife die drei Töne des G/B-Akkords gleichzeitig. So können sie alle für die Dauer des gesamten Taktes deutlich durchklingen.

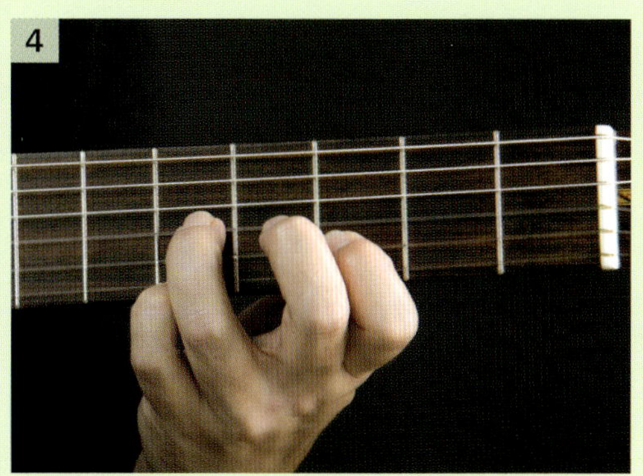

Greife das C im 5. Bund mit dem Ringfinger. Im Idealfall greifst du gleichzeitig die vollständige D7-Griff-Form.

> **Tipp!**
> Übe jeden Part einzeln, bevor du sie zusammen spielst. Das ist besonders wichtig, wenn du synkopierte Töne zu einer Bass-Linie spielst. Denke daran: abwärts gehalste Töne werden mit dem Daumen (p) gespielt, während aufwärts gehalste Töne mit den Fingern (i, m und a) gespielt werden.

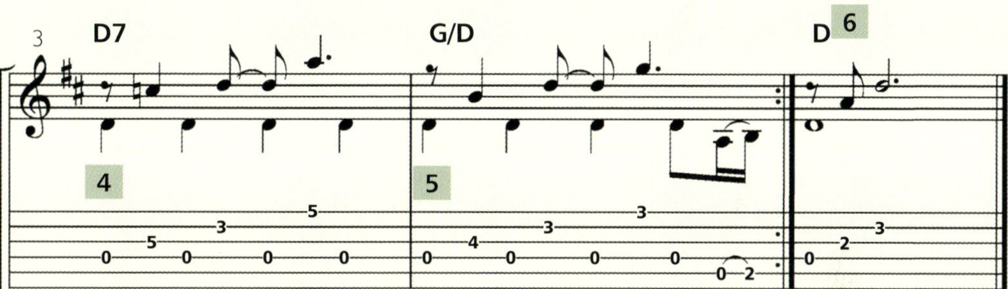

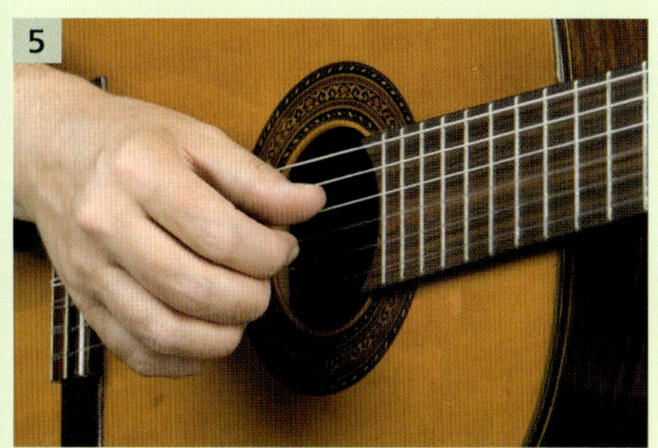

Zu Beginn des 4. Takts schlägt der Daumen die 4. Saite an. Alle anderen Finger sind über ihrer jeweiligen Melodiesaite in Position.

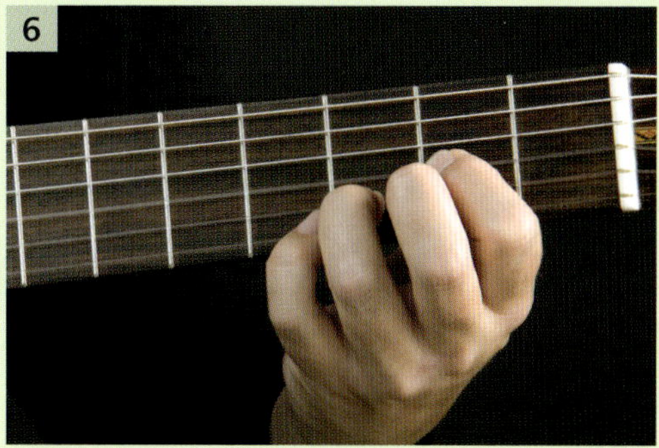

Der Schlussakkord D-Dur hat keine Terz, deshalb kann er nur mit dem Zeige- und dem Ringfinger gegriffen werden.

LIES AUSSERDEM
Pattern transponieren, Seite 54

Lektion 11
Verschiebbare Griff-Formen

Mit verschiebbaren Griff-Formen kann man jeden Akkord in jeder Tonart spielen. Hier lernst du die grundlegenden Griff-Formen.

Es gibt zwei Arten verschiebbarer Griff-Formen: Barré-Akkorde über 5 oder 6 Saiten und kleinere viertönige Akkorde. Alle basieren auf einem offenen Akkord: Barré-Akkorde basieren auf den offenen Akkorden E und A.

Wenn man den E-Dur-Akkord einen Bund aufwärts verschiebt und die Leersaiten beibehält, erklingt kein einfacher E-Dur-Akkord, sondern ein Akkord mit der exotischen Bezeichnung E(♭9♭13)sus4. Dieser Akkord klingt eindeutig „spanisch" und wird auch „phrygischer Akkord" genannt, weil sein Klang an den phrygischen Modus erinnert. Dieser Akkord ist die perfekte Wahl für spanisches Feeling, ist aber nicht verschiebbar. Wenn man allerdings die Leersaiten zusammen mit dem Akkord verschiebt, indem man den Zeigefinger im 1. Bund quer über alle Saiten legt (dafür muss der Fingersatz für den E-Dur-Akkord geändert werden, um den Zeigefinger frei zu machen), dann entsteht ein F-Dur-Akkord, der im 2. Bund zu einem F♯-Dur-Akkord wird, im 3. Bund zu einem G-Dur-Akkord usw. Das gilt auch für Moll- und Dominant-Akkorde. Es gibt viele weitere Möglichkeiten – beinahe jede offene E-Griff-Form kann als Barré-Akkord verwendet werden Dieses Prinzip kann auch auf den offenen A-Dur-Akkord angewendet werden, allerdings mit gedämpfter 6. Saite, weil der Grundton des Akkordes auf der 5. Saite liegt.

Die verschiebbaren Griff-Formen für viertönige Akkorde in dieser Lektion sind die höheren Töne eines vollen Barré-Akkordes. Diese Akkorde klingen weniger voll und sind sehr nützlich für Picking-Pattern auf vier Saiten, vor allem die D-Griff-Form, wie du hier sehen wirst.

Fingersatz für die rechte Hand

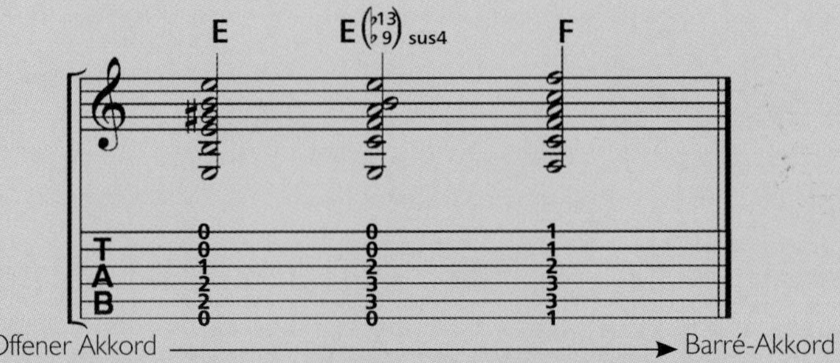

Hier siehst du die Evolution des verschiebbaren Barré-Akkords. Wenn du noch keine Barré-Akkorde kennst, werden sie anfangs schwierig zu spielen sein. Sei geduldig und übe sie häufig, damit deine Hand kräftiger wird.

Beispiel 1
Barré-Akkorde über 6 Saiten

Hier sind diese Akkorde mit dem Grundton F dargestellt, aber sie können durch Verschieben entlang des Halses in jede beliebige Tonart transponiert werden. Für Fm7 und F7 sind je zwei Griff-Formen angegeben, bei der zweiten ist die kleine Septime eine Oktave höher verdoppelt, um den „Septakkord"-Charakter zu verstärken.

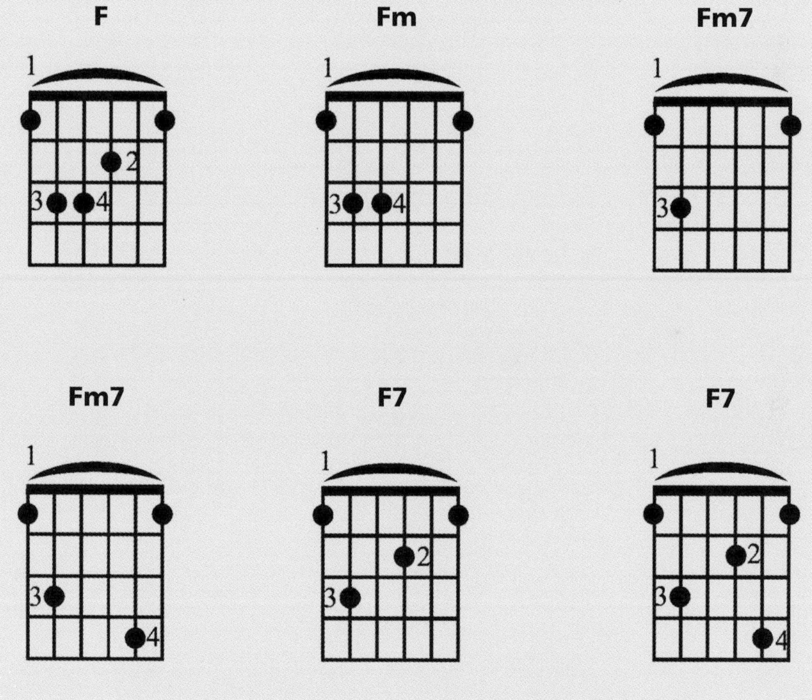

Beispiel 2
Barré-Akkorde über 5 Saiten

Diese Griff-Formen sind hier wieder in der tiefstmöglichen Lage auf dem 1. Bund angegeben (z.B. B♭). Wie bei den Barré-Akkorden über 6 Saiten sind auch hier für B♭m7 und B♭7 jeweils zwei Varianten dargestellt; bei der zweiten ist die kleine Septime eine Oktave höher verdoppelt.

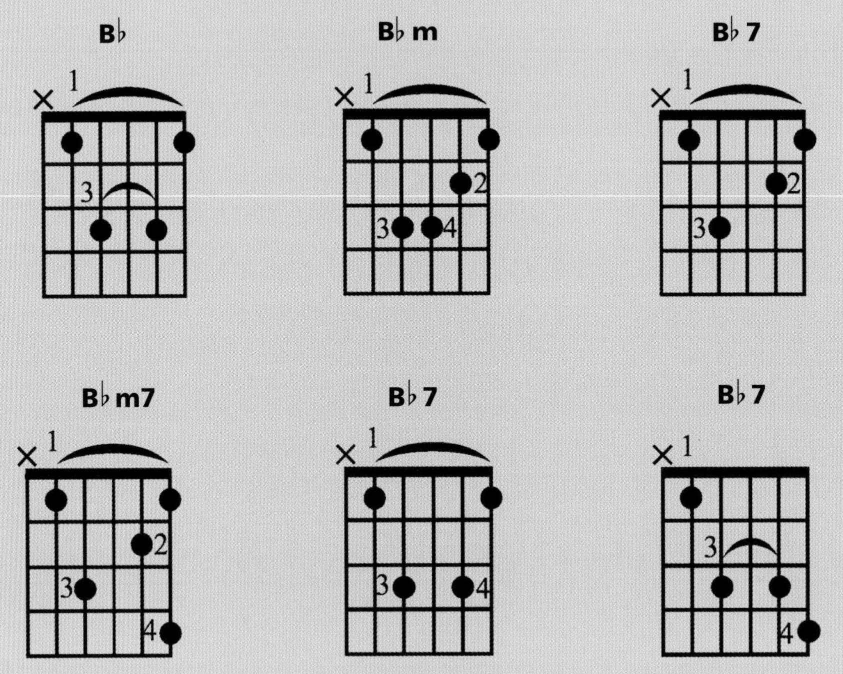

Tipp!

Um fünf- oder sechsaitige Barré-Akkorde schnell zu finden, musst du die Töne auf der 5. und 6. Saite im Schlaf kennen. Es kann helfen, diese Töne paarweise zu lernen, beispielsweise sind die Töne im 5. Bund A (auf der 6. Saite) und D (auf der 5. Saite), weil sie genau so auch häufig in Akkordfolgen auftauchen.

Beispiel 3
Griff-Formen auf 4 Saiten

Diese Voicings sind aus den oberen Tönen eines vollständigen Barré-Akkordes entstanden. Sie sind ideal für einen leichteren, weniger dichten Klang und funktionieren gut mit offenen D-Griff-Formen. Diese Griff-Formen können auch leicht mit Intervallen wie sus4 oder add9 ergänzt werden.

Fadd9

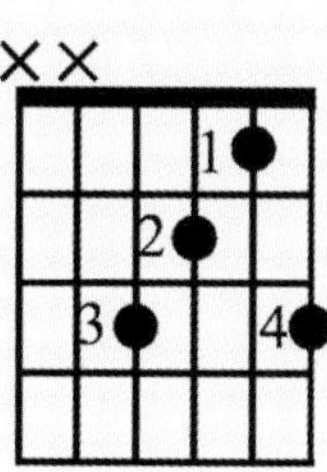

F

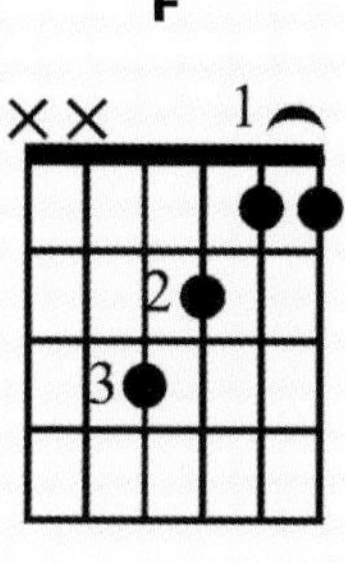

Fsus4

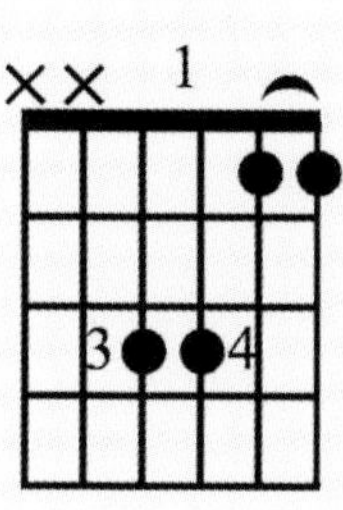

F6

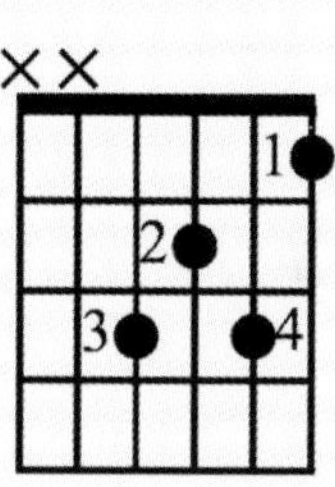

Fm

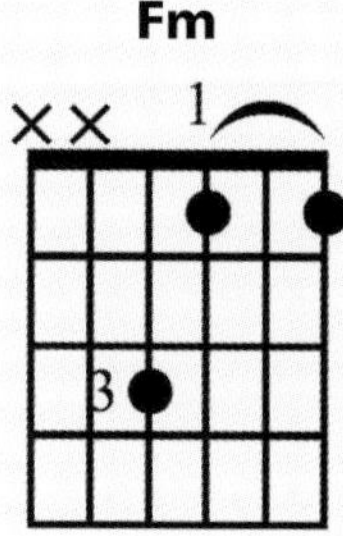

Fm7

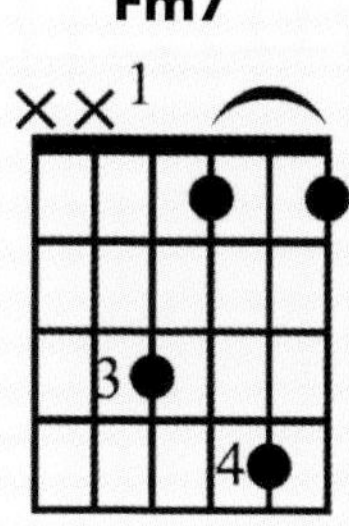

F7

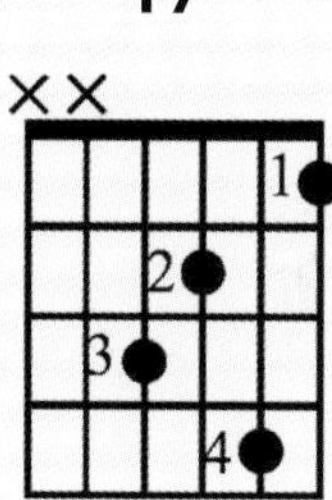

F°

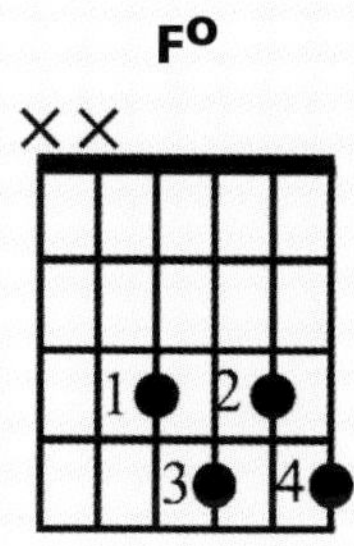

Tipp!

Versuche stets, neue Griff-Formen mit bereits bekannten zu verbinden. Zum Beispiel ist der Barré-Akkord F-Dur einfach ein um einen Bund verschobener und um das Barré ergänzter E-Dur-Akkord. Das vereinfacht nicht nur das Lernen, sondern du kannst so auch durch Anpassen eines der fünf Grundakkorde (C, A, G, E und D) jeden gewünschten Akkord erzeugen.

Lektion 12
Pattern transponieren

Hier lernst du, wie man Picking-Pattern an Griff-Formen für vier-, fünf und sechsaitige Akkorde anpasst.

Griff-Formen gehören im allgemeinen in eine dieser drei Kategorien: mit dem Grundton auf der 6. Saite, mit dem Grundton auf der 5. Saite, oder mit dem Grundton auf der 4. Saite (die Akkorde G-, C- und D-Dur sind gute Beispiele für jede dieser Gruppen). Je tiefer der Basston, desto größer die Anzahl von Saiten darüber. Der tiefste Ton des E-Dur-Akkords ist zum Beispiel die leere 6. Saite; was fünf Saiten darüber für ein Picking-Pattern freilässt.

Über der 4. Saite (dem Grundton) des D-Dur-Akkords sind nur drei Saiten verfügbar. Deshalb muss ein zu G-Dur passendes Pattern für C-Dur oder D-Dur angepasst werden. Manchmal liegt nur der Basston auf einer anderen Saite, aber was machst du, wenn du ein cooles fünfsaitiges Picking-Pattern für Am hast und der nächste Akkord ein D-Dur ist? Manchmal reichen kleine Veränderungen des Patterns, um ein solches Problem zu lösen. Hier lernst du einige der melodischen Hilfsmittel und Möglichkeiten für die Transponierung von Picking-Pattern kennen.

Gegenbewegung

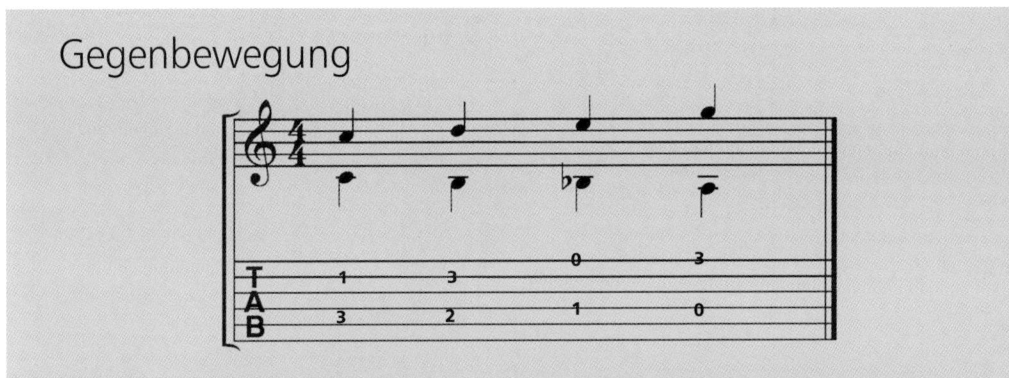

Gegenbewegung bedeutet, dass sich zwei Melodien entgegengesetzt bewegen. Das ist ein wohlbekannter melodischer Kunstgriff, der bei Fingerstyle-Pattern hervorragend klingt. Für gewöhnlich macht man das mit dem Bass und der höchsten Stimme der Melodie/des Akkordes, aber es geht auch mit den „inneren" Stimmen. In diesem Beispiel siehst du eine fallende Bass-Linie und eine gleichzeitig ansteigende Melodie.

Diese Akkorde benötigst du in dieser Lektion:

C
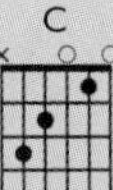

D
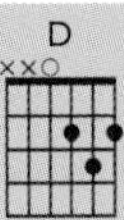

G7/B
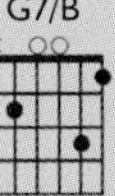

Am7
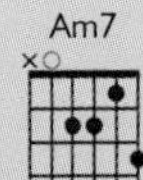

F
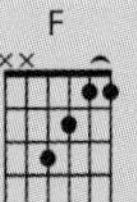

G
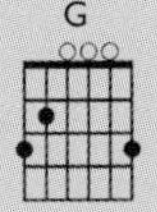

Übung 1

(Track 14)

Hier umfasst das Picking-Pattern für den C-Dur-Akkord die mittleren vier Saiten. Das Pattern wird durch einfaches Verschieben eine Saite aufwärts an den D-Dur-Akkord angepasst. Das ist zwar die einfachste Methode, aber nicht immer die beste, wenn es um interessantere Stimmführung geht.

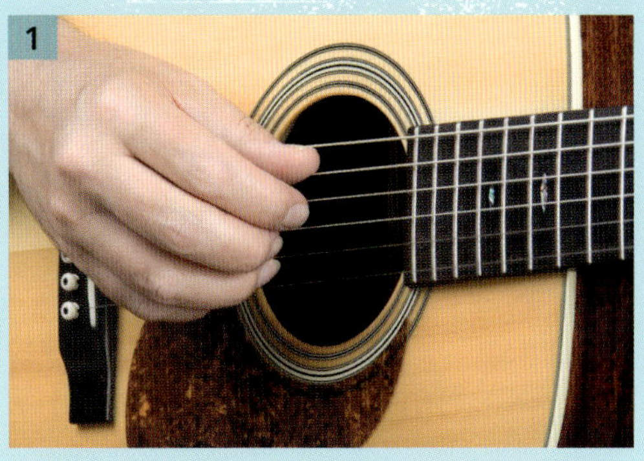

Weil nur die vier inneren Saiten gespielt werden, sollte der erste Pinch mit dem Daumen und dem kleinen Finger (a) gespielt werden.

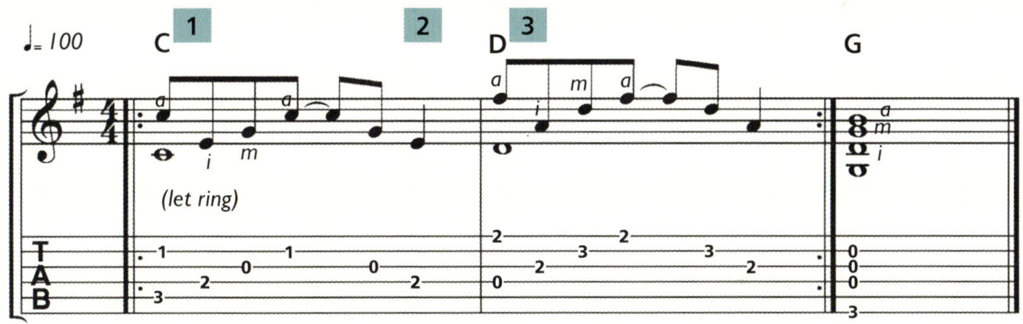

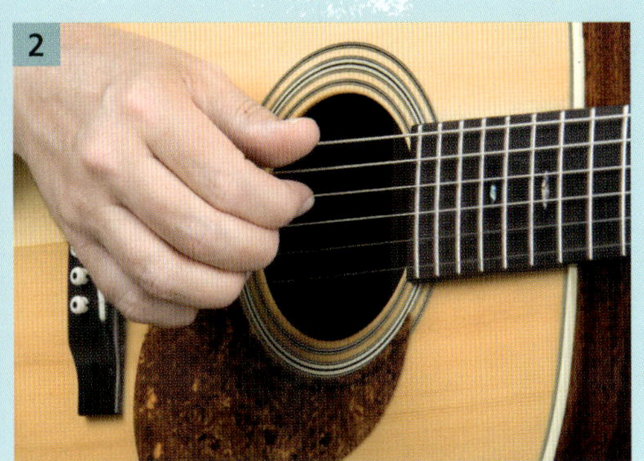

Schlage die 4. Saite am Ende des 1. Takts mit dem Zeigefinger an.

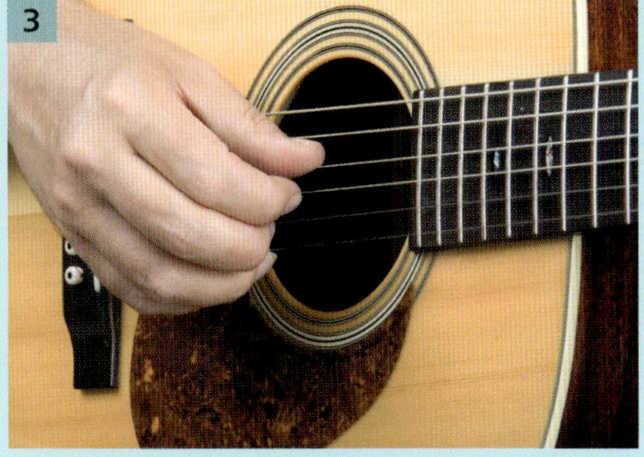

Das Picking-Pattern des 2. Takts umfasst die höchsten vier Saiten. Der erste Pinch wird mit dem Daumen und dem kleinen Finger (a) angeschlagen.

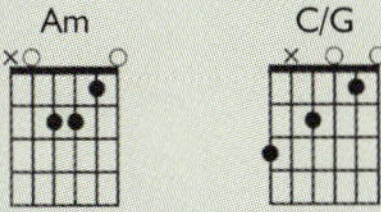

Übung 2

(Track 15)

Hier schlagen die Finger der rechten Hand (i, m und a) durchgehend nur die drei hohen Saiten an, so dass der Daumen seine Basstöne auf jeder der tieferen Saiten spielen kann und das Pattern überhaupt nicht geändert werden muss. Achte auf die Gegenbewegung in den ersten beiden Takten.

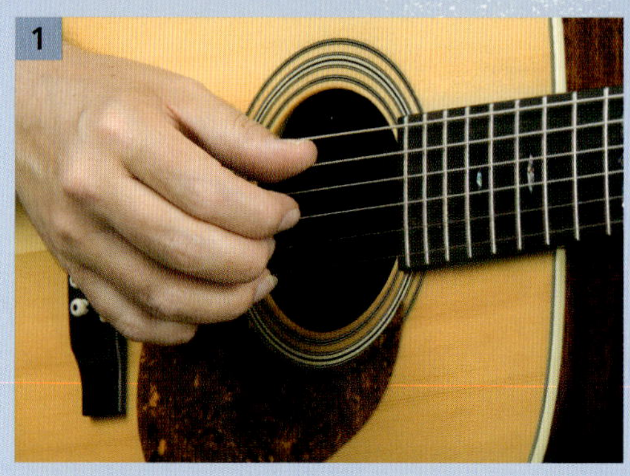

Schlage die 5. Saite mit dem Daumen an, während der kleine Finger (a) die leere 1. Saite anschlägt.

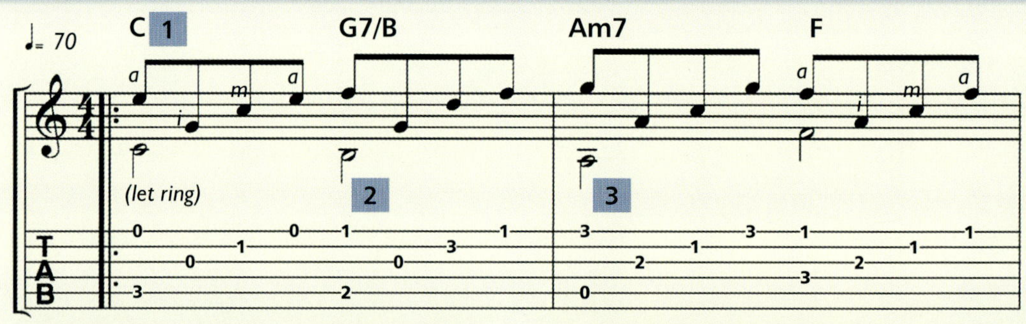

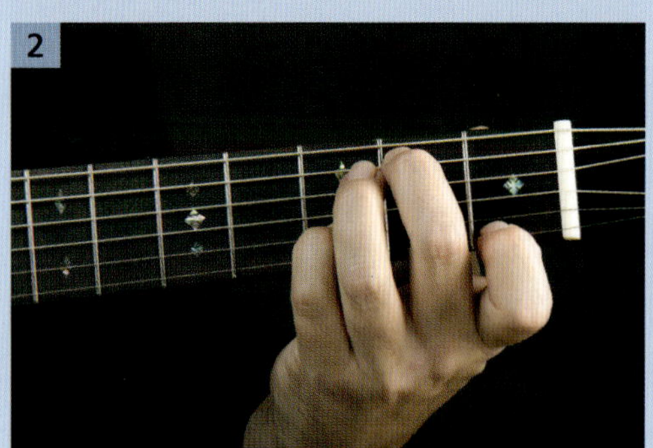

Bei diesem Beispiel wird die 1. Saite des G7/B-Akkords angeschlagen; greife den Akkord deshalb mit dem Zeige- und dem Mittelfinger.

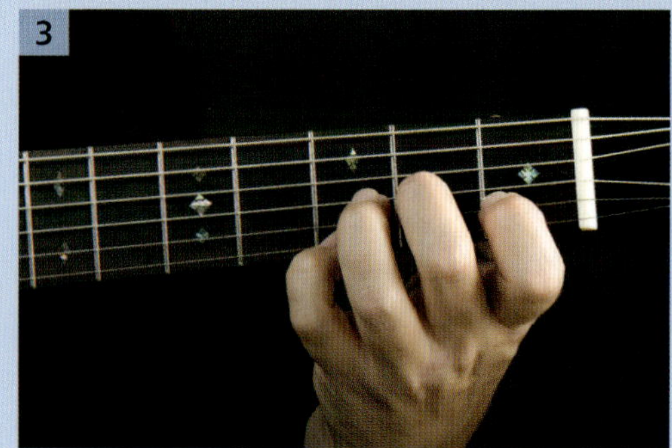

Bei diesem ungewöhnlichen Am7-Voicing wird die 4. Saite nicht angeschlagen, dafür kommt ein hohes G auf der 1. Saite hinzu. Greife diesen Akkord mit Zeigefinger, Mittelfinger und kleinem Finger.

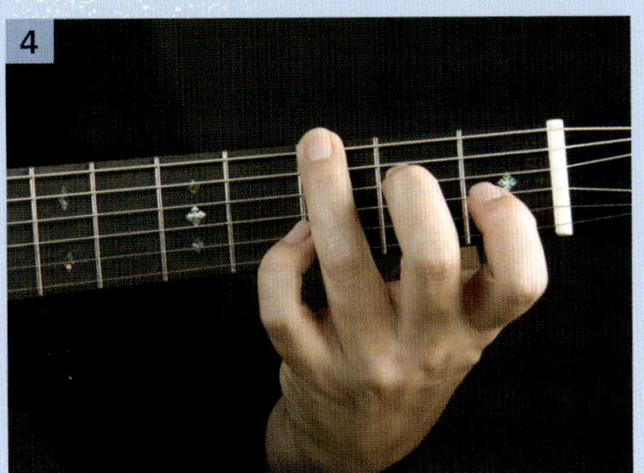

Bei diesem G-Dur-Akkord kommt beim Pinch die leere 1. Saite (E) vor, du musst also nur die 6. Saite mit dem Ringfinger greifen.

> **Tipp!**
> Wenn möglich, lasse Töne in den nächsten Takt weiterklingen. In dieser Übung sollte beispielsweise das G (Leersaite) in den letzten Takten durchklingen.

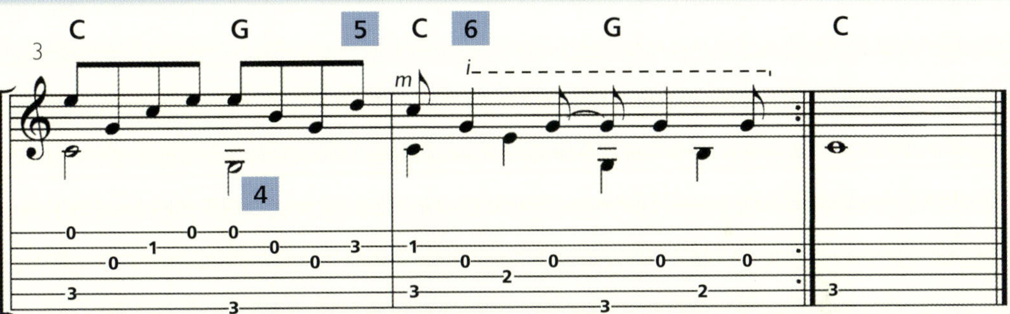

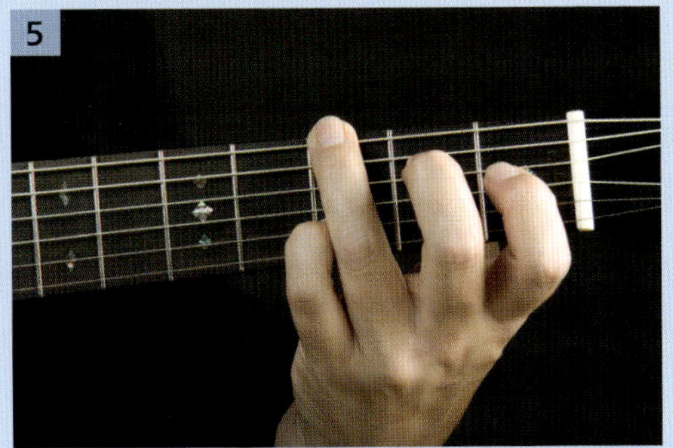

Ergänze jetzt das D auf der 2. Saite (mit dem kleinen Finger gegriffen). Behalte dabei den Ringfinger in seiner Position, damit der Basston für seine volle Dauer klingt.

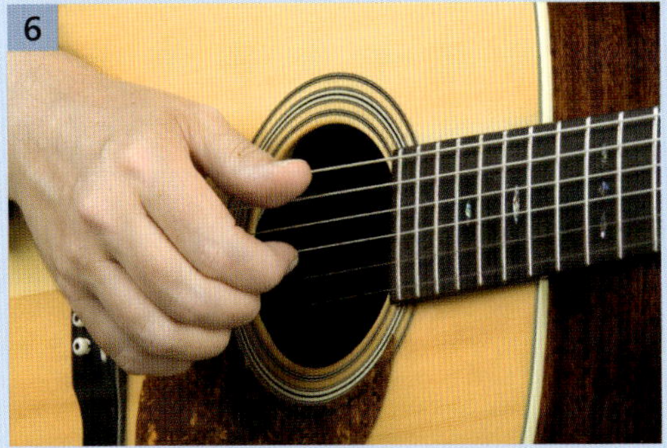

Der Zeigefinger (i) schlägt wie hier gezeigt die leere 3. Saite im gesamten 4. Takt an.

Übung 3

(Track 16)

Hier werden endlich die beiden vorherigen Konzepte kombiniert: eine fallende Bass-Linie bewegt sich von der 5. Saite zur 6. Saite, während die Töne der Finger (p, i, m und a) auf der 4., 3. und 2. Saite gespielt werden. In den Takten 3 und 4 wird das gesamte Pattern für die Akkorde D-Dur und F-Dur über die Saiten verschoben.

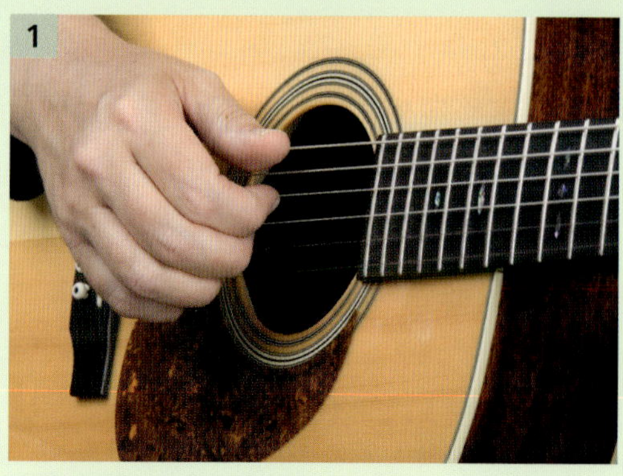

In den Takten 1 und 2 verschiebst du die Anschlagsfinger, so dass der Zeigefinger die 4. Saite anschlägt.

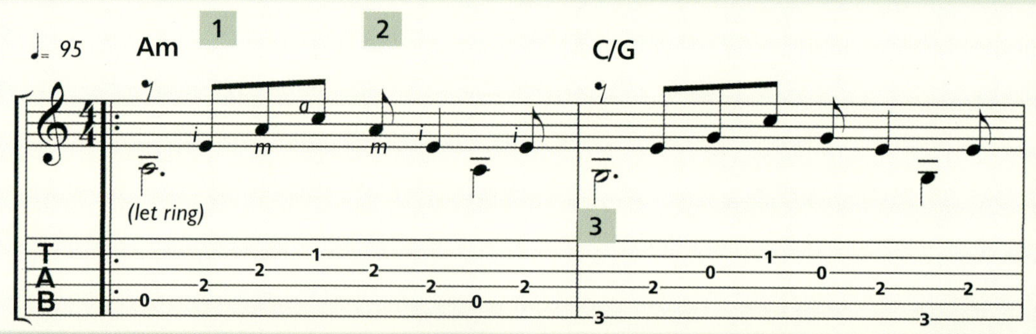

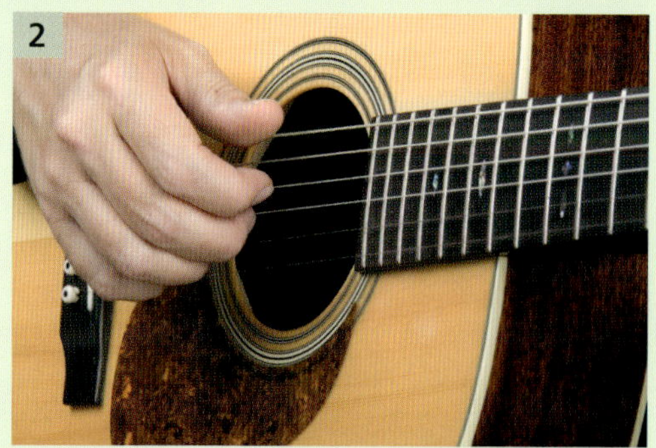

Schlage das A auf der 3. Saite mit dem Mittelfinger (m) an. Achte darauf, dass die Anschlagsfinger (i, m und a) über ihrer jeweiligen Saite in Position bleiben.

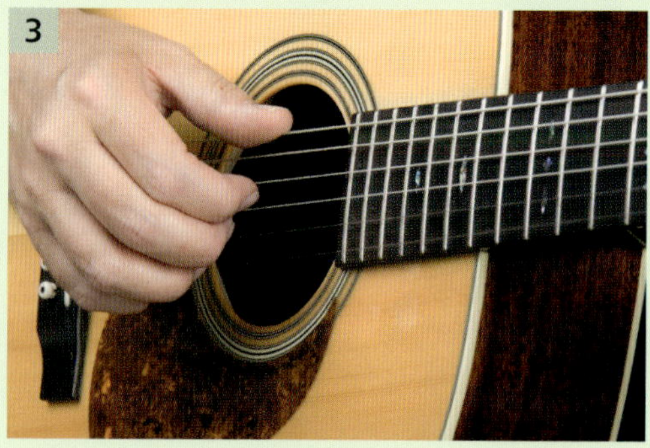

Zu Beginn des 2. Taktes bewegt sich der Daumen zur 6. Saite. Behalte die Finger in ihrer Position, damit sie für den Anschlag der Melodietöne bereit sind.

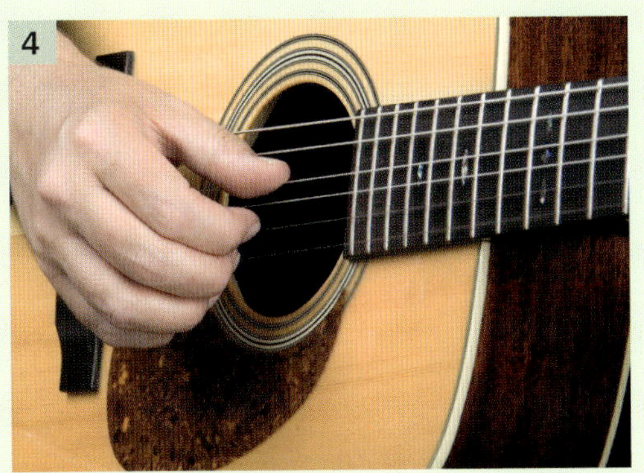

In Takt 3 und 4 werden die Anschlagsfinger erneut verschoben; jetzt schlägt der Daumen die 4. Saite an.

Tipp!
Ehe du ein Picking-Pattern transponierst, solltest du die Ursprungsversion vollständig verstanden haben. So vermeidest du unabsichtliche Veränderungen und unnötige Verwirrung.

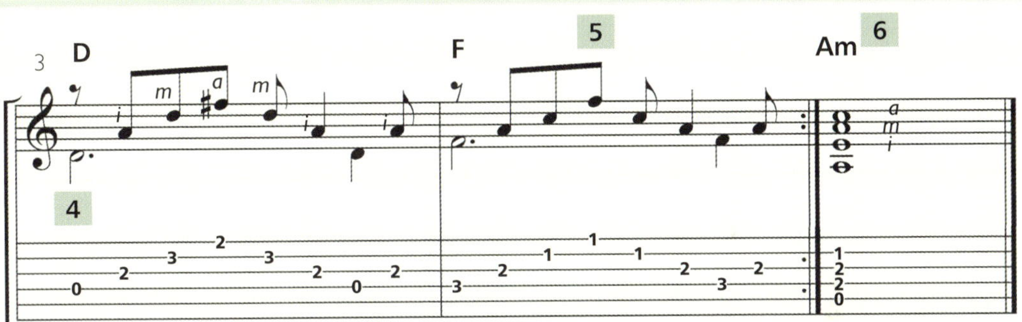

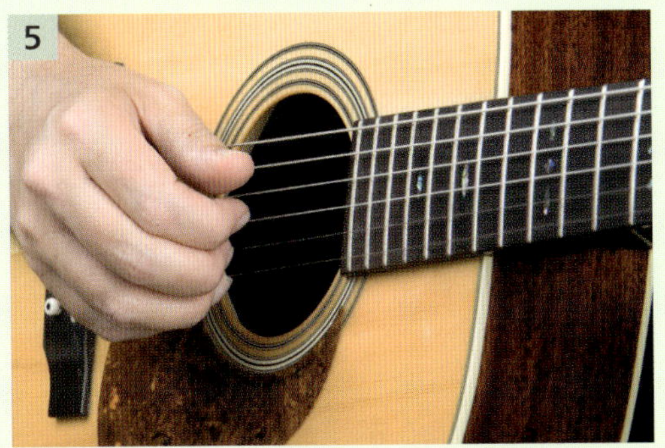

Schlage das hohe F auf der 1. Saite mit dem kleinen Finger (a) an. Der Daumen bleibt in Position, bereit, die 4. Saite erneut anzuschlagen.

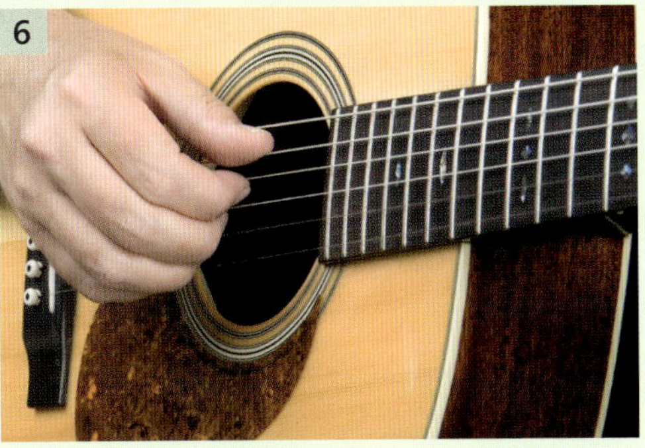

Die Töne des abschließenden Am-Akkords werden mit allen Anschlagsfingern gleichzeitig angeschlagen. Die Anschlagsfinger i, m und a sind zu ihrer Position über den tieferen Saiten zurückgekehrt.

Lektion 13
Sechzehntel-Pattern

Lerne Sechzehntel-Pattern, damit deine Musik auch bei langsameren Tempos groovt.

Bisher hast du ausschließlich Picking-Pattern in Achtelnoten gespielt. Anders ausgedrückt war die einzige Unterteilung die Halbierung des Taktschlags,wenn Töne auf der zweiten Hälfte des Taktschlags (dem Offbeat) gespielt werden. Wenn du beim Spielen mit dem Fuß mitklopfst (und das solltest du!), ist dein Fuß beim Offbeat in der Luft und beim Downbeat auf dem Boden.

Sechzehntelnoten sind etwas schwieriger; jetzt werden die Achtel halbiert, so dass jeder Taktschlag viergeteilt ist. Das klingt kompliziert, aber wenn du dich erstmal an den Klang und die Zählweise von Sechzehntelnoten gewöhnt hast, sollte das kein Problem sein. Wahrscheinlich hast du sogar schon Sechzehntelnoten gespielt, ohne es zu wissen! Es geht bei Sechzehntelnoten aber nicht darum, deine Kumpels zu einem Highspeed-Duell im Banjo-Stil herauszufordern, (obwohl es dazu auch andere Meinungen gibt), sondern um interessantere Begleitungen auch bei langsamem Tempo. Klassische Beispiele für Picking-Pattern in Sechzehntelnoten sind Simon und Garfunkel's „The Boxer" oder „Hotel California" von den Eagles.

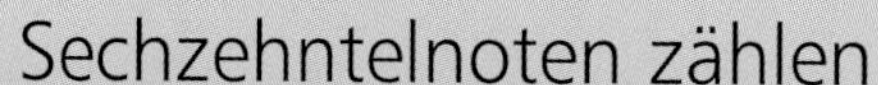

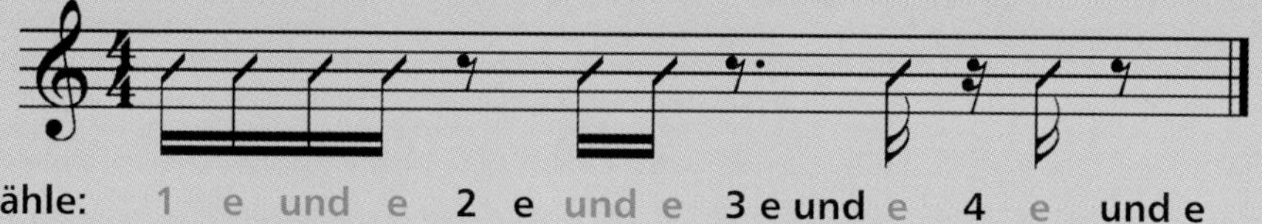

Beim Lernen neuer Sechzehntel-Picking-Pattern solltest du langsam üben und mit dem Fuß die Achtelnoten mitklopfen (also doppelt so schnell wie normal). Später musst du aber in der Lage sein, alles auf einen normalen Viertelpuls zu beziehen. Hier siehst du eine weitverbreitete Zählmethode (die Taktzeiten, auf denen ein Ton gespielt wird, sind grau) bei der die normale Achtelzählung um die Silbe „e" erweitert wird.

Diese Akkorde benötigst du in dieser Lektion:

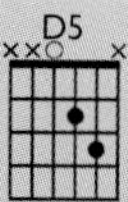

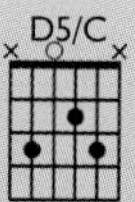

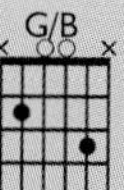

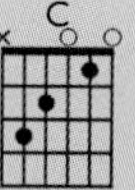

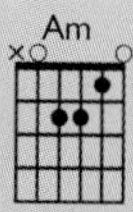

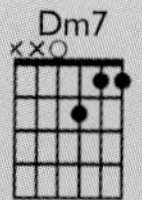

Übung 1
(Track 17)

Dieses Beispiel erzeugt seinen Kontrast durch ein synkopiertes Sechzehntel-Pattern zu einer einfachen fallenden Bass-Linie. Der sich wiederholende Sechzehntel-Rhythmus ist einfach, aber effektiv; das erste tiefe A wird auf der „1 und" gespielt, das zweite auf der „2 e".

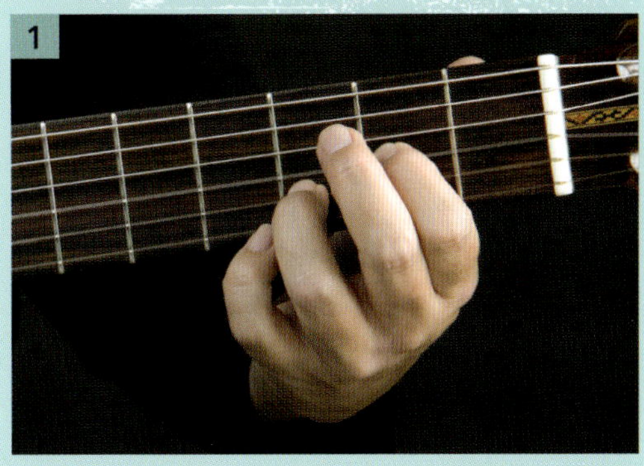

Greife den D5-Akkord mit dem Zeige- und dem Ringfinger. So bleibt der Mittelfinger für den Basston C im 2. Takt frei.

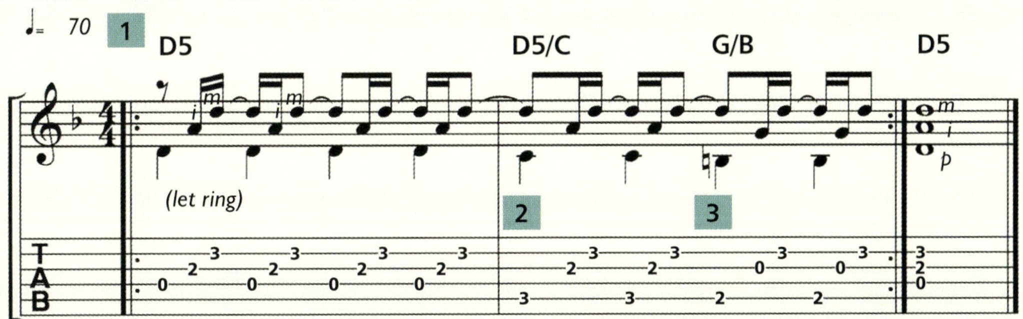

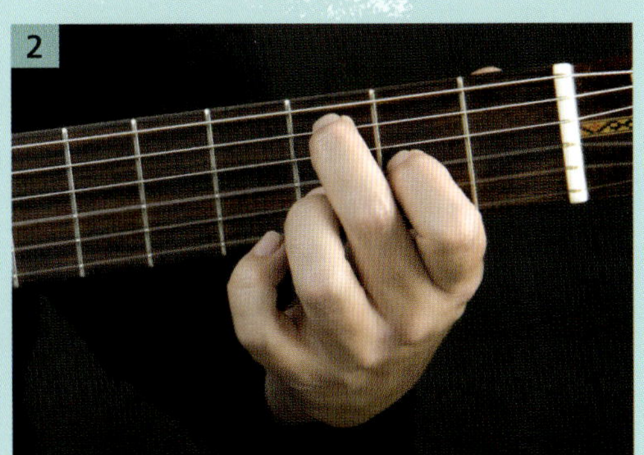

Der Zeigefinger und der kleine Finger bleiben in ihrer Position, wenn du mit dem Mittelfinger im 3. Bund der 5. Saite greifst.

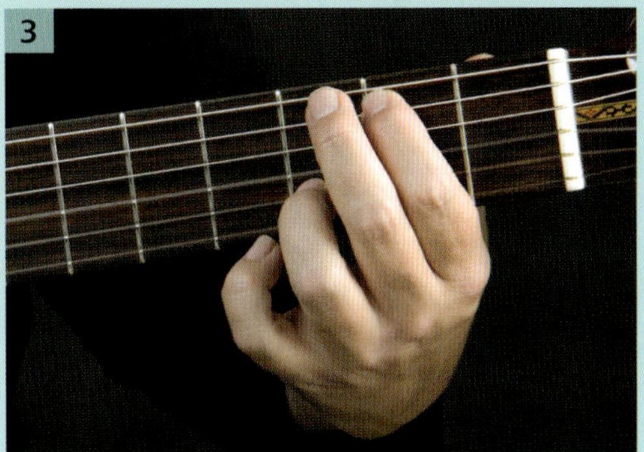

Um den G/B-Akkord zu greifen, verschiebst du einfach den Zeigefinger auf die 5. Saite; der Ringfinger bleibt dabei in seiner Position.

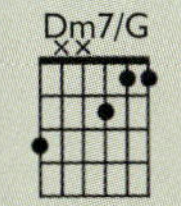

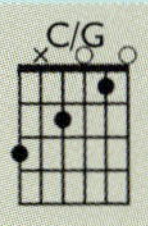

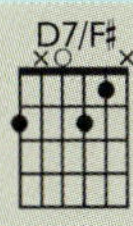

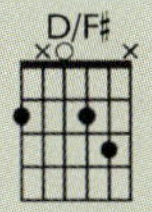

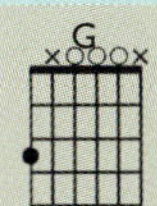

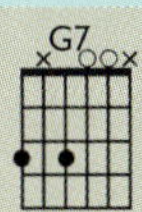

Übung 2

(Track 18)

Dies ist eine großartige Übung für alle Finger der Anschlagshand. Die Akkordtöne werden hier auf den drei hohen Saiten mit den Fingern (i, m und a) gespielt.

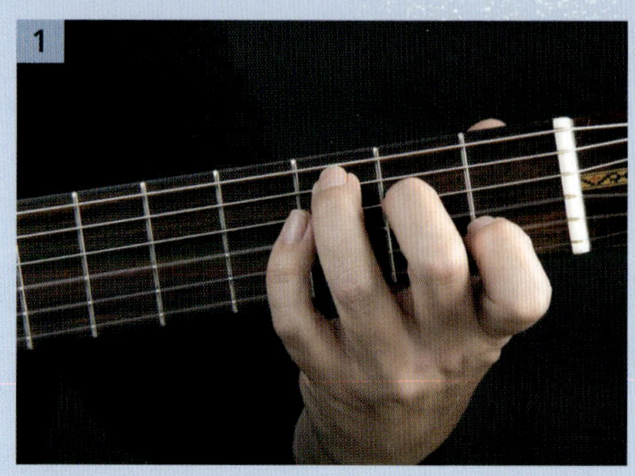

Weil beim C-Dur-Akkord die 4. Saite nicht angeschlagen wird, muss sie auch nicht gegriffen werden. Hier wird der Akkord nur mit dem Zeige- und Ringfinger gegriffen.

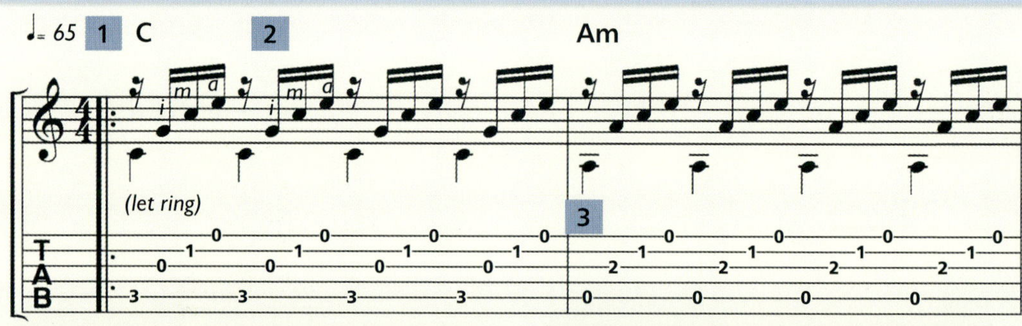

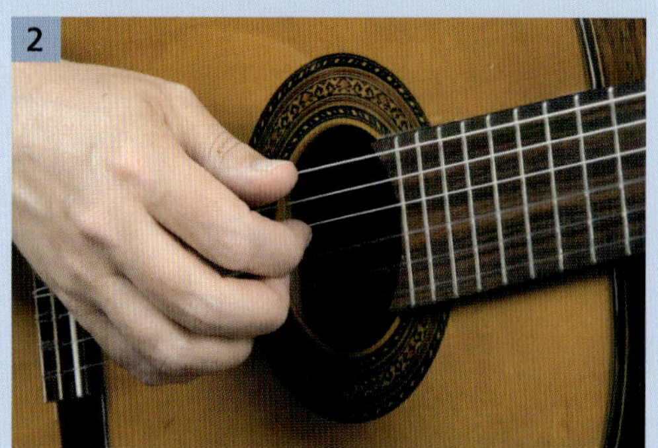

Wenn du die 3. Saite mit dem Zeigefinger (i) anschlägst, sollten Mittel- und Ringfinger (m und a) über ihrer jeweiligen Saite in Position sein.

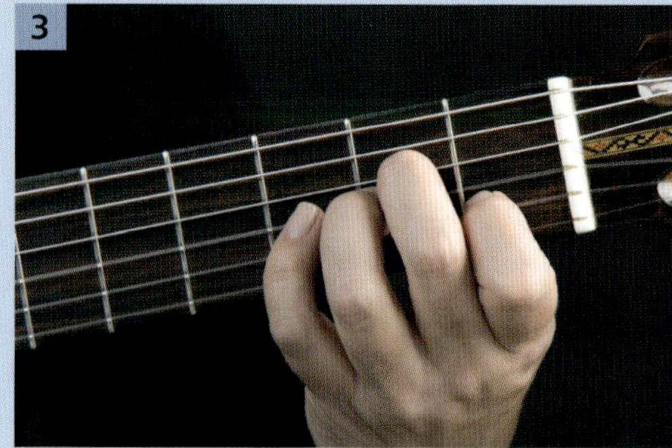

Da die 4. Saite nicht angeschlagen wird, kannst du den Am-Akkord nur mit Zeige- und Mittelfinger greifen. Das erleichtert auch den schnellen Akkordwechsel zum Dm7 im nächsten Takt.

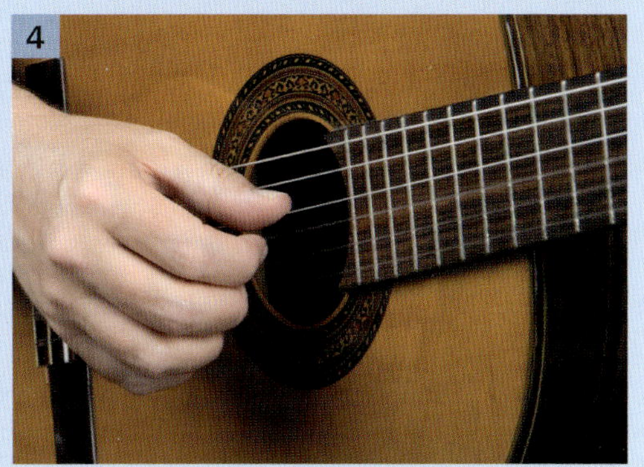

Bevor du den ersten Akkordton anschlägst, sollten sich alle Finger bereits in Position über ihrer jeweiligen Saite befinden.

Tipp!

Im ersten Beispiel wird dir das Akkordsymbol D5 aufgefallen sein. Es steht für einen sogenannten „Powerchord", der eher von Rockgitarristen verwendet wird, weil er mit Verzerrung gut klingt. Weil ihnen die Terz fehlt, sind Powerchords weder Dur- noch Moll-Akkorde und deshalb harmonisch mehrdeutig.

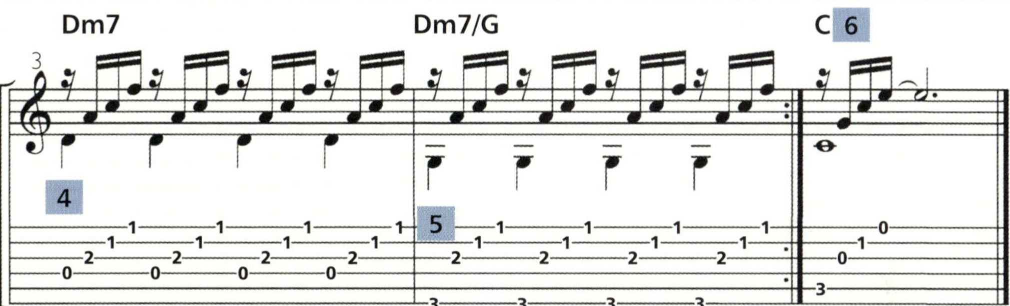

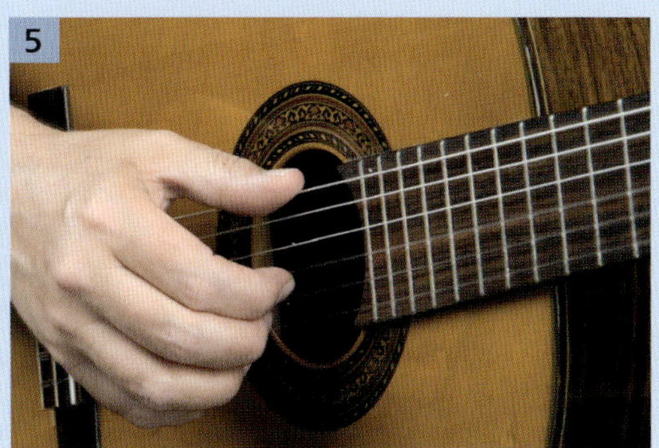

Wenn sich der Daumen der Greifhand über die Saiten bewegt, um das tiefe G zu greifen, müssen die Finger der Anschlagshand über ihren Saiten in Position bleiben.

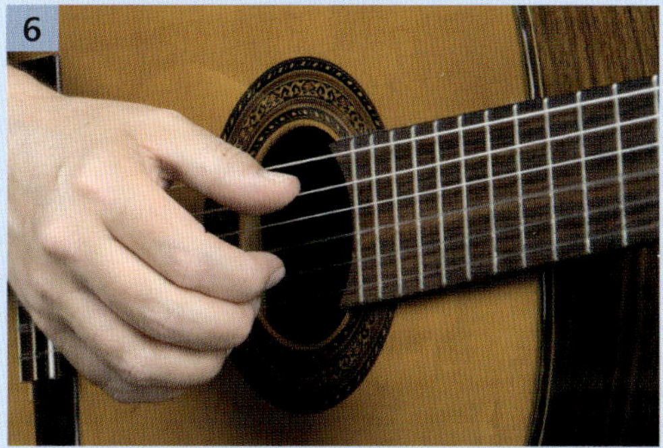

Der C-Dur-Schlussakkord wird wieder mit dem ursprünglichen Pattern gespielt, also mit dem Daumen auf der 5. Saite und den übrigen Fingern (i, m und a) auf den drei hohen Saiten.

Übung 3

(Track 19)

Sechzehntel-Pattern gegen einen 6/8-Puls zu spielen, kann wundervolle hypnotische Begleitungen wie diese hervorbringen. Ein gleichmäßiges rhythmisches Picking-Pattern durchzuhalten ist dabei unerlässlich.

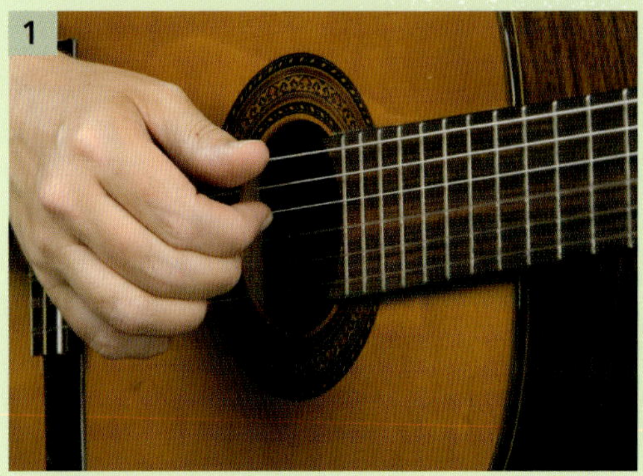

Bei diesem Beispiel verschiebst du die Anschlagshand über die Saiten. Hier siehst du die richtige Haltung mit den Fingern (i, m und a) über der 4., 3. und 2. Saite.

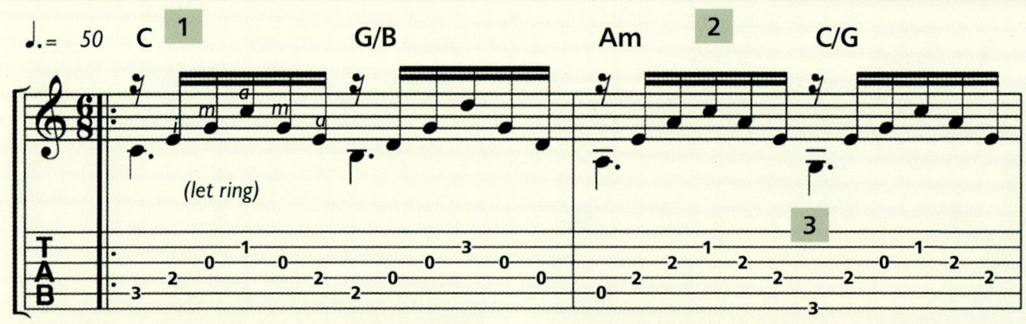

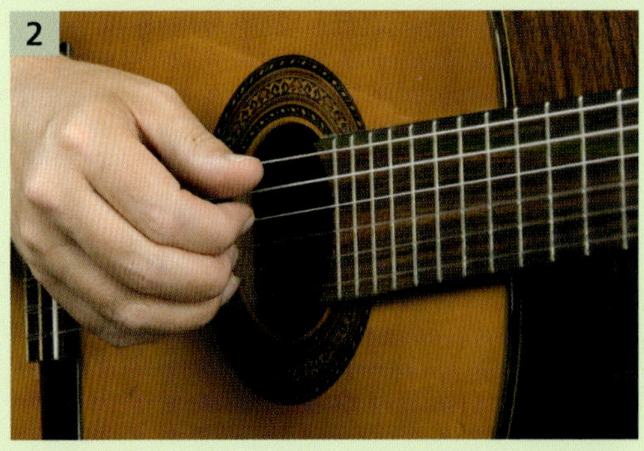

Hier ist die Hand verschoben und der Ringfinger (a) schlägt die 2. Saite an.

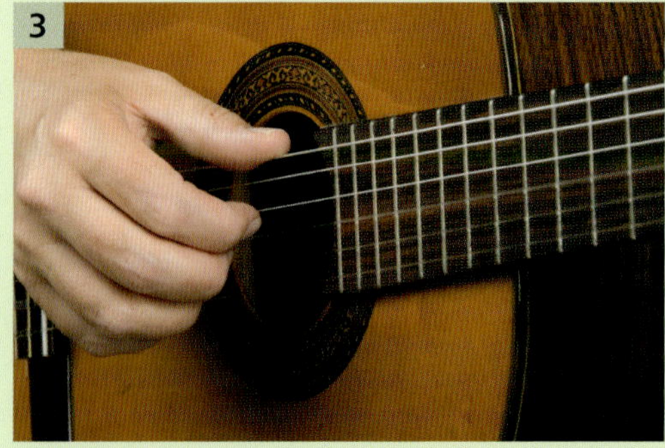

Führe den Daumen für den Basston G im 2. Takt über die Saiten, ohne dabei die Position der Anschlagsfinger zu verändern.

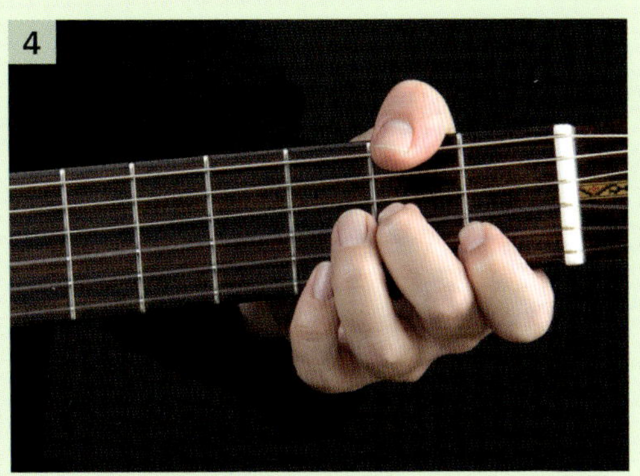

Der Basston F♯ wird hier mit dem Daumen der linken Hand gegriffen.

Tipp!

Um das Ende eines Musikstückes dramatischer zu gestalten, reduzieren Musiker vor dem letzten Akkord häufig das Tempo. Das nennt man rallentando und es wird meistens abgekürzt an der betreffenden Stelle unter den Noten angegeben, wie in Takt 4 dieses Beispiels.

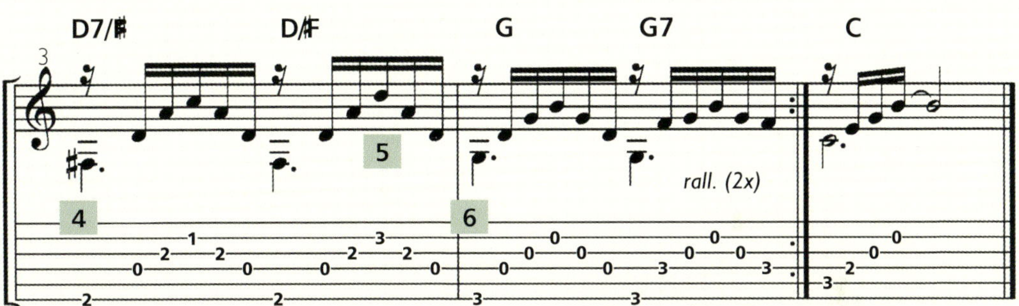

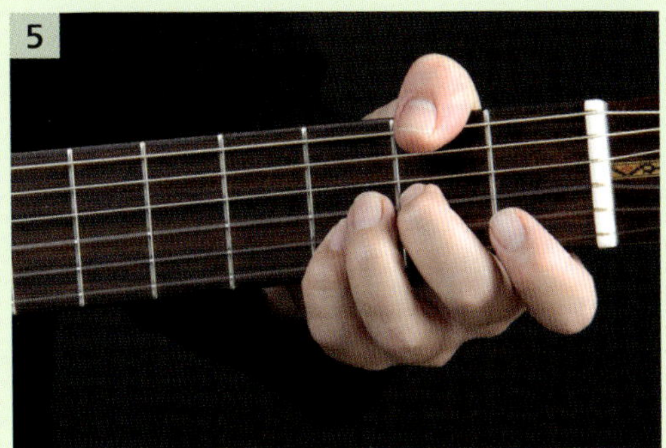

Greife das D im 3. Bund mit dem kleinen Finger; der Daumen bleibt dabei in Position.

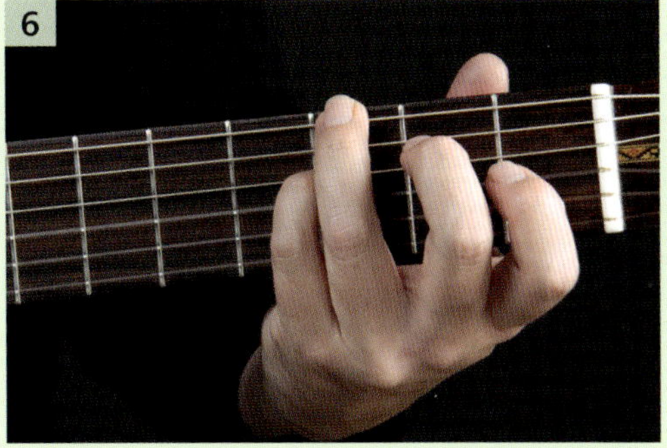

Weil die 1. Saite und die 5. Saite nicht angeschlagen werden, kann der G-Dur-Akkord im 4. Takt nur mit dem Ringfinger gegriffen werden.

Lektion 14
Pattern mit Barré-Akkorden

Erweitere deine E-Gitarren-Technik – experimentiere mit Barré-Akkorden, die mit Fingerpicking cool klingen.

Fingerstyle-Technik ist nicht das exklusive Vorrecht akustischer Gitarristen; es klingt auch auf der E-Gitarre gut. Eine ansonsten vorhersehbare Akkordfolge kann durch ein rhythmisches Picking-Pattern deutlich verfeinert werden. Außerdem ist es auch eine coole Art, Balladen und langsamere Songs zu begleiten, vor allem, wenn du in einer Band ohne Keyboarder spielst.

Weil eine E-Gitarre auch die kleinsten Nuancen deines Spiels verstärkt, können Akkorde mit Leersaiten manchmal etwas unsauber klingen. Weil Barré-Akkorde keine Leersaiten enthalten, haben sie weniger Resonanz und können durch Verringerung des Fingerdrucks der Greifhand einfach gedämpft werden. Deshalb bevorzugen viele E-Gitarristen beim Fingerpicking diese Griff-Formen. Bei schnellen Akkordwechseln können sie allerdings etwas schwerfällig sein, und beim Musizieren mit anderen die Akkordwechsel zu verschleppen bringt dich ins Gefängnis! Um also Barré-Akkorde möglichst schnell zu wechseln, bewege deine Finger nicht mehr als nötig; im Idealfall haben sie ständig Kontakt zu den Saiten. Wenn du den Fingerdruck nur verringerst (ohne die Finger ganz von den Saiten abzuheben), kannst du ganze Griff-Formen einfach auf- und abwärts verschieben und so Akkorde deutlich schneller wechseln.

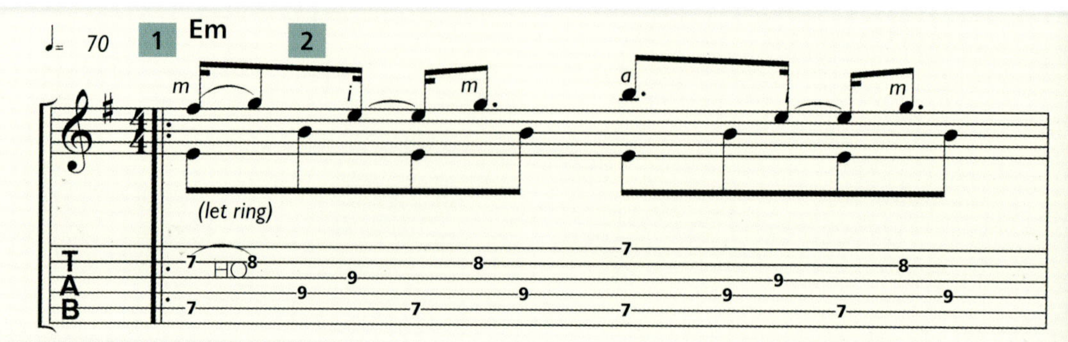

Diese Akkorde benötigst du in dieser Lektion:

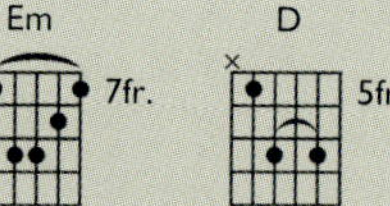

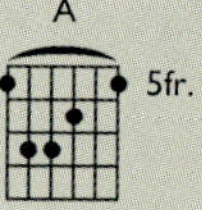

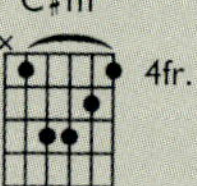

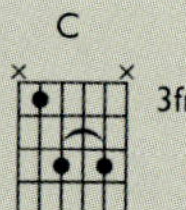

B

2fr.

Übung 1
(Track 20)

Dieses 16tel-Picking-Pattern ist ideal für Balladen und langsamere Rockgrooves. Die Melodietöne fallen nur auf dem 1. und dem 3. Taktschlag mit einem Basston zusammen (Pinch); die übrigen Töne sind synkopiert. Dieses Pattern passt gut zu Funkrock und verwandten Stilen und könnte so oder ähnlich bei den Red Hot Chili Peppers vorkommen.

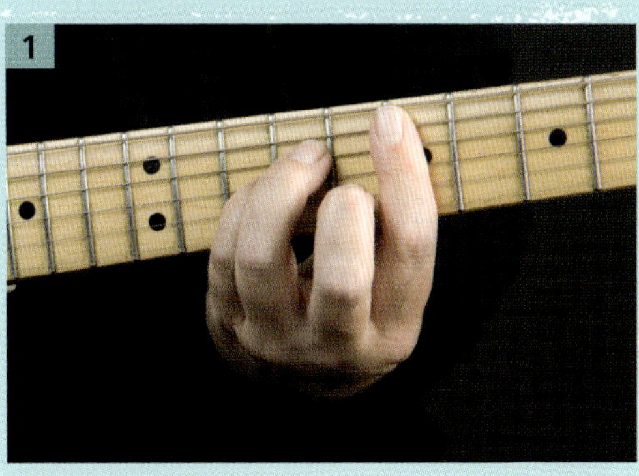

Beim Greifen des Em-Akkords sollte der Mittelfinger (m) über dem 8. Bund schweben. Beim Anschlagen des ersten Pinchs hämmerst du dann mit dem Zeigefinger auf die Saite auf.

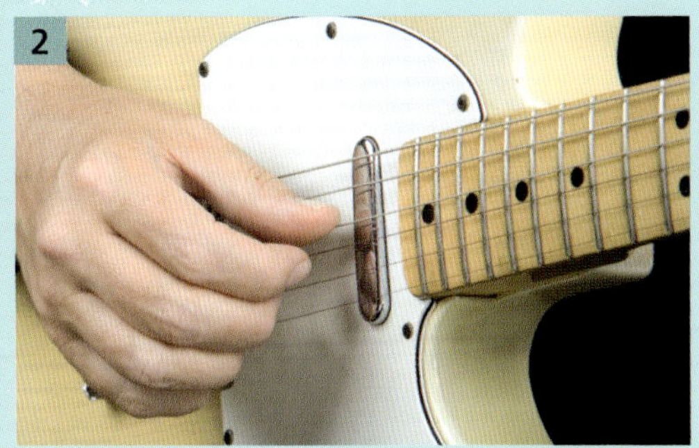

Der Daumen spielt hier durchgehend Wechselbass. Im Bild siehst du die korrekte Positionierung der Finger wenn der Daumen die 5. Saite anschlägt.

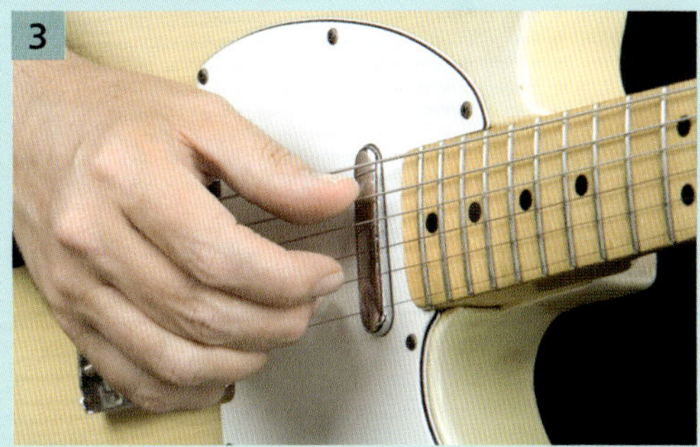

Der erste Pinch im 2. Takt wird mit dem Daumen und dem Mittelfinger (m) gespielt.

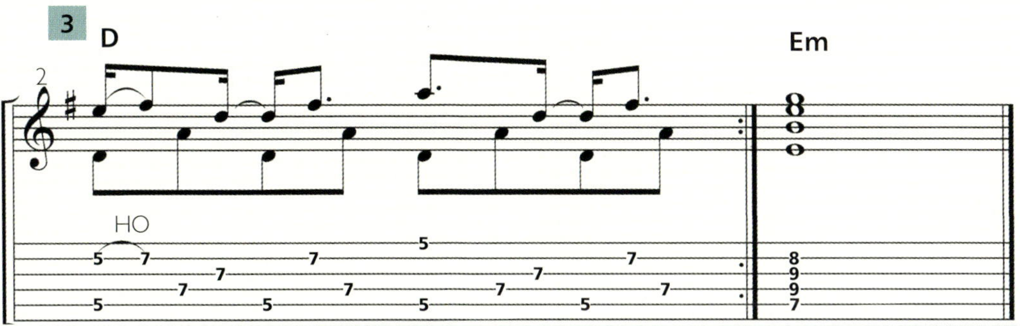

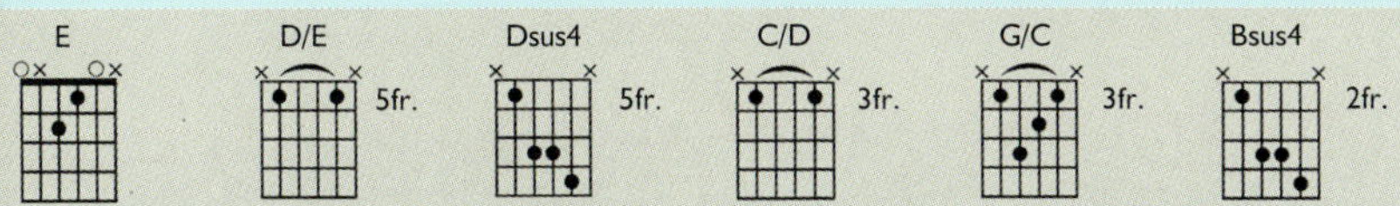

Übung 2
(Track 21)

In diesem leichten Picking-Pattern werden nur die ersten beiden Finger (i, m) und der Daumen (p) der Anschlagshand verwendet. Der höchste Melodieton (E) wird die ersten drei Takte hindurch wiederholt. Einen solchen Ton nennt man Pedalton. Wegen des nicht leitereigenen (d.h. nicht in die Tonart E-Dur gehörenden) C-Dur-Akkordes erinnert dieses Beispiel an die Musik von Radiohead.

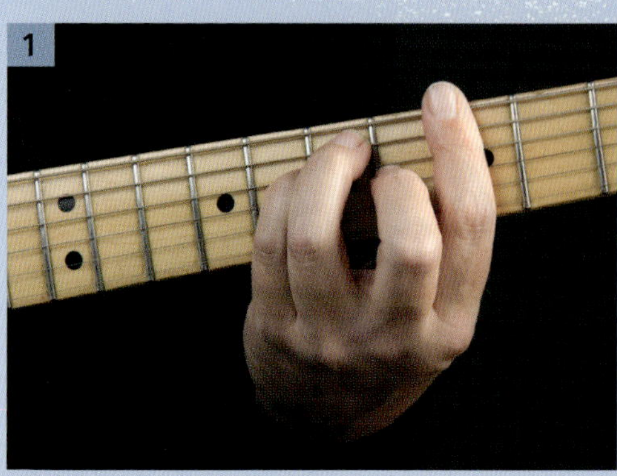

Greife den Barré-Akkord im 5. Bund über alle sechs Saiten mit dem Zeigefinger direkt hinter (nicht auf) dem Bundstäbchen.

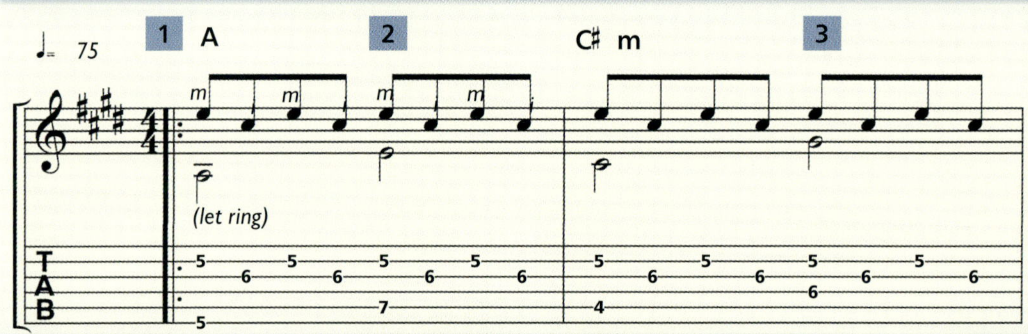

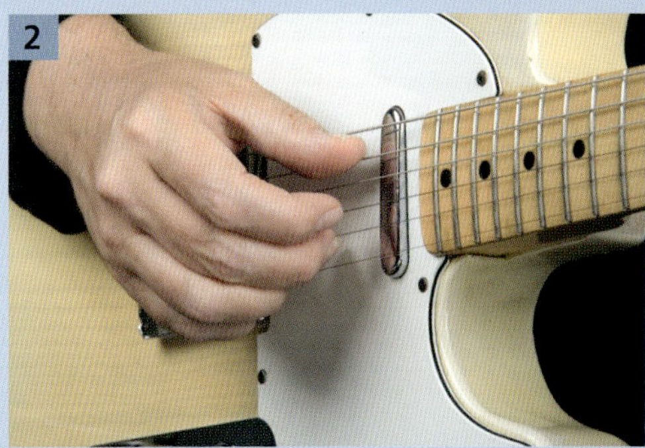

Auf dem 3. Taktschlag spielt der Daumen (auf der 5. Saite) einen Pinch zusammen mit dem Mittelfinger (m), der die 2. Saite anschlägt.

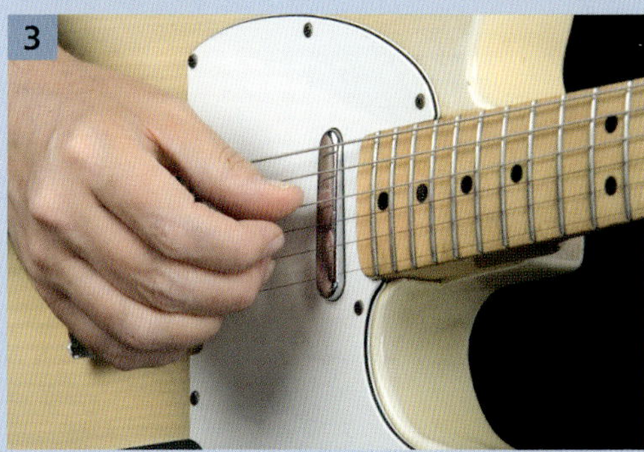

Bei diesem Pinch schlägt der Daumen die 4. Saite an, während gleichzeitig der Mittelfinger (m) die 2. Saite anschlägt.

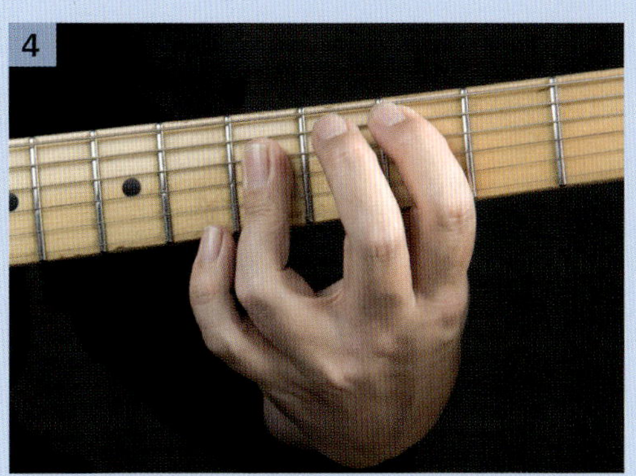

Der C-Dur-Akkord ist wesentlich einfacher mit einem Barré des Ringfingers zu greifen.

Tipp!

Dur-Barré-Akkorde mit dem Grundton auf der 5. Saite werden einfacher, wenn man die höheren Akkordtöne mit einem Barré greift. Greife dazu kein Barré mit dem Zeigefinger (der muss nämlich nur den Basston greifen); lege stattdessen den Ringfinger quer über die 2., 3. und 4. Saite.

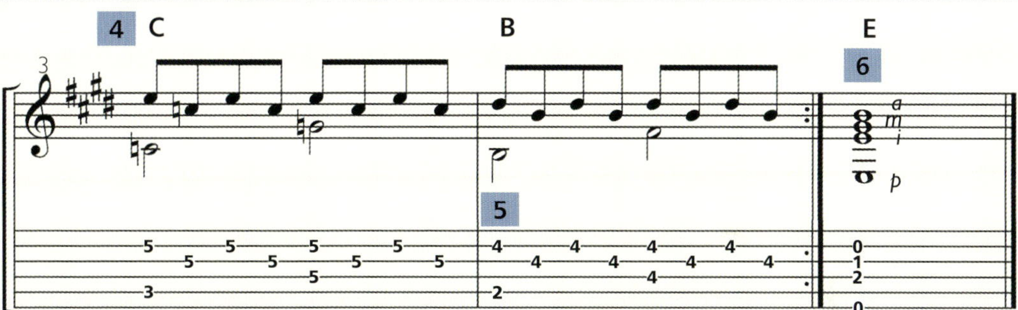

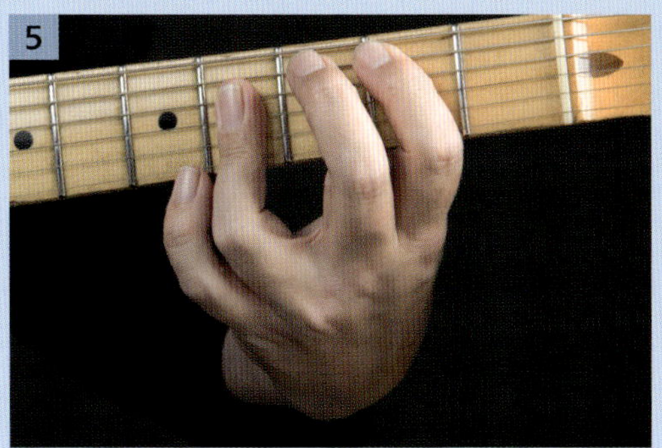

Behalte diese Griff-Form für C-Dur bei und verschiebe sie halsabwärts auf den 2. Bund, um den nächsten Akkord (B-Dur) zu erzeugen.

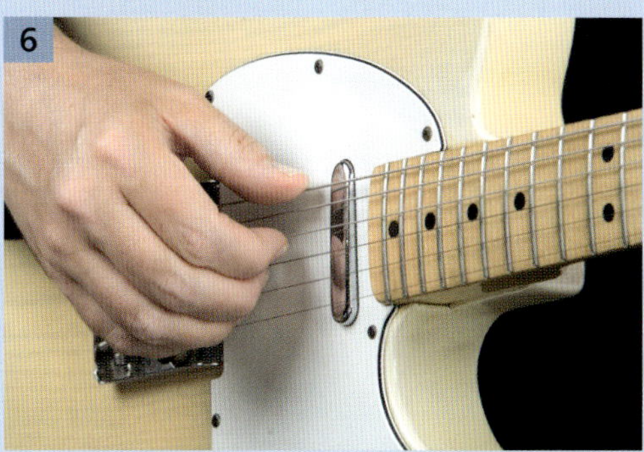

Der Schlussakkord E-Dur wird mit allen Fingern gleichzeitig angeschlagen.

Übung 3

(Track 22)

In diesem Beispiel schlagen die Finger der rechten Hand (i, m und a) Dreiklänge anstelle einzelner Töne an. Diese funkigere Begleitung eignet sich für viele Musikstile.

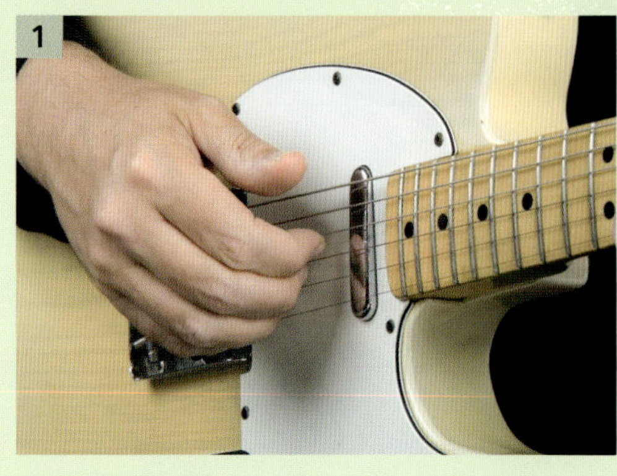

Schlage die höheren Akkordtöne alle gleichzeitig mit den Fingern der Anschlagshand (i, m und a) an.

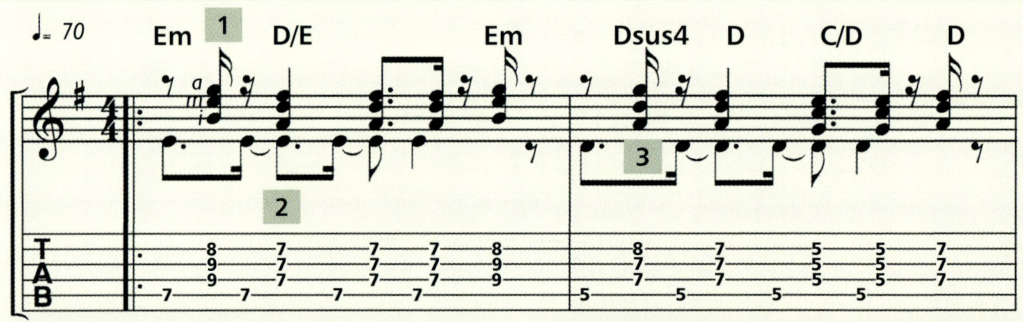

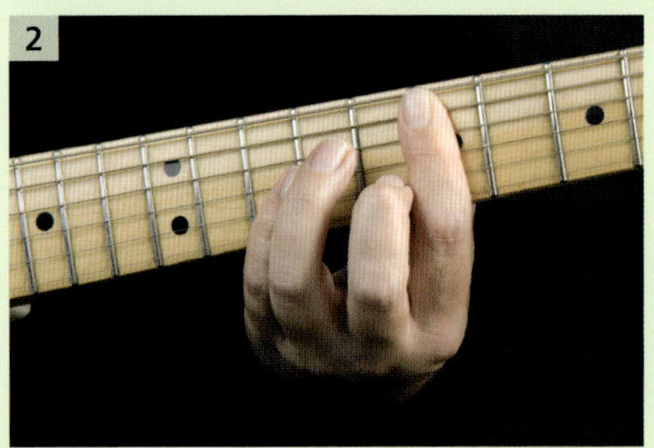

Beim D/E-Akkord greift der Zeigefinger ein Barré im 7. Bund. Die nicht verwendeten Finger sollten über den entsprechenden Bünden in der Schwebe bleiben.

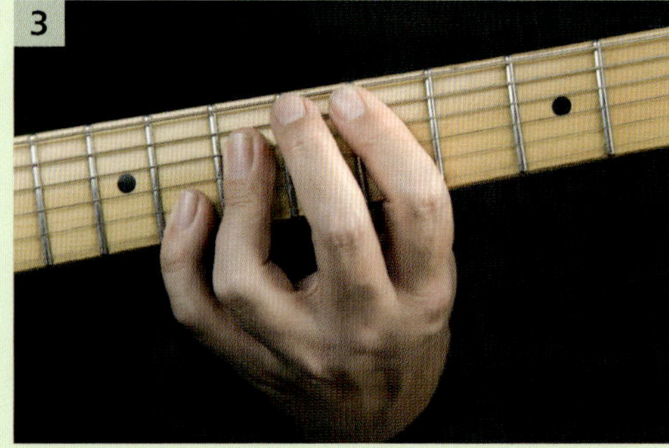

Greife den D-Dur-Akkord mit einem Barré des Ringfingers (über die 2., 3. und 4. Saite) im 5. Bund. Die „sus4"-Erweiterung kann dann mit dem kleinen Finger hinzugefügt werden.

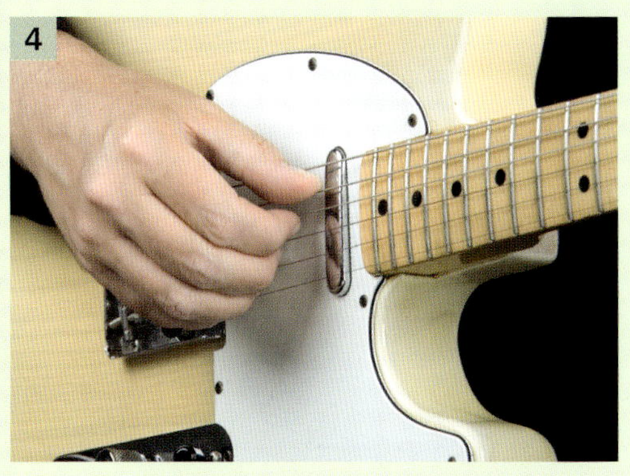

Wenn der Daumen die Basstöne anschlägt, sollten die anderen Finger schon für den Anschlag der Akkordtöne über den Melodiesaiten einsatzbereit sein.

Tipp!
Denke daran, dass trickreiche Picking-Pattern leichter zu lernen sind, wenn man sie in zwei Teile zerlegt: die Melodie (aufwärts gehalst) und die Basstöne (abwärts gehalst). Lerne die einzelnen Teile immer einzeln und setze sie dann zusammen.

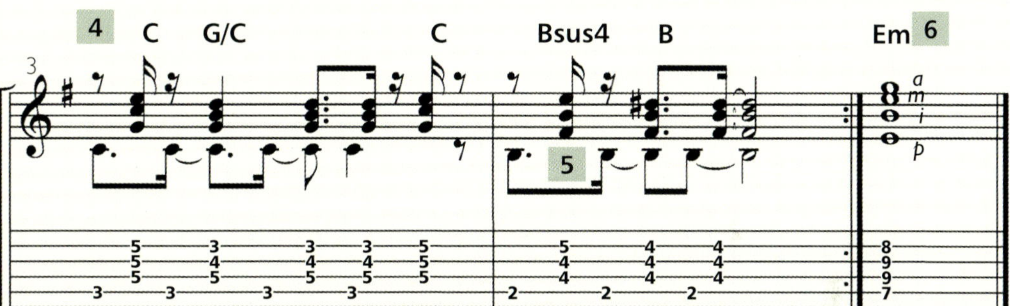

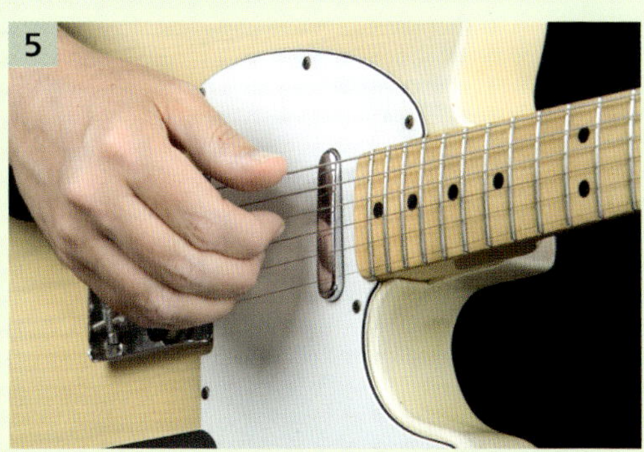

Sobald der Daumen den Basston angeschlagen hat, folgen die anderen Finger mit dem gleichzeitigen Anschlag der verbleibenden Akkordtöne.

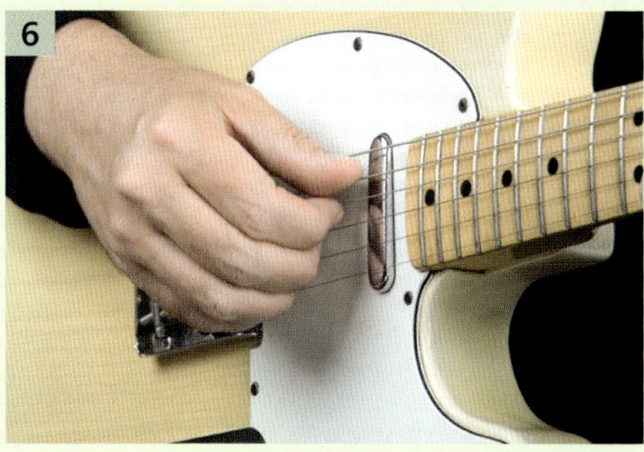

Schlage alle Töne des Schlussakkords Em gleichzeitig mit dem Daumen und den Fingern an.

LIES AUSSERDEM Drei leichte Stücke, S. 38; Pattern transponieren, S. 54; Country-Workout, S. 78

Lektion 15
Grundton und Quinte

So spielst du mit dem Grundton und der Quinte jedes Akkords spannende Bass-Linien.

Weil wir uns auf interessante Rhythmen und Arpeggios der rechten Hand konzentriert haben, enthielten die bisherigen Pattern nur einfache Bass-Linien. Jetzt wenden wir uns wieder dem Daumen zu und maximieren die Basstöne! Ein spannendes Bass-Pattern mit dem Daumen klingt nicht nur interessanter, sondern es gibt auch den Fingern Freiraum für melodischeres Spiel, wie du in der folgenden Lektion siehst.

Wir beginnen mit Bass-Linien, die zwei Töne verwenden, die in jedem Akkord vorkommen: Grundton und Quinte. Wie du schon weißt, ist der Grundton meist der tiefste Ton eines Akkords (außer bei Umkehrungen). Die Quinte (meist die reine Quinte, manchmal die verminderte oder übermäßige) ist in vielen Griff-Formen (nicht in allen) der Ton über dem Grundton. Manchmal liegt sie zwei Saiten höher, wie bei C-Dur und G-Dur. Um die Quinte zu finden, zähle vom Grundton fünf Töne aufwärts (Grundton mitzählen). Die Quinte des C-Dur-Akkords ist C + vier Töne aufwärts = G. So kannst du leicht die Quinte in jedem beliebigen Akkord finden.

Die Quinte des Akkords finden

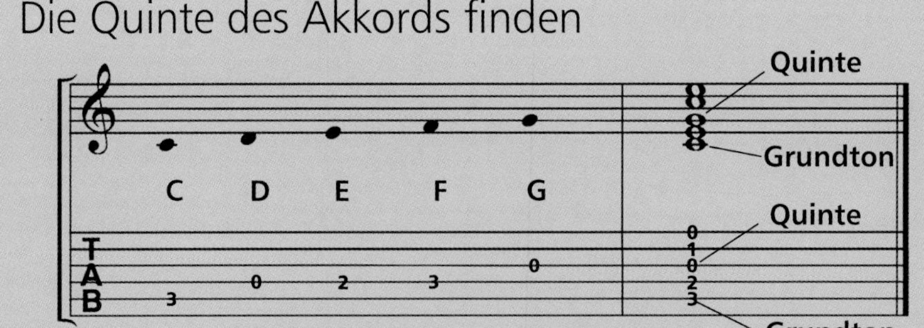

Wenn du in diesem Beispiel fünf Töne aufwärts zählst (der Grundton wird mitgezählt) erhältst du das G als Quinte des C-Dur-Akkords. Anschließend kannst du diesen Ton im gegriffenen Akkord suchen. Wenn der Grundton des Akkords auf der 5. Saite liegt (wie bei C-Dur), kannst du die Quinte auch unterhalb des Akkords hinzufügen. Bei C-Dur wäre das ein G im 3. Bund der 6. Saite.

Diese Akkorde benötigst du in dieser Lektion:

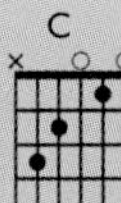

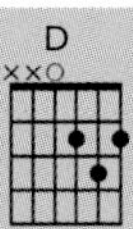

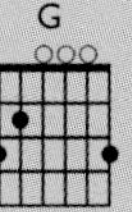

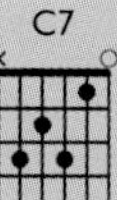

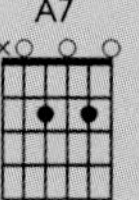

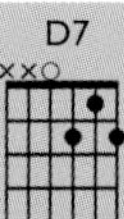

Übung 1

(Track 23)

Dies ist eine Umarbeitung der Übung 1 aus Lektion 12. Die hinzugefügte Bass-Linie mit Grundton und Quinte verstärkt durch ihre Synkopierung auf dem 3. Taktschlag den Groove. In der Bass-Stimme geht der Grundton der Quinte immer voraus.

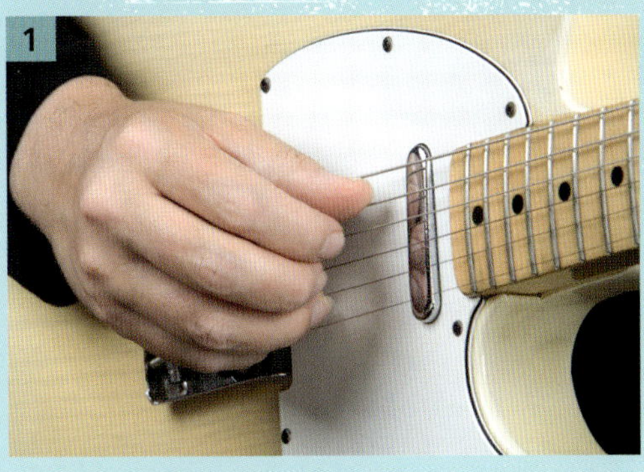

Weil der Zeigefinger (i) die Töne auf der 4. Saite anschlägt, schlägt der kleine Finger (a) den hohen Ton dieses Pinchs an.

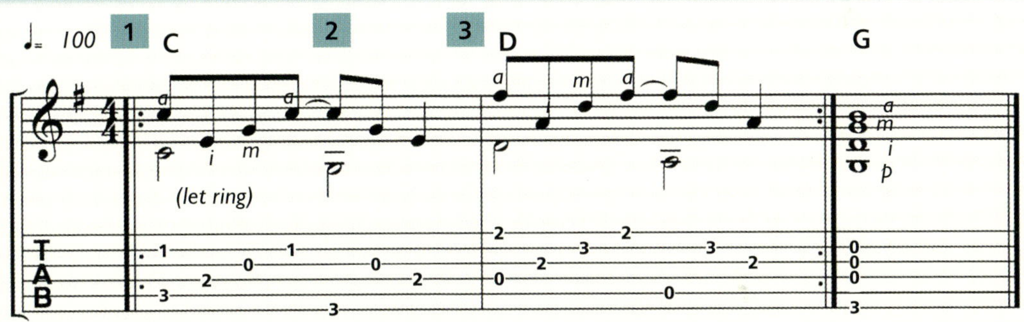

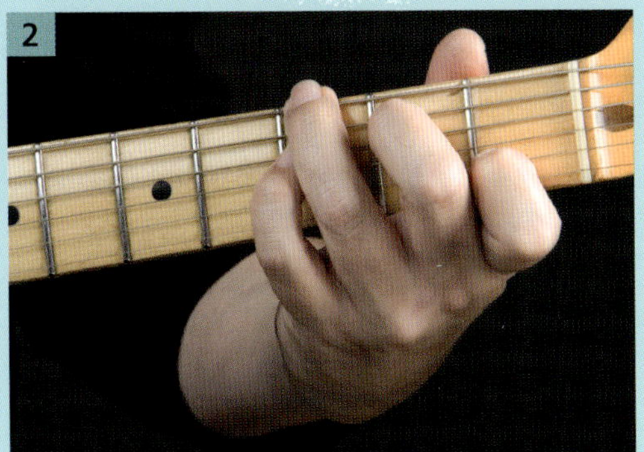

Um das G im Bass zu greifen, verschiebst du einfach den Ringfinger von der 5. Saite zur 6. Saite. Die übrigen Finger behalten ihre Position bei.

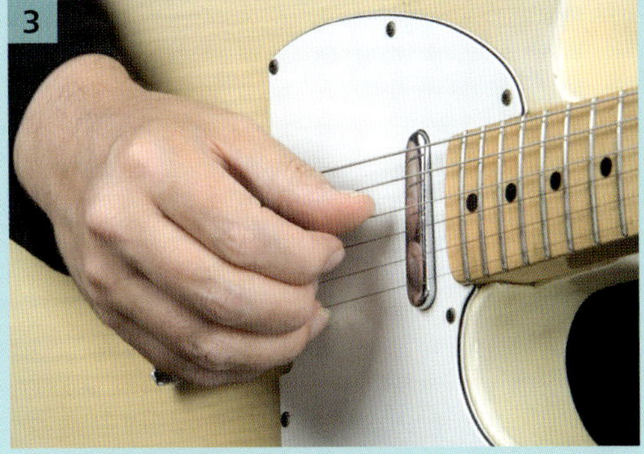

In Takt 2 verschiebst du deine Anschlagshand über die Saiten, so dass der erste Pinch mit Daumen und Ringfinger (a) gespielt wird.

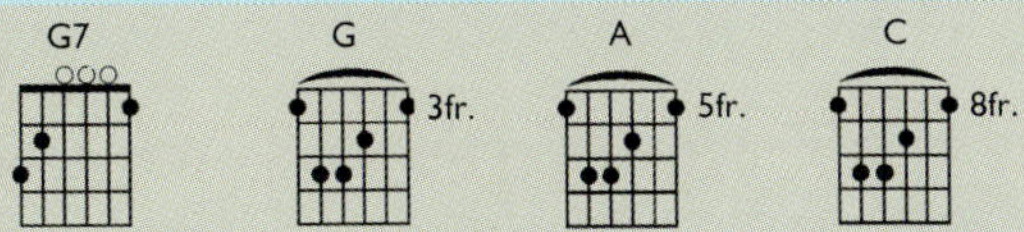

Übung 2

(Track 24)

Auch dieses Pattern kennst du bereits. In einer wesentlich einfacheren Version erschien es bereits in Übung 2 in Lektion 9. Durch die Verdoppelung des Arpeggio-Patterns (mit den Fingern gespielt) und die zusätzliche Bass-Linie wird diese Begleitung spannender.

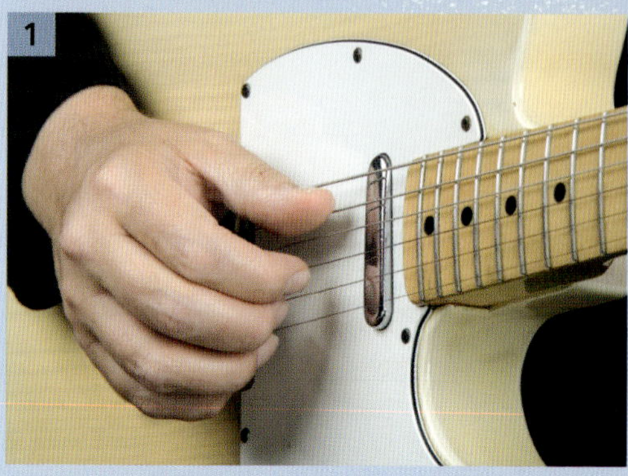

Für den ersten Ton der Bassbegleitung schlägt der Daumen die 5. Saite an. Die anderen Finger sind in Position über ihrer jeweiligen Saite.

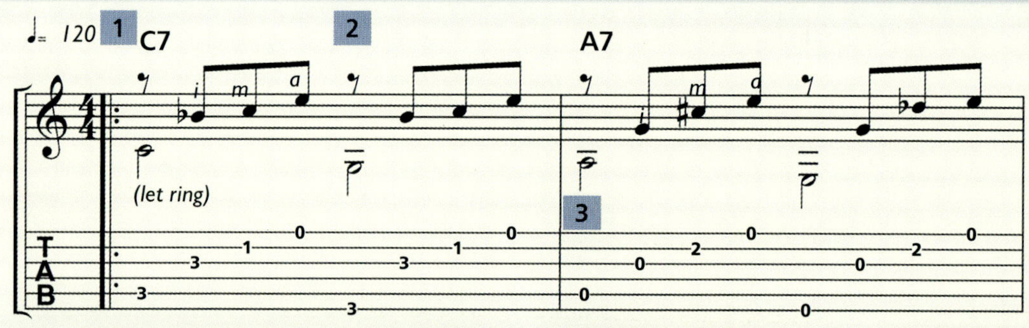

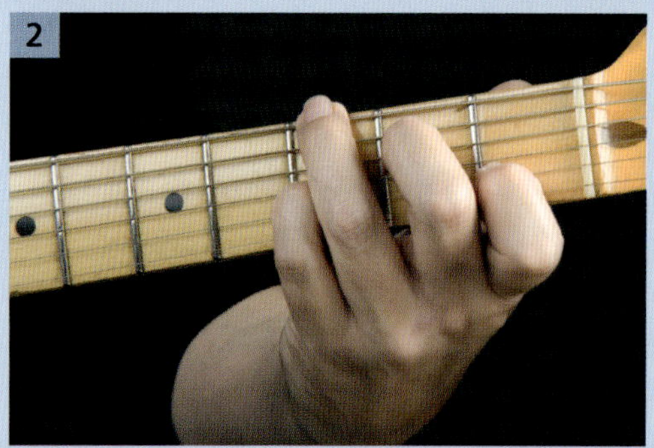

Verschiebe deinen Ringfinger für das tiefe G auf die 6. Saite, während die anderen Finger in ihrer Position verbleiben.

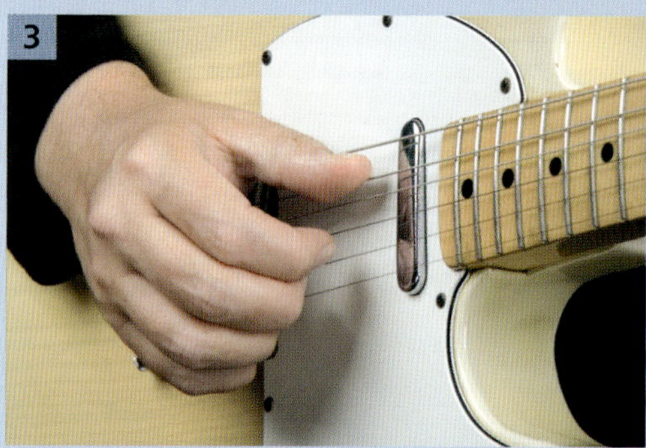

Wenn der Daumen den zweiten Ton in Takt 2 anschlägt, sollten die anderen Finger über den drei hohen Saiten in Position sein.

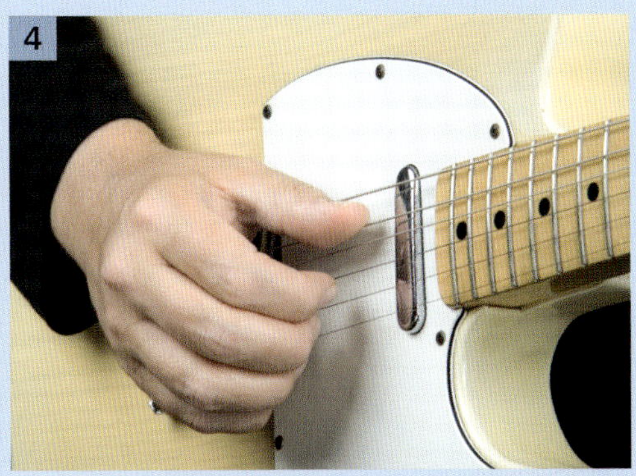

Verschiebe für den 2. Ton der Bass-Linie in Takt 3 (das A) den Daumen auf die 5. Saite.

Tipp!
Wenn Grundtöne und Quinten ineinanderklingen, klingt das chaotisch und zerstört die Bass-Linie. Dämpfe die tiefen Saiten ganz leicht durch Auflegen des Handballens auf den Steg. Das macht den Basspart dynamischer und die Melodie kann so ungehindert klingen.

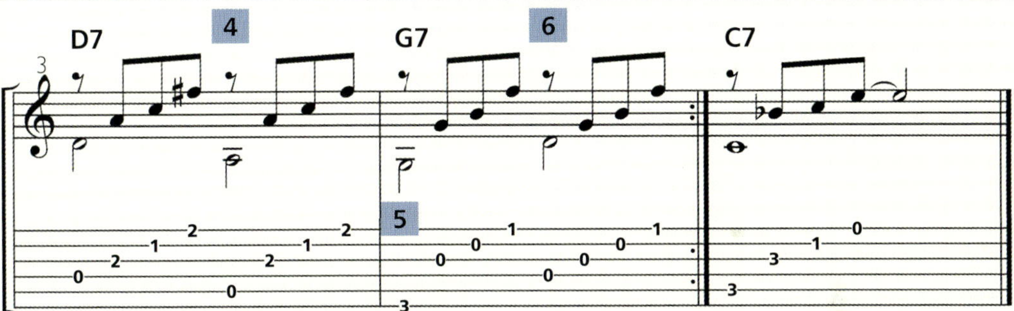

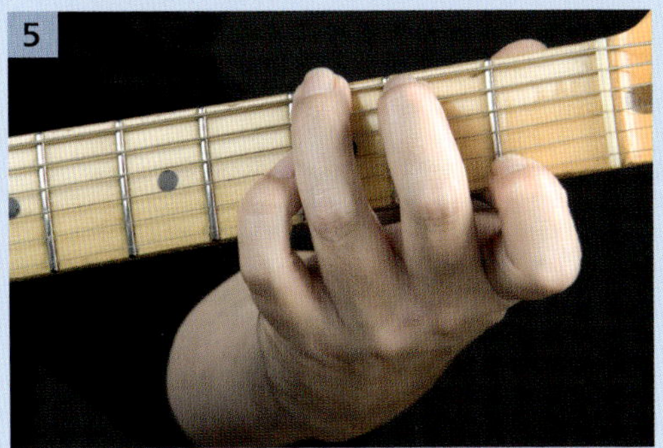

Weil die 5. Saite nicht angeschlagen wird, kann der G7-Akkord nur mit dem Zeigefinger und dem Ringfinger gegriffen werden.

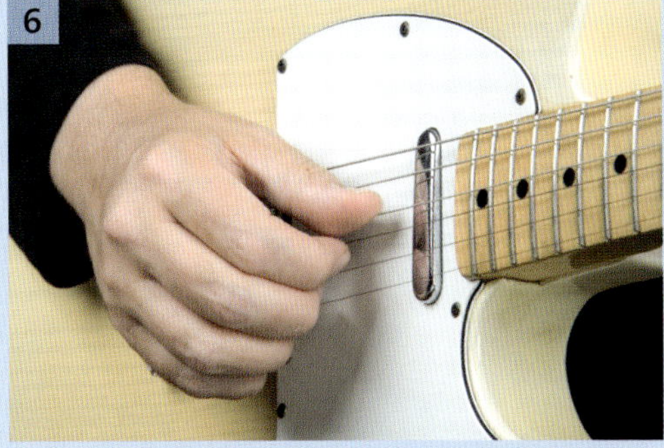

Für den zweiten Basston im 4. Takt (D) überspringst du die fünfte Saite mit dem Daumen und schlägst die 4. Saite an. Wiederhole mit den anderen Fingern das vorherige Pattern.

Übung 3

(Track 25)

Für Picking-Pattern mit Grundton und Quinte sind Barré-Akkorde ideal, vor allem, wenn man die gleiche Griff-Form nur auf dem Hals verschiebt. So kann das Picking-Pattern unverändert bleiben, das ist bei schnelleren Tempi eine große Hilfe.

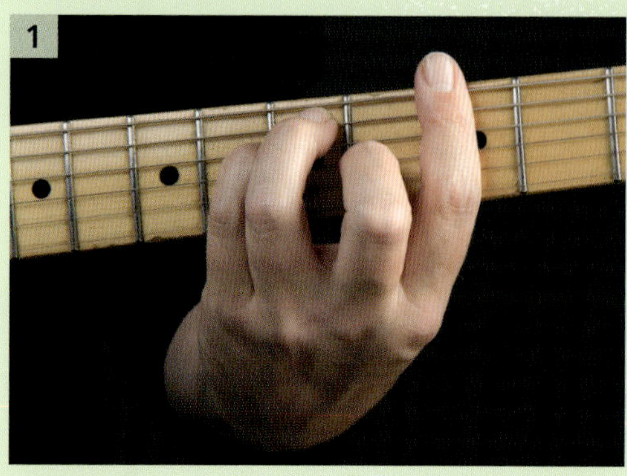

Greife den G-Dur-Akkord als Barré-Akkord im 3. Bund (mit dem Zeigefinger über alle sechs Saiten). Damit alle Töne klar klingen, muss der Finger knapp hinter dem Bundstäbchen liegen, nicht auf dem Bundstäbchen.

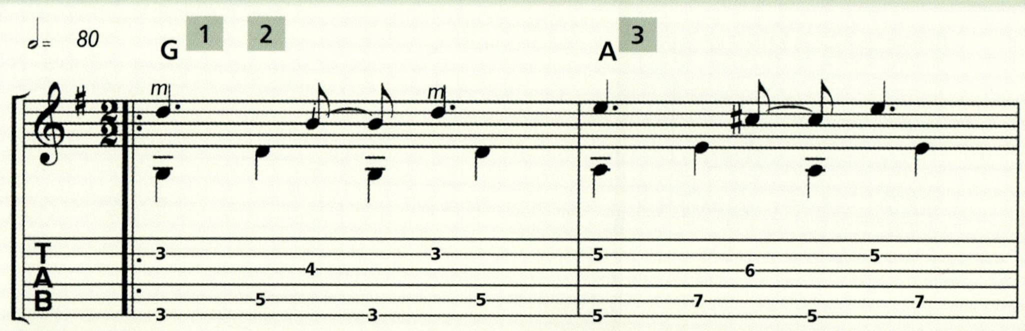

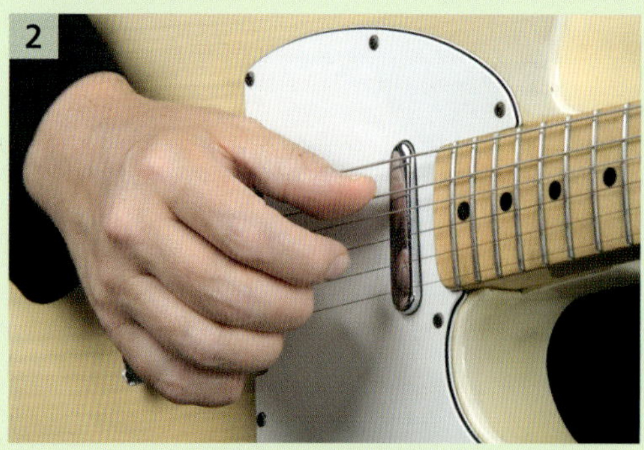

Hier schlägt der Daumen den zweiten Ton der Bass-Linie an, während der Zeigefinger für das Melodiespiel einsatzbereit über der 3. Saite schwebt.

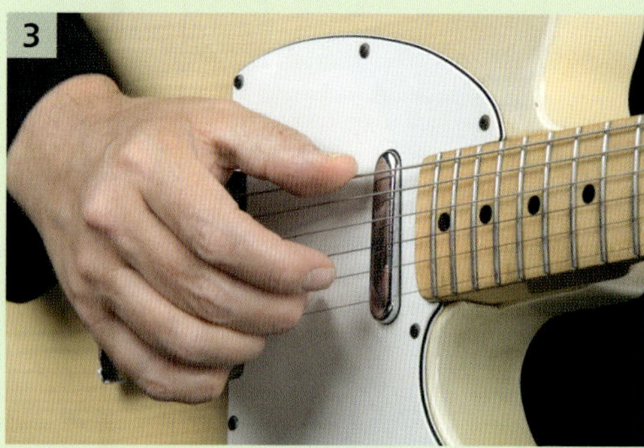

Der erste Pinch im 2. Takt wird mit dem Daumen und dem Mittelfinger (m) gespielt.

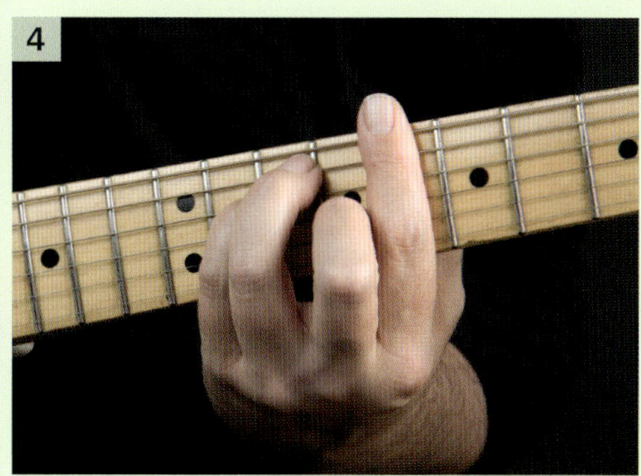

Je weiter du diesen Barré-Akkord halsaufwärts verschiebst, umso schwerer wird das Greifen mit dem Ringfinger und dem kleinen Finger im gleichen Bund. Schiebe deshalb den kleinen Finger leicht unter den Ringfinger.

Tipp!

Zu Beginn dieser Übung wird dir die Taktart 2/2 aufgefallen sein. Diese Taktart wird auch als „Alla-Breve-Takt“ bezeichnet, weil die halbe Note (Breve) gezählt wird. Bei höherem Tempo ist es einfacher, weniger Taktschläge pro Takt zu zählen. In diesem Fall zählst du zwei Taktschläge pro Takt.

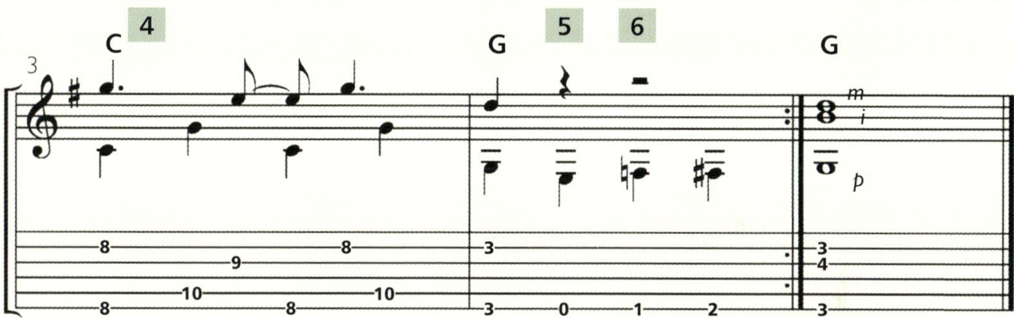

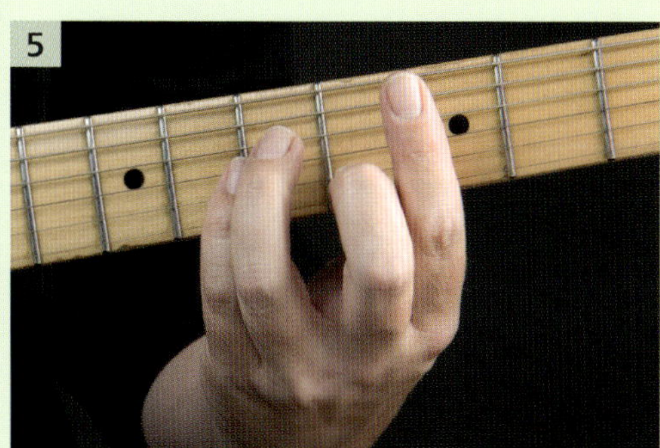

Hebe deine Finger von den Saiten ab, damit die leere E-Saite auf dem 2. Taktschlag klingen kann.

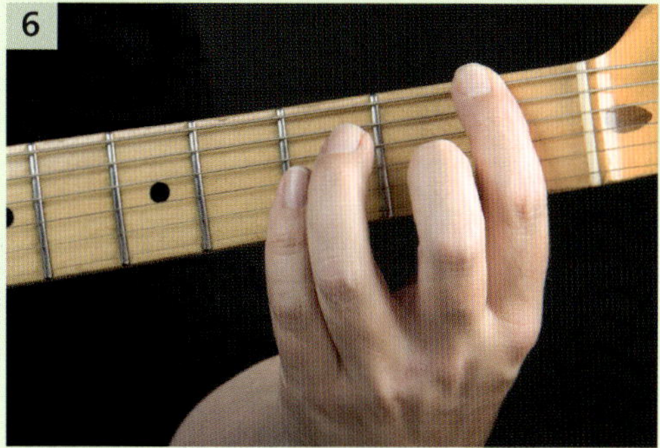

Greife die absteigende Basslinie mit dem Zeigefinger. So kannst du den vollständigen Barré-Akkord weiterhin greifen (allerdings über den Saiten schwebend) während du die Hand verschiebst, und bist für eine schnelle Rückkehr zum G-Dur-Akkord bereit.

Lektion 16
Country-Workout

Du beherrschst jetzt Bass-Linien mit Grundton und Quinte und zeigst hier mit diesem Countrystück, was du kannst!

In Lektion 15 hast du gelernt, die reine Quinte zu finden und zu spielen; du hast ebenso gelernt, dass man mit ihr vorantreibende Bass-Linien kreieren kann. In dieser Lektion spielst du dein erstes Fingerpicking-Arrangement mit Grundton/Quint-Basss-Linien. Es ist ein Originalsong mit starkem Country-Einschlag.

Indem man Arrangements in kleinere, überschaubare Abschnitte einteilt, sind sie leichter zu lernen und das Üben macht mehr Spaß. Nimm dir genügend Zeit, neues Material aufzunehmen; mit methodischer Vorgehensweise und regelmäßigem Üben kannst du alles erreichen. Es ist immer wichtig, zu verstehen, wie die Basstöne (mit dem Daumen gespielt) und die Melodietöne (mit den Fingern gespielt) interagieren. Übe die Parts zuerst einzeln, und achte dabei darauf, welche Töne als Pinch gespielt werden und welche synkopiert sind. Füge erst anschließend beide Parts zusammen.

Auftakte

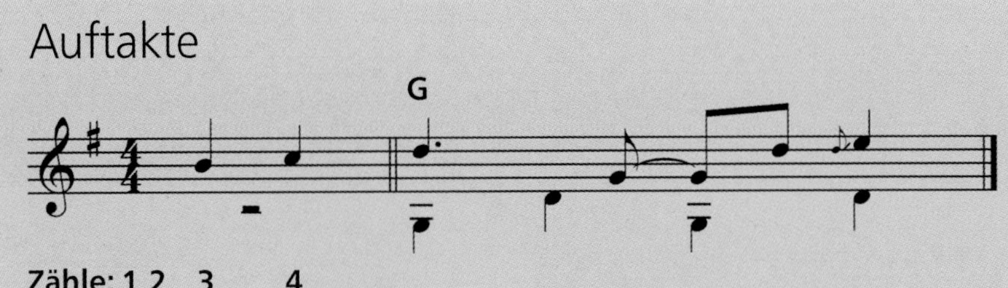

Manche Stücke beginnen mit einem unvollständigen Takt, dem sogenannten Auftakt. Das bedeutet, das Stück beginnt während des Einzählens. Ein Auftakt muss nicht die Dauer eines ganzen Taktes haben (in diesem Beispiel sind es nur zwei Taktschläge), deshalb ist er für gewöhnlich nur so lang, wie es für die enthaltenen Notenwerte nötig ist. Ein Auftakt wird immer mit einem doppelten Taktstrich am Ende notiert, um den Anfang des ersten Volltakts des Stückes hervorzuheben.

Diese Akkorde werden für diese Lektion benötigt:

G
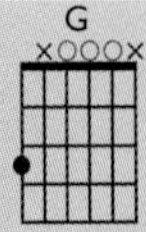

C
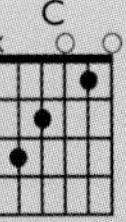

D7/F#
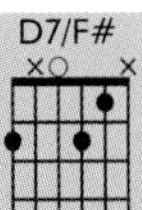

D/F#
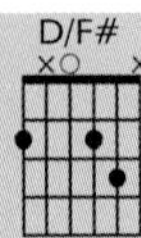

C/G
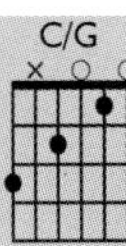

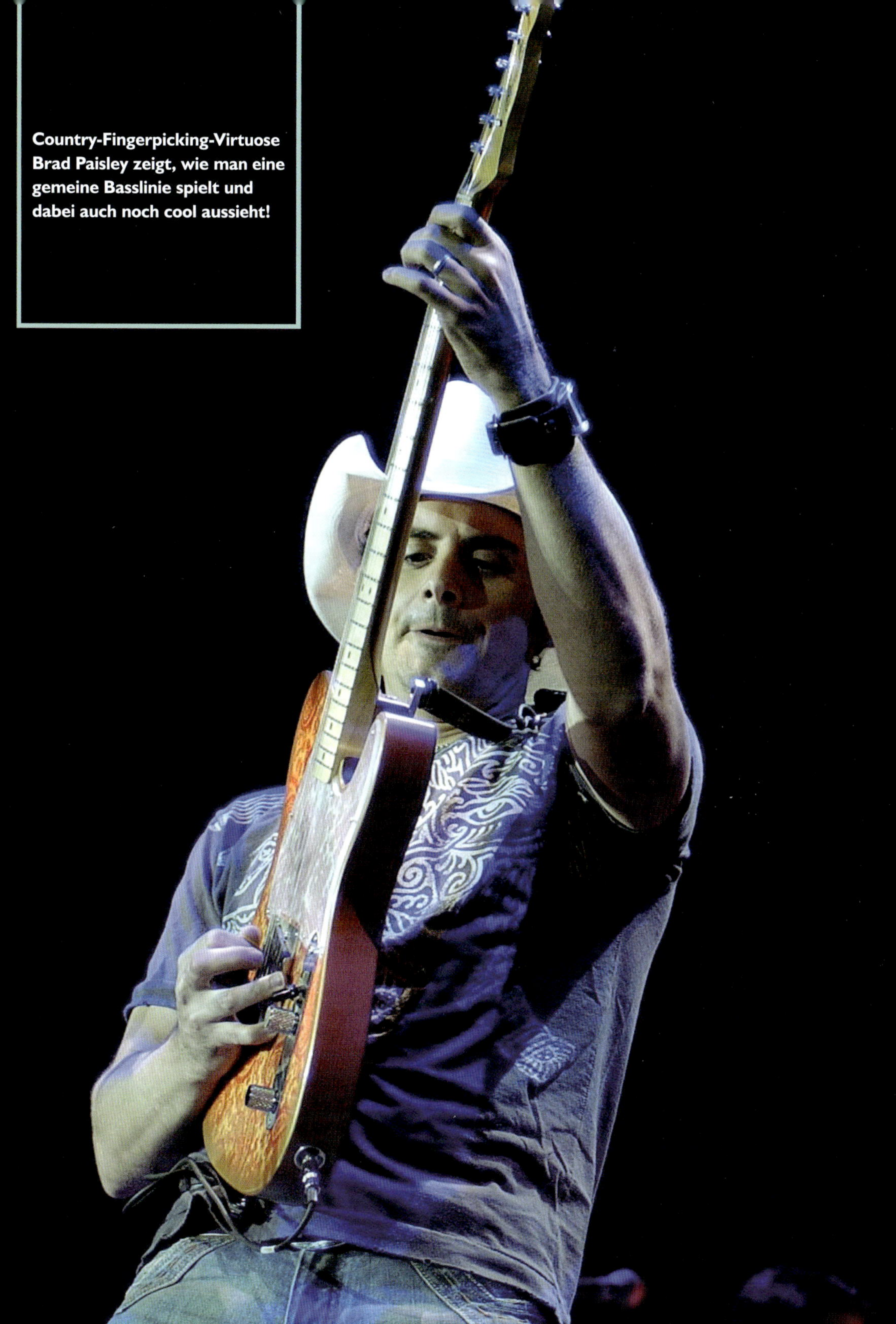

Country-Fingerpicking-Virtuose Brad Paisley zeigt, wie man eine gemeine Basslinie spielt und dabei auch noch cool aussieht!

Übung
(CD-Track 26)

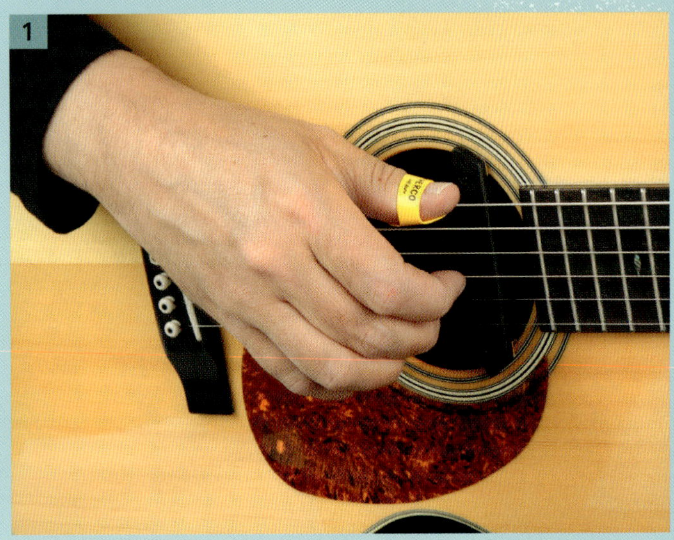

Der Pinch direkt zu Beginn des 1. Takts wird mit Daumen und Mittelfinger (m) gespielt.

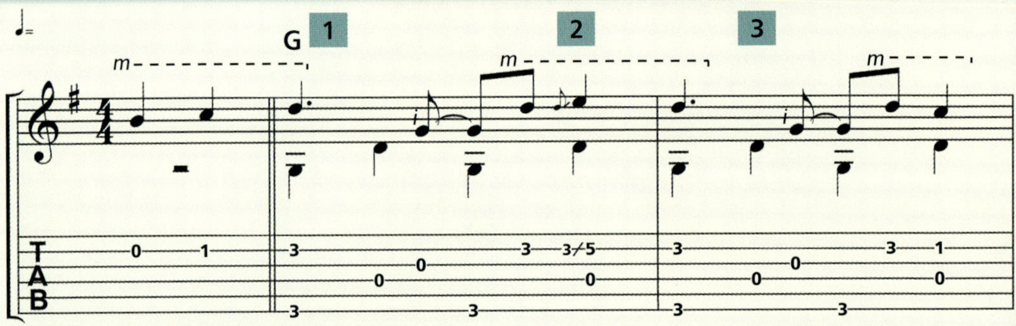

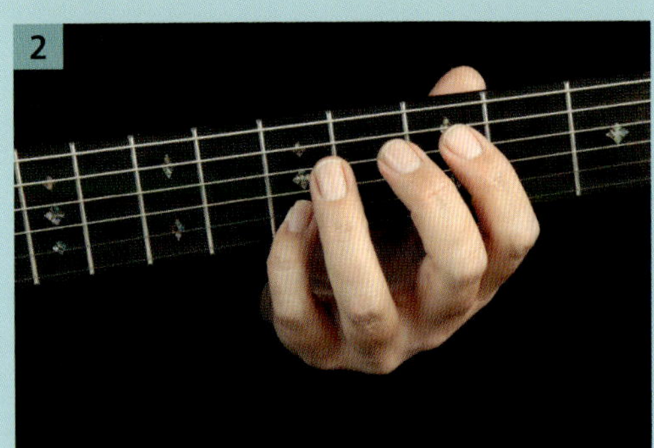

Sobald du das D auf der 2. Saite gespielt hast, rutschst du mit dem Finger in den 5. Bund. Schlag die Saite nicht erneut an; allein die Bewegung deines Fingers erzeugt hier den neuen Ton.

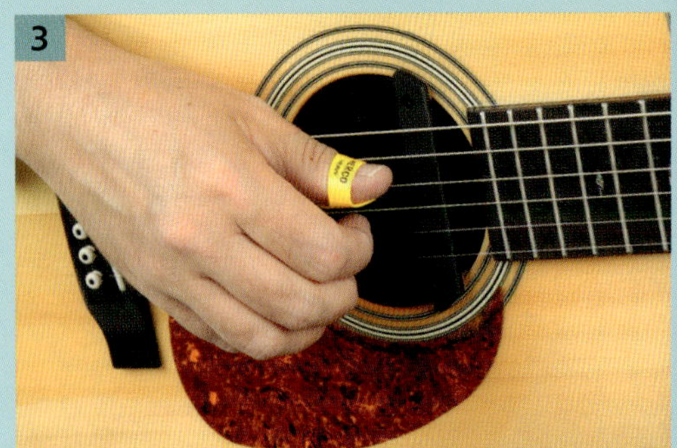

Hier schlägt der Daumen die 4. Saite an. Behalte im Kopf, das der Daumen für das gesamte Stück einen durchgehenden Wechselbass spielt.

Der Ringfinger bleibt in seiner Position (auf dem tiefen G), während du das A auf der 3. Saite mit dem Mittelfinger greifst.

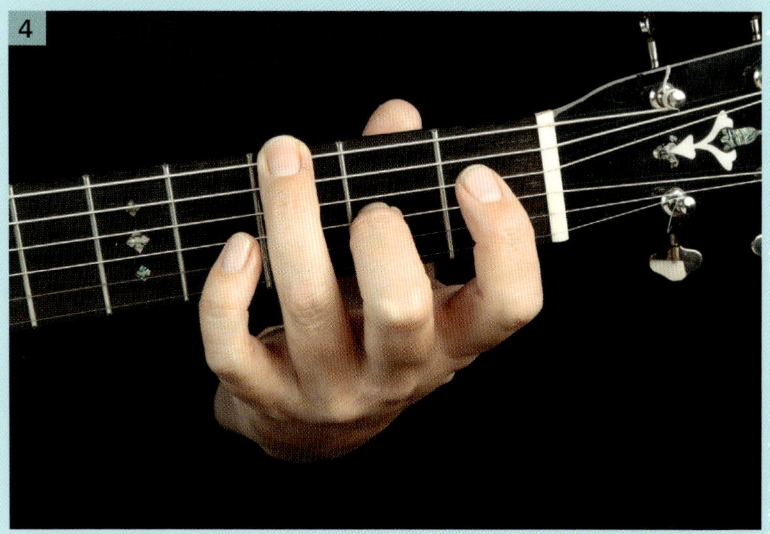

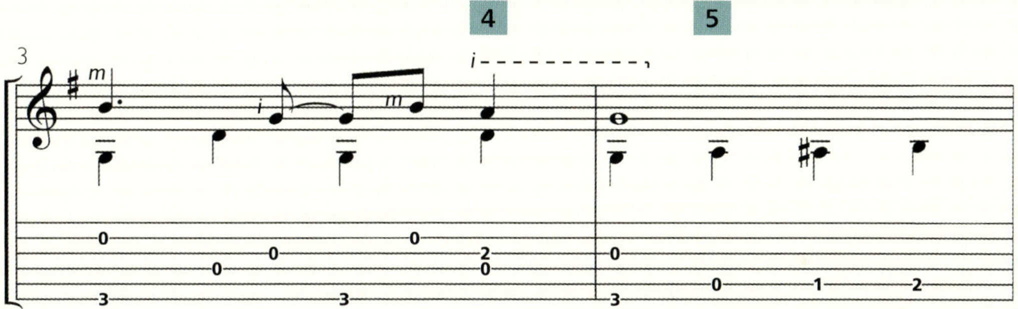

Tipp!

Die Basstöne sollen leicht gedämpft werden, damit sie nicht unsauber ineinanderklingen. Lege deinen Handballen auf dem Steg auf, so dass er die tiefen Saiten ganz leicht berührt. So erzeugst du eine perkussivere rhythmische Bass-Linie und die Zuhörer können die Melodie deutlicher hören.

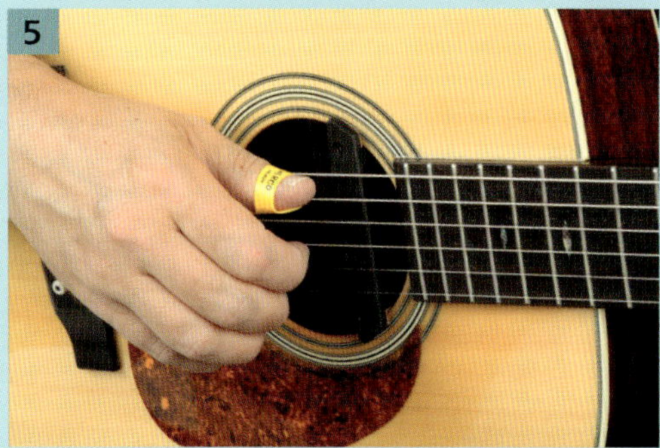

Schlage die Basstöne auf der 5. Saite mit dem Daumen an. Die Finger bleiben wieder in Position über ihren jeweiligen Saiten.

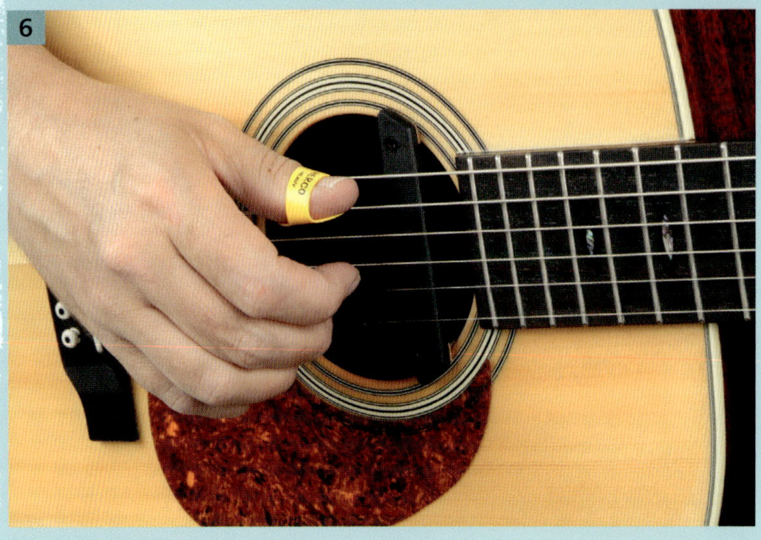
6

Den ersten Pinch in diesem Takt spielst du mit dem Daumen und dem Mittelfinger (m).

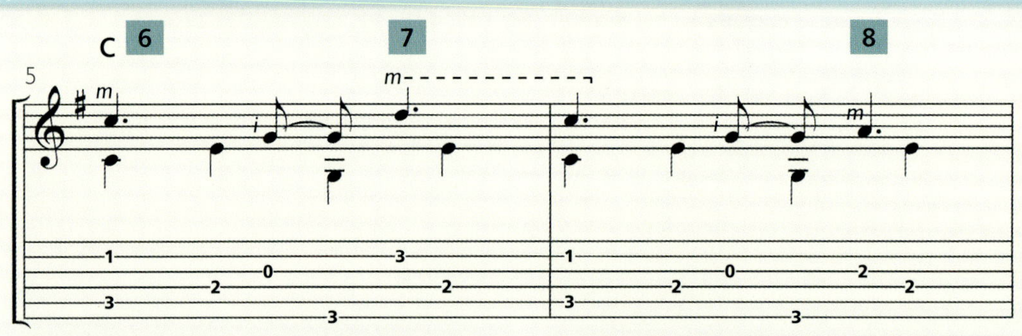

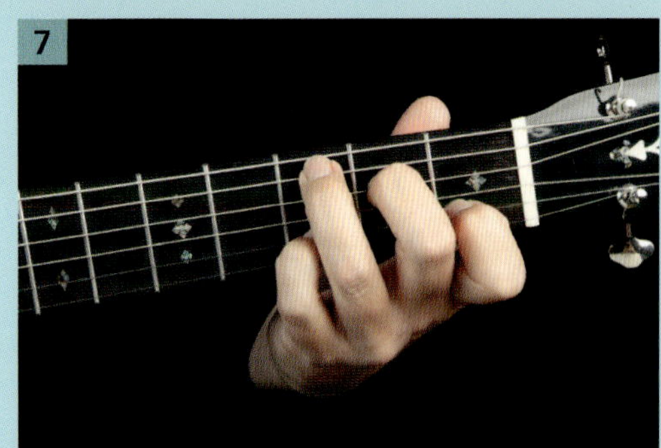
7

Halte den C-Dur-Akkord weiterhin gegriffen wie auf dem Foto, während du das D auf der 2. Saite mit dem 4. Finger hinzufügst.

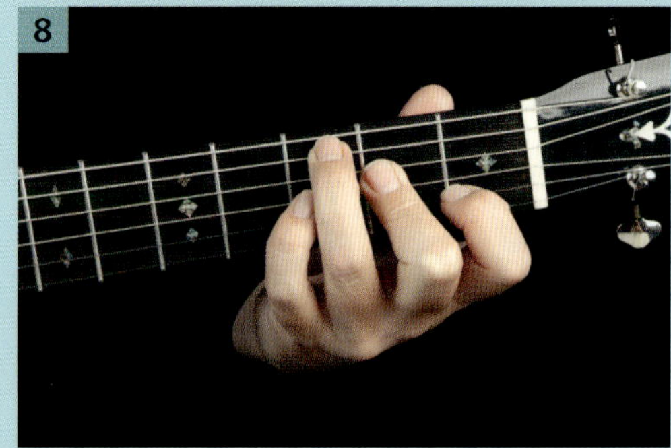
8

Indem du den Mittelfinger (m) im ersten Fingerglied einknickst und flach auf der 3. Saite auflegst, kannst du den C-Dur-Akkord leicht um das A erweitern.

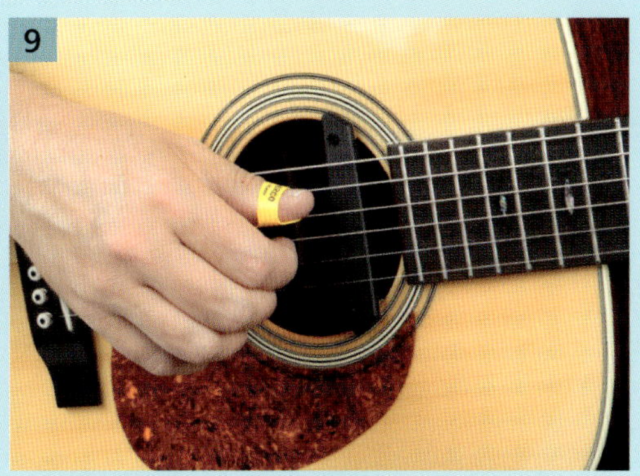

Hier schlägt der Daumen die leere 4. Saite an. Dabei ist es wichtig, die Hand ruhig zu halten; nur der Daumen bewegt sich.

Tipp!
Denke daran, immer die komplette Griff-Form zu greifen, wenn du einzelne Akkordtöne spielst (oder weitere hinzufügst). Wenn du zum Beispiel das G im Bass zu dem C-Dur-Akkord spielst (in Takt 5 und 6), bewege deinen Ringfinger zur 6. Saite, ohne die anderen Finger des Akkordgriffs durcheinanderzubringen.

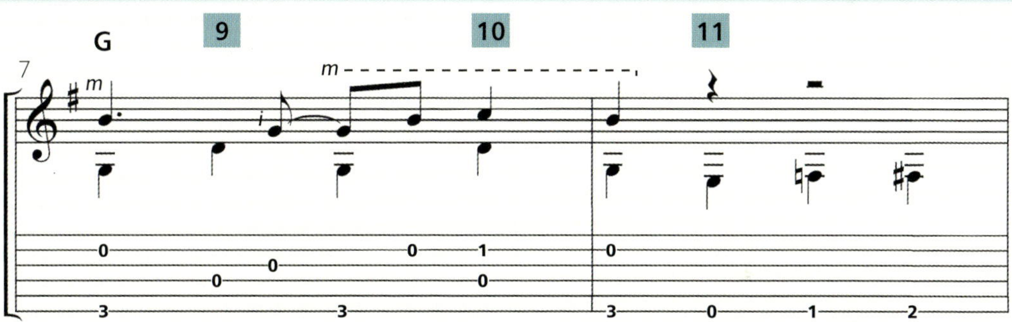

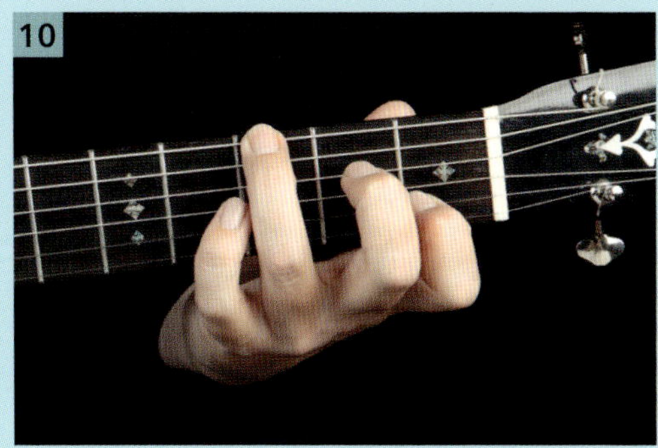

Während du mit dem Zeigefinger das hohe C hinzufügst, sollte der Ringfinger weiterhin das tiefe G greifen.

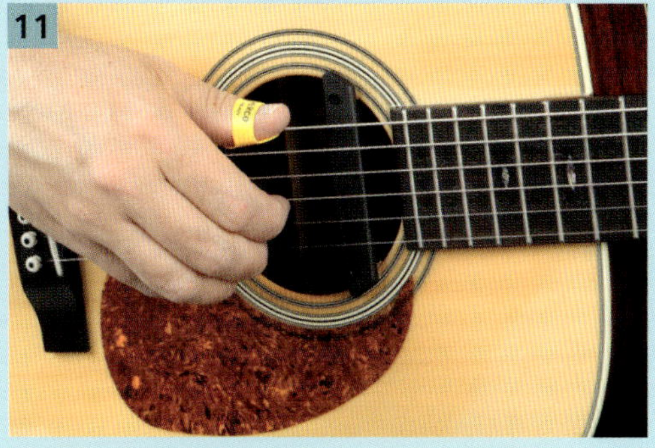

In diesem Takt spielst du eine chromatisch vom tiefen E aus aufsteigende Bass-Linie. Schlage alle Töne mit dem Daumen an.

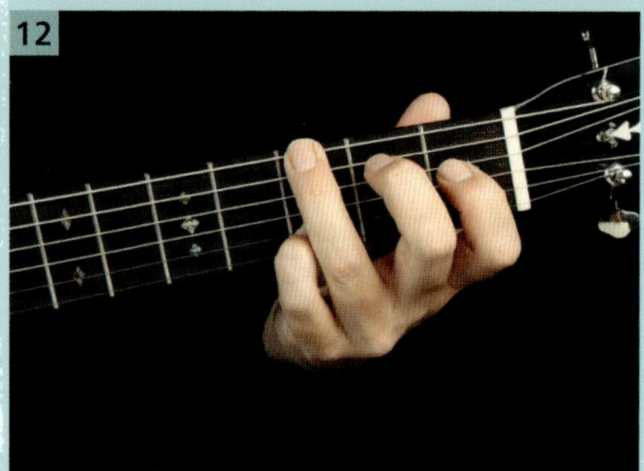

Oftmals muss beim Fingerpicking nicht der vollständige Akkord gegriffen werden. Hier greifen der Mittelfinger (tiefes G) und der kleine Finger (hohes D) nur die für den ersten Pinch benötigten Töne.

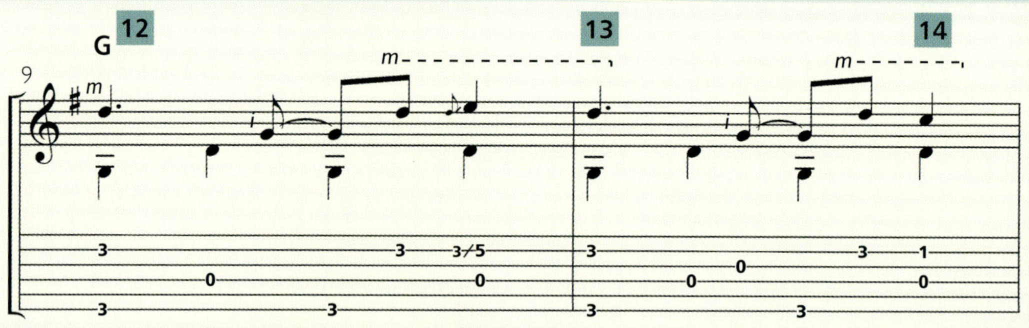

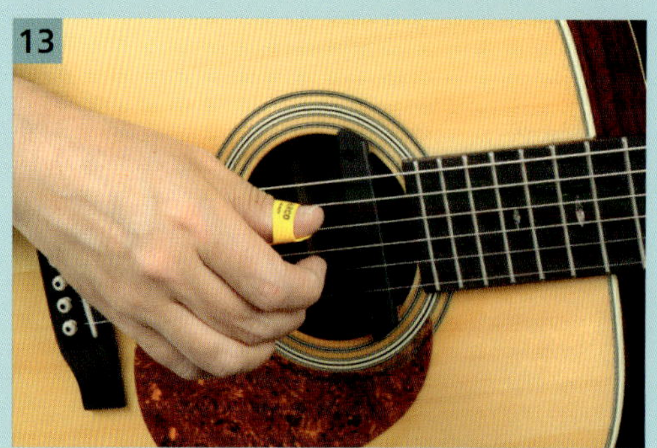

Wenn du den Basston D mit dem Daumen anschlägst, sollte der Zeigefinger (i) bereits in Position sein, um die 3. Saite anzuschlagen.

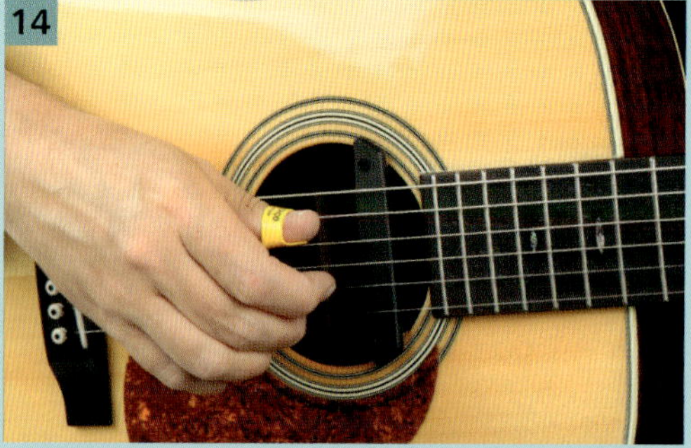

Hier siehst du den richtig mit Daumen und Mittelfinger (m) gespielten Pinch auf dem 4. Taktschlag dieses Taktes.

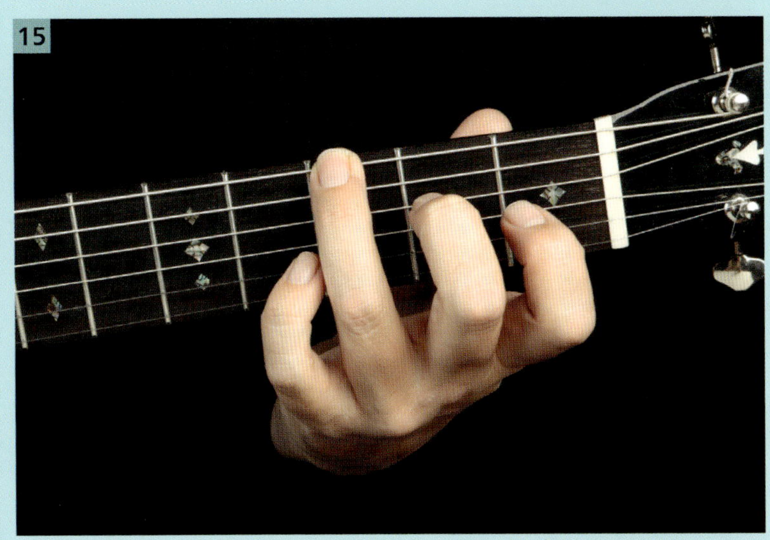

Hier greift nur der Ringfinger einen Ton (das tiefe G). Die übrigen Finger sollten knapp über den Saiten schweben, damit sie für das Greifen der nächsten Töne bereit sind.

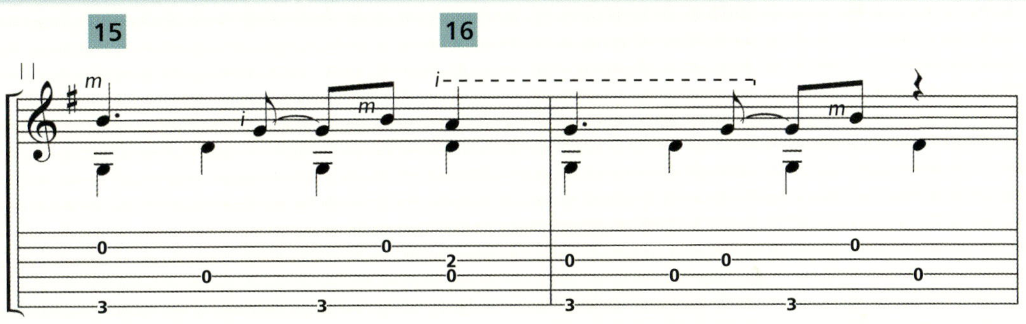

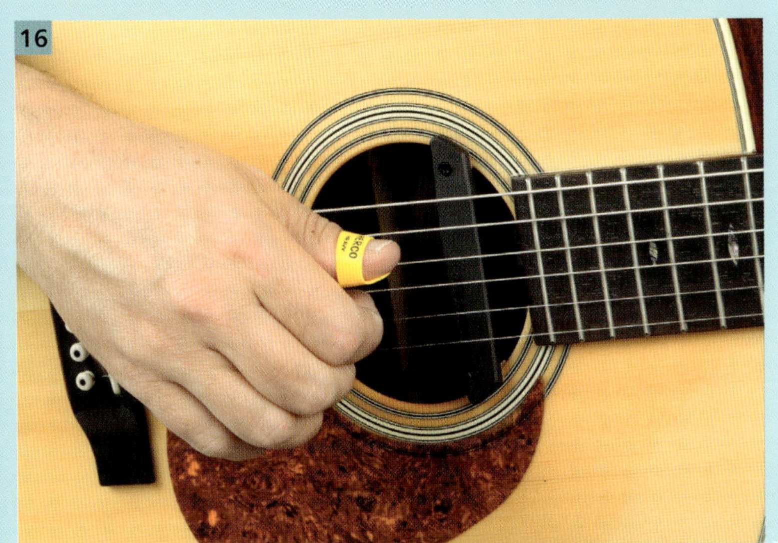

Den Pinch auf dem 4. Taktschlag spielst du mit dem Daumen und dem Zeigefinger.

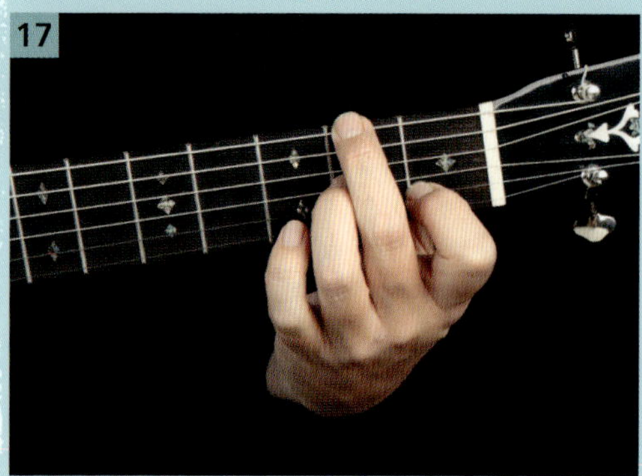

Du solltest bereits am Anfang des Takts den kompletten D7/F#-Akkord greifen. Der Mittelfinger greift das tiefe F#, der Zeigefinger die 2. Saite und der Ringfinger die 3. Saite.

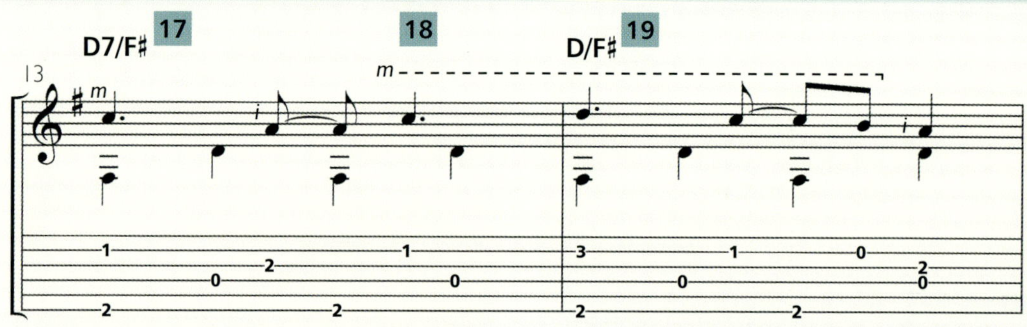

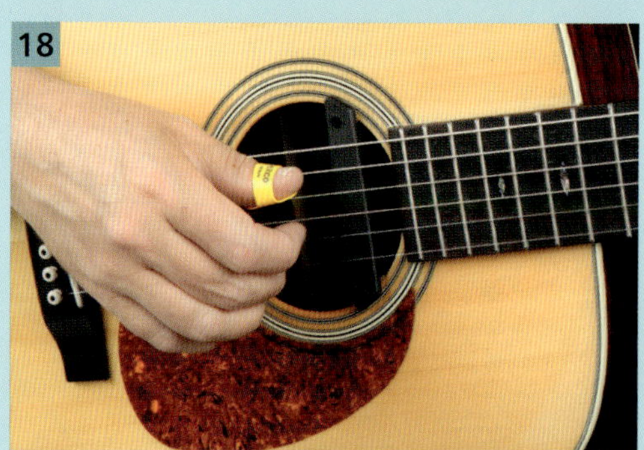

Wenn du das C auf der 2. Saite anschlägst, muss der Daumen bereits über der 4. Saite in Position und bereit für den Anschlag des folgenden Basstons D sein.

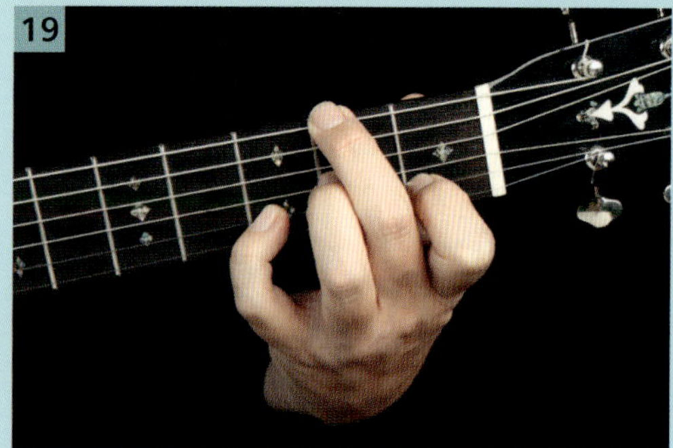

Füge das hohe D der Melodie auf der 2. Saite mit dem kleinen Finger hinzu. Die übrigen Finger (auch der Zeigefinger) behalten dabei ihre Position bei.

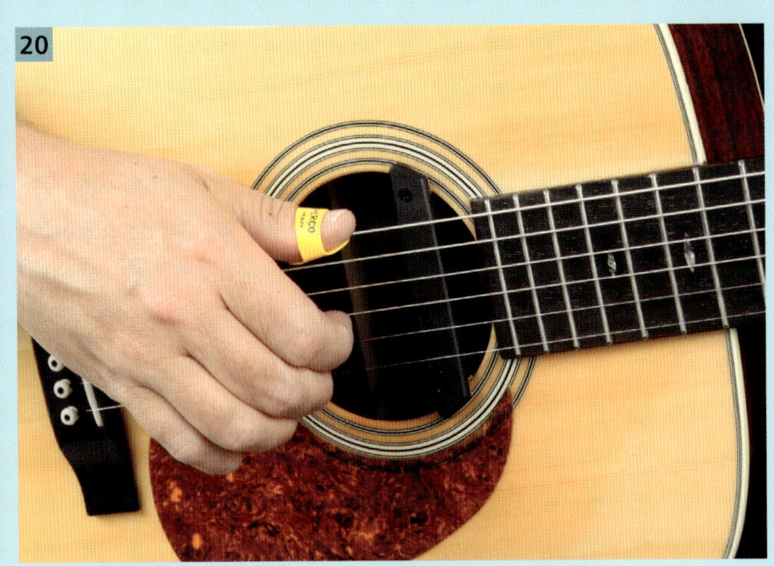

Der G-Dur-Akkord zu Anfang diese Takts wird gleichzeitig mit dem Daumen, dem Zeigefinger (i) und dem Mittelfinger (m) angeschlagen.

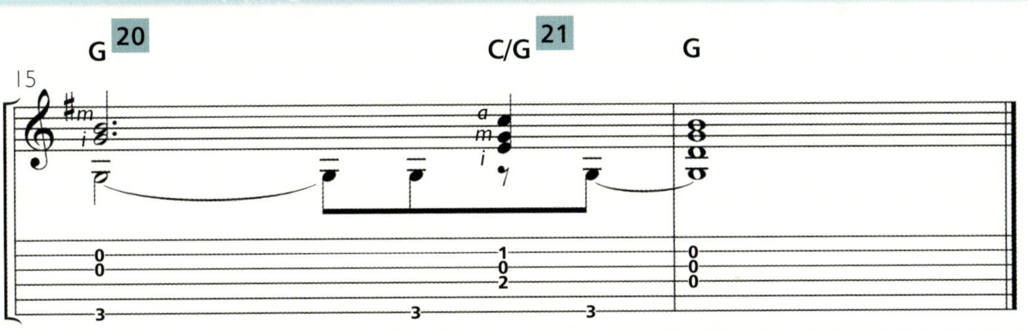

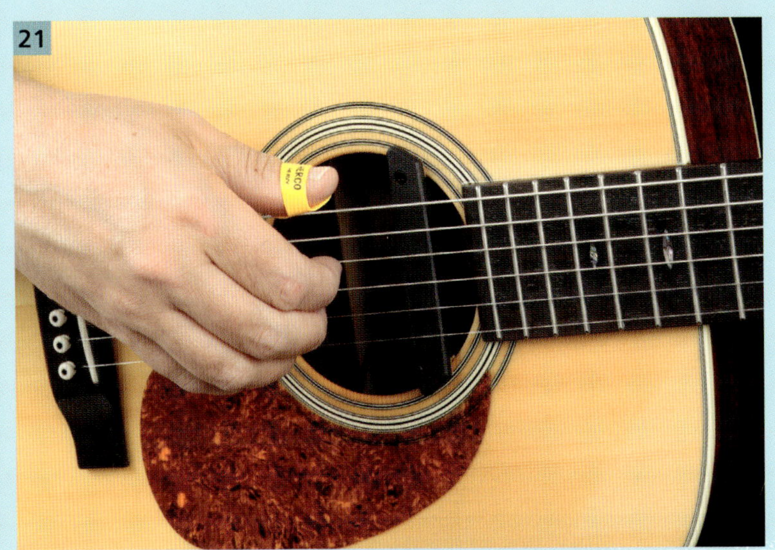

Die höheren Töne dieses C/G-Akkords werden nur mit den Fingern (i, m und a) gleichzeitig angeschlagen.

Lektion 17
Daumen-Wechselbass

Diese Technik ist der nächste logische Schritt nach den Grundton/ Quint-Bässen und perfekt für die Harmonisierung bluesiger Melodien.

Wechselbass-Pattern sind ein fester Bestandteil des akustischen Blues, seit Robert Johnson in Rosedale in Mississippi seinen Pakt mit dem Teufel schloss. Angeblich verpfändete er dabei für sein außergewöhnliches Talent seine Seele. Ob man diesen Südstaaten-Vodoo nun glaubt oder nicht: man kann nicht bestreiten, dass er auch lange nach seinem frühzeitigen Tod im Jahre 1938 (ebenfalls von Folklore und Mystik umnebelt) einer der einflussreichsten Delta-Blues-Gitarristen ist. Du musst dich aber nicht um Mitternacht an der Kreuzung mit Beelzebub treffen; nimm deine Gitarre, lies einfach weiter und behalte deine Seele!

So findet man die kleine Septime eines Akkords

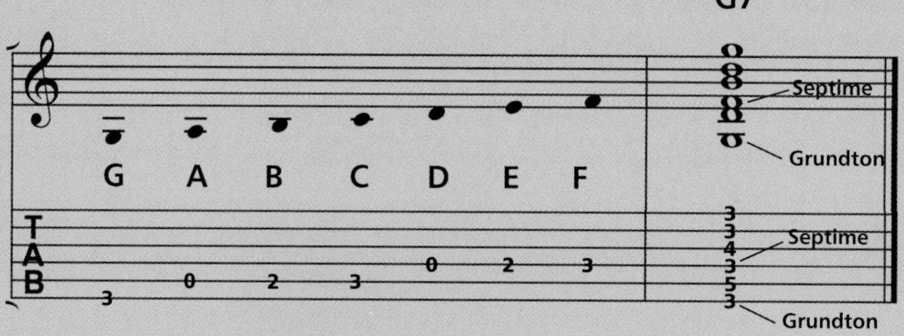

Bei Wechselbässen überspringt man gewöhnlich eine Saite, um die Oktave des Grundtons, oder – wie im Blues – die Septime zu spielen. Die kleine Septime kommt in Dominantsept-Akkorden vor (z. B. E7, A7, usw.). Du findet sie, indem du vom Grundton aus sieben Töne aufwärts zählst (der Grundton wird dabei mitgezählt). Die kleine Septime ist immer einen Ganzton (zwei Bünde) unter der Oktave, eine große Septime muss also um einen Halbton erniedrigt werden, um eine kleine Septime zu erhalten. Im Diagramm oben siehst du, wie man die kleine Septime in einem G7-Akkord findet.

Diese Akkorde werden für diese Lektion benötigt:

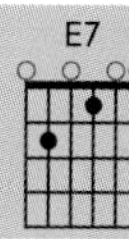

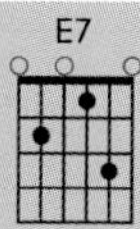

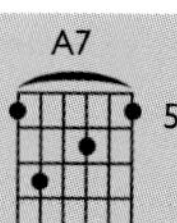

Übung 1

(CD-Track 27)

Für den Einstieg ist hier eine einfache Bass-Linie aus Grundton und kleiner Septime mit einem „gepinchten“ Melodieton auf dem ersten Taktschlag jedes Takts. In jedem Takt wird ein anderer Finger der Anschlagshand verwendet.

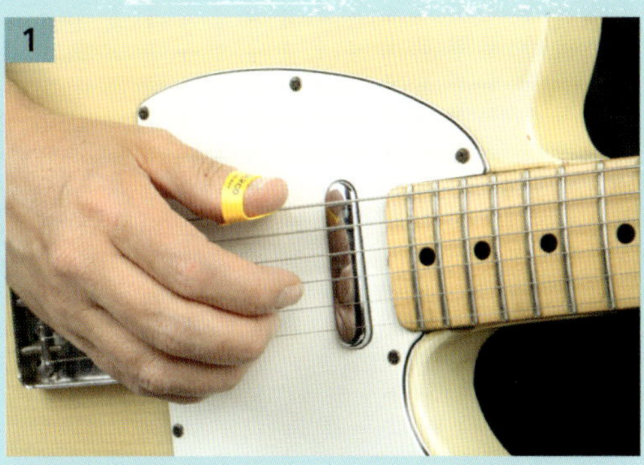

Spiele den ersten Pinch dieser Übung mit Daumen und Ringfinger (a).

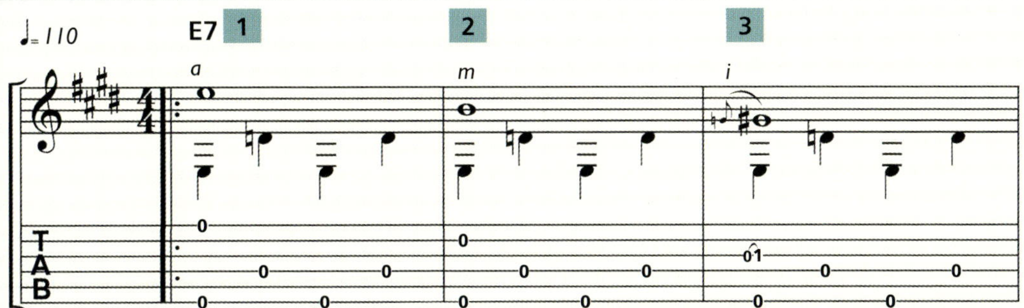

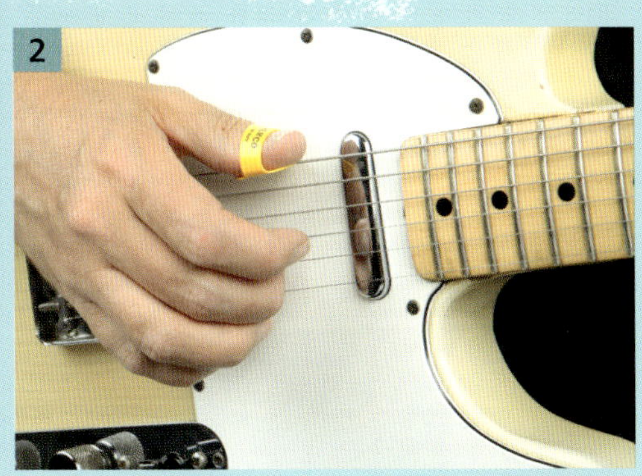

Der Pinch zu Beginn des 2. Takts wird mit dem Daumen und dem Mittelfinger (m) gespielt.

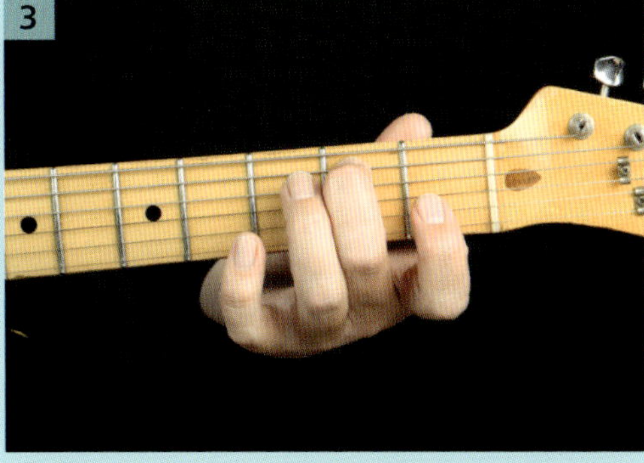

Spiele das Hammer-on zum G# mit dem Zeigefinger (i). Der Mittelfinger greift hier das B auf der 5. Saite. So vermeidet man einen Missklang für den Fall, dass man diese Saite versehentlich mit anschlägt …

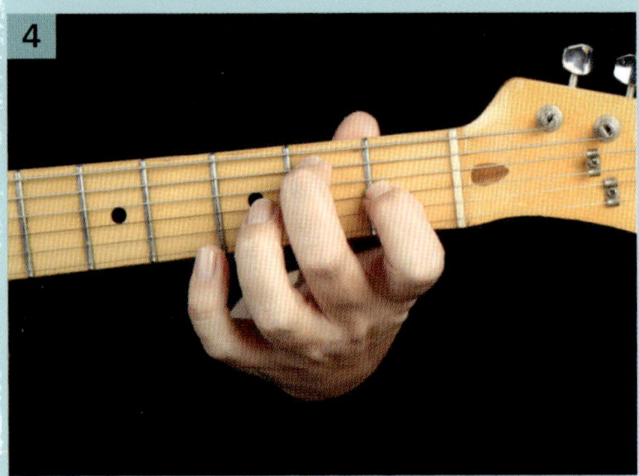

… ein Verfahren, das auch im 4. Takt zum Einsatz kommt. Dieser Akkord sollte komplett gegriffen werden, auch wenn nur seine Leersaiten angeschlagen werden.

Tipp!

Denke daran, die Basstöne stets durch leichtes Auflegen des Handballens auf die Bass-Saiten (in der Nähe des Steges) zu dämpfen. Das verhindert ein unsauberes Ineinanderklingen der Basstöne.

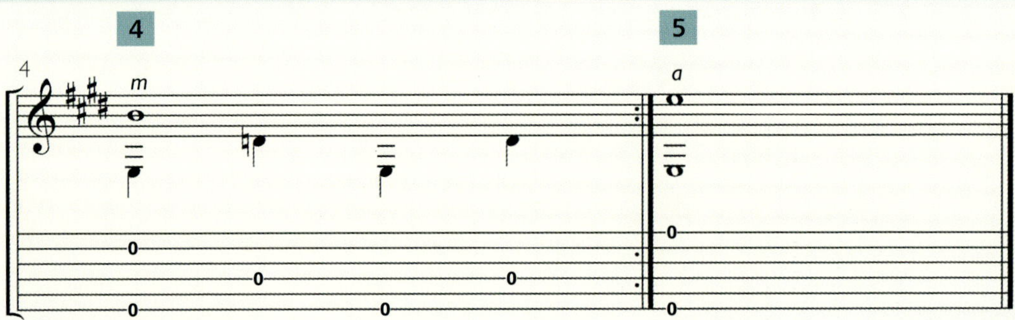

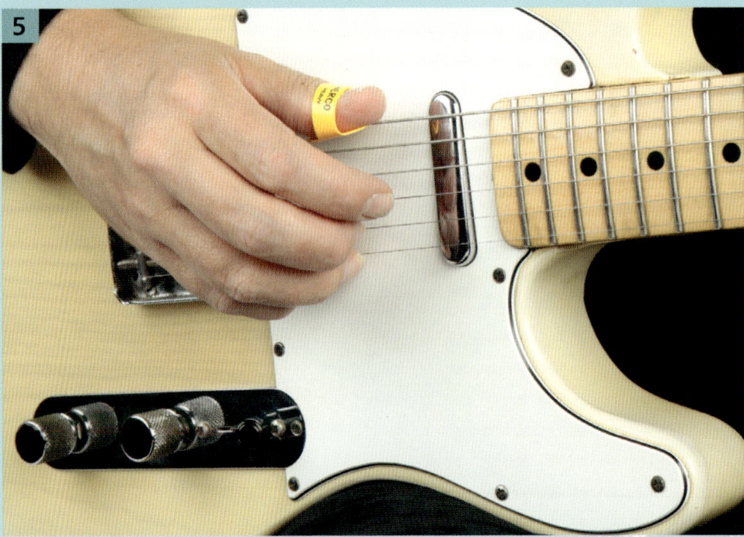

Der letzte Pinch wird mit dem Daumen und dem Ringfinger (a) gespielt.

Übung 2

(CD-Track 28)

Dieses synkopierte Pattern ist etwas kniffliger als das vorherige Beispiel. Und wieder haben alle Finger der Anschlagshand (i, m und a) gut zu tun.

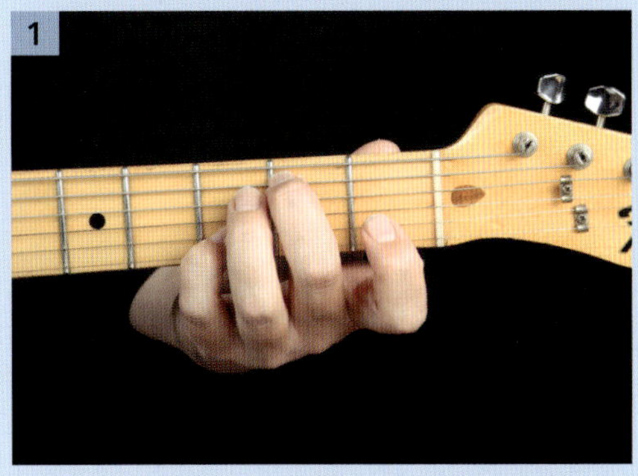

Vor dem Anschlag des ersten Tons solltest du bereits den kompletten E7-Akkord greifen. Im Foto ist der Zeigefinger von der Saite abgehoben, um das Hammer-on zu spielen.

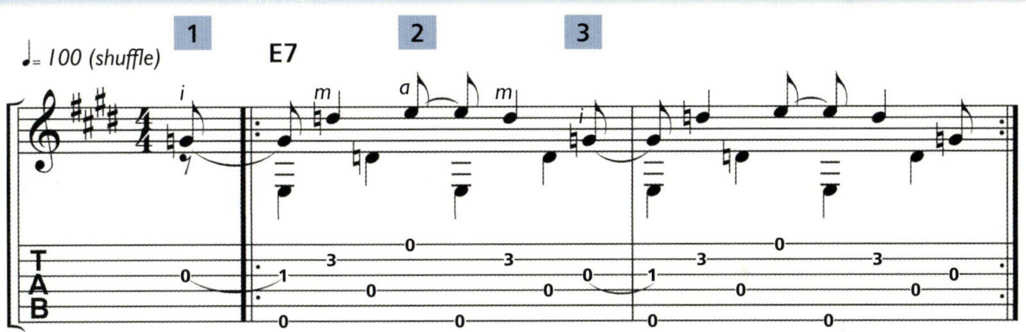

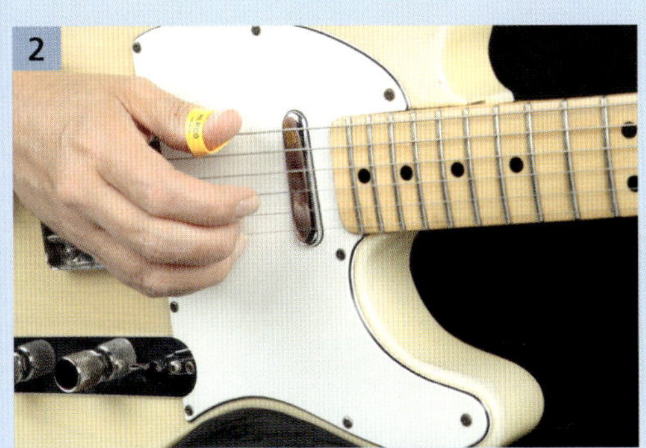

Schlage die leere hohe E-Saite mit dem Ringfinger (a) an.

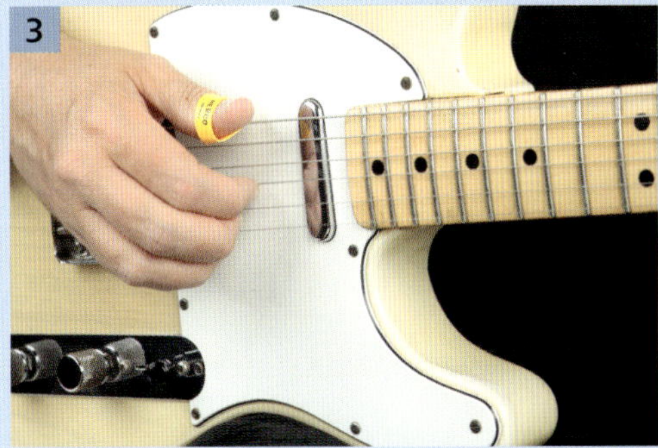

Verwende für den erneuten Anschlag der leeren G-Saite am Ende des 1. Takts den Zeigefinger (i).

Übung 3
(CD-Track 29)

Wenn man einen Barré-Akkord mit einem Picking-Pattern spielt, kann man für einen rhythmischeren und perkussiveren Klang den Druck der Greifhand zwischen den Tönen reduzieren. Versuch bei diesem Beispiel, den Druck der Greifhand nach dem 1. und dem 3. Taktschlag kurz zu verringern, um die notierten Pausen zu erzeugen.

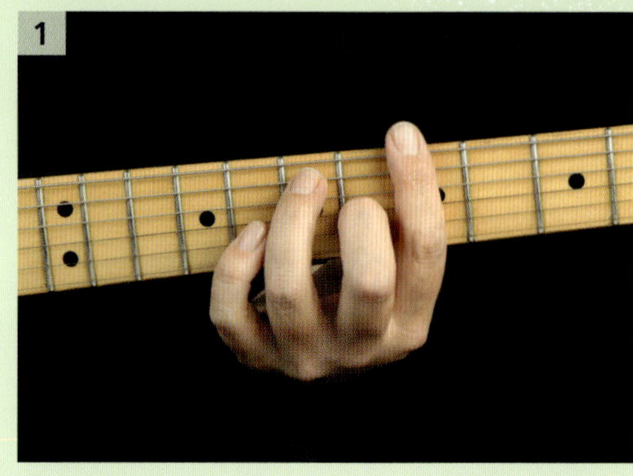
Du solltest den kompletten A7-Barré-Akkod greifen, bevor du den ersten Pinch anschlägst. Obwohl es so aussieht, als greife der 4. Finger die 2. Saite, schwebt er tatsächlich nur knapp über ihr.

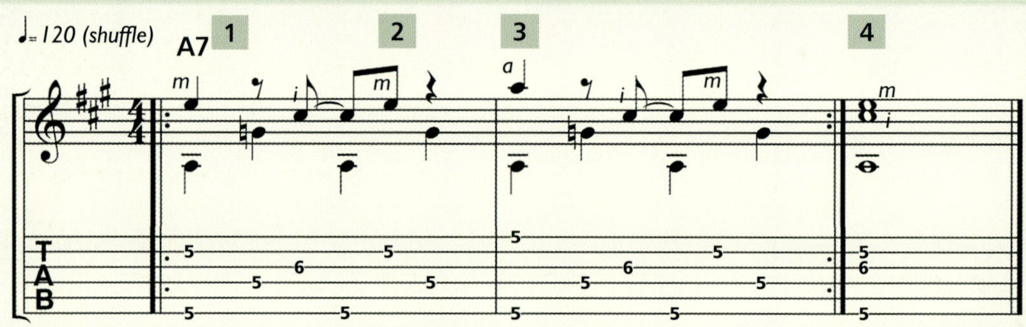

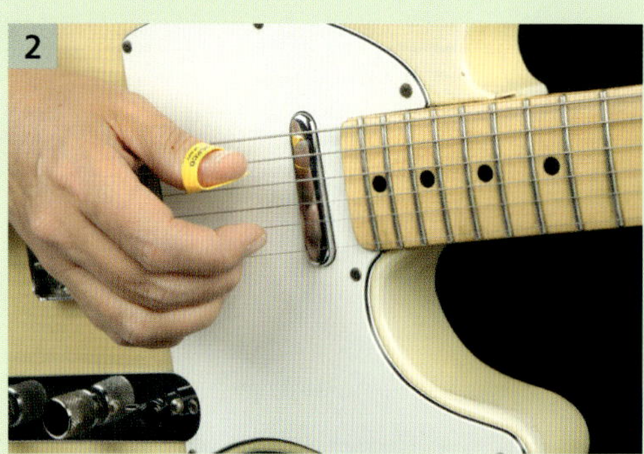
Während der Mittelfinger (m) die 2. Saite anschlägt, bringst du den Daumen bereits in Position, bereit zum Anschlag der 4. Saite.

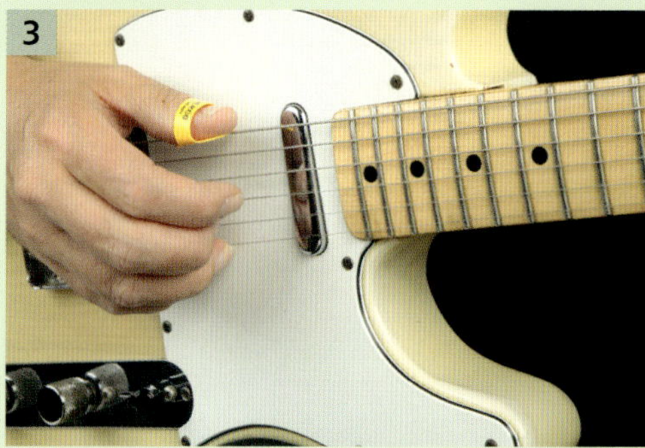
Spiele den Pinch zu Anfang des 2. Taktes mit dem Daumen und dem Ringfinger (a).

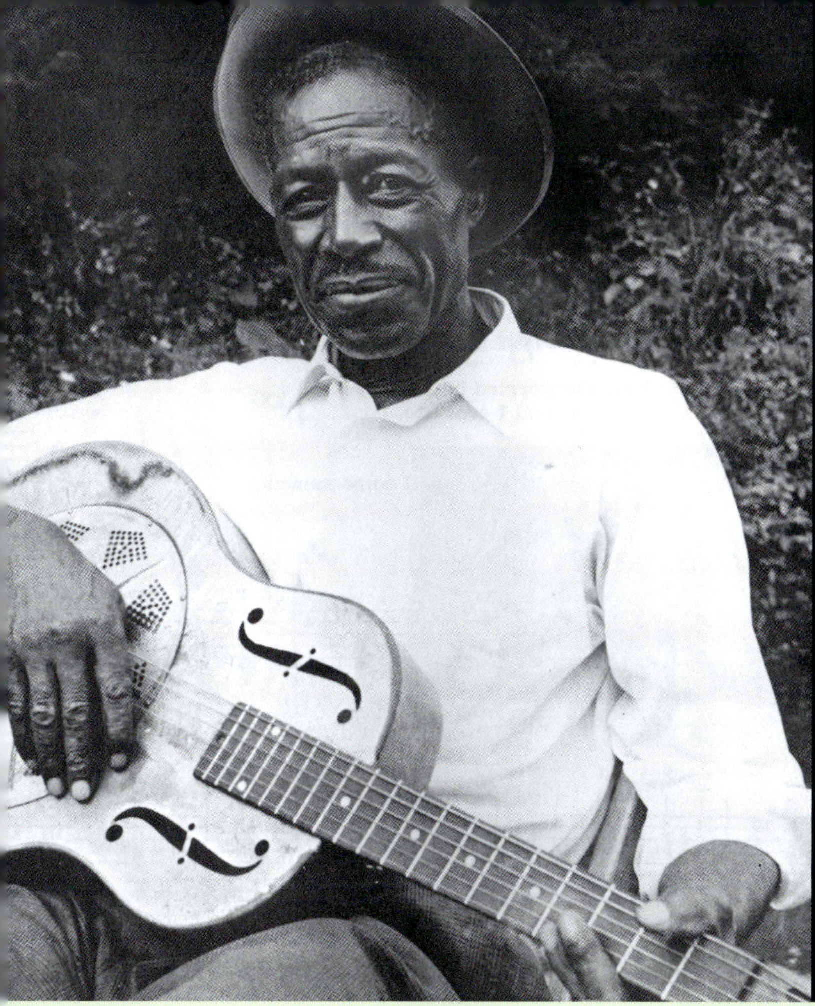

Der hier mit seiner berühmten Resonator-Akustik abgebildete Eddie James (auch als Son House bekannt) war ein Pionier des Delta-Blues-Fingerpicking.

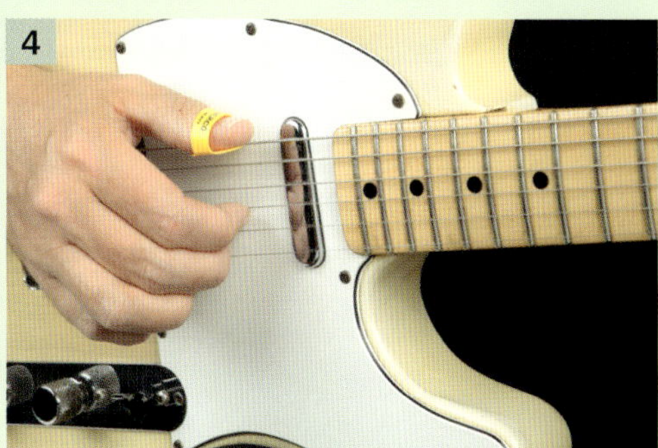

Der Schlussakkord A7 wird mit einem gleichzeitigen Pinch von Daumen, Zeigefinger (i) und Mittelfinger (m) gespielt.

Tipp!

Shuffle ist technisch betrachtet ein Groove im 12/8-Takt. Weil das eine komplexere Notation erfordert, notiert man Shuffle-Blues meistens im 4/4-Takt. Am Anfang des Stückes steht dann „Shuffle“, als Hinweis darauf, dass die Achtelnoten mit Swing-Feel und nicht „gerade“ gespielt werden sollen. Höre dir auf der CD an, wie das klingen soll.

Lektion 18
Homesick Blues

In dieser Lektion lernst du ein komplettes Bluesstück mit Daumen-Wechselbass.

In der vorangegangenen Lektion hast du gelernt, die kleine Septime zu finden und zu spielen und wie man mit diesem Intervall eine zu einem Dominantsept-Akkord passende Bass-Linie erzeugt. Hier wird diese Technik bei einem Fingerpicking-Arrangement eingesetzt, das von einem der großen Delta-Blues-Gitarristen des frühen 20. Jahrhunderts inspiriert ist.
Dies ist das bisher schwierigste Stück, achte deshalb besonders auf die folgenden wichtigen Leitsätze für das Erlernen neuer Arrangements:

- Unterteile das Stück in handliche Abschnitte.
- Teile die Abschnitte in Melodie (Hälse aufwärts) und Basstöne (Hälse abwärts).
- Und zum Schluss: nimm dir Zeit zum Lernen – erwarte nicht, neues Material sofort spielen zu können.

Bevor du Basstöne und Melodie wieder zusammenfügst, untersuche, welche Melodietöne als Pinch gespielt werden und welche synkopiert.

Erste und zweite Wiederholung

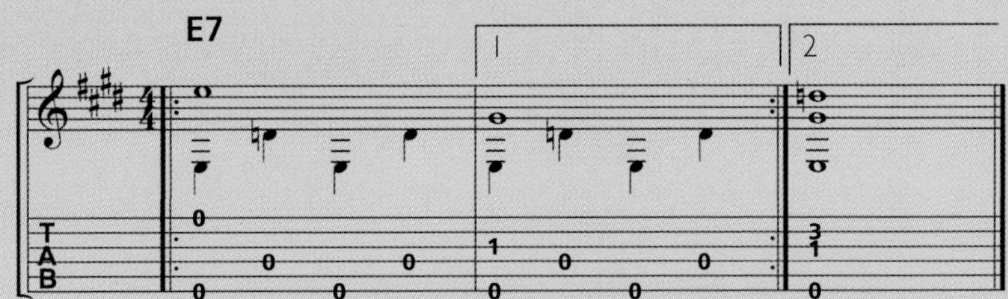

Unterschiedliche Schlusstakte kommen häufig vor. Beim ersten Durchgang spielst du den ersten Schlusstakt (mit der Klammer und der Nummer 1). Gewöhnlich folgt dann eine Wiederholung des ganzen Stückes oder eines Abschnitts. Bei dieser Wiederholung wird dann der erste Schlusstakt übersprungen und direkt mit dem zweiten weitergespielt.

Diese Akkorde werden für diese Lektion benötigt:

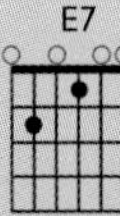

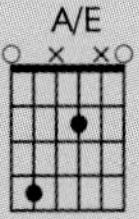

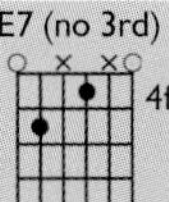

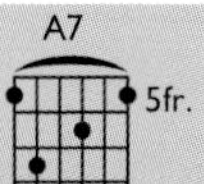

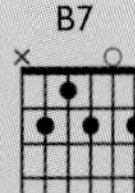

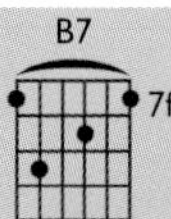

Beispiel
(CD-Track 30)

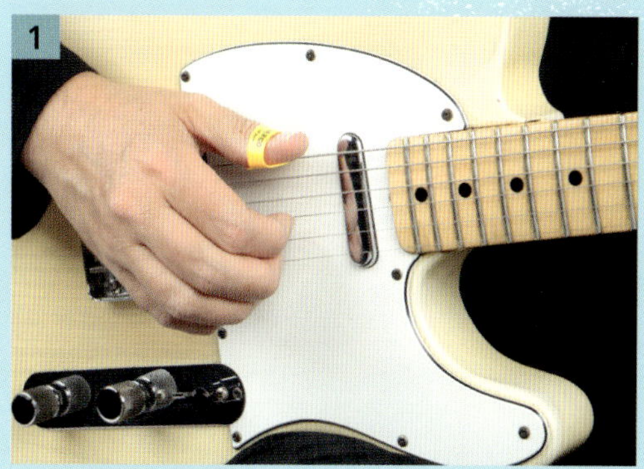

Dieses Stück beginnt mit einem Pinch auf der 3. und 6. Saite. Dieser Pinch wird mit dem Daumen und dem Zeigefinger (i) gespielt.

> **Tipp!**
> Im ersten Takt dieses Stückes stehen drei Akkordsymbole in Klammern. Vergleiche sie mit den Akkorden auf Seite 94. Normalerweise stände über dem gesamten Takt einfach E7.

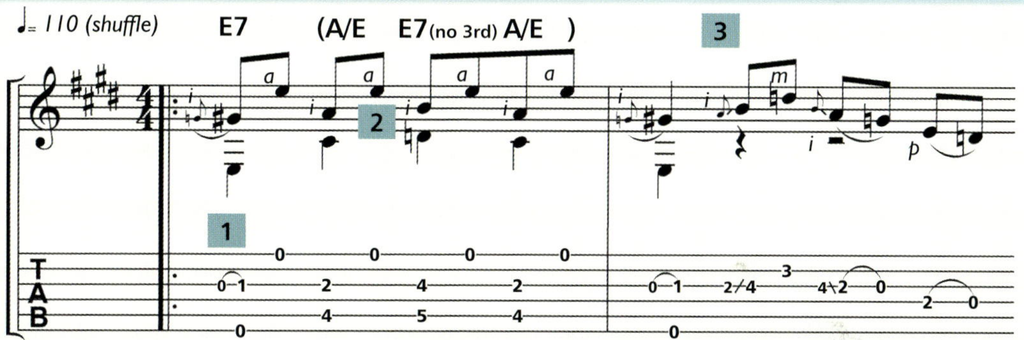

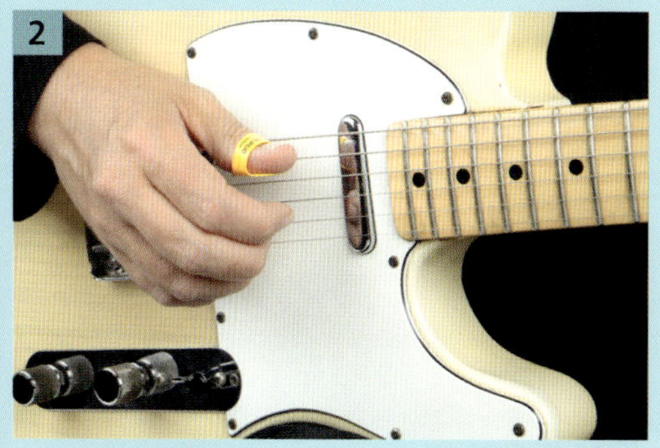

Unmittelbar nach dem Anschlag des Pinchs auf der 3. und der 5. Saite schlägst du die leere 1. Saite E) mit dem Ringfinger (a) an.

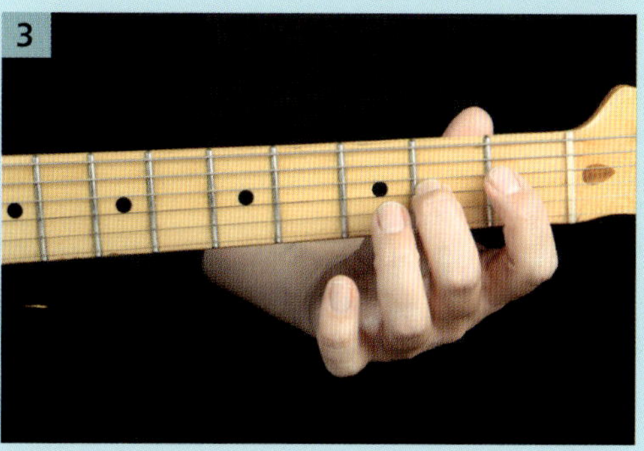

Verwende für den Slide vom B zum A den Mittelfinger. So landest du direkt mit dem richtigen Finger im 2. Bund.

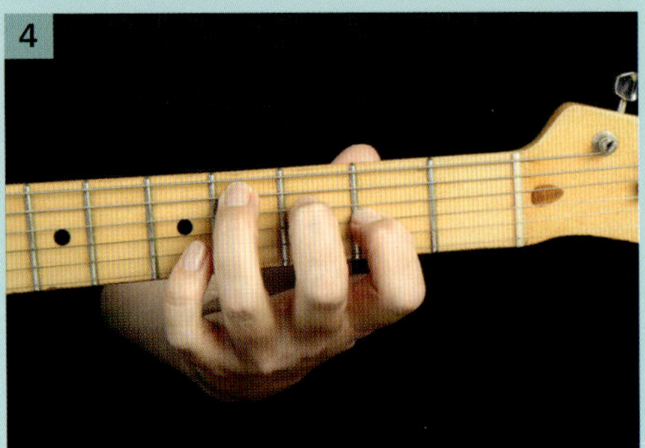

Verschiebe deine Hand halsaufwärts, so dass du den Doublestop auf dem 2. Taktschlag dieses Takts mit dem Zeige- und Ringfinger spielen kannst.

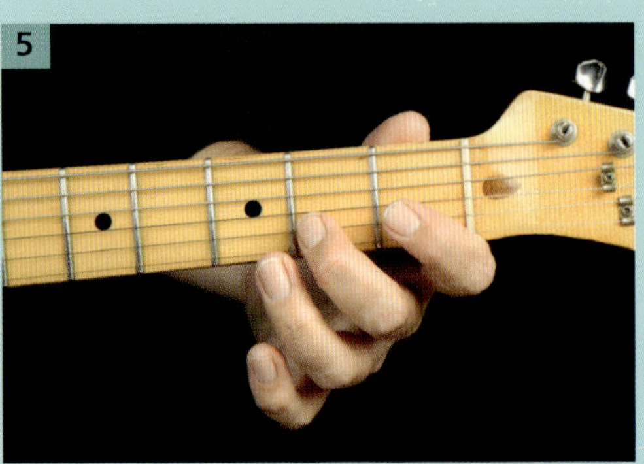

Für einen sauberen Pull-off zur leeren G-Saite ziehst du den Mittelfinger seitwärts von der Saite ab.

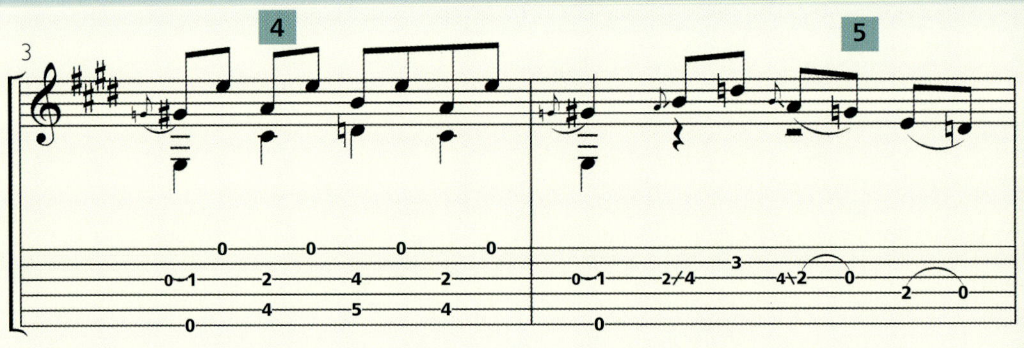

Blues-Klassiker:

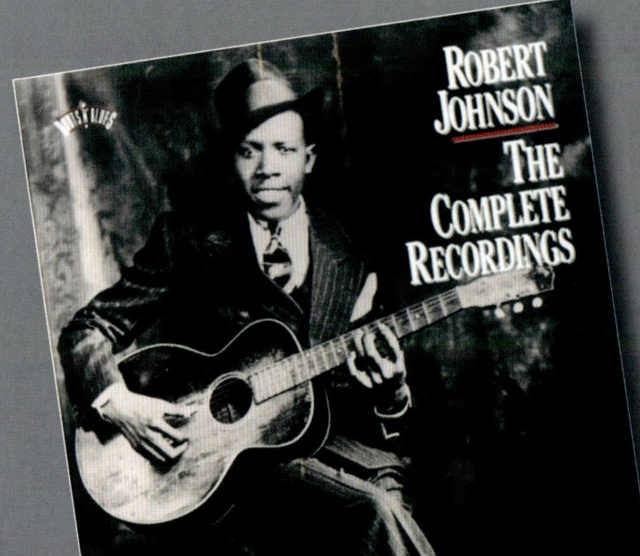

ROBERT JOHNSON
The Complete Recordings (1990)

Johnson, der wichtigste Gitarrist in der Evolution der Blues-Gitarre, hat nur eine Handvoll Tracks aufgenommen, die alle in dieser Sammlung enthalten sind.

MUDDY WATERS
The Anthology (2000)

Diese Sammlung der besten Stücke des „King of Chicago Blues“ sollte jeder Gitar-

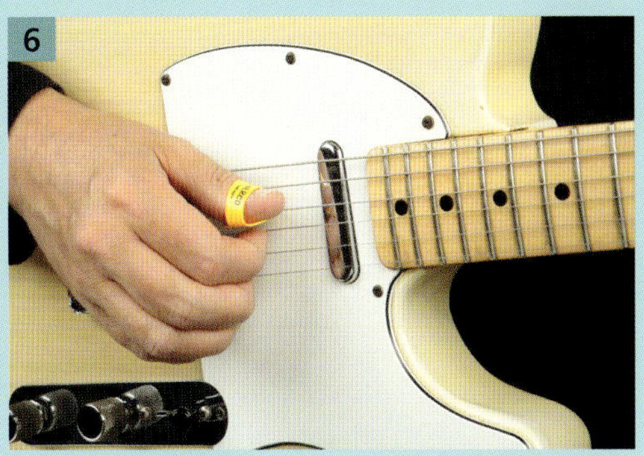

Den Pinch auf dem 2. Taktschlag (3. Saite und 4. Saite) spielst du gleichzeitig mit dem Daumen und dem Zeigefinger (i).

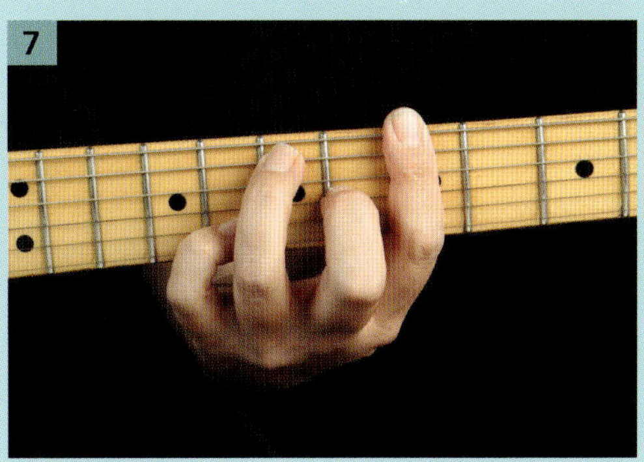

Der einfache A7-Akkord wird hier um ein hohes G auf dem 8. Bund der 2. Saite erweitert. Du greifst dieses G mit dem kleinen Finger.

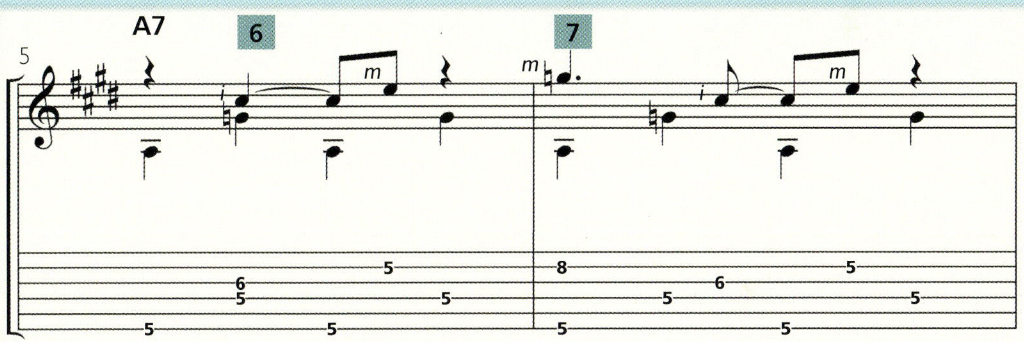

rist besitzen. Muddy war ein echter Blues-Pionier und einer der ersten Gitarristen, die von der Akustik- auf die E-Gitarre umgestiegen sind.

HOWLIN' WOLF

The Definitive Collection (2007)

Howlin' Wolf ist eine weitere Schlüsselfigur unter den Blues-Gitarristen. Viele seiner berühmtesten Songs basieren auf Riffs; damit beeinflusste er vor allem die entdeckungsfreudigen Rock-Gitarristen der 1960er.

JOHN LEE HOOKER

The Best of John Lee Hooker (1992)

Neunzehn glühendheiße Blues-Klassiker von dem Mann, der den Delta-Blues-Sound populär gemacht hat. John Lee Hooker's Gitarrenriffs und sein unverwechselbarer Gesang haben ganze Generationen von Musikern beinflusst.

FORTSETZUNG NÄCHSTE SEITE ☞

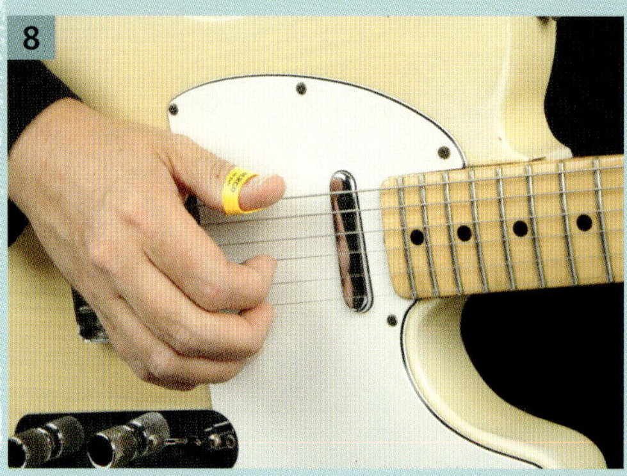

Der Handballen der Anschlagshand liegt in der Nähe des Stegs sanft auf den Bass-Saiten. So werden die Bass-Töne „gezähmt“, damit sie die Melodie nicht übertönen.

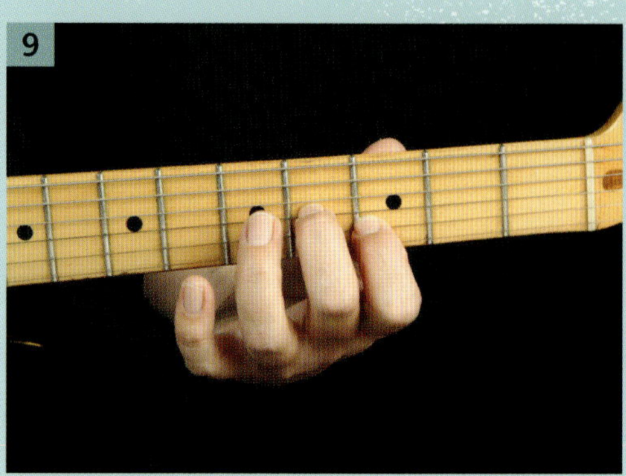

Der Mittelfinger bleibt auf der 3. Saite liegen. während du das hohe D mit dem Zeigefinger greifst. Er ist dann bereits in Stellung für den Slide abwärts zum A auf dem 3. Taktschlag.

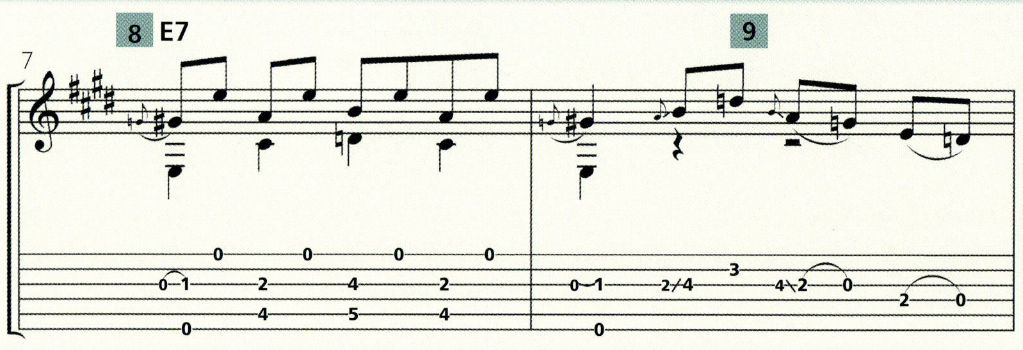

Blues-Klassiker (Fortsetzung):

T-BONE WALKER
Stormy Monday Blues: The Essential Collection (1998)

Der West-Coast-Bluesmann T-Bone Walker war ein wahrer Pionier der E-Gitarre. Seine Riffs, Licks und sein Spielstil haben viele berühmte Gitarristen beeinflusst, unter anderem Chuck Berry und Jimi Hendrix.

ERIC BIBB
The Good Stuff (1998)

Der Newcomer Eric Bibb ist einer der wichtigsten neuen Bluesgitarristen der letzen 20 Jahre. Die englische Zeitung ***The Times*** schrieb, er habe „eine Stimme, für die man sterben möchte“ Dieses Album von 1998 gehört zu seinen Besten.

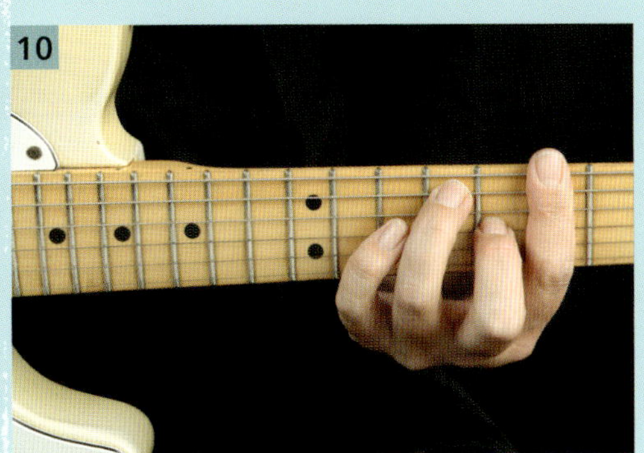

Auch wenn auf dem 1. Taktschlag nur der tiefste Ton gespielt wird, solltest du schon den kompletten B7-Barré-Akkord auf dem 7. Bund vor dem Anschlag greifen ...

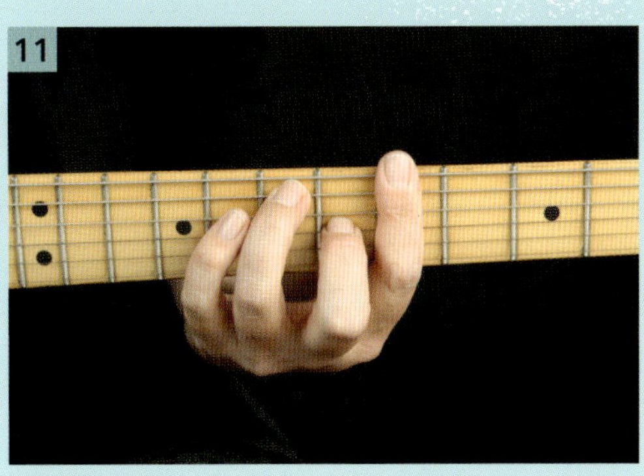

... und anschließend für den folgenden A7-Akkord halsabwärts auf den 5. Bund verschieben.

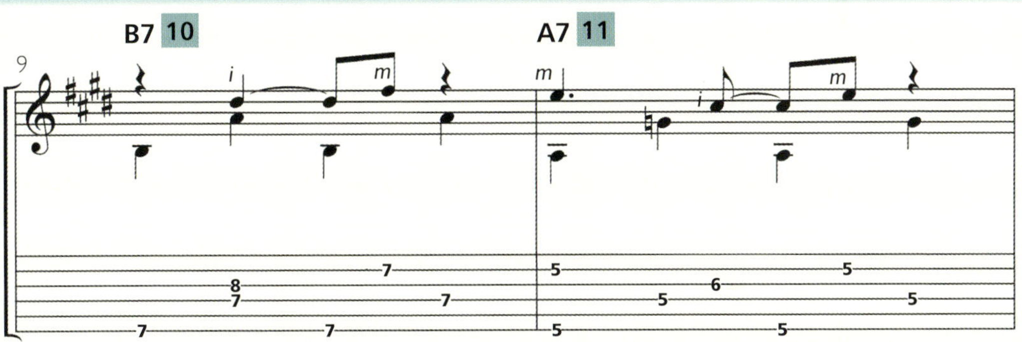

BB KING

The Ultimate Collection (2005)

BB King ist wahrscheinlich der anerkannteste der großen Blueser; sein gefühlvolles Gitarrenspiel und seine unglaubliche Stimme haben ihn weltweit bekannt gemacht. Höre dir die hier empfohlene CD an und du wirst verstehen, wieso!

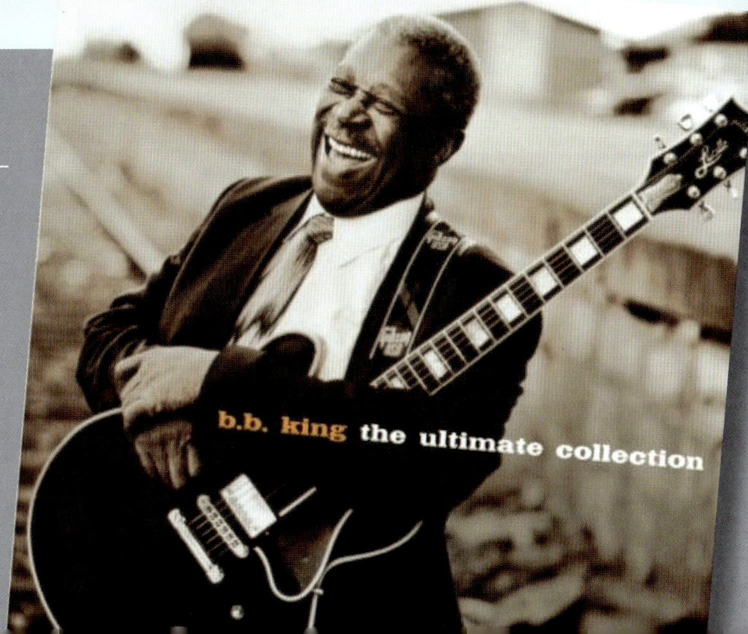

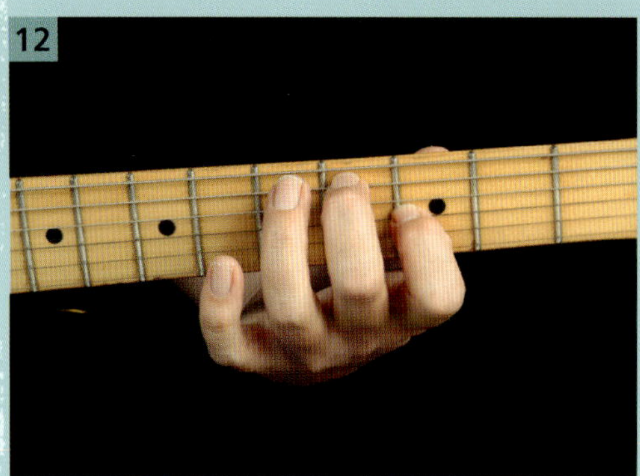

Auf dem 2. Taktschlag von Takt 11 spielst du einen chromatischen Slide mit Zeige- und Mittelfinger. Du beginnst mit dem Zeigefinger im 3. Bund.

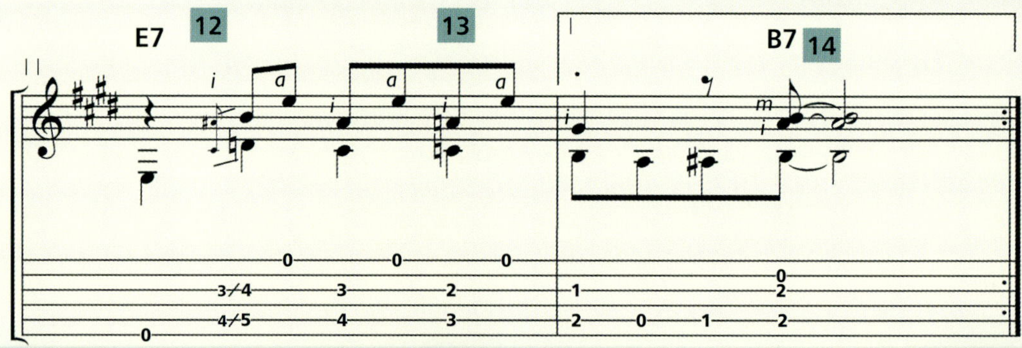

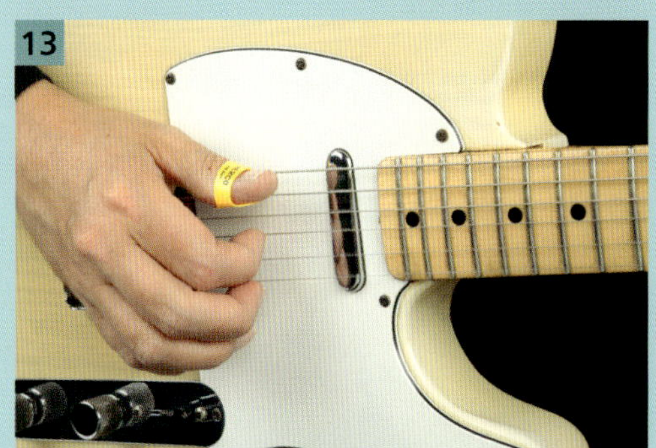

Wenn du den letzten Zweiklang in diesem Takt anschlägst (mit dem Daumen und dem Zeigefinger), sollte der kleine Finger (a) bereits für den Anschlag der folgenden leeren E-Saite in Stellung sein.

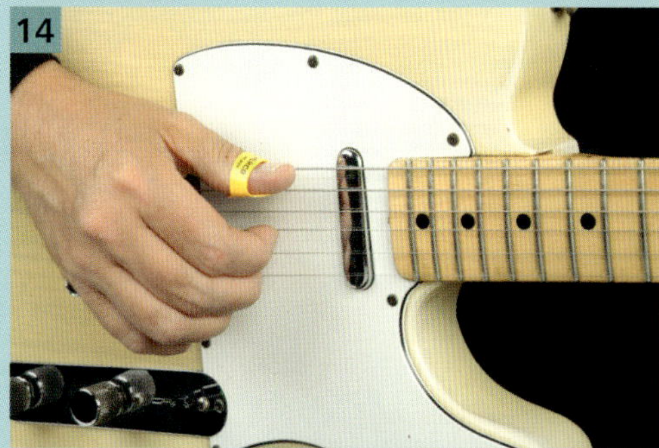

Den B7-Akkord spielst du mit einem Drei-Finger-Pinch mit Daumen, Zeigefinger (i) und Mittelfinger (m).

Tipp!
Ein Punkt über oder unter einer Note bedeutet, dass diese Note(n) staccato gespielt werden soll(en). Staccato gespielte Töne werden bewusst gekürzt, so dass zwischen den Tönen Pausen entstehen. Das Gegenteil des staccato ist das „legato", das mit einem Bogen über oder unter den Noten angegeben wird. Legato gespielte Töne folgen ohne Pause aufeinander.

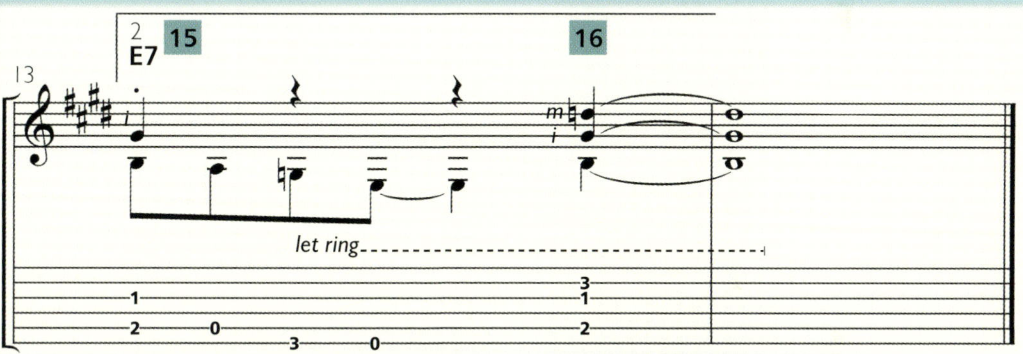

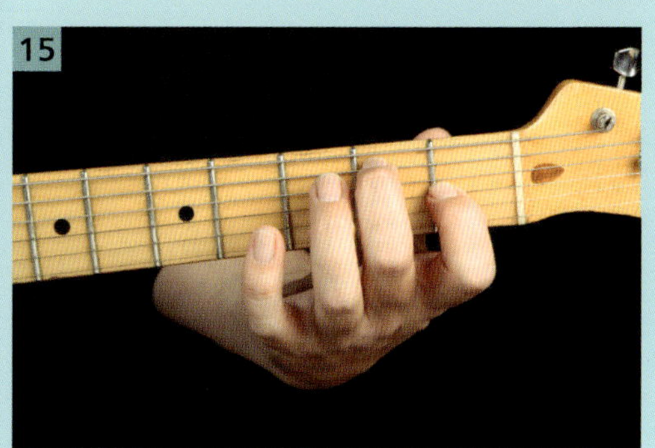

Der Punkt über dem E7-Akkord bedeutet, dass dieser Akkord staccato gespielt werden soll. Verringere den Druck der greifenden Finger (ohne die Finger ganz von den Saiten abzuheben), um die Töne zu dämpfen.

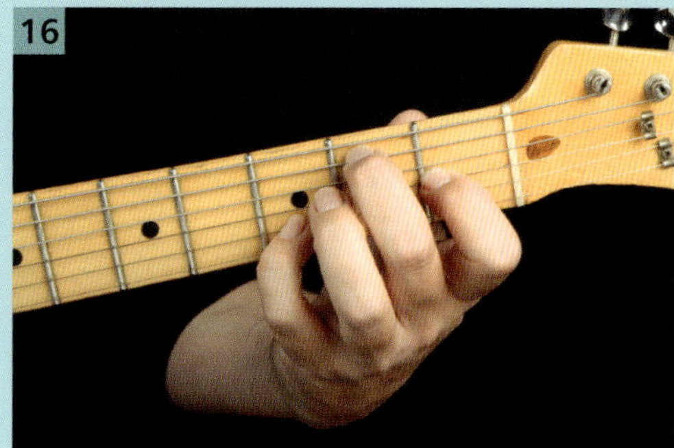

Achte beim Greifen des Schlussakkords E7 darauf, die 6. Saite nicht versehentlich mit dem Mittelfinger (m) abzudämpfen. Dieses tiefe E sollte in den Akkord hineinklingen, wie die Anweisung „let ring" verlangt.

LIES AUSSERDEM Moll-Melodien harmonisieren, Seite 116

Lektion 19
Dur-Melodien harmonisieren

Wie man eine Dur-Melodie in jeder Tonart harmonisiert – die Geheimnisse der Profis enthüllt!

Das Thema Gitarrenbegleitung erscheint ohne Verständnis von Akkordfolgen, wie sie funktionieren und wo die Akkorde eigentlich herkommen, in mysteriöses Dunkel gehüllt. Für den Uneingeweihten können professionelle Musiker Akkorde scheinbar ohne rationelle Erklärung einfach aus der Luft greifen. Dabei ist das Harmonisieren von Melodien eine eher banale und mathematische Angelegenheit. Ein besonderes Talent ist nicht erforderlich. Wenn alles Andere versagt, kannst du außerdem immer das bewährte „Wenn es richtig klingt, ist es richtig!" anwenden.

Diatonische Dur-Akkorde

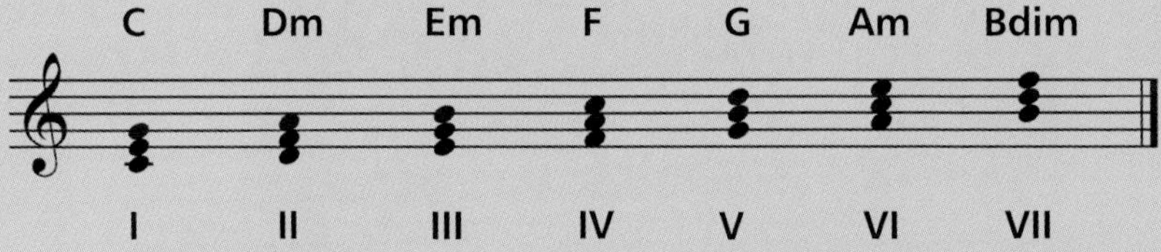

Diatonisch bedeutet im Wesentlichen „in der Tonart". Anders gesagt, eine diatonische Melodie in C-Dur enthält ausschließlich Töne der C-Dur-Tonleiter. Diatonische Akkorde sind Akkorde, die nur aus den Tönen einer bestimmten Dur-Tonleiter aufgebaut sind, in diesem Fall C-Dur. Wenn man auf jedem der Tonleitertöne einen Akkord aufbaut, entsteht eine charakteristische Folge von Dur-, Moll und verminderten Akkorden. Diese diatonischen Akkorde werden von Musikern oft mit römischen Ziffern angegeben. Eine einfache Akkordfolge wie C–F–C–G könnte mit Ziffern als I–IV–I–V bezeichnet werden. Diese Form der Beschreibung ermöglicht nicht nur anderen Musikern die sofortige Identifizierung einer Akkordfolge, sie erleichtert auch das Transponieren einer Akkordfolge in andere Tonarten.

Diese Akkorde werden für diese Lektion benötigt:

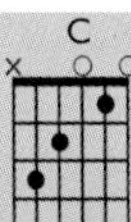

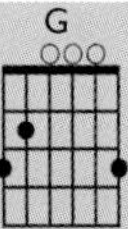

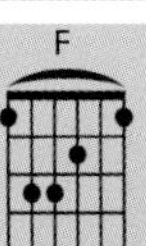

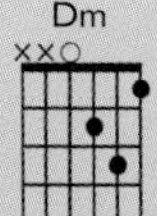

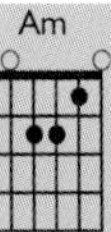

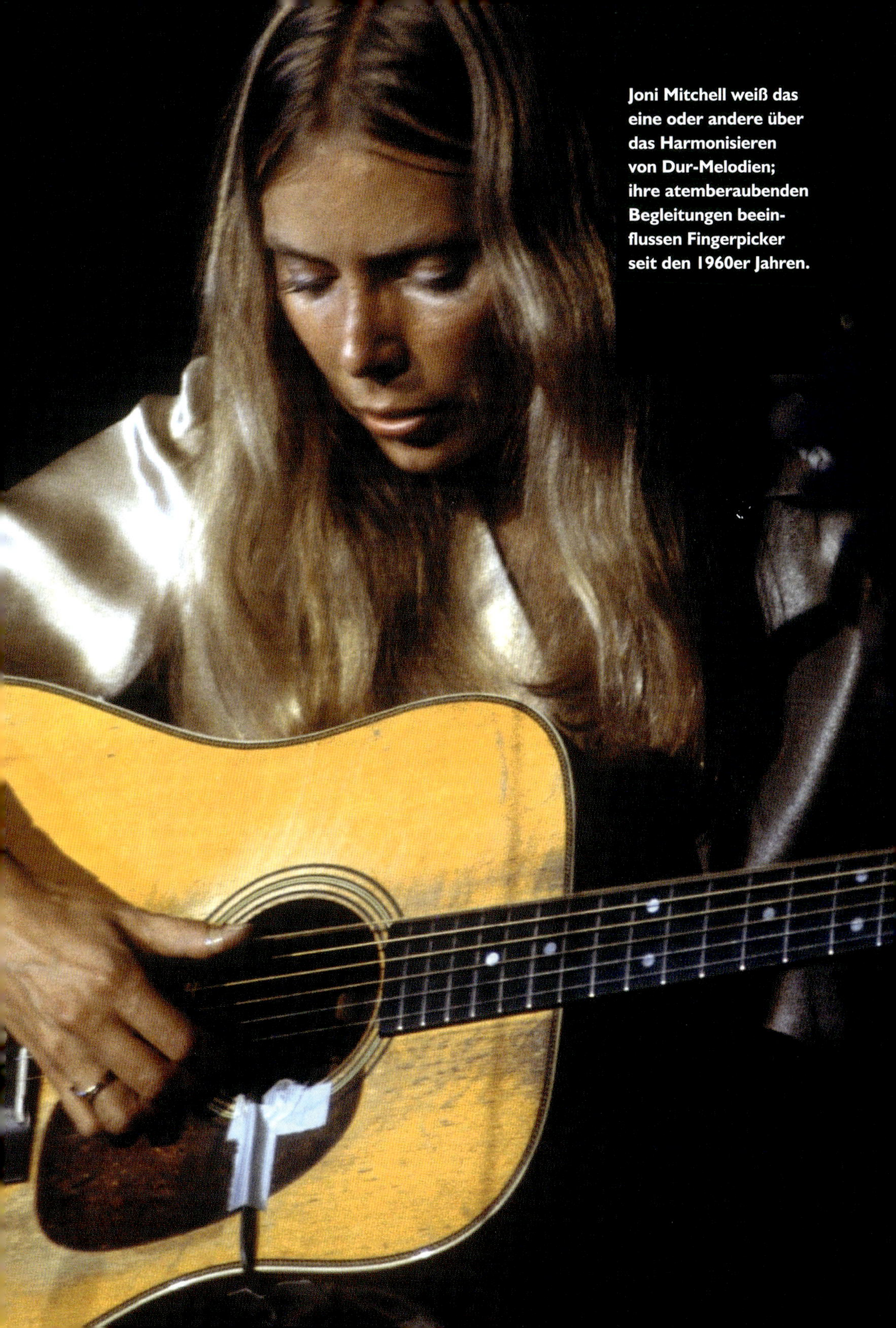

Joni Mitchell weiß das eine oder andere über das Harmonisieren von Dur-Melodien; ihre atemberaubenden Begleitungen beeinflussen Fingerpicker seit den 1960er Jahren.

Übung 1

(CD-Track 31)

Diese einfache Dur-Melodie wird auf zwei unterschiedliche Arten harmonisiert. Spiele die Melodie einige Male, um sie „im Ohr zu haben". Besonders beim Harmonisieren ist es auch hilfreich, mitzusingen oder mitzusummen.

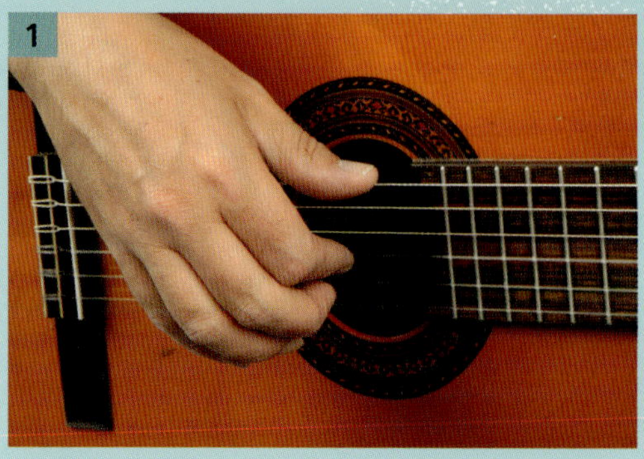

Wenn du einen einzelnen Melodieton (ohne Bassbegleitung) spielst, kannst du den Daumen auf der 6. Saite abstützen.

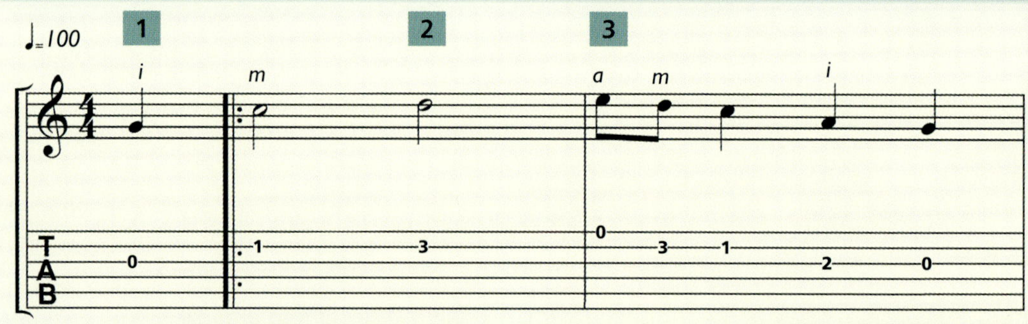

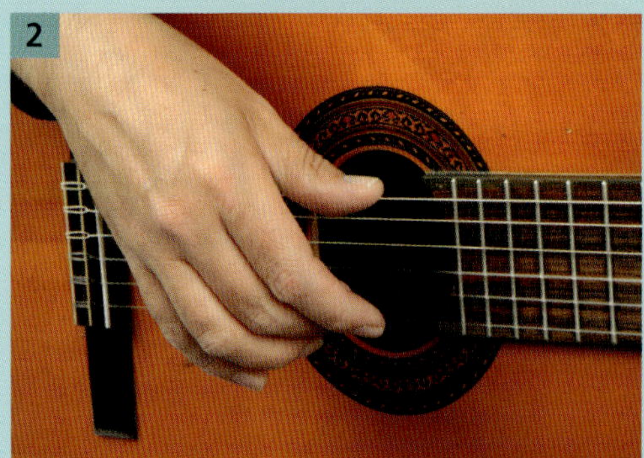

Hier schlägt der Mittelfinger (m) die 2. Saite an. Obwohl wir hier also der traditionellen Konvention „i, m, a auf den höchsten drei Saiten" folgen, musst du das beim Spielen einer unbegleiteten Melodie nicht unbedingt immer befolgen.

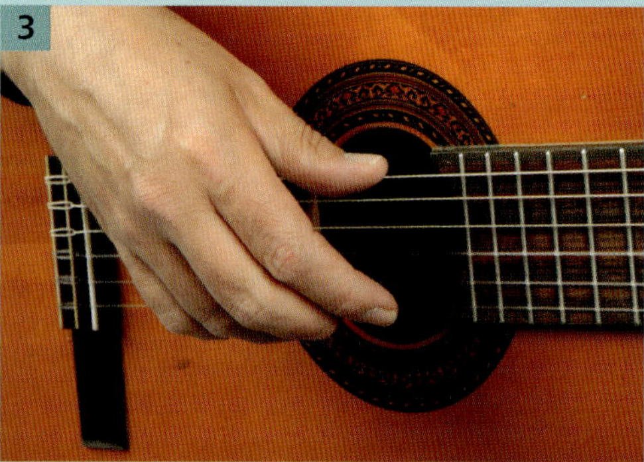

Wenn du die leere 1. Saite mit dem kleinen Finger (a) anschlägst, kannst du den nächsten Ton (D) mit dem Mittelfinger (m) anschlagen.

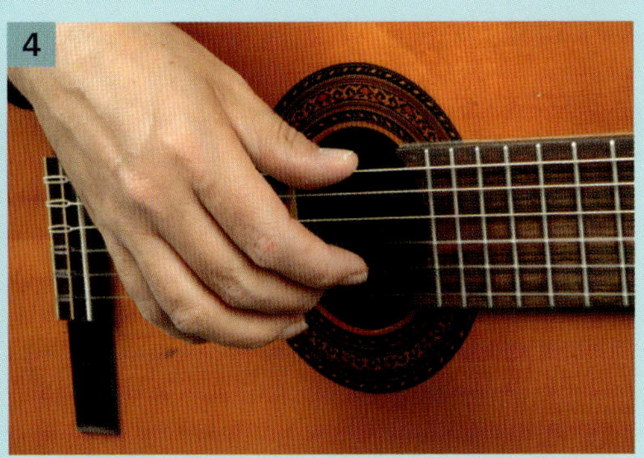

Das hohe C zu Beginn des 3. Takts wird mit dem Mittelfinger (m) angeschlagen. Der Daumen liegt sicher auf der 6. Saite auf.

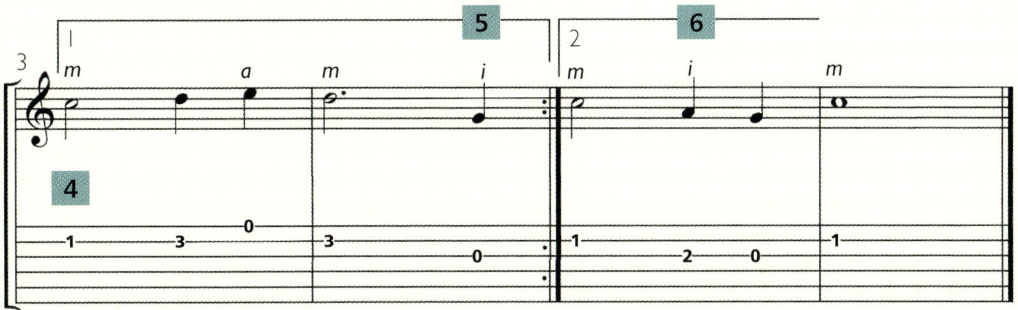

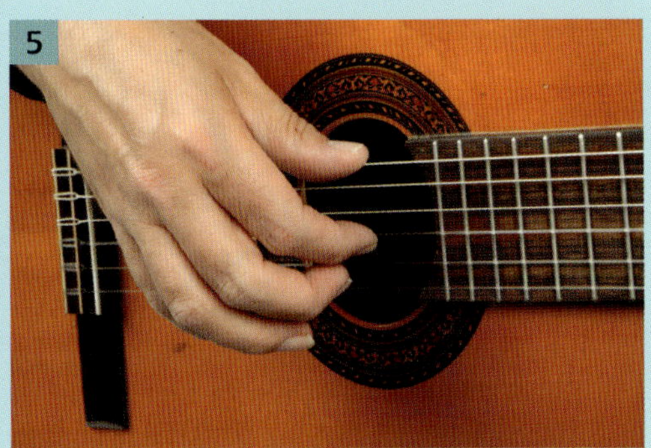

Der Zeigefinger (i) schlägt die leere 3. Saite an. Dieser Ton ist der Auftakt für die Wiederholung des Stückes.

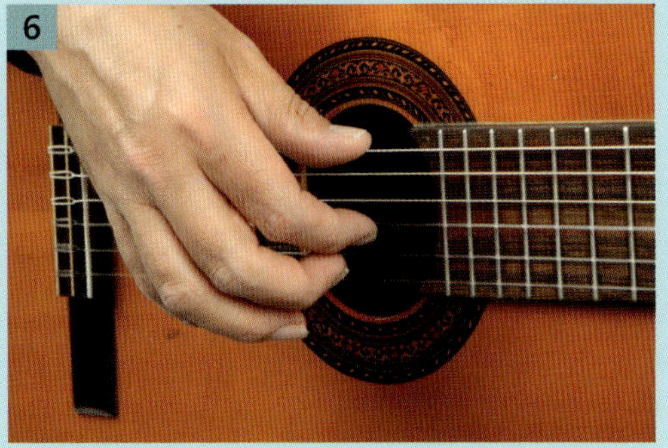

Die letzten Töne vor dem Schlusston werden auf der 3. Saite gespielt. Der Zeigefinger (i) schlägt sowohl das A als auch das folgende G (als Leersaite) an.

Übung 2

(CD-Track 32)

Deine erste Harmonisation verwendet den als „Drei-Akkordtrick" bekannten Kunstgriff. Das bedeutet nichts anderes als die Akkorde I–IV–V einer Dur-Tonart. Mit diesen drei Akkorden kannst du buchstäblich tausende von Songs begleiten.

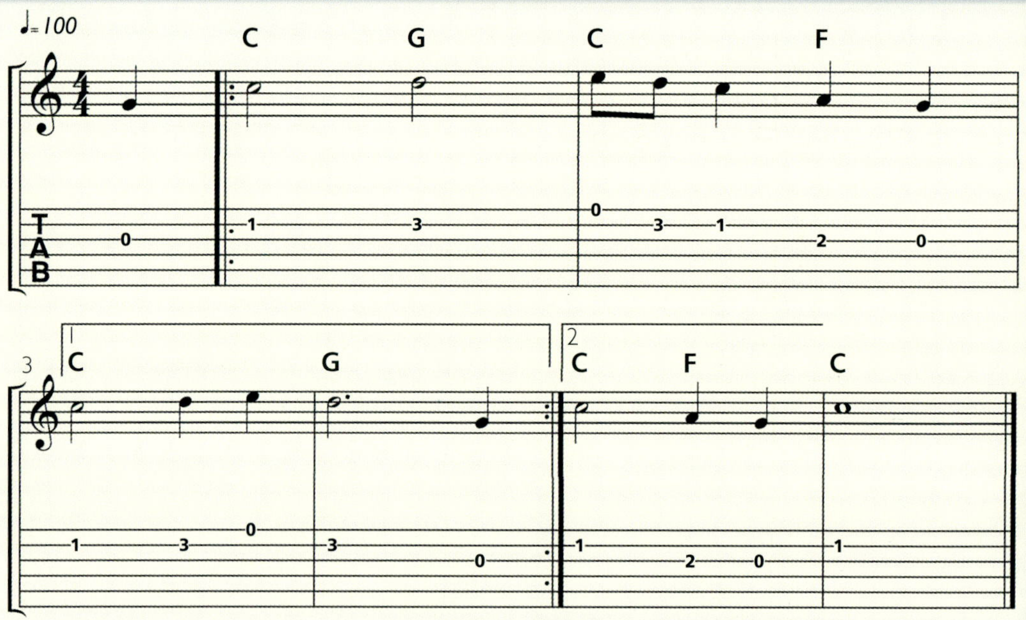

Tipp!

Das Harmonisieren eines Stückes ist deutlich einfacher, wenn du die Picking-Pattern zuerst weglässt. Spiele einfache Blockakkorde mit dem Daumen oder den Fingern p, i, m und a. Wenn du dich dann für eine Akkordfolge entschieden hast, ergänze das Picking-Pattern.

Übung 3

(CD-Track 33)

Durch die zusätzlichen diatonischen Moll-Akkorde erhält die Melodie eine Tiefe und Raffinesse, die nur mit Dur-Akkorden nicht zu erreichen wäre. Der erste Melodieton ist hier immer ein Akkordton des für seine Harmonisierung verwendeten Akkordes.

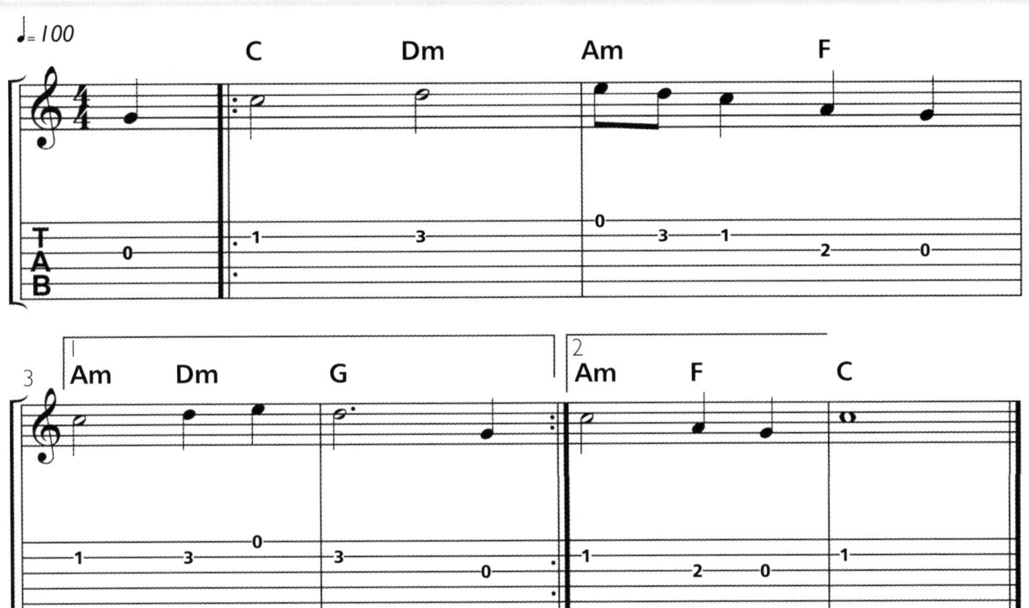

> **Tipp!**
> Auch wenn du die Noten zu einem Song besitzt oder die Akkorde kennst, ist das Experimentieren mit anderen Akkorden immer sinnvoll. Ersetze versuchsweise einen diatonischen Dur-Akkord durch einen Moll-Akkord. Musiker verwenden einfache Änderungen wie diese, um ihre eigenen charakteristischen Arrangements bekannter Songs zu erstellen.

Lektion 20
Morning Has Broken

In dieser Lektion lernst du ein komplettes Fingerstyle-Arrangement dieser wunderschönen Dur-Melodie.

Auch wenn du diesen Song bereits kennst, solltest du dir zuerst einmal das gesamte Arrangement auf der CD anhören. Es ist außerdem eine gute Idee, möglichst viele Versionen eines Songs anzuhören. bevor du mit der Arbeit an deiner eigenen beginnst (es gibt zahlreiche Seiten im Internet, wo du Musik hören kannst). In diesem Arrangement kommen viele arpeggierte Akkorde vor, es ist also wichtig, die Melodietöne zu erkennen und hervorzuheben. Man glaubt, dass „Morning Has Broken" aus einem irischen Traditional hervorgegangen ist. Keltische Songs eignen sich hervorragend für das Fingerstyle-Spiel; ihre Melodien sind einfach und rhythmisch und ideal für eigene Arrangements. Wenn du diese Stilrichtung weiter erkunden willst, ist *O'Neill's Music of Ireland* (überarbeitet von Miles Krassen) mit seinen über 1000 traditionellen Fiddle-Melodien eine gute Quelle.

Tipps!

- Der Fingersatz der rechten Hand (i, m, a) ist im allgemeinen nur zu Beginn des Taktes angegeben. Wenn nicht anders angegeben, gehe immer davon aus, dass du denselben Ton mit demselben Finger spielen sollst. So wird vermieden, das Arrangement mit Information zu überfrachten.
- Auch wenn die Akkorde für dieses Stück zu Beginn der Lektion angegeben sind, muss nicht immer der gesamte Akkord gegriffen werden. Wenn du nur die wirklich benötigten Töne greifst, kannst du die Akkorde schneller und flüssiger wechseln.

Diese Akkorde werden für diese Lektion benötigt:

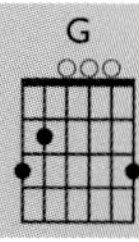

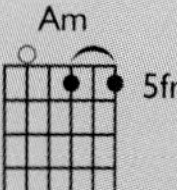

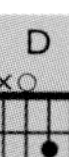

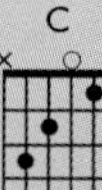

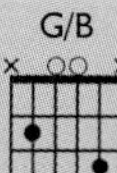

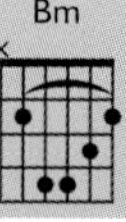

Berühmte Aufnahmen dieses Stücks

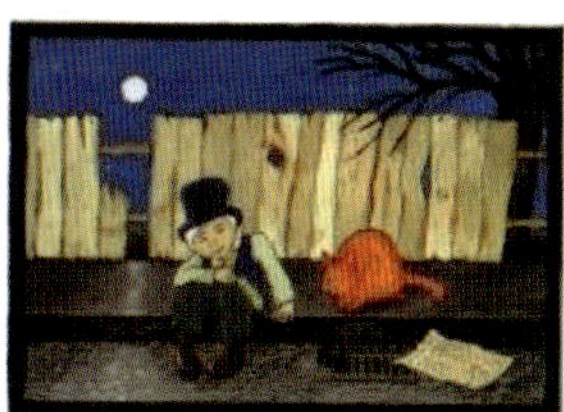

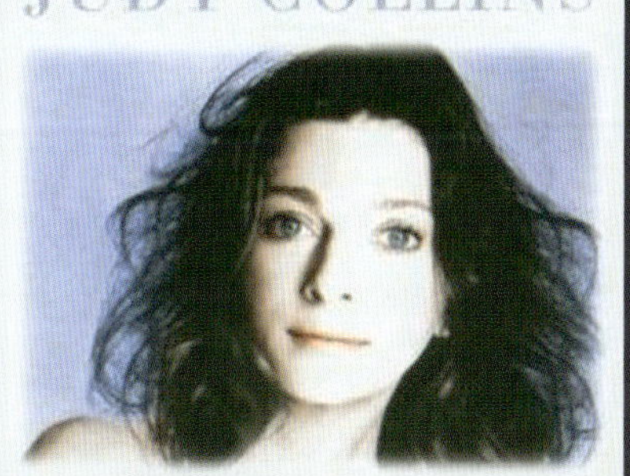

„Morning Has Broken“ ist eine traditionelle christliche Hymne, die Cat Stevens 1971 bekannt gemacht hat. Der Original-Komponist ist bis heute unbekannt und das Stück wird häufig fälschlicherweise Stevens zugeschrieben. Es wurde 1931 als Arrangement des Komponisten Martin Shaw mit Text von Eleanor Farjeon erstveröffentlicht. Dies ist nur eine kleine Auswahl aus der Vielfalt von Musikern, die diese zeitlose Melodie aufgenommen haben:

CAT STEVENS
Teaser and the Firecat (1971)

KENNY ROGERS
Rollin' (1973)

NEIL DIAMOND
The Christmas Album (1992)

ART GARFUNKEL
Songs from a Parent to a Child (1997)

NANA MOUSKOURI
At Her Very Best (2001)

JUDY COLLINS
The Essential Judy Collins (2004)

AARON NEVILLE
Gospel Roots (2005)

ACKER BILK
The Magic Clarinet of Acker Bilk (2005)

Em
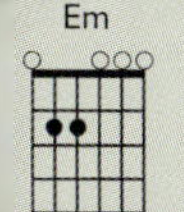
D/F♯
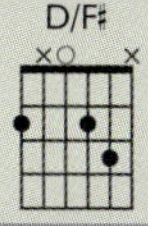
D7/F♯
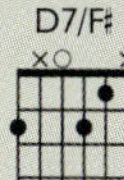
A7
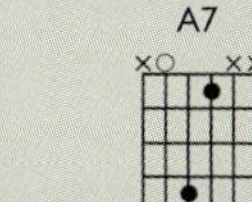

Am7

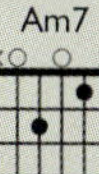
G
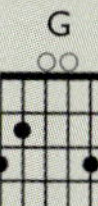

Übung
(CD-Track 34)

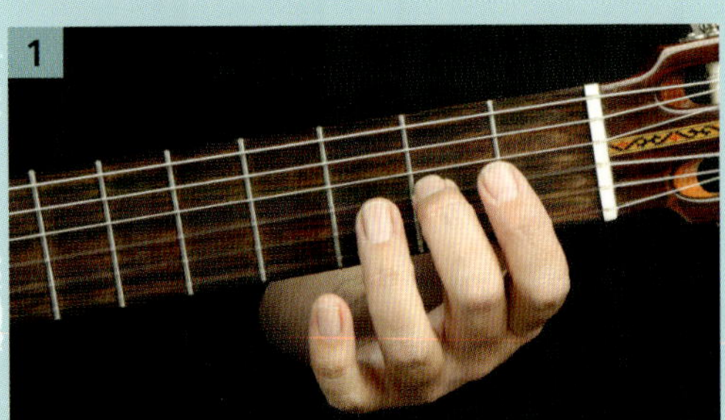

Den zweiten Ton des Auftakts spielst du durch Gleiten des Mittelfingers (m) entlang der 3. Saite. Der Ton wird nur durch den Slide erzeugt – die Saite wird nicht erneut angeschlagen.

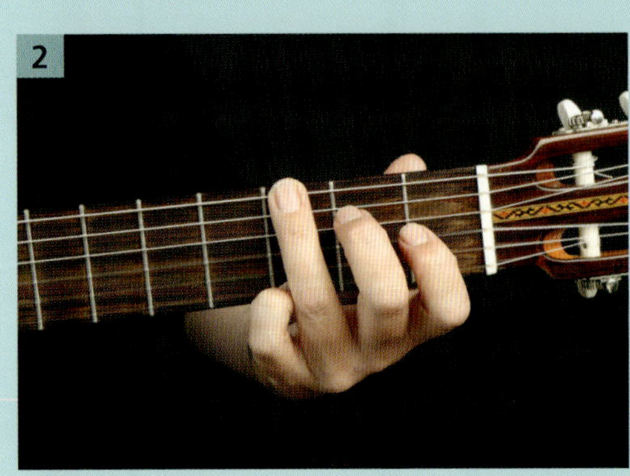

Greife den offenen G-Dur-Akkord nur mit dem Ringfinger (a) und dem kleinen Finger.

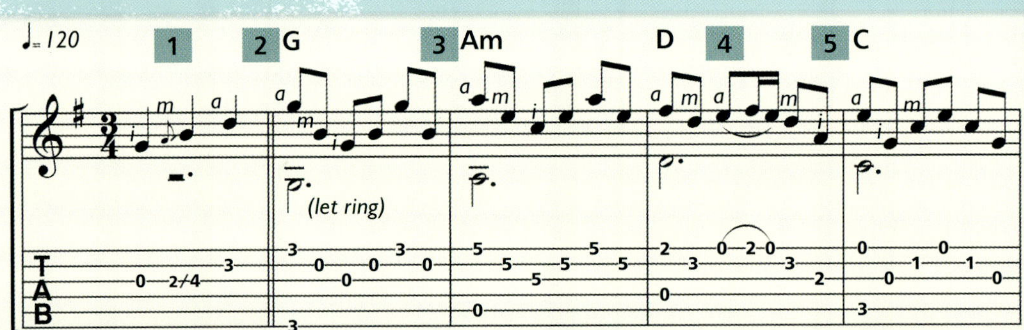

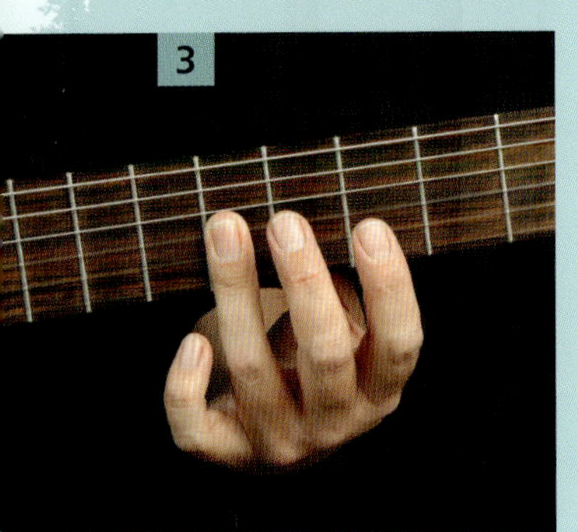

Für den Am-Akkord greifst du ein halbes Barré mit dem Ringfinger über die drei höchsten Saiten im 5. Bund.

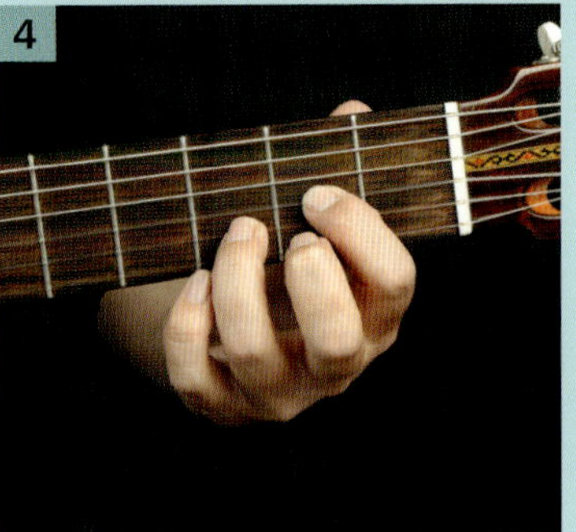

Für die Leersaite E auf dem 2. Taktschlag hebst du den Mittelfinger von der Saite ab; die übrigen Finger greifen weiterhin den D-Dur-Akkord.

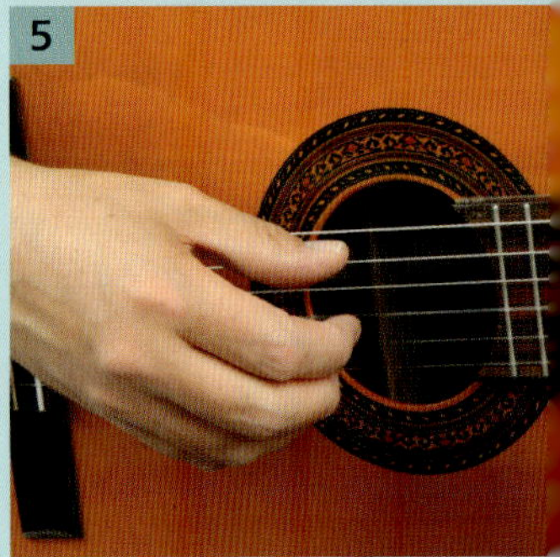

Den Pinch zu Beginn dieses Taktes spielst du mit dem Daumen und dem Ringfinger (a).

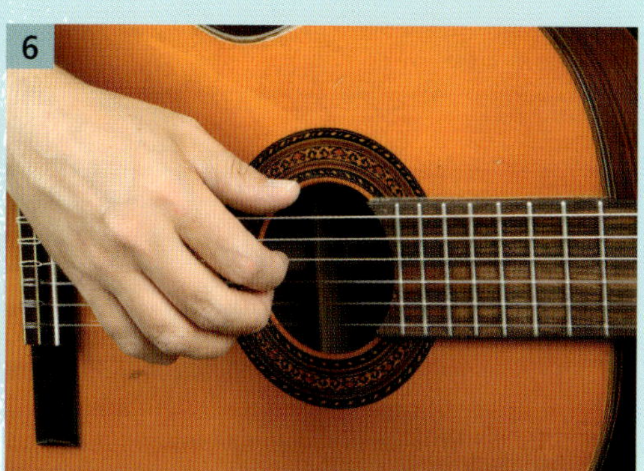

Für diesen Takt werden die Finger quer zu den Saiten verschoben, so dass der Zeigefinger (i) die 4. Saite anschlägt, der Mittelfinger (m) die 3. Saite und der Ringfinger (a) die 2. Saite.

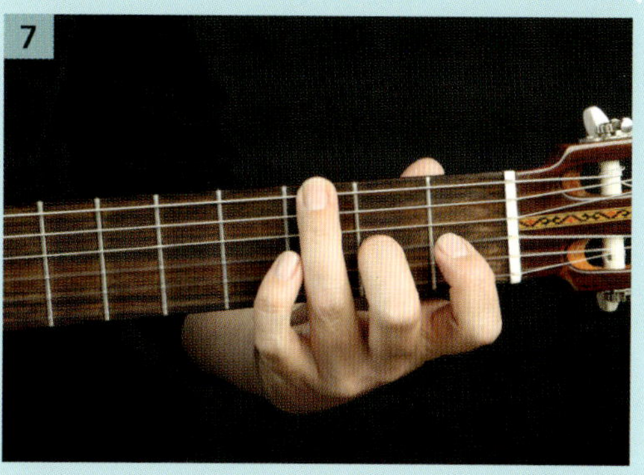

Diesen G-Dur-Akkord greifst du nur mit dem Ringfinger. Der Melodieton A wird mit dem Mittelfinger hinzugefügt, wie im Bild zu sehen.

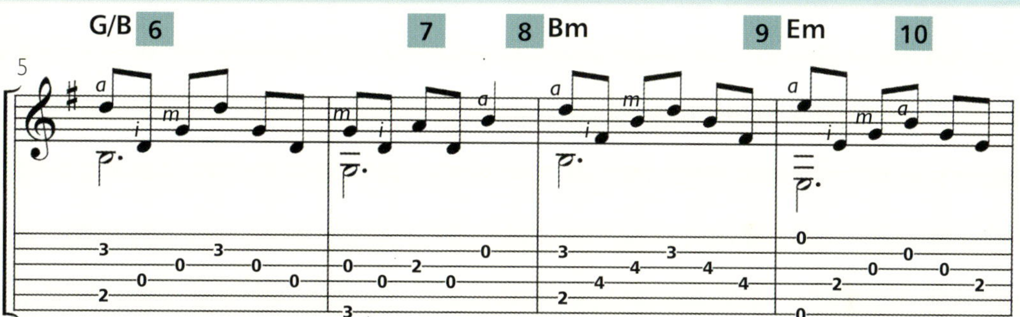

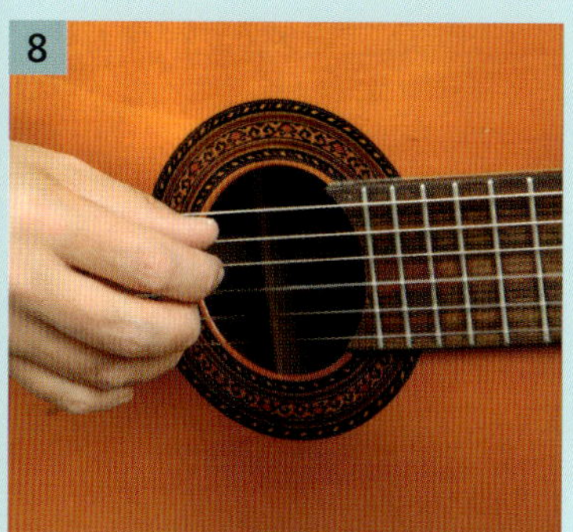

Die Außenstimmen des Bm-Akkords werden mit einem Pinch von Daumen und Ringfinger (a) gespielt. Die Finger i, m und a verbleiben bis zum nächsten Takt auf den tieferen Saiten.

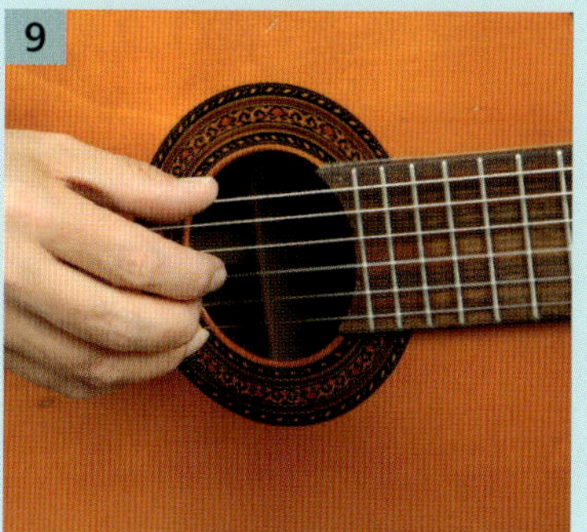

Für den Em-Akkord kehren die Finger zu ihrer vertrauten Position „auf den drei höchsten Saiten“ zurück. Der erste Pinch dieses Taktes wird mit dem Daumen und dem Ringfinger (a) angeschlagen.

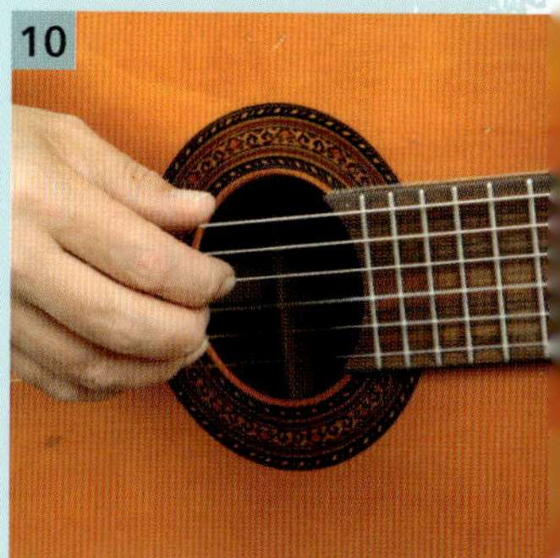

Schlage die 2. Saite (Leersaite) mit dem Ringfinger (a) an. Der Mittelfinger (m) und der Ringfinger (a) kommen dann, wie im vorigen Takt, auf den tieferen Saiten zum Einsatz.

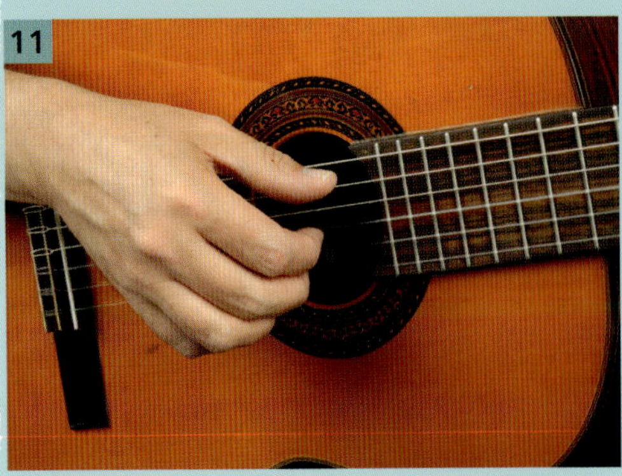

Spiele den ersten Akkord in diesem Takt als Pinch mit Daumen (p), Zeigefinger (i) und Mttelfinger (m). Deine Finger sollten dabei eine „Kralle" bilden.

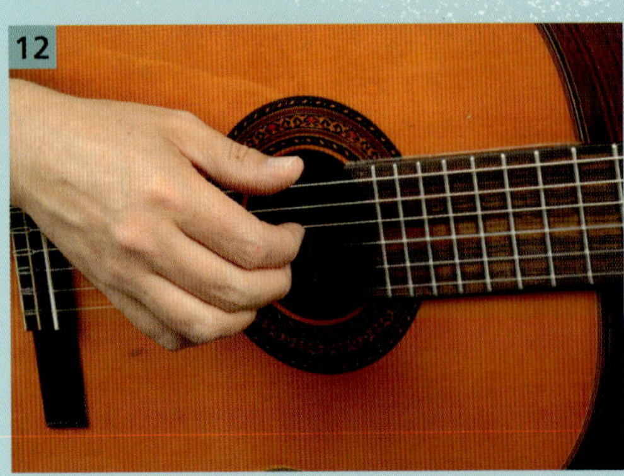

Für den Pinch des letzten Zweiklangs in diesem Takt verschiebst du den Zeigefinger (i) und den Mittelfinger (m) für den Anschlag der 3. und der 4. Saite.

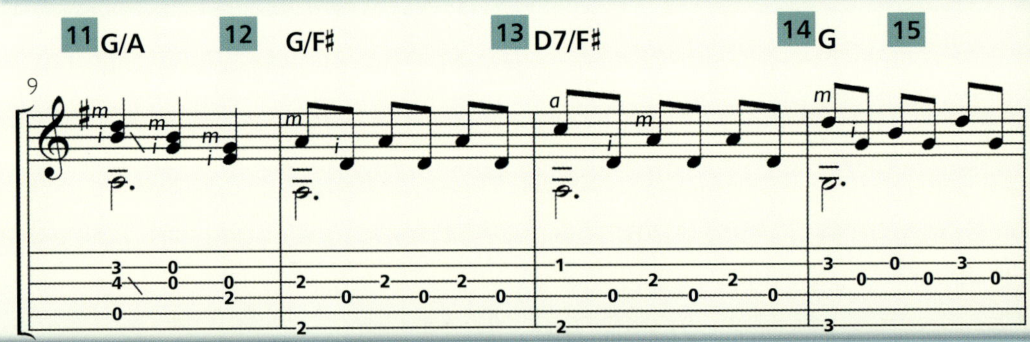

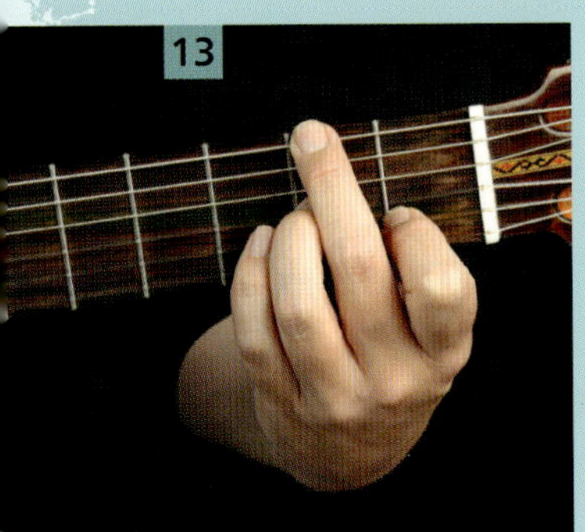

Wenn du direkt zu Beginn von Takt 11 den kompletten D7/F♯-Akkord greifst, kannst du dich völlig auf das Picking-Pattern konzentrieren. Außerdem können die Töne so durchklingen.

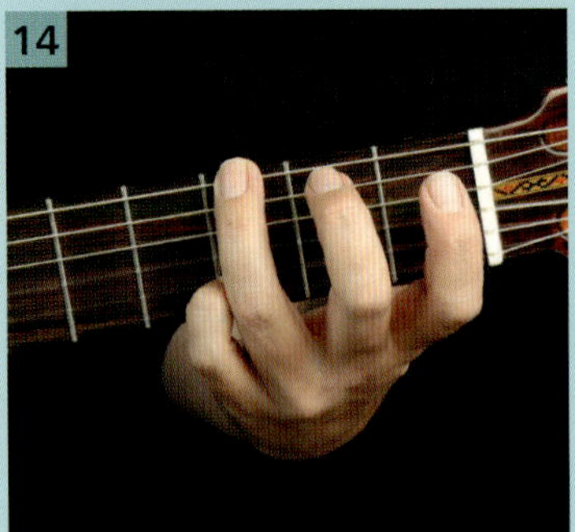

Der G-Dur-Akkord wird nur mit dem Ringfinger und dem kleinen Finger auf der 6. Saite und der 2. Saite gegriffen …

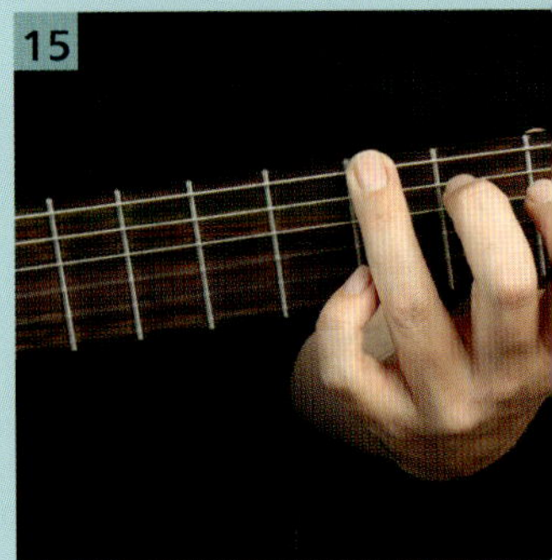

… und für das B (Leersaite) auf dem 2. Taktschlag wird der kleine Finger von der 2. Saite abgehoben. Für das D auf dem 3. Taktschlag greift der Finger die 2. Saite erneut im 3. Bund.

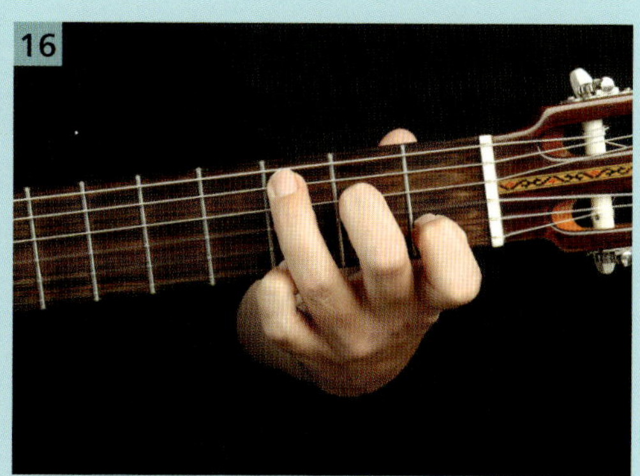

Wenn du den normalen C-Dur-Akkord um den kleinen Finger (auf dem 3. Bund der 1. Saite) ergänzt, kannst du das hohe G der Melodie in die Griff-Form einbauen ...

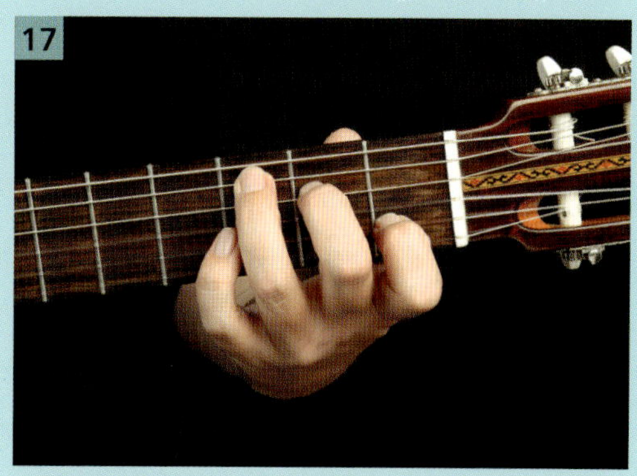

... und wenn du im nächsten Takt den Finger von der Saite abhebst (aber den Akkord weiterhin greifst), wird das gewohnte E (als Leersaite) zur höchsten Stimme des C-Dur-Akkords.

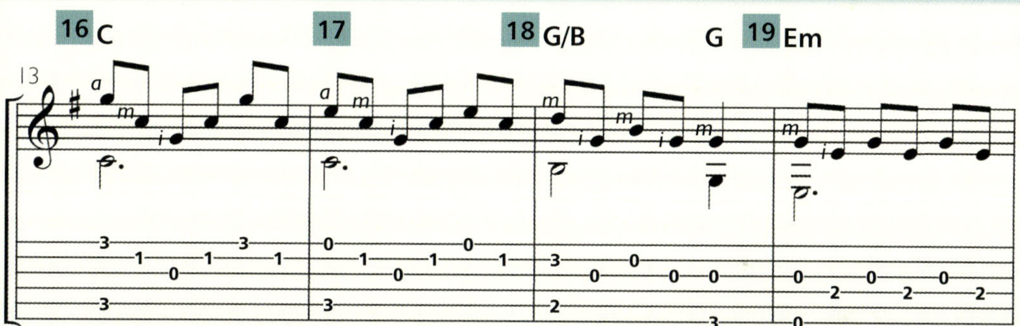

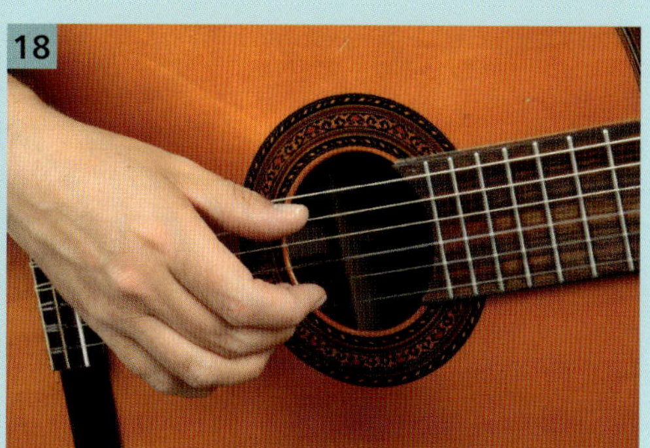

Den ersten Pinch in diesem Takt spielst du mit dem Daumen und dem Mittelfinger (m).

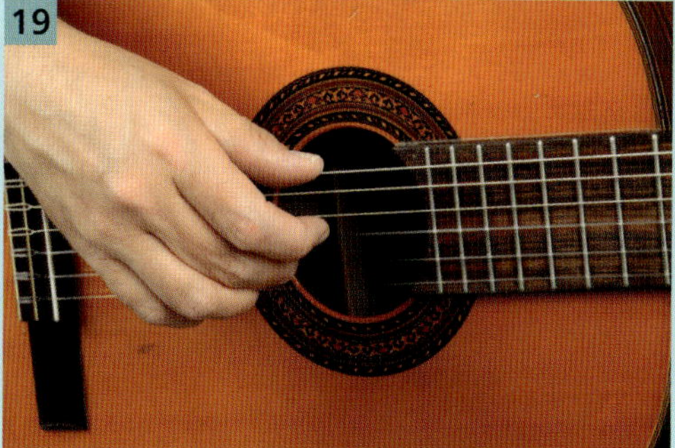

In Takt 16 verschiebst du den Zeigefinger (i) und den Mittelfinger (m) auf die tieferen Saiten. Im Bild schlagen Daumen, Zeigefinger und Mittelfinger den ersten Akkord des Taktes an.

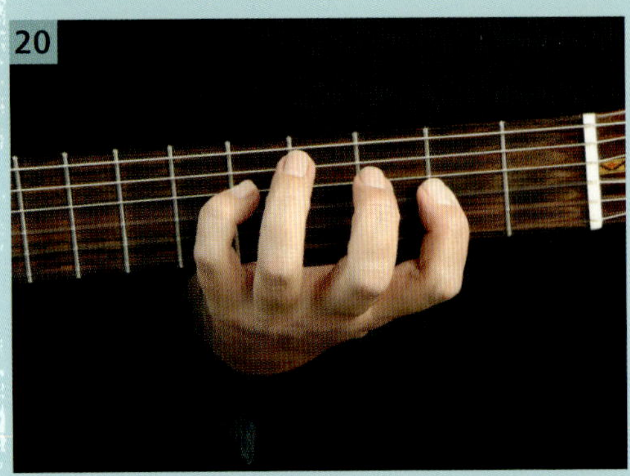

Diese ungewöhnliche Griff-Form für A7 umfasst drei Saiten. Greife das G auf der 4. Saite mit dem kleinen Finger und das A auf der 3. Saite mit dem Zeigefinger. Die 5. Saite wird als Leersaite gespielt.

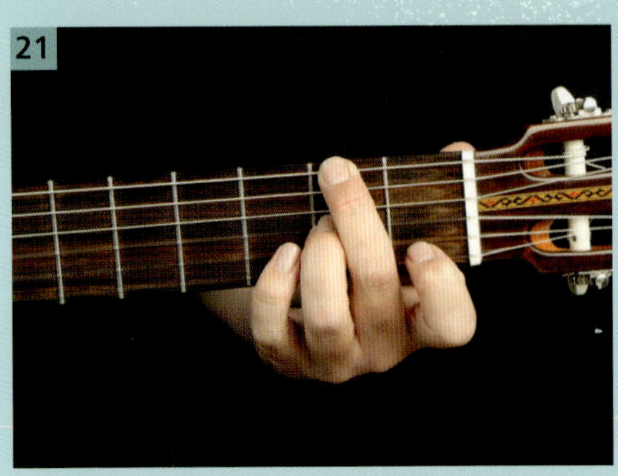

Weil in diesem Takt die 2. Saite als Leersaite angeschlagen wird, greifst du den D/F♯ -Akkord hier nur mit dem Mittel- und Ringfinger.

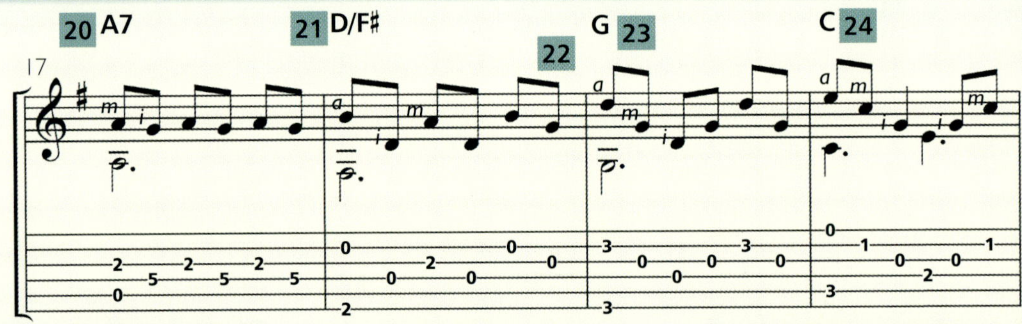

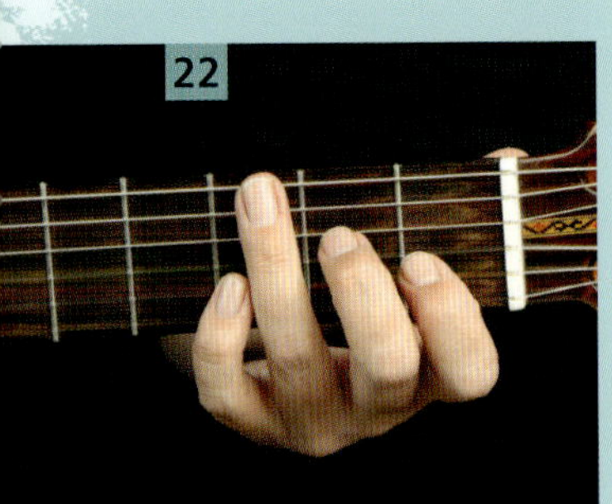

Während du die letzten beiden Leersaiten dieses Takts anschlägst, verschiebst du den Mittel- und den Ringfinger bereits zu den entsprechenden Bünden, um den Griffwechsel zum G-Dur-Akkord möglichst geschmeidig zu gestalten.

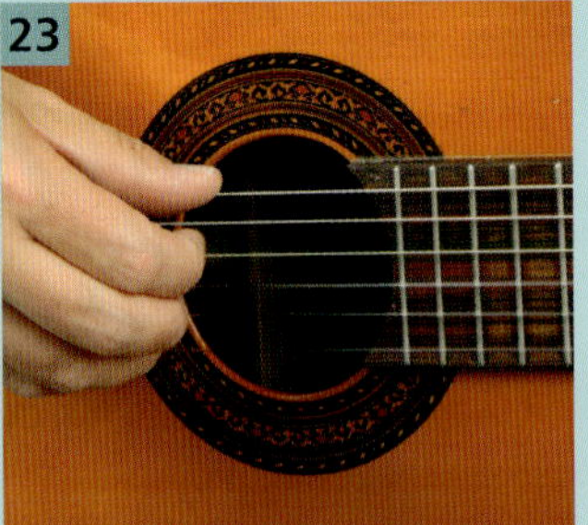

Diesen G-Dur-Akkord spielst du als Pinch, dabei schlägt der Daumen die 6. Saite an und der Ringfinger (a) die 2. Saite.

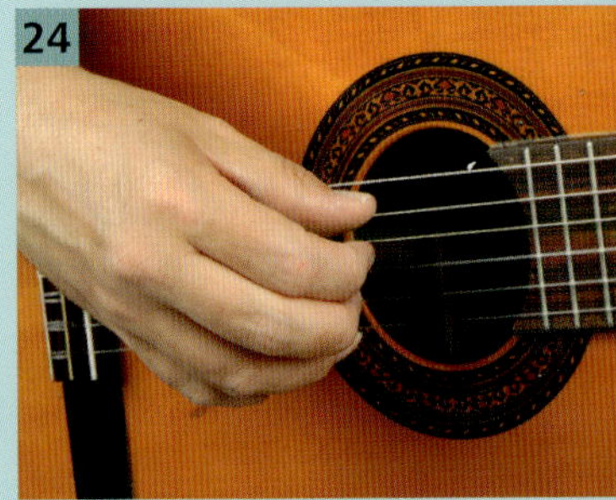

Für den als Pinch gespielten C-Dur-Akkord in diesem Takt kehrt der Ringfinger (a) zur 1. Saite zurück; der Daumen schlägt die 5. Saite an.

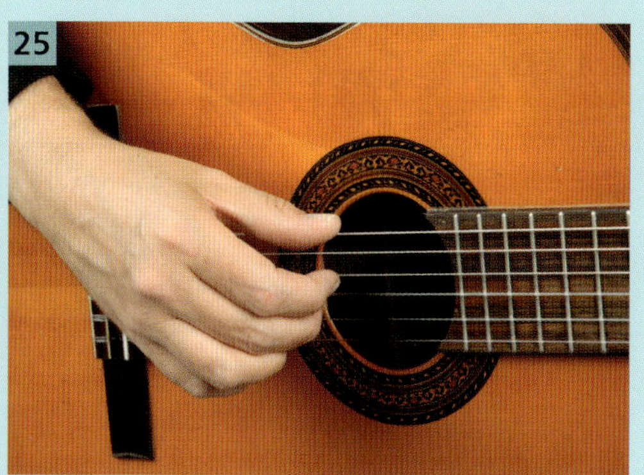

Den D/F♯-Akkord spielst du als Pinch. Dabei schlägt der Daumen die 6. Saite und der Mittelfinger die 3. Saite an.

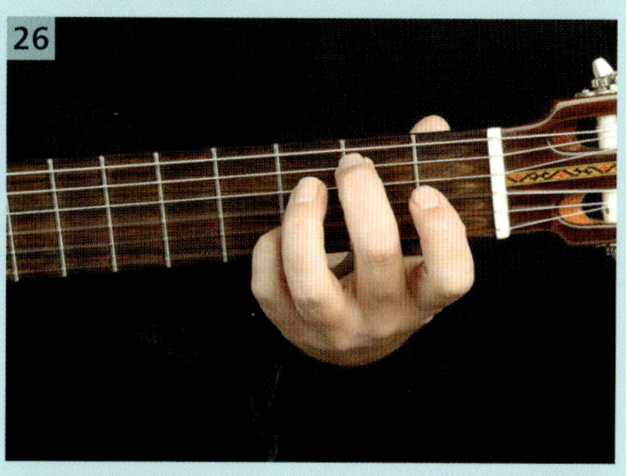

Den G/B-Akkord greifst du mit dem Mittelfinger auf der 5. Saite und mit dem kleinen Finger im 3. Bund der 2. Saite.

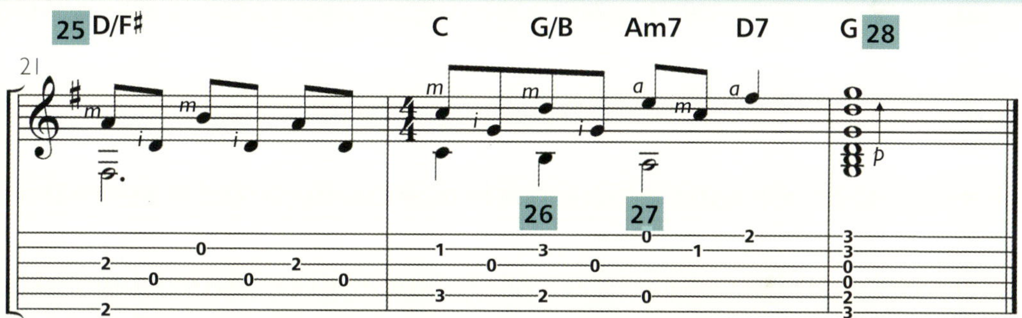

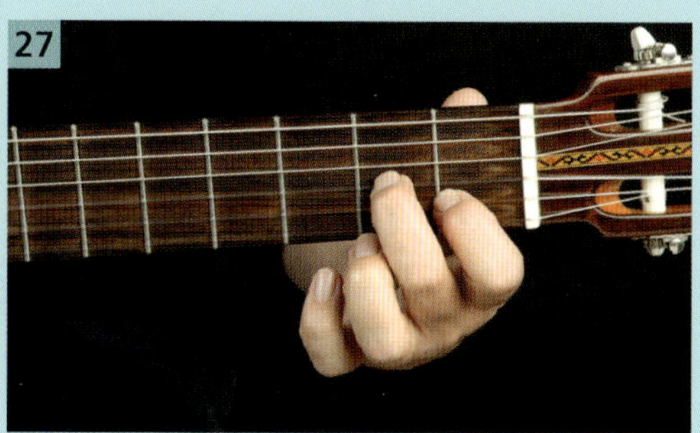

Du musst an dieser Stelle keinen vollen Am7-Akkord greifen; es reicht, wenn du das C auf der 2. Saite mit dem Zeigefinger greifst wie im Foto. Halte aber den Ringfinger in Bereitschaft für das folgende F♯.

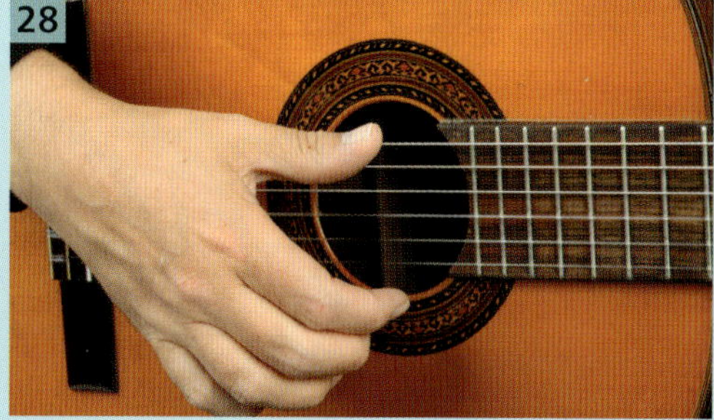

Den Schlussakkord G-Dur schlägst du mit dem Daumen von der tiefsten Saite (der tiefen E-Saite) zur höchsten an.

LIES AUSSERDEM Dur-Melodien harmonisieren, Seite 102

Lektion 21
Moll-Melodien harmonisieren

Wenn du das Harmonisieren von Dur-Melodien jetzt verstehst, ist es Zeit, sich mit diesen traurigen Moll-Tonarten zu befassen.

Eine Melodie „aus dem Stand“ zu harmonisieren erfordert Übung und Erfahrung, aber über die grundlegenden Werkzeuge verfügst du jetzt. Wie du aus Lektion 19 weißt, gibt es nur eine Dur-Tonleiter, der eine bestimmte Intervallfolge zugrundeliegt. Musiker verwenden diese Intervallfolge als Referenz bei der Beschreibung und Analyse von Harmonien. Moll-Melodien sind schwieriger zu harmonisieren, weil es nicht nur eine einzige Moll-Tonleiter gibt, aus der sich alle Harmonien ableiten ließen. Es gibt drei grundlegende Moll-Tonleitern: natürliches Moll (oder äolischer Modus); harmonisches Moll und melodisches Moll. Bei der Harmonisierung der meisten Stücke in Moll werden Akkorde aller drei Tonleitern verwendet.

Dieses Buch soll dir das Fingerstyle-Spiel schnell und effizient vermitteln, deshalb werden wir uns nicht in Musiktheorie verlieren. (Es gibt genügend Webseiten, die sich mit Musiktheorie und Harmonielehre befassen.) Diese Lektion befasst sich aus Gründen der Übersichtlichkeit nur mit den diatonischen Akkorden des natürlichen Moll (äolischer Modus). Da die Moll-Tonleiter eine kleine Terz, kleine Sexte und kleine Septime enthält, erhalten die Ziffern der entsprechenden Stufen ein kleines „b“.

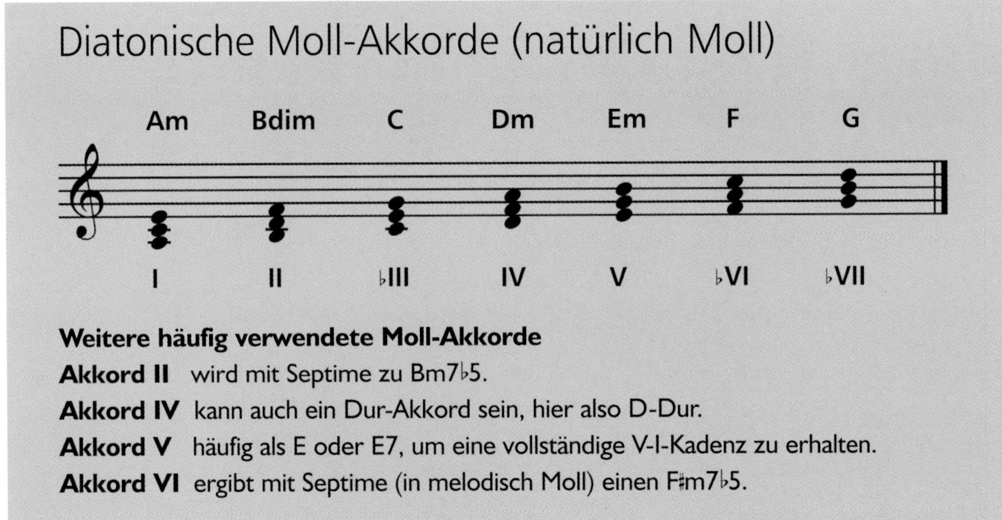

Diese Akkorde werden für diese Lektion benötigt:

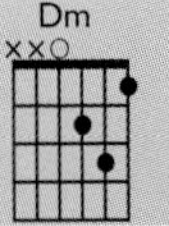

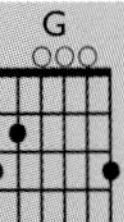

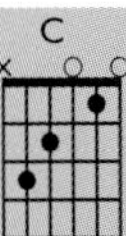

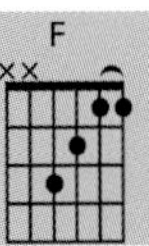

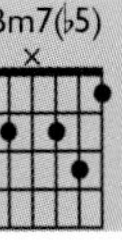

Übung 1 (CD-Track 35)

Das traditionelle Feeling dieser Melodie erinnert an viele bekannte Melodien. Mitklopfen der Achtelnoten erleichtert das genaue Spiel der schwierigen Sechzehntelnoten.

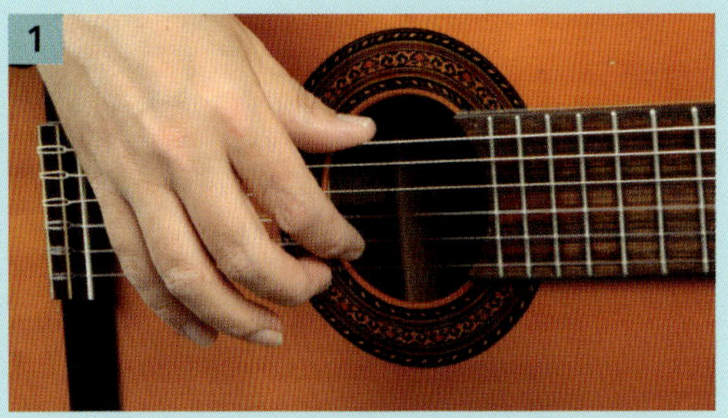

Schnelle Phrasen wie den Auftakt dieses Stückes spielt man am effizientesten mit Wechselschlag von Zeigefinger (i) und Mittelfinger (m) Hier spielt der Zeigefinger (i) den ersten Ton des Auftakts ...

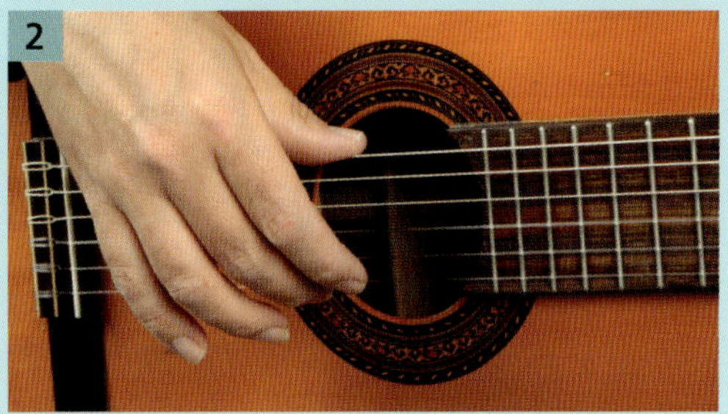

... und der Mittelfinger (m) folgt unmittelbar mit dem Anschlag (m) des zweiten Tons auf der 1. Saite.

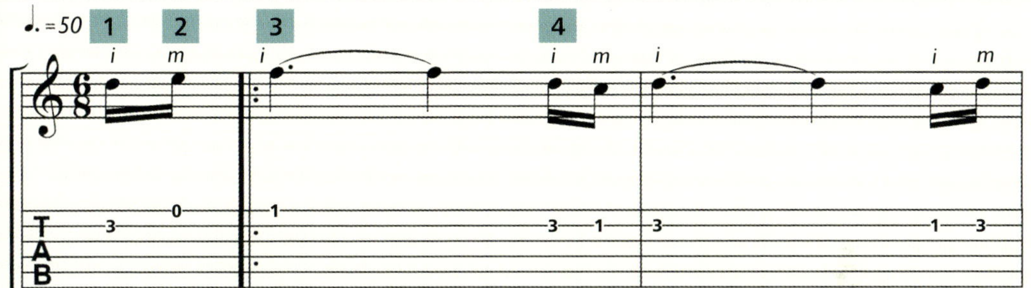

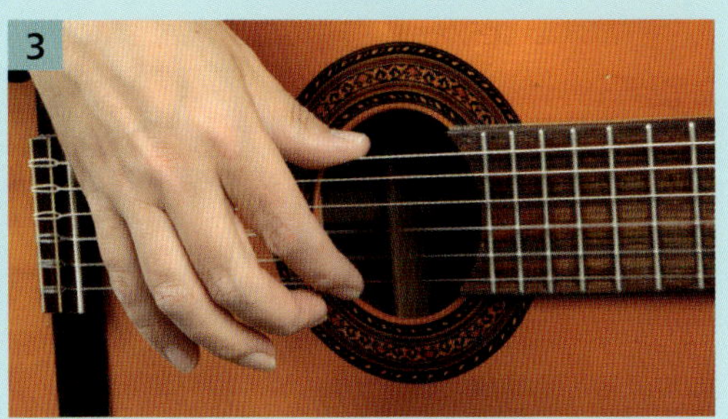

Zu Beginn des 1. Taktes schlägt dann wieder der Zeigefinger (i) die Saite an.

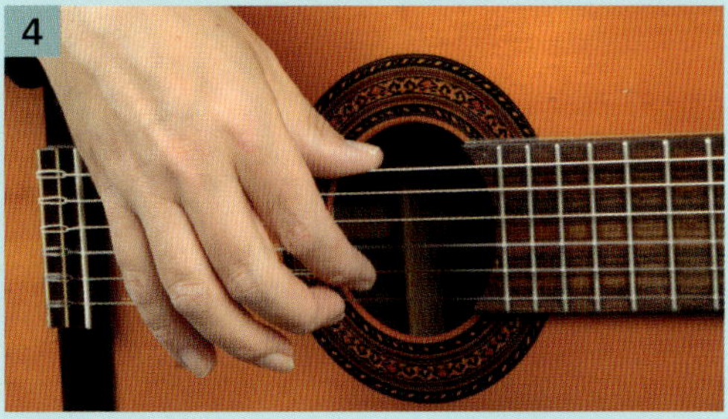

Um dafür zu sorgen, dass alle „Onbeats" immer mit dem Zeigefinger (i) gespielt werden, wird er auch für den Anschlag der 2. Saite auf Taktschlag 6 (die Töne D und C) eingesetzt.

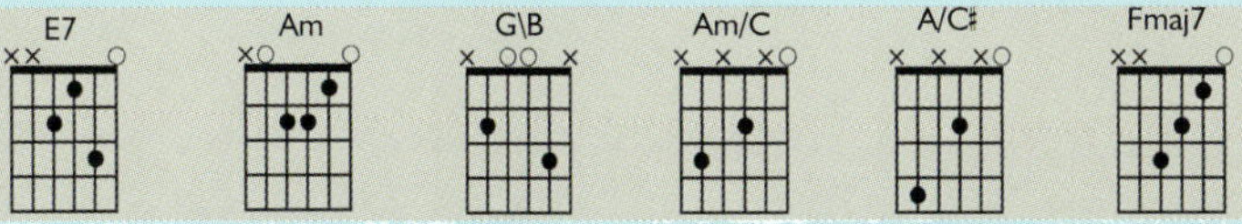

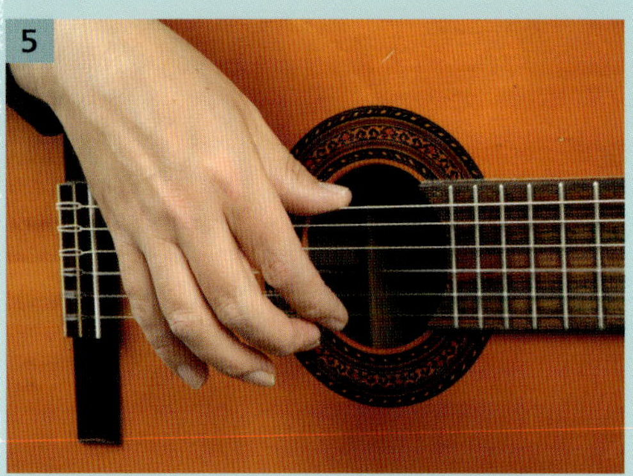

Im 3. Takt wird die leere 1. Saite mit dem Zeigefinger (i) angeschlagen.

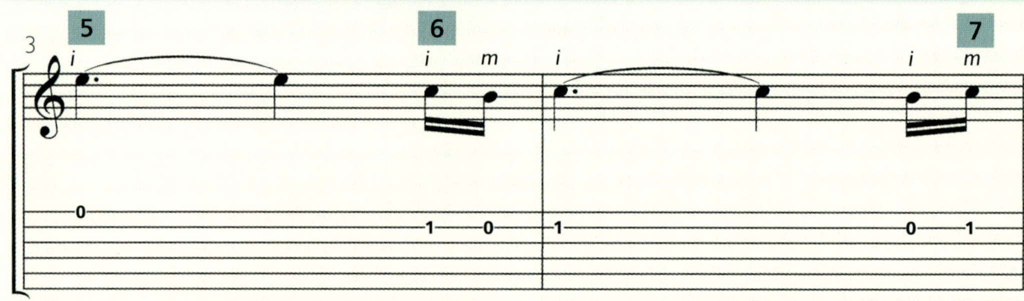

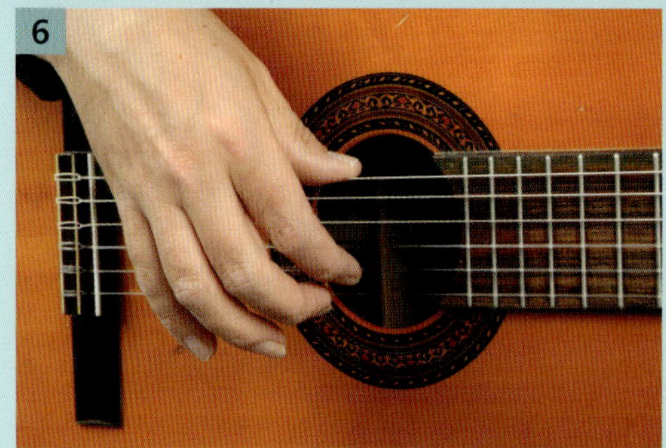

Den 6. Taktschlag spielst du wieder mit dem Zeigefinger, damit die Fingerfolge „Zeigefinger auf den Taktschlägen, Mittelfinger auf den Offbeats" erhalten bleibt.

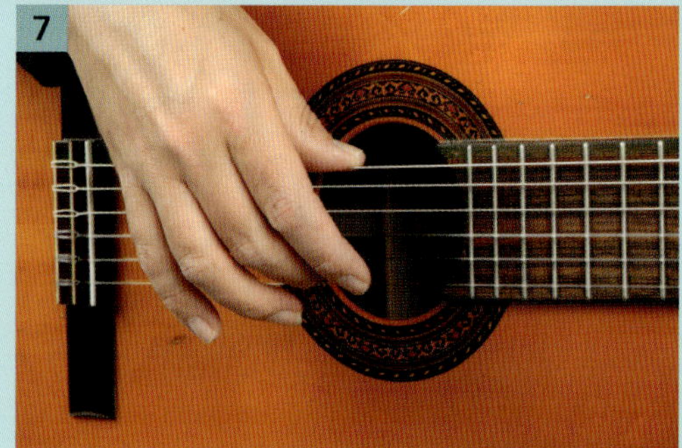

Beim letzten Offbeat im 4. Takt sollte unbedingt der Mittelfinger (m) für den Anschlag der 2. Saite verwendet werden.

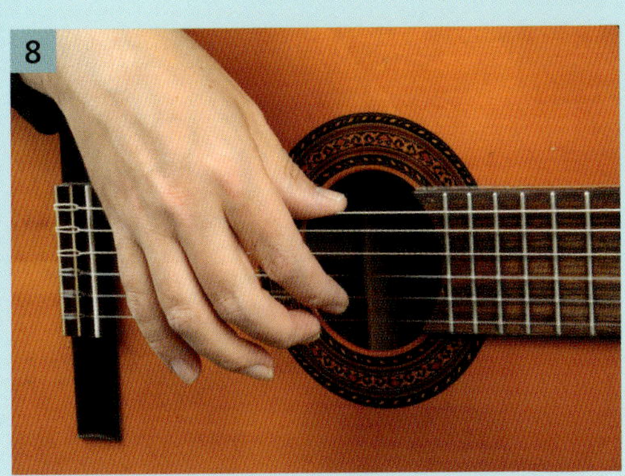

Für jede Regel gibt es Ausnahmen! Wenn du also im 5. Takt den ersten Ton des 6. Taktschlags mit dem Zeigefinger anschlägst …

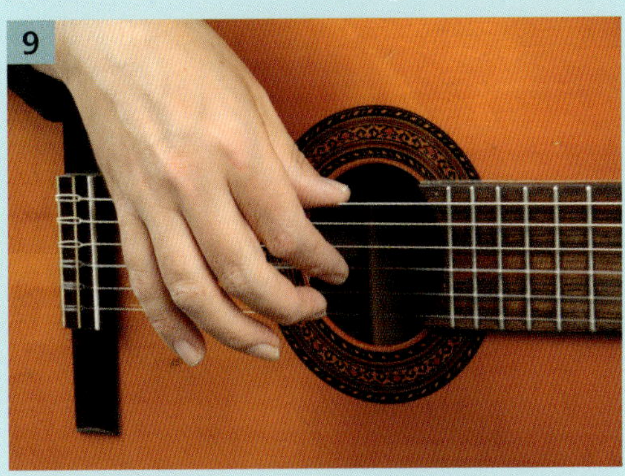

… und ihn anschließend (weil das beim Anschlagen benachbarter Saiten schneller geht) einfach über die nächste Saite „mitziehst“. Du schlägst also die 3. Saite hier mit demselben Finger (dem Zeigefinger) an.

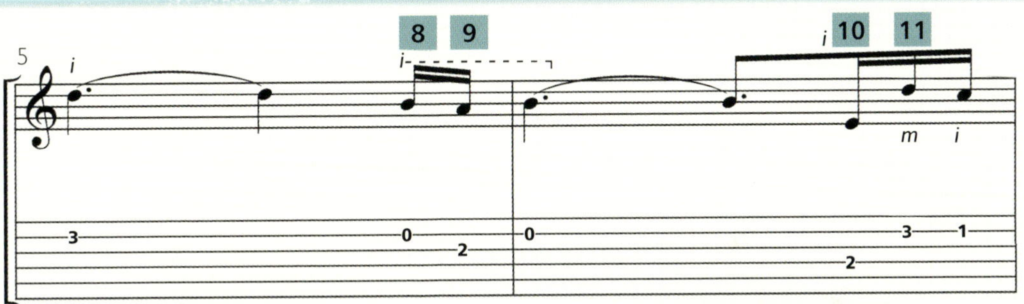

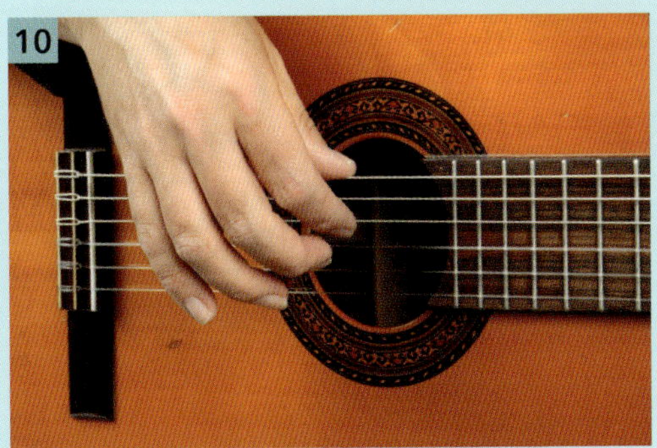

Beim Anschlag der 4. Saite im 6. Takt wird die „Offbeat-Regel“ erneut ignoriert. Hier schlägt der Zeigefinger (i) gerade die Saite an …

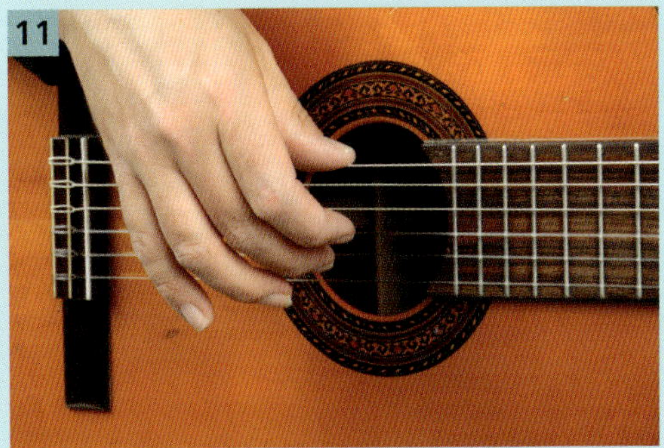

… aber für den folgenden Ton musst du zurück zur 2. Saite „springen“, du schlägst ihn also wie hier zu sehen mit dem Mittelfinger (m) an, obwohl er auf dem 6. Taktschlag gespielt wird.

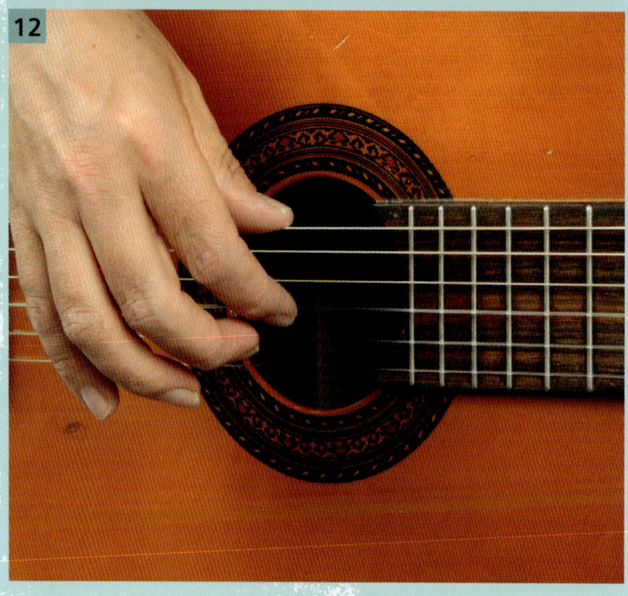

Der erste Ton der 1. Klammer (das A) wird mit dem Zeigefinger (i) angeschlagen.

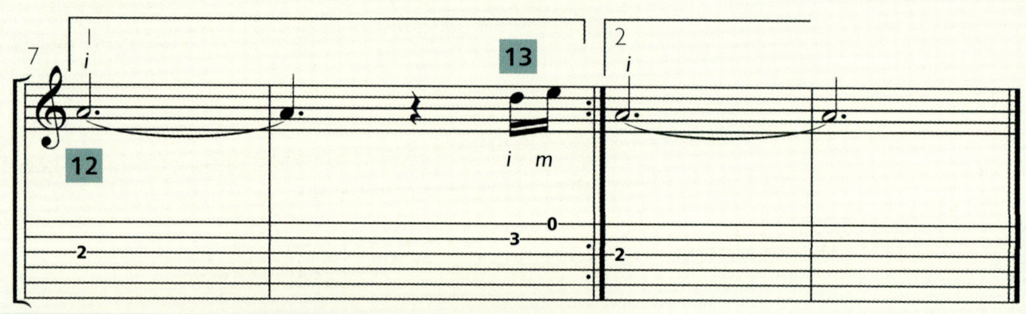

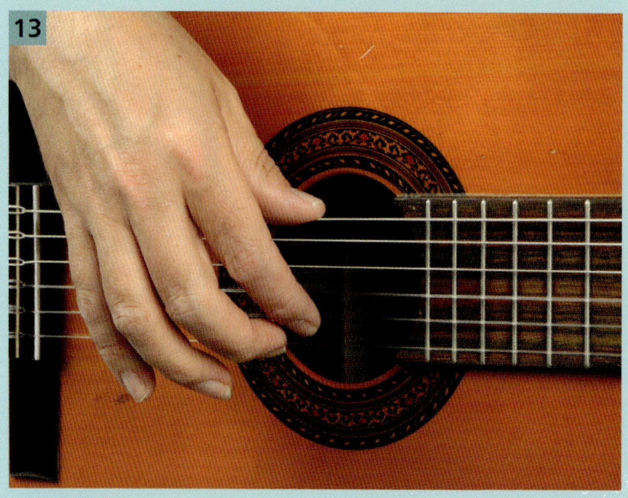

Die letzten beiden Töne im 8. Takt sind dieselben wie im Auftakt zu Beginn des Stückes, du verwendest also denselben Fingersatz. Hier schlägt der Zeigefinger (i) gerade den ersten Ton an (auf der 2. Saite).

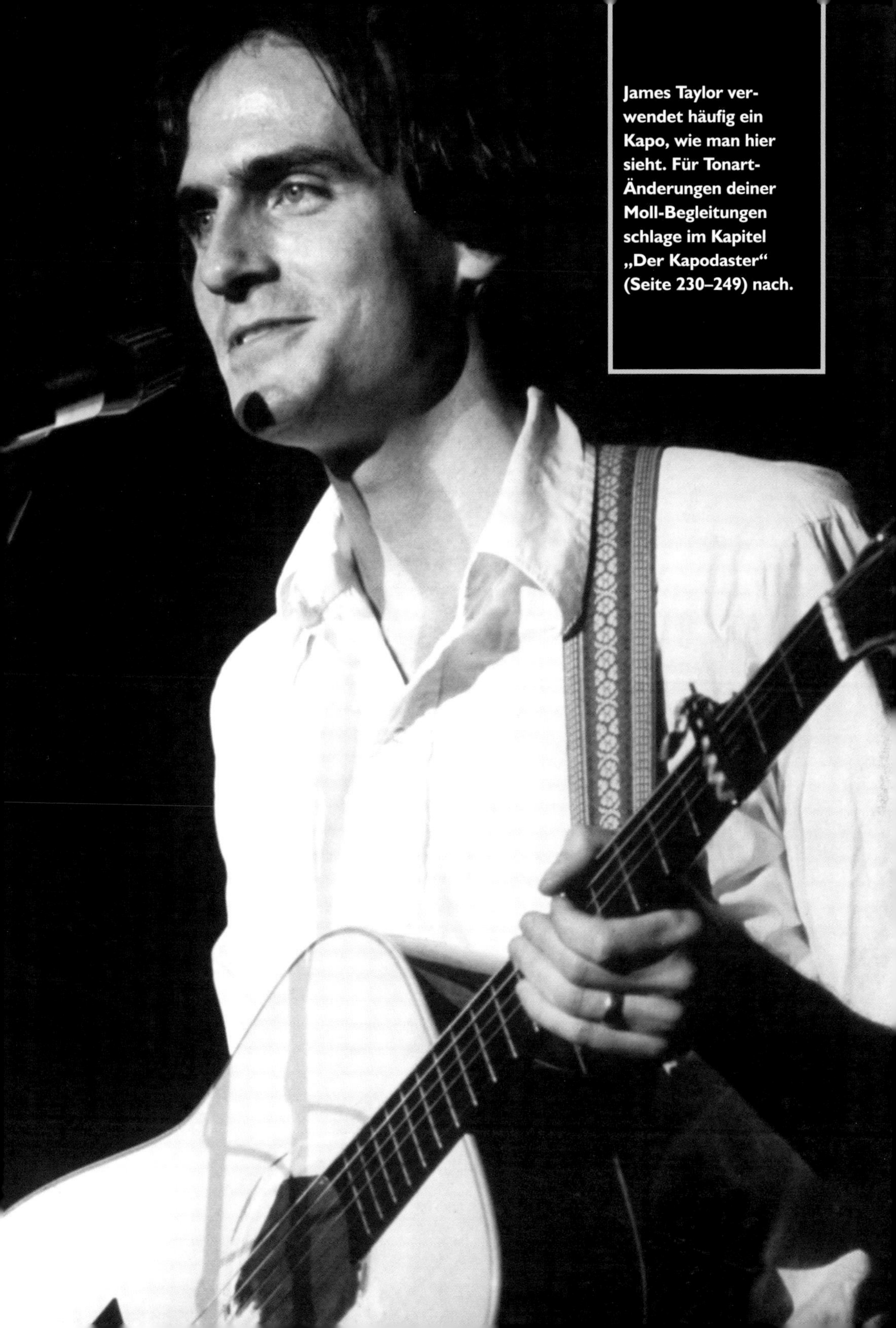

James Taylor verwendet häufig ein Kapo, wie man hier sieht. Für Tonart-Änderungen deiner Moll-Begleitungen schlage im Kapitel „Der Kapodaster“ (Seite 230–249) nach.

Übung 2
(CD-Track 36)

Die Harmonisierung dieses Stückes verwendet eine beliebte Quintenzirkel-Akkordfolge (d.h. die Akkorde folgen im Quintabstand aufeinander). Der A-Dur-Akkord am Ende des ersten Durchgangs hat die Funktion der Dominante (V) zu Dm und leitet so zum Beginn der Sequenz zurück.

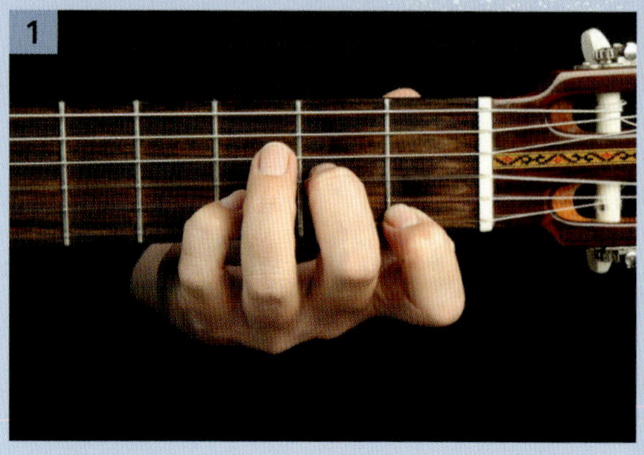

Verwende beim Greifen des Dm-Akkords den kleinen Finger auf der 2. Saite. So kannst du schnell und flüssig zum nächsten Akkord wechseln.

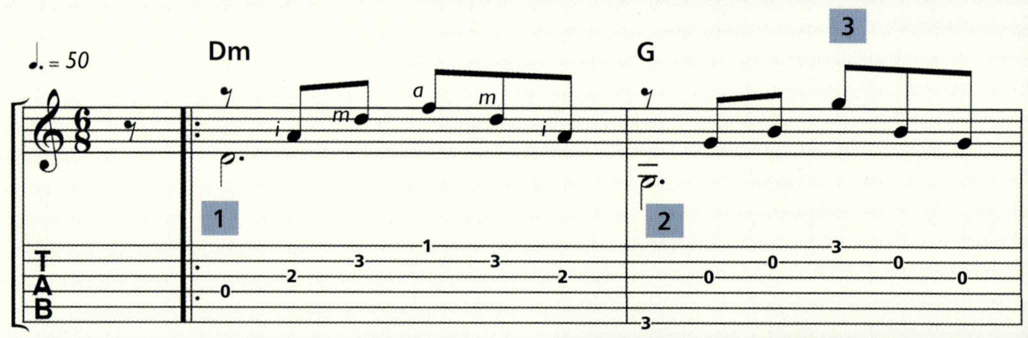

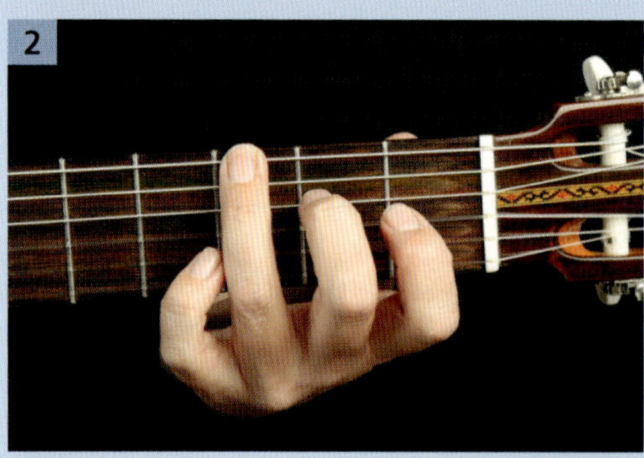

Zu Beginn des 2. Takts kannst du den G-Dur-Akkord nur mit dem Ringfinger auf der 6. Saite greifen ...

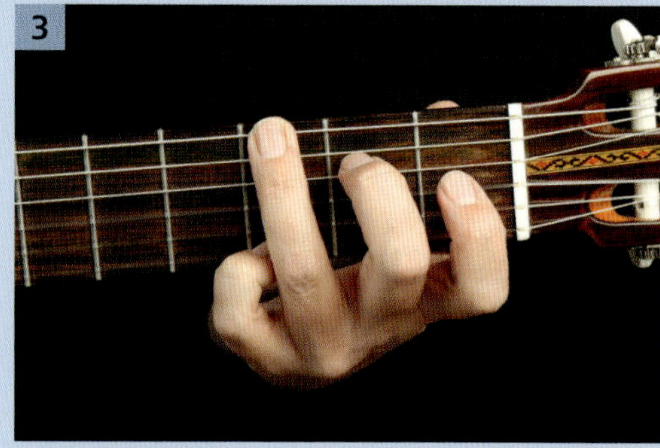

... und dann einfach den kleinen Finger für das hohe G (auf der 1. Saite) hinzufügen. (Lass den Mittelfinger in seiner Position, damit der Basston klingen kann).

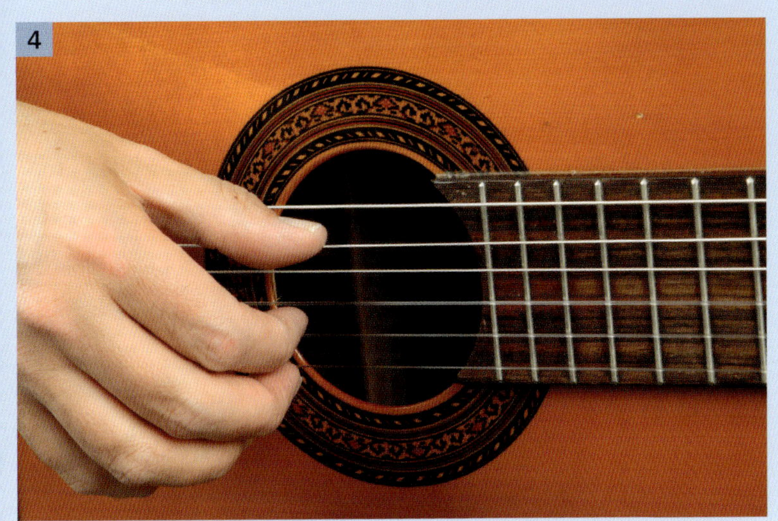

Der Grundton des C-Dur-Akkords wird mit dem Daumen angeschlagen. Die übrigen Finger (i, m und a) sind bereits über ihrer jeweiligen Saite in Position.

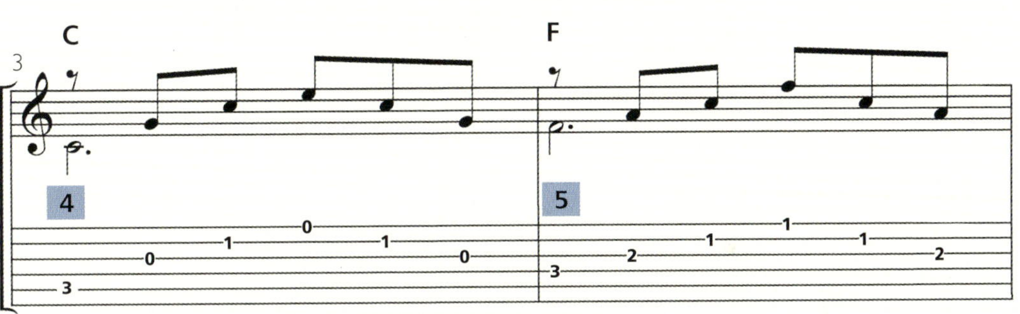

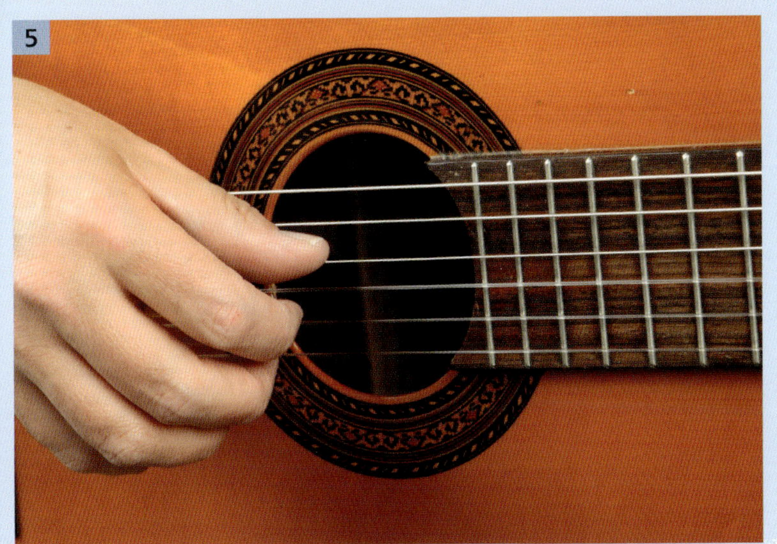

Du schlägst den Basston des F-Dur-Akkords (auf der 4. Saite) mit dem Daumen an.

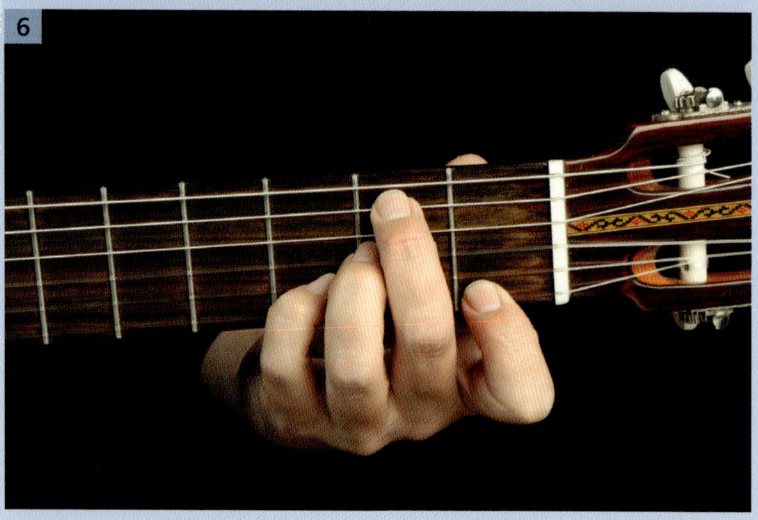

Der Bm7(♭5)-Akkord in Takt 5 klingt vielleicht furchterregend, aber es ist eigentlich nur ein Dm mit einem zusätzlichen tiefen B auf der 5. Saite. Greife diesen Ton mit dem Zeigefinger.

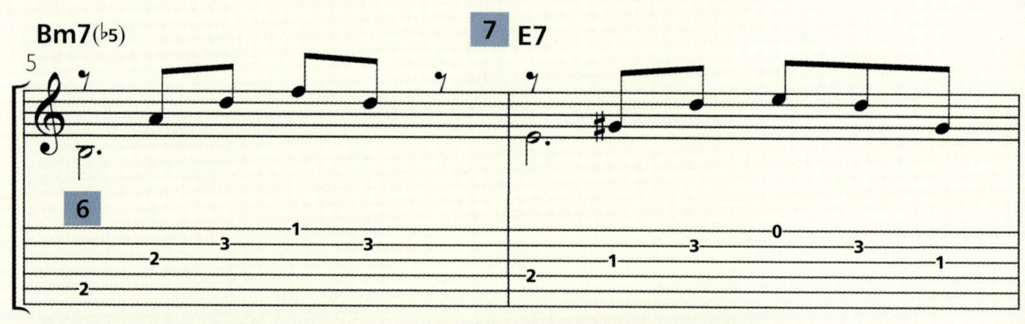

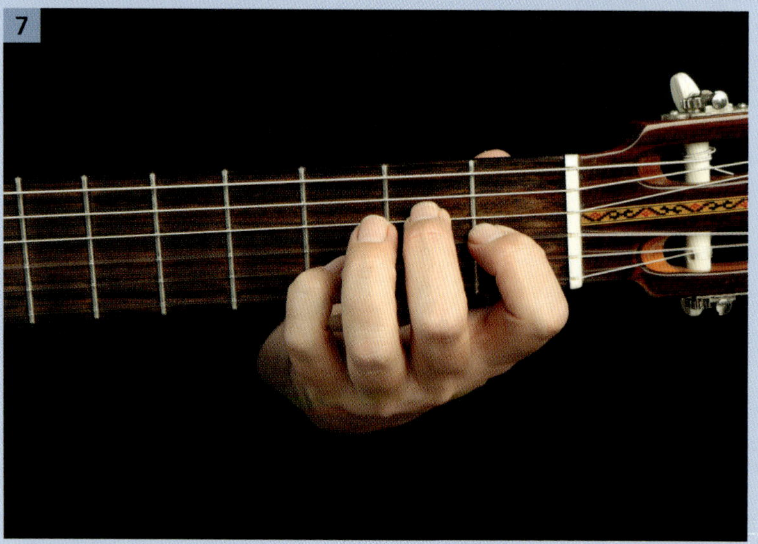

Der E7-Akkord im 6. Takt ist ein „verdichtetes" viertöniges Voicing. Greife diesen Akkord mit dem Zeigefinger, dem Mittelfinger und dem kleinen Finger. (Der Ringfinger schwebt dabei über den Saiten.)

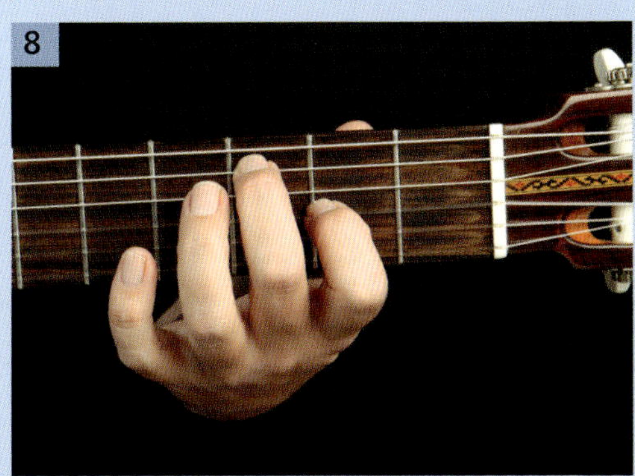

Dieser Am/C-Akkord im 8. Takt ähnelt der bekannten Am-Griff-Form überhaupt nicht. Greife ihn mit dem Mittelfinger auf der 5. Saite und mit dem Zeigefinger auf der 3. Saite.

Tipps!

Dieses Fingerpicking-Arrangement enthält das eigentliche Stück nicht. Wenn du es sicher beherrschst, spiele zur Übung 1 auf der CD (Track 35) mit.

Der letzte Akkord der Sequenz ist ein E7. Er kommt im natürlichen Moll nicht vor, sondern entstammt der harmonischen Moll-Tonleiter. Er hat hier eine bessere Schlusswirkung als ein einfacher Em. Spiele einmal die Akkorde zu Track 35 (das ist nur die Melodie) mit und ersetze E7 durch Em – den Unterschied hört man sofort.

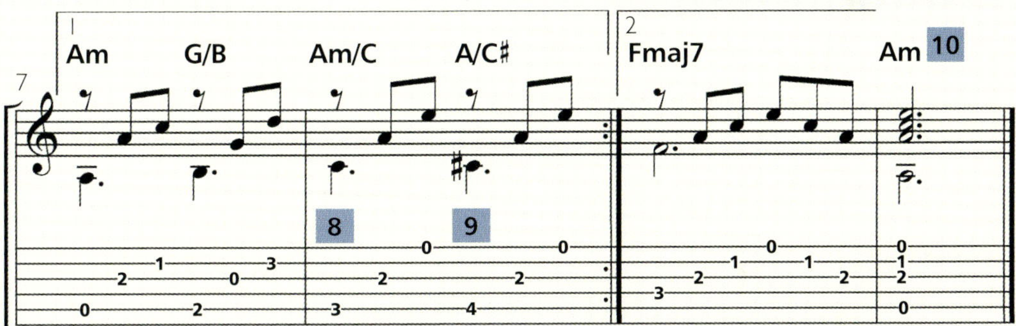

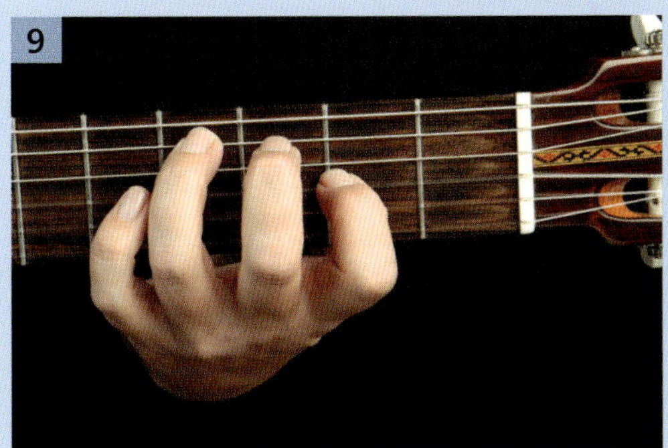

Wenn du auf dem 4. Taktschlag zum A/C♯ wechselst, greife einfach zusätzlich mit dem Ringfinger auf der 5. Saite. (Der Zeigefinger bleibt durchgehend auf der 3. Saite liegen.)

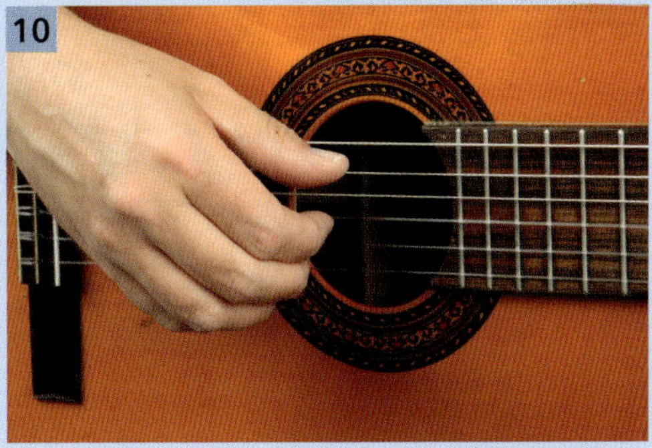

Den abschließenden Am-Akkord schlägst du gleichzeitig mit dem Daumen und den übrigen Fingern der Anschlagshand (i, m und a) an.

Übung
(CD-Track 37)

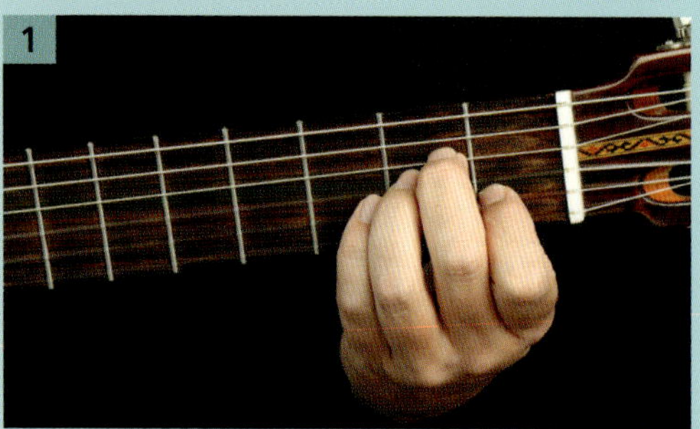

Greife den kompletten Am-Akkord die ersten beiden Takte hindurch, so dass die einzelnen Töne ineinanderklingen können.

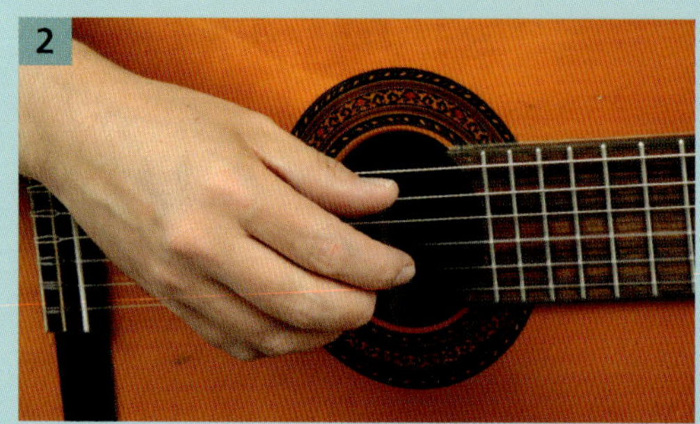

Den Pinch zu Beginn des 2. Taktes spielst du mit dem Daumen und dem Ringfinger (a).

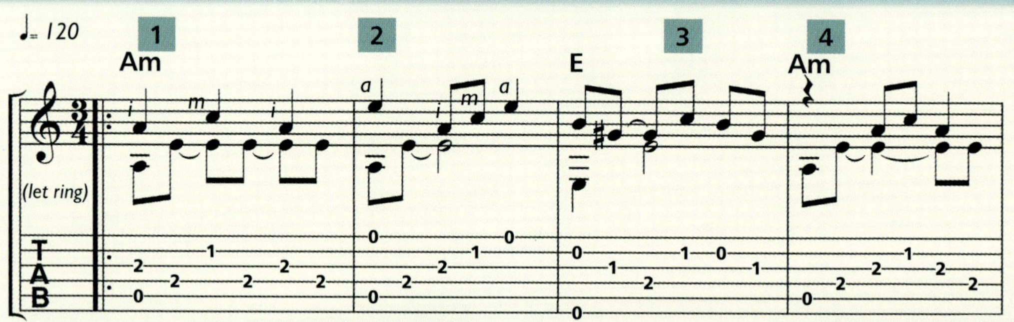

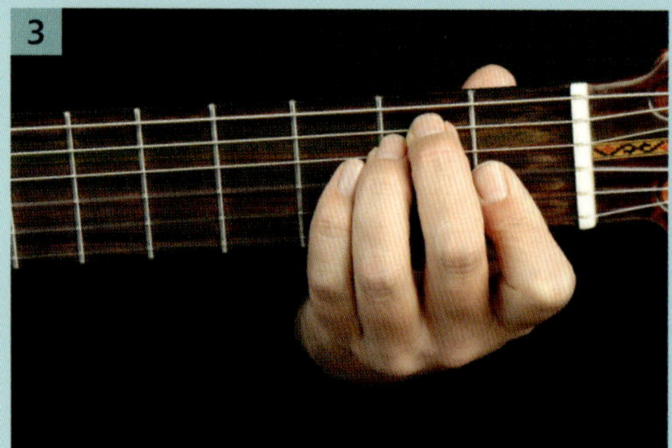

Um den Ton C zu greifen, der dem Akkord auf dem 2. Taktschlag hinzugefügt wird, knickst du einfach den Zeigefinger im ersten Fingerglied ein.

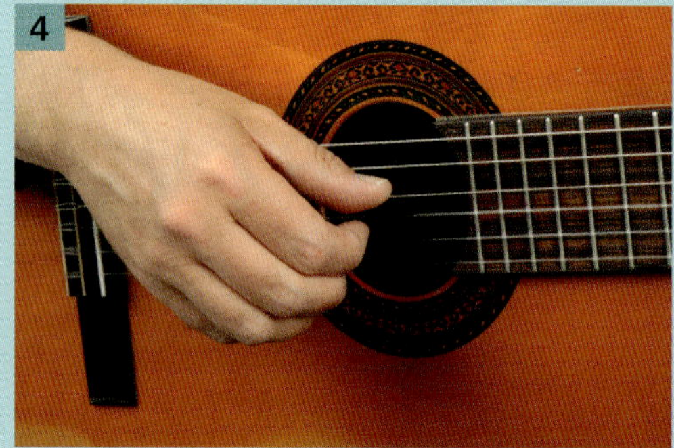

Wenn du die 4. Saite mit dem Daumen anschlägst, sollten die restlichen Finger (i, m, und a) weiterhin über der jeweiligen Saite schweben.

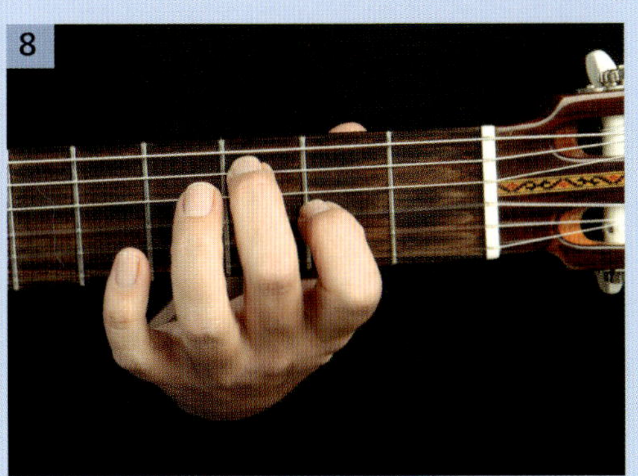

Dieser Am/C-Akkord im 8. Takt ähnelt der bekannten Am-Griff-Form überhaupt nicht. Greife ihn mit dem Mittelfinger auf der 5. Saite und mit dem Zeigefinger auf der 3. Saite.

Tipps!

Dieses Fingerpicking-Arrangement enthält das eigentliche Stück nicht. Wenn du es sicher beherrschst, spiele zur Übung 1 auf der CD (Track 35) mit.

Der letzte Akkord der Sequenz ist ein E7. Er kommt im natürlichen Moll nicht vor, sondern entstammt der harmonischen Moll-Tonleiter. Er hat hier eine bessere Schlusswirkung als ein einfacher Em. Spiele einmal die Akkorde zu Track 35 (das ist nur die Melodie) mit und ersetze E7 durch Em – den Unterschied hört man sofort.

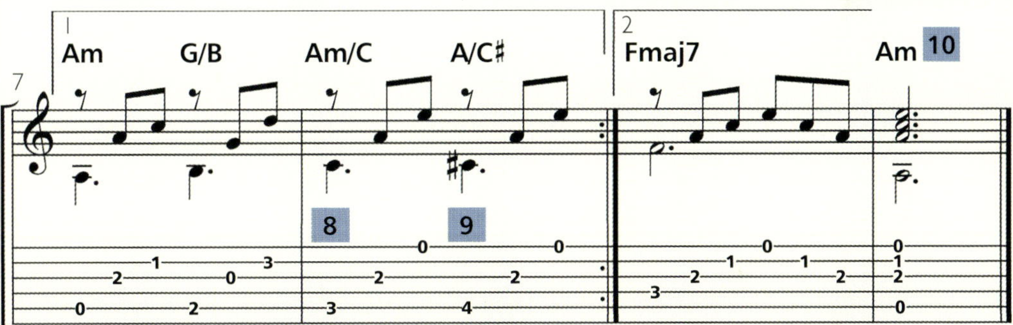

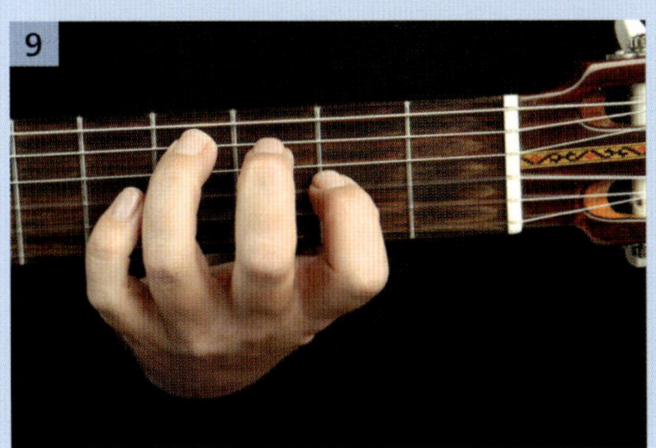

Wenn du auf dem 4. Taktschlag zum A/C♯ wechselst, greife einfach zusätzlich mit dem Ringfinger auf der 5. Saite. (Der Zeigefinger bleibt durchgehend auf der 3. Saite liegen.)

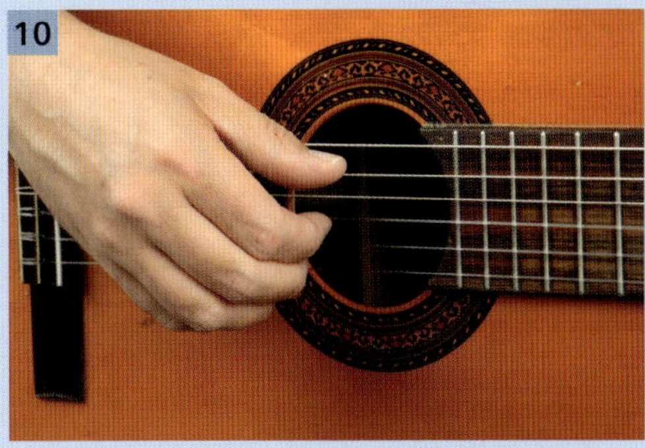

Den abschließenden Am-Akkord schlägst du gleichzeitig mit dem Daumen und den übrigen Fingern der Anschlagshand (i, m und a) an.

Lektion 22
Scarborough Fair

Ein Original-Arrangement dieses zeitlosen Stücks zeigt dir, wie man eine Moll-Melodie wirkungsvoll begleiten kann.

Wahrscheinlich denkst du beim Namen Scarborough an „englisches Seebad", aber im Mittelalter war Scarborough Europas Haupthandelszentrum. Kaufleute reisten von Nah und Fern an, um auf dem traditionell alljährlich im August stattfindenden 45-tägigen Markt zu handeln. Diesem Markt verdankt dieses berühmte Stück mit seiner bis ins 17. Jahrhundert zurückreichenden Geschichte seinen Namen.

Es ist unvorstellbar, dass eine einfache, anonym komponierte Melodie so lange überlebt hat. Folkstücke wurden üblicherweise von Musiker zu Musiker überliefert – es gab keine Aufnahmen, Noten oder digitale Downloads! „Scarborough Fair" ist ein einfaches Trällerliedchen, das Moden und Stile überschreitet; frage irgendjemand nach berühmten Folkstücken und dieser Titel wird wahrscheinlich erwähnt.

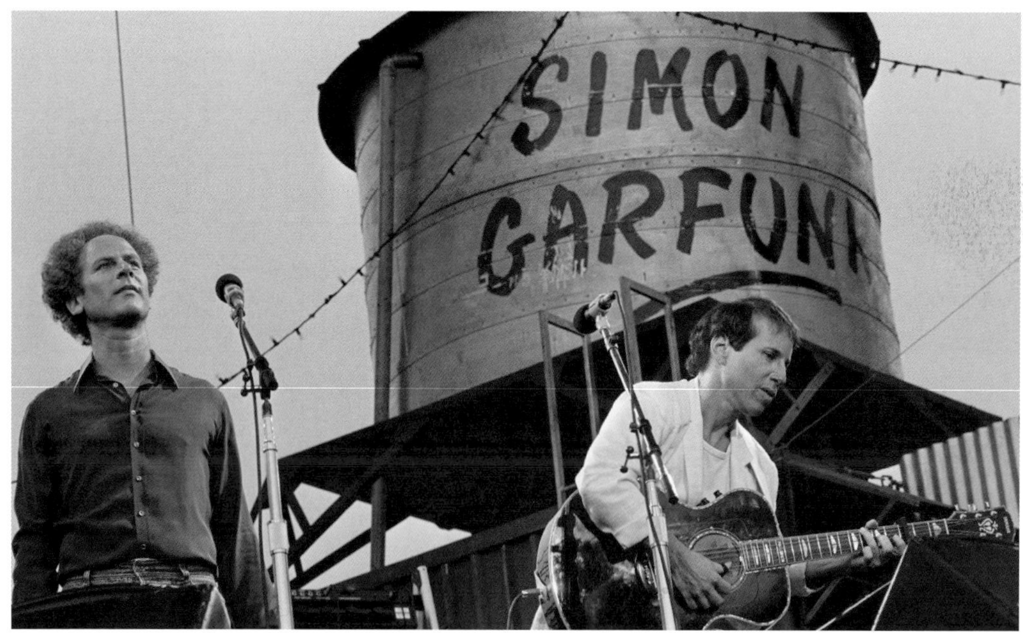

Dieser Klassiker – der in dem kontrovers diskutierten Film *The Graduate (Die Reifeprüfung)* vorkommt – wurde von Simon und Garfunkel populär gemacht.

Diese Akkorde werden für diese Lektion benötigt:

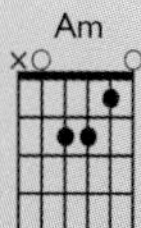

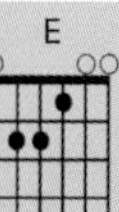

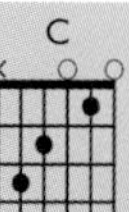

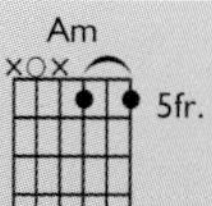

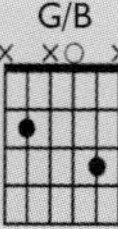

Berühmte Aufnahmen dieses Stücks

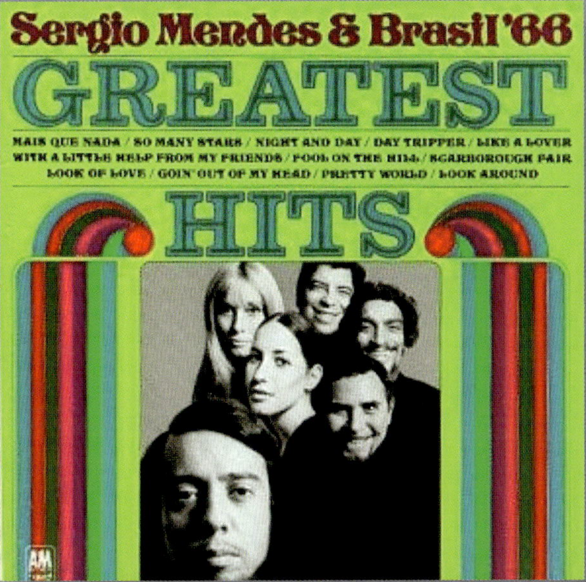

Die berühmteste Version ist zweifellos die 1966 erschienene Aufnahme von Simon und Garfunkel. Anscheinend lernte Paul Simon das Stück 1965 bei einer Reise nach London von dem Folksänger und Gitarristen Martin Carthy. Die Version des Duos unterschied sich allerdings gewaltig vom Original und der traditionelle Ursprung des Liedes wurde mit keinem Wort erwähnt! Rechts findest du einige der unterschiedlichen Künstler, die diesen Song gecovert haben.

SIMON AND GARFUNKEL
Parsley, Sage, Rosemary & Thyme (1966)

MARIANNE FAITHFULL
Northern Maid (1966)

WES MONTGOMERY
Road Song (1968)

JUSTIN HAYWARD
Classic Blue (1989)

SERGIO MENDES AND BRASIL '66
Greatest Hits (1990)

MARTIN CARTHY
Classic Carthy (2001)

HERBIE HANCOCK
The New Standard (2005)

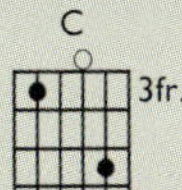

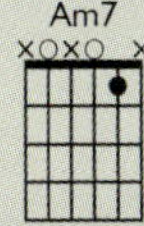

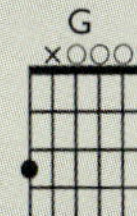

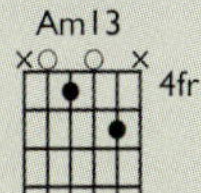

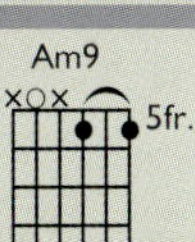

Übung
(CD-Track 37)

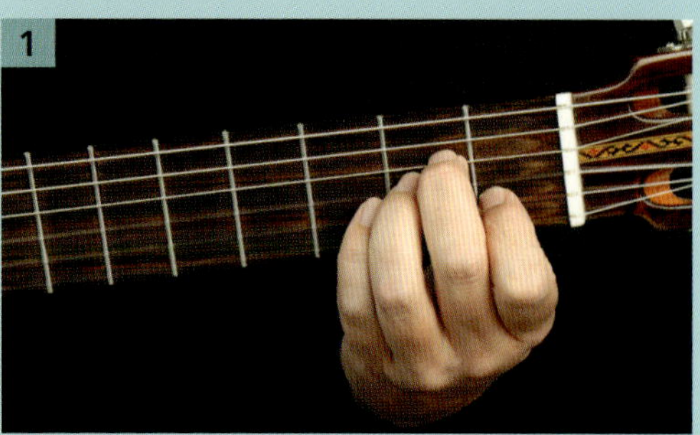

Greife den kompletten Am-Akkord die ersten beiden Takte hindurch, so dass die einzelnen Töne ineinanderklingen können.

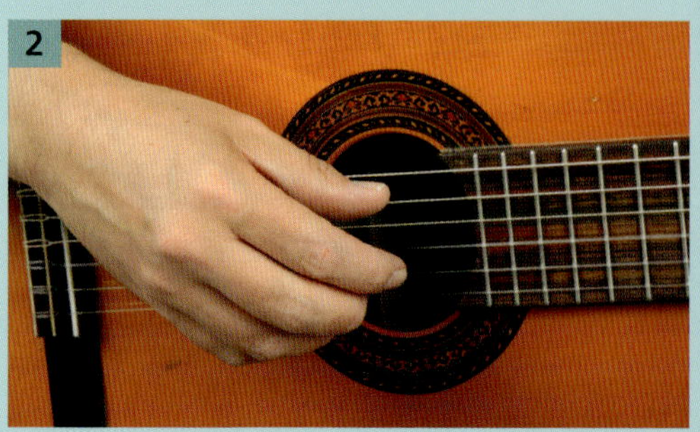

Den Pinch zu Beginn des 2. Taktes spielst du mit dem Daumen und dem Ringfinger (a).

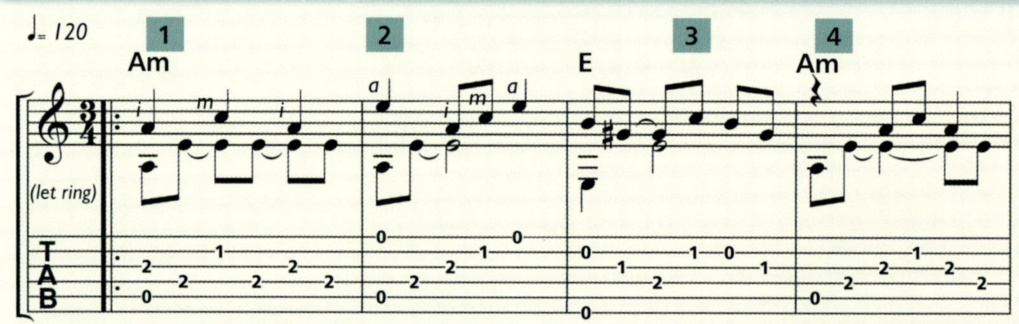

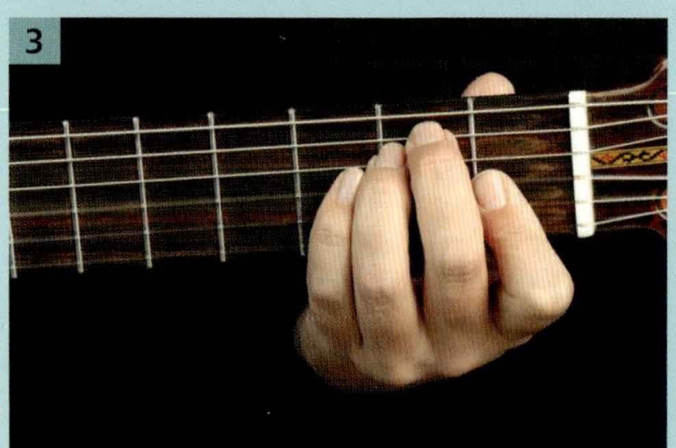

Um den Ton C zu greifen, der dem Akkord auf dem 2. Taktschlag hinzugefügt wird, knickst du einfach den Zeigefinger im ersten Fingerglied ein.

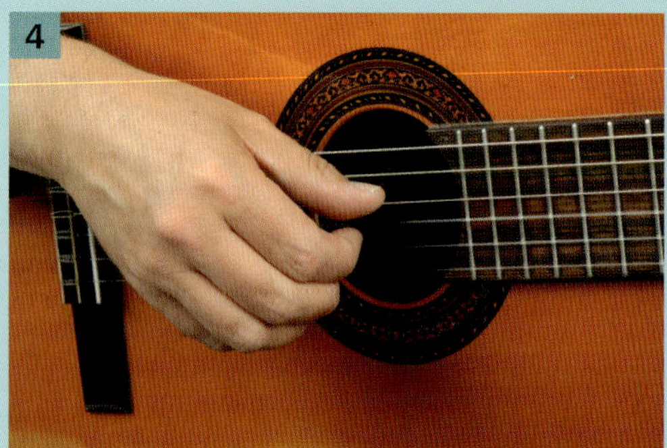

Wenn du die 4. Saite mit dem Daumen anschlägst, sollten die restlichen Finger (i, m, und a) weiterhin über der jeweiligen Saite schweben.

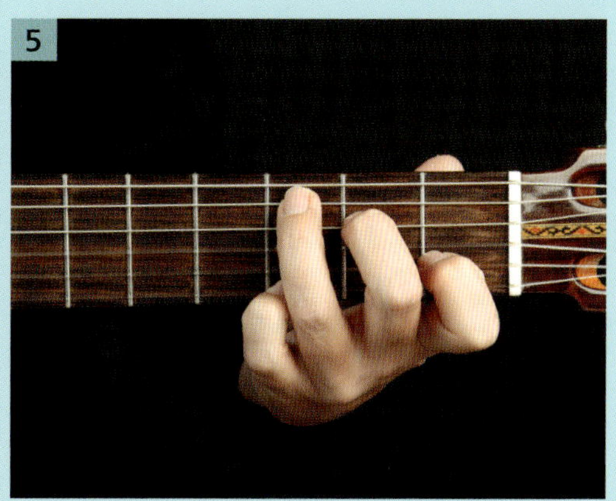

Das hohe G auf dem 3. Taktschlag greifst du einfach zusätzlich mit dem kleinen Finger (ohne die anderen Finger von den Saiten abzuheben).

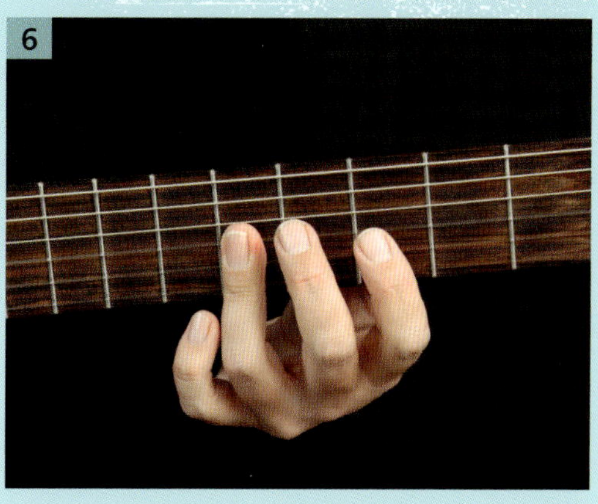

Den Am-Akkord im 6. Takt greifst du mit einem Ringfinger-Barré im 5. Bund.

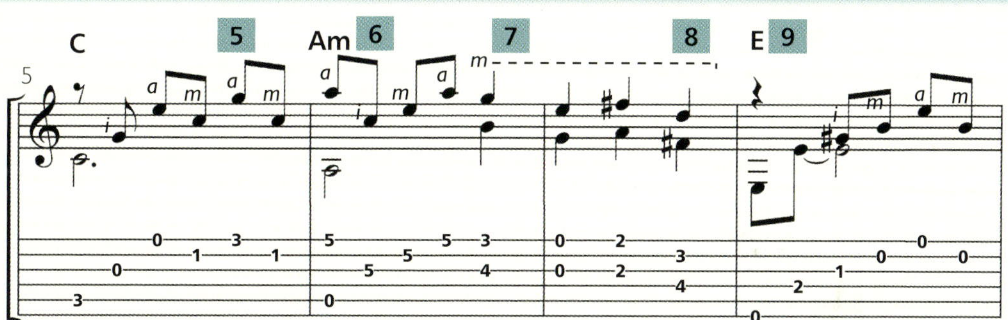

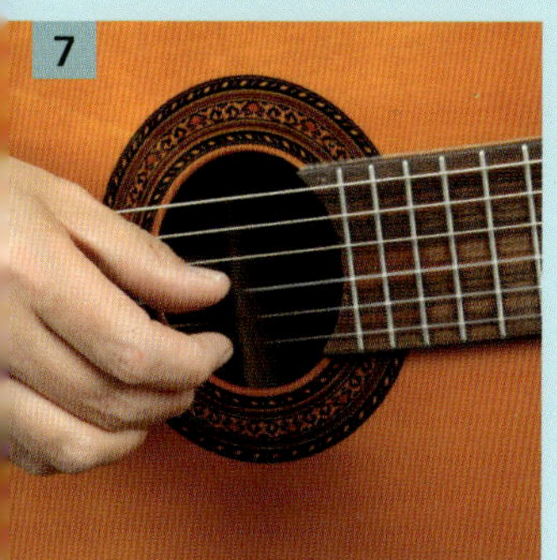

Die Zweiklang-Phrase, die am Ende von Takt 6 anfängt, wird mit dem Daumen und dem Mittelfinger (m) angeschlagen; der Zeigefinger schwebt über den Saiten.

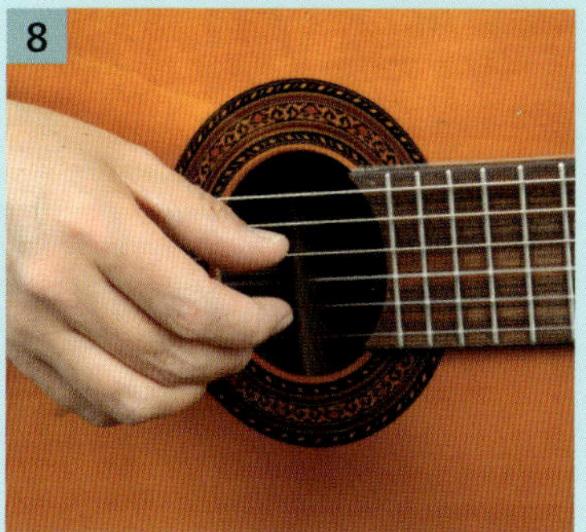

Am Ende von Takt 7 bewegt sich diese Zweiklang-Phrase auf die tieferen Saiten; verwende hier dasselbe Anschlagsmuster wie zuvor (d.h. den Daumen und den Mittelfinger).

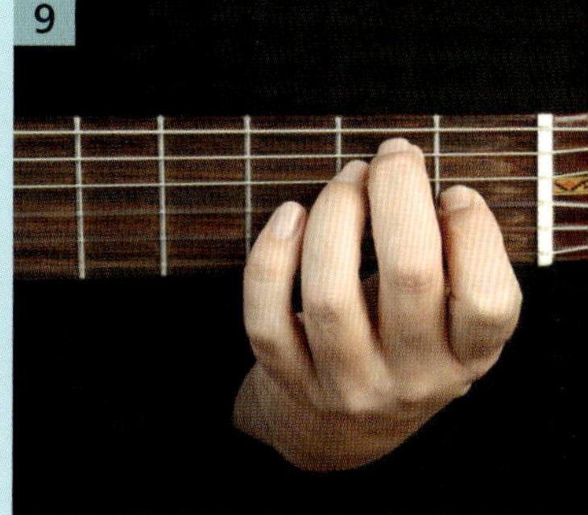

Du solltest bereits den vollständigen E-Dur-Akkord greifen,wenn du mit dem Daumen die 6. Saite anschlägst.

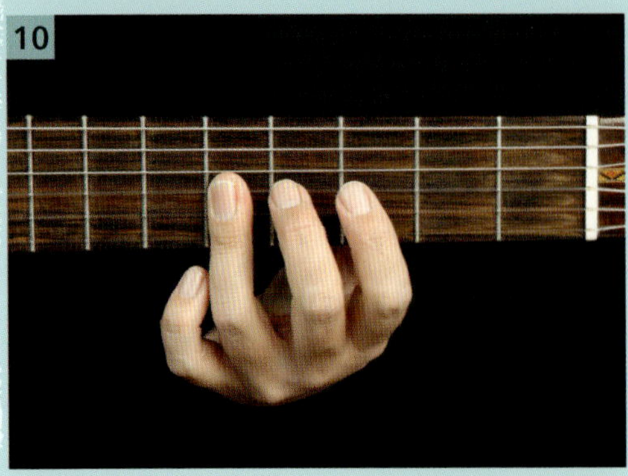

Den Am-Akkord in Takt 10 greifst du mit einem Ringfinger-Barré im 5. Bund ...

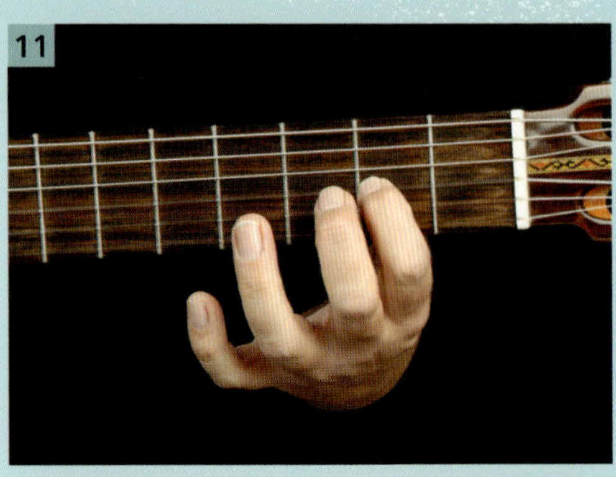

... gefolgt von einem schnellen Sprung mit dem Zeigefinger in den 2. Bund, um den Melodieton (A) auf dem 3. Taktschlag zu greifen.

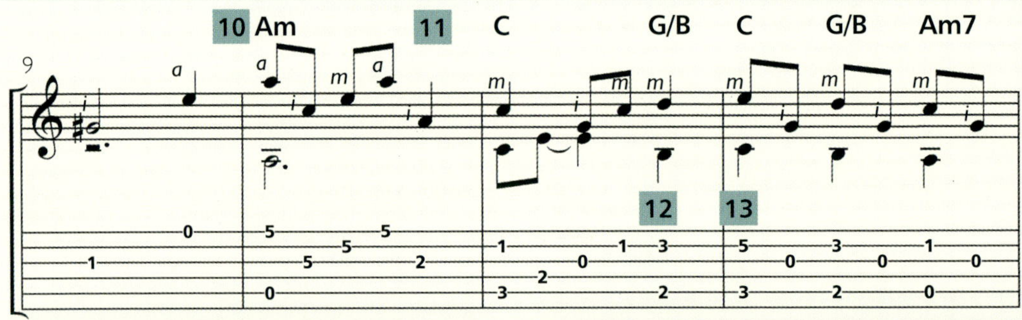

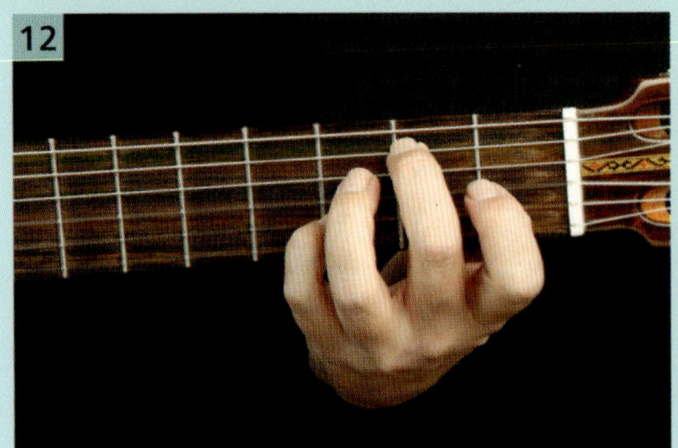

Für einen geschmeidigen Wechsel von C-Dur zu G/B greifst du den G/B-Akkord am besten mit dem Mittelfinger und dem kleinen Finger.

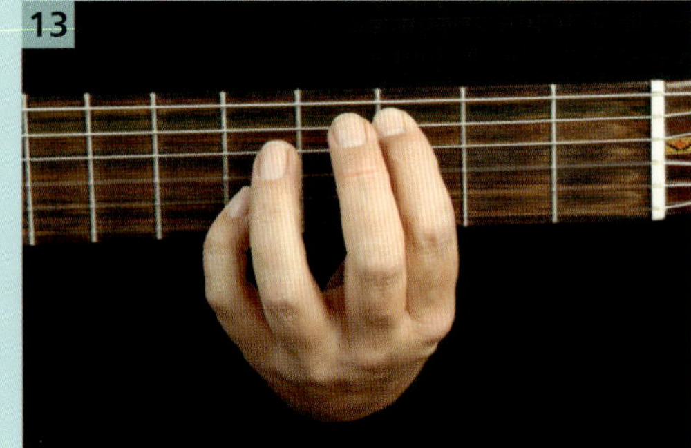

Den C-Dur-Akkord auf dem 1. Taktschlag von Takt 12 greifst du am besten mit dem Zeigefinger (auf der 5. Saite) und dem kleinen Finger (auf der 2. Saite). Achte dabei darauf, die 3. Saite nicht versehentlich zu dämpfen.

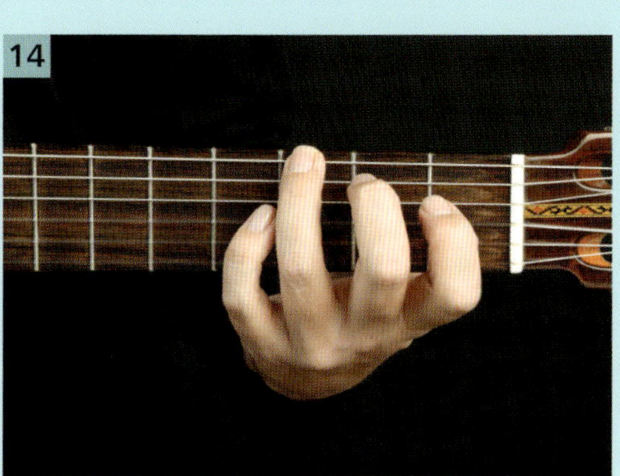

In den Takten 13 und 14 kannst du den G-Dur-Akkord nur mit dem Ringfinger auf der 6. Saite greifen …

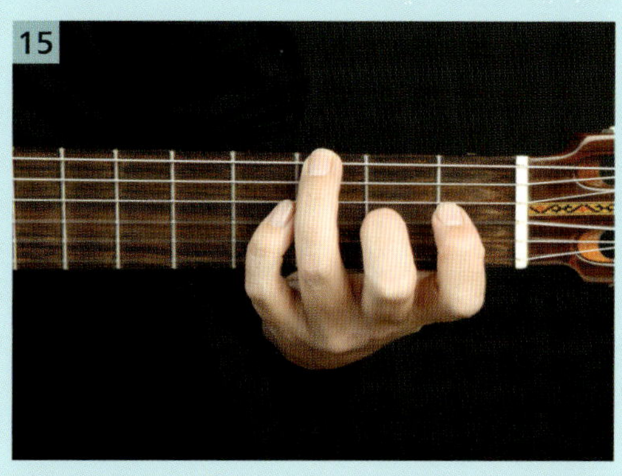

… und dann am Ende von Takt 14 das A mit dem Zeigefinger hinzufügen (der Mittelfinger greift weiterhin das tiefe G).

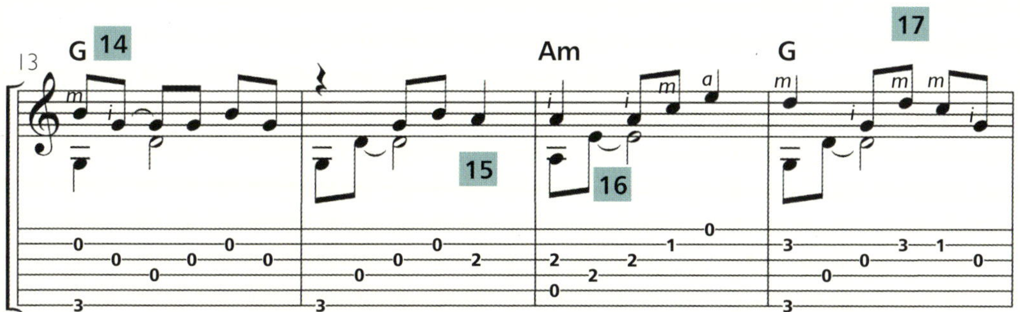

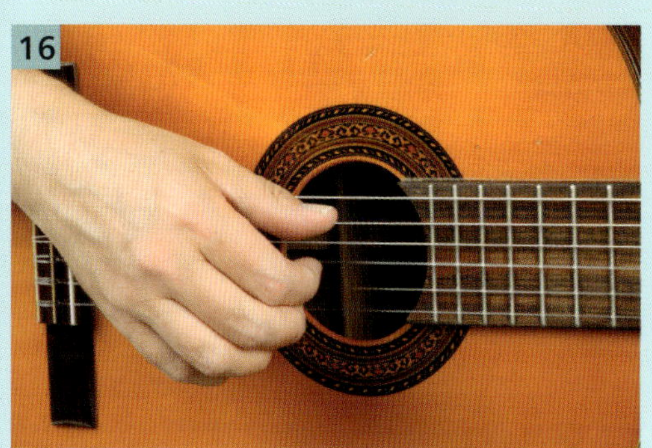

Der Pinch zu Anfang von Takt 15 wird mit dem Daumen und dem Zeigefinger (i) gespielt.

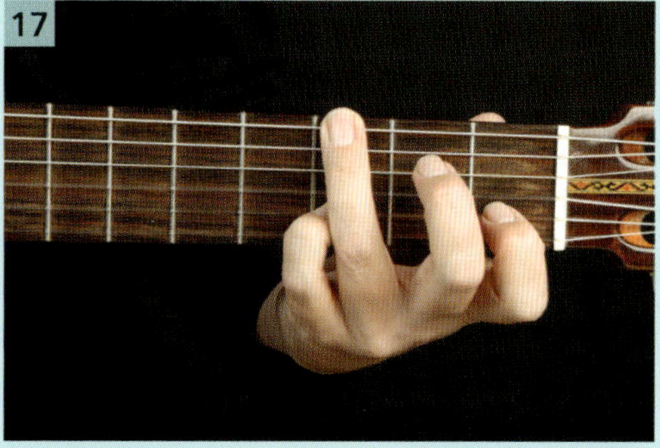

Der G-Dur-Akkord in diesem Takt wird mit dem Mittelfinger (auf der 6. Saite) und dem kleinen Finger (auf der 2. Saite) gegriffen. Im Bild siehst du, wie der Zeigefinger den Ton C auf dem 1. Bund greift (der auf dem 3. Taktschlag gespielt wird).

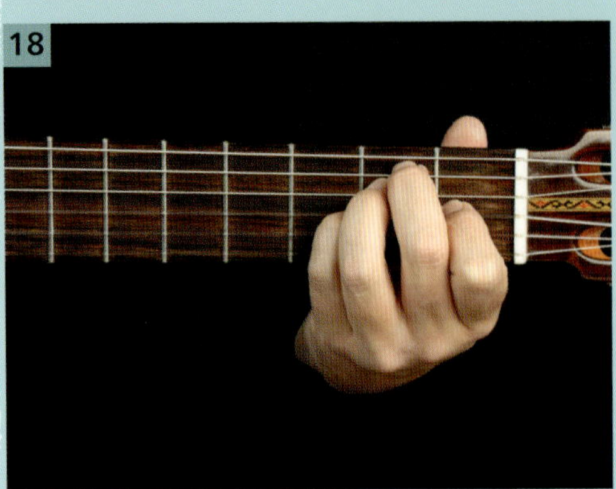

Um dem E-Dur-Akkord das A hinzuzufügen, greifst du einfach mit dem kleinen Finger vor dem Zeigefinger (im 2. Bund auf der 3. Saite), ohne den Zeigefinger von der Saite abzuheben.

Tipp!

Klebe nicht zu stur an den Griff-Formen, wenn du dieses Arrangement spielst; das Stück ist stark klassisch angehaucht und eher kontrapunktisch als in Akkorden gedacht. Eventuell ist das Stück leichter zu lernen, wenn du es dir als zwei gleichzeitig erklingende Melodien vorstellst.

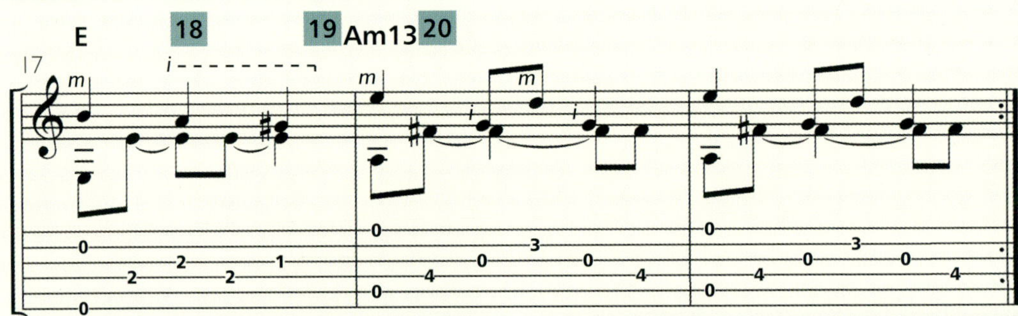

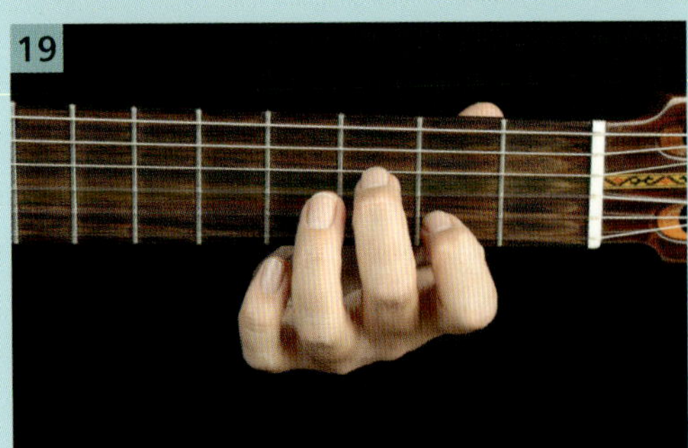

Wenn du den Leersaiten-Pinch auf dem 1. Taktschlag anschlägst, sollten deine Finger bereits den Hals aufwärts wandern, um den nächsten Akkord zu greifen ...

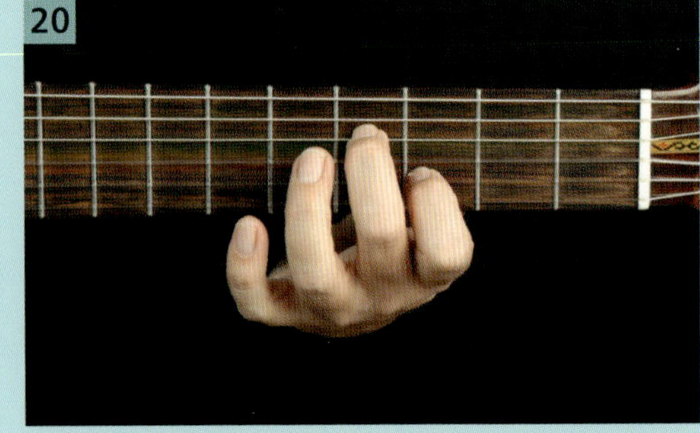

... wozu du am besten den Zeigefinger und den Mittelfinger verwendest. Achte dabei besonders darauf, die leere 3. Saite nicht versehentlich mit dem Mittelfinger zu dämpfen.

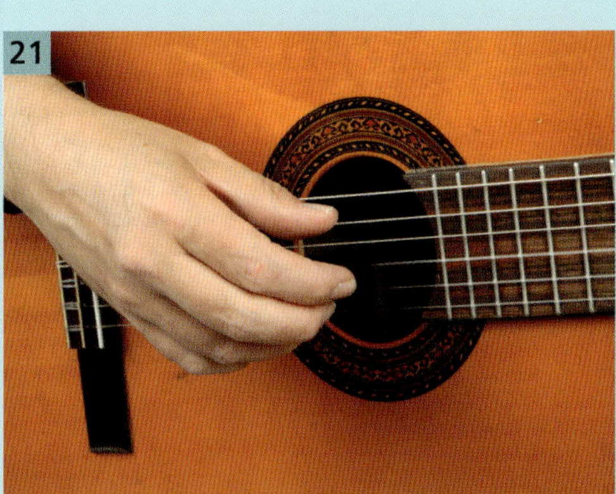

Der Pinch zu Beginn von Takt 20 wird mit dem Daumen und dem Mittelfinger (m) gespielt.

Tipp!
Die Melodie dieses Stückes muss etwas betont werden, damit sie sich von den Arpeggien abhebt. Höre bei der Arbeit an diesem Arrangement immer wieder in die Aufnahme herein; dir werden weitere Details auffallen, je weiter du fortschreitest.

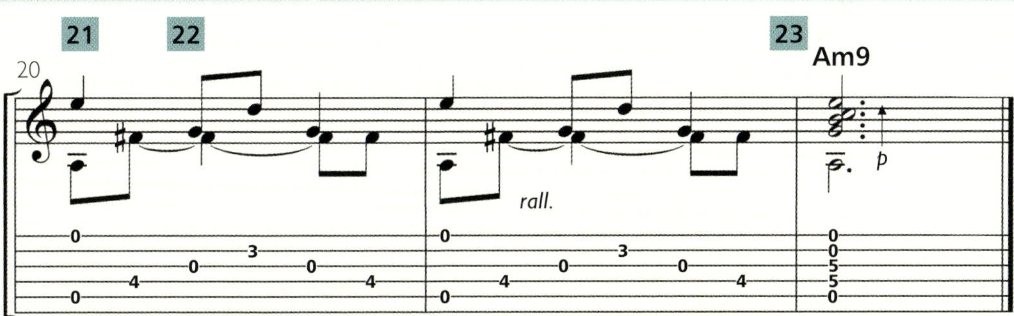

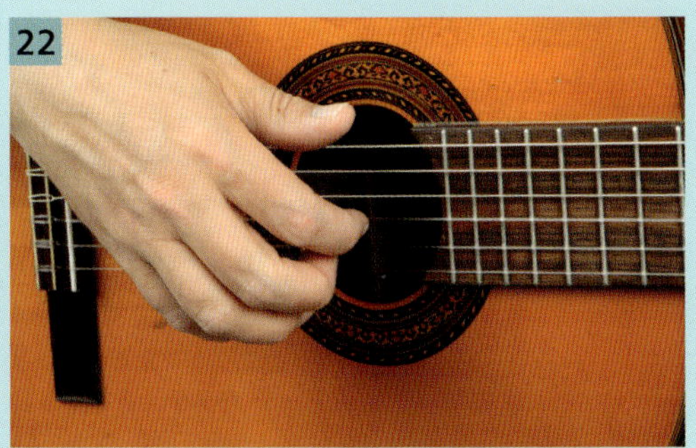

Schlage die leere 3. Saite mit dem Zeigefinger (i) an. Der Mittelfinger (m) ist bereits in Position für den Anschlag des folgenden hohen D.

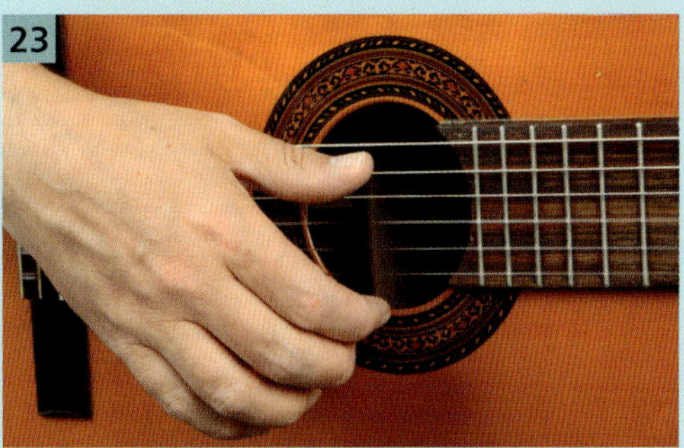

Den Schluss-Akkord Am schlägst du mit dem Daumen über alle Saiten (von den tiefen Saiten zu den hohen) an.

LIES AUSSERDEM
Daumen-Wechselbass, Seite 88

Lektion 23
Riffs

Seit den frühen Tagen des Jazz und Blues sind Riffs ein Element der populären Musik. Hier lernst du, deine eigenen Riffs zu komponieren.

Ohne Riffs klänge die gesamte populäre Musik langweilig und leblos. Ob subtil im Bass, oder von der ganzen Band unisono gespielt, Riffs sind die Hauptstütze der populären Musik. Oder kannst du dir Rockmusik ohne Riffs vorstellen? Die Gitarre (akustisch oder elektrisch) ist ein ideales Instrument für Riffs; deshalb sind einige der einprägsamsten auch auf der Gitarre entstanden. Von den frühen Delta-Blues-Riffs eines Robert Johnson bis zur Pionierarbeit von britschen Post-Bluesboom-Bands wie Cream und Led Zeppelin könnte man dir nachsehen, wenn du glaubst, alle guten Riffs wären schon geschrieben worden! Die endlosen möglichen Kombinationen von Rhythmus und Tonhöhe sorgen jdoch zusammen mit dem individuellen Stil jedes Gitarristen dafür, dass dies zum Glück nicht der Fall ist. Vor allem der Blues genießt gerade eine wiederauflebende Popularität mit einer Vielfalt von Talenten, die diesem Stil neues Leben einhauchen. Großartige Musik überdauert Trends und Moden, was beweist, dass diese zeitlose Musik (mittlerweile gut über 100 Jahre alt) noch lange nicht reif fürs Altersheim ist!

Wie entstehen Riffs?

Die Moll-Bluestonleiter

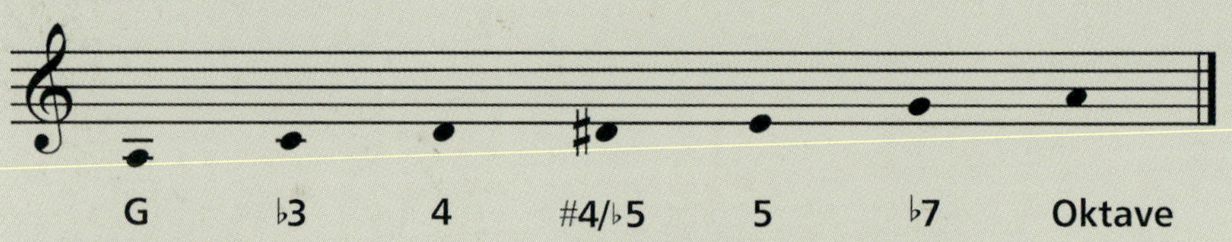

Die besten Riffs sind kurz und einfach, das sind auch die am schwierigsten zu erfindenden. Die Rolling Stones haben 1965 mit der Single „Satisfaction" die Musikwelt entflammt, dabei enthält dieses Kultriff nur drei Töne! Die Auswahl der Töne, kombiniert mit dem synkopierten Rhythmus, erzeugt hier den „Wow-Faktor", der den Zuhörer ködert. Viele Gitarristen entwickeln ihre Riffs aus der Moll-Pentatonik und der Moll-Bluestonleiter; Cream's „Sunshine of Your Love", Jimi Hendrix's „Purple Haze" und Deep Purple's unvergessliches „Smoke on the Water" sind nur drei Beispiele.

Diese Akkorde werden für diese Lektion benötigt:

A5

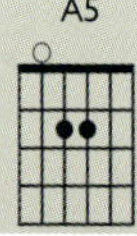

A7

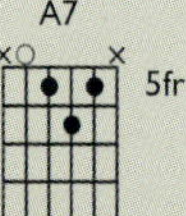

G5

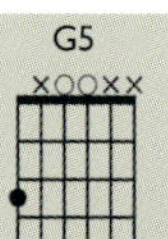

Gm7

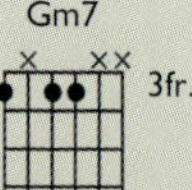

C5/G

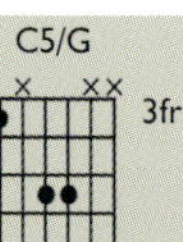

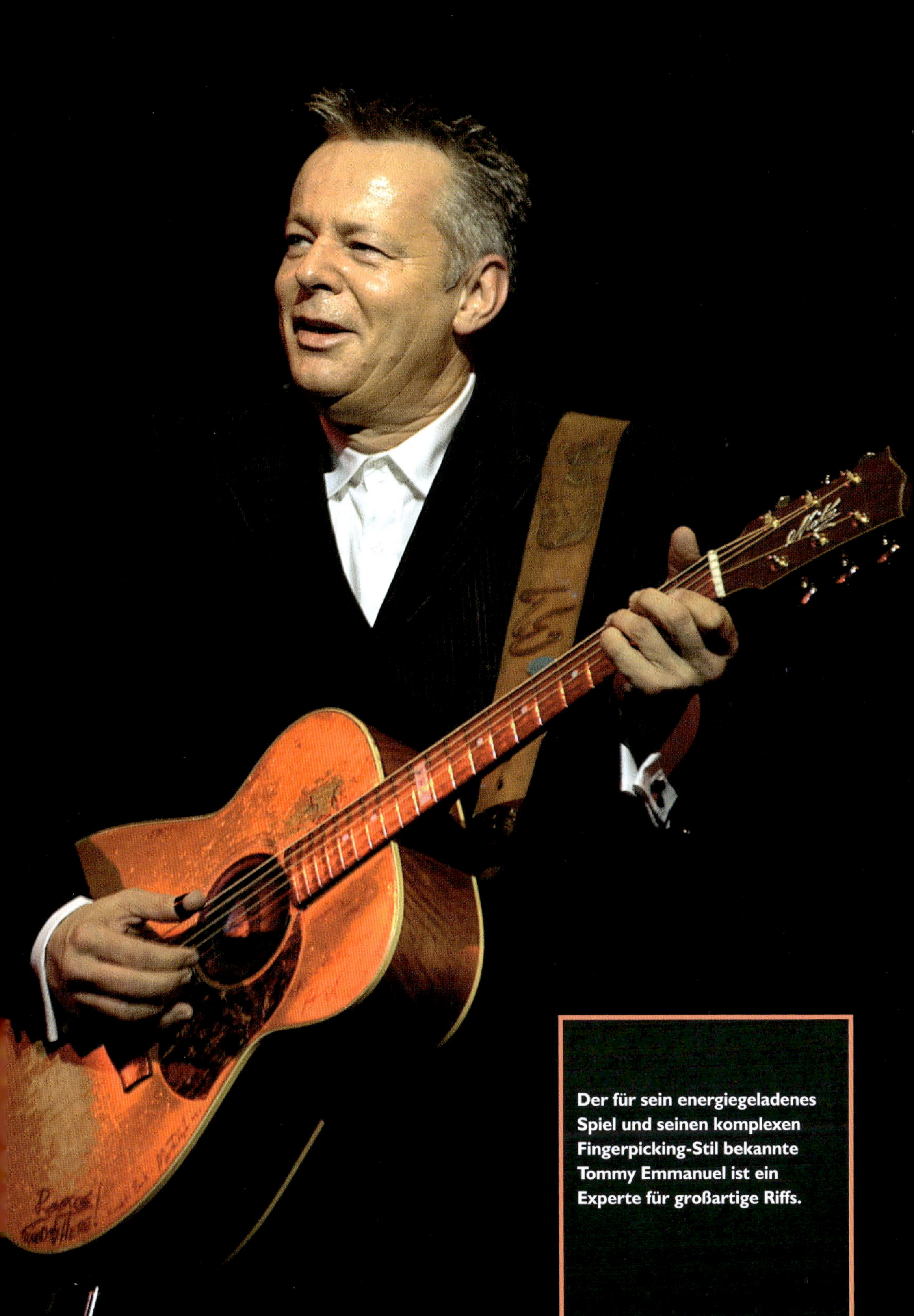

Der für sein energiegeladenes Spiel und seinen komplexen Fingerpicking-Stil bekannte Tommy Emmanuel ist ein Experte für großartige Riffs.

Übung 1

(CD-Track 38)

Beim Spielen von Riffs sind Fingerstyle-Gitarristen gegenüber Plektrumspielern eindeutig im Vorteil. Hier spielst du ein Bassriff in Viertelnoten gegen einen synkopierten Powerchord (A5).

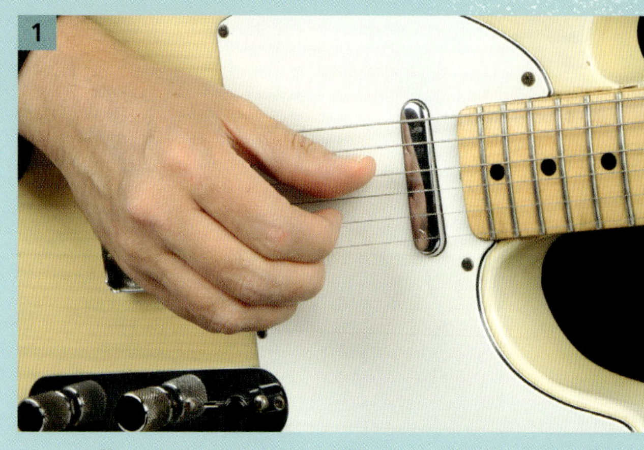

Das eröffnende Hammer-On schlägst du mit dem Daumen an; achte dabei auf festen und klaren Anschlag.

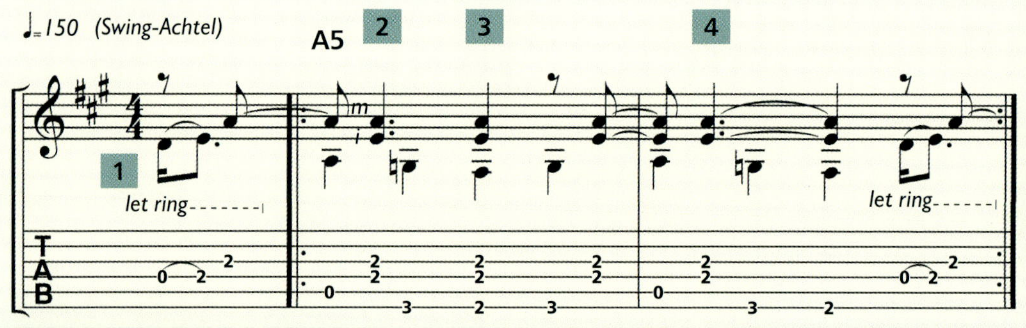

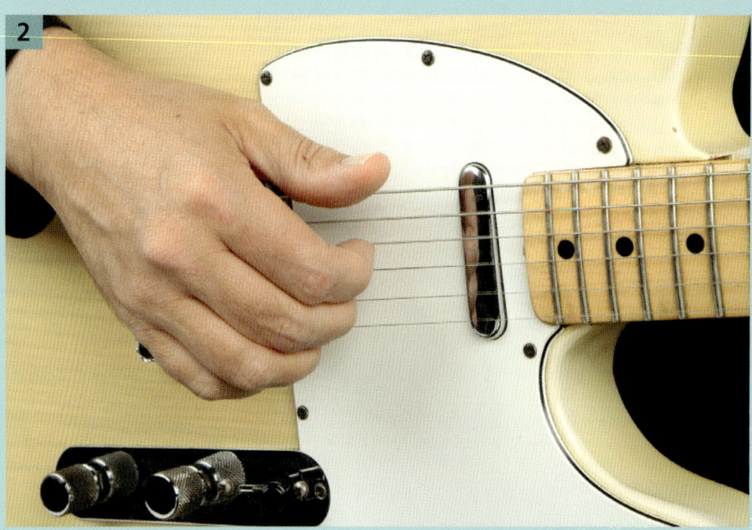

Den Doublestop auf dem 1. Offbeat von Takt 1 schlägst du mit dem Zeigefinger (i) und dem Mittelfinger (m) an.

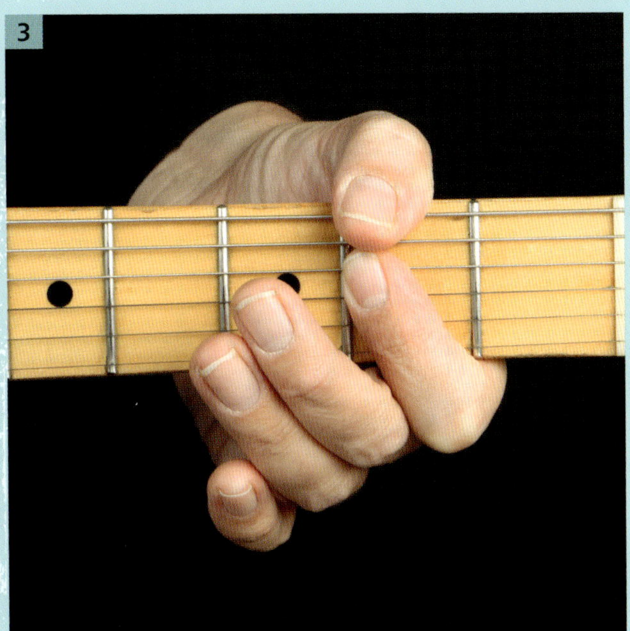

Greife den Basston auf dem 3. Taktschlag mit dem Daumen auf der 6. Saite. Dafür musst du mit dem Daumen um den Hals herum greifen.

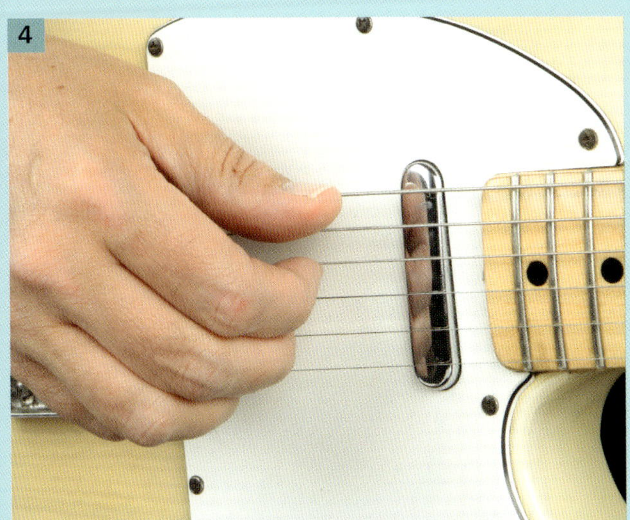

Am Ende des 1. Takts werden die beiden mittleren Saiten erneut mit Zeigefinger (i) und Mittelfinger (m) angeschlagen. Der Daumen ist bereit für den Anschlag des nächsten Basstons auf der 5. Saite.

Tipps!

- Habe immer ein einfaches Aufnahmegerät zur Hand, wenn du an neuen Riffs arbeitest. (Es gibt zahlreiche kleine und bezahlbare Aufnahmegeräte). Man sollte eine Idee immer schnell festhalten, bevor man sie wieder vergessen hat. Nach Stift und Zettel suchen oder darauf warten, dass der Computer hochfährt, dauert einfach zu lange!

- Die ersten beiden Riffs dieser Lektion sollten mit „Swing-Achteln" gespielt werden. Das ist genau dasselbe Feeling wie der in Lektion 17 erklärte 12/8-Shuffle-Groove. Höre dir immer den kompletten Track auf der CD an, bevor du loslegst, damit du den angestrebten Groove verstehst.

Übung 2 (CD-Track 39)

Ein Wechselbass mit einer einfachen synkopierten Melodie ist ein großartiges Verfahren für coole Riffs wie dieses.

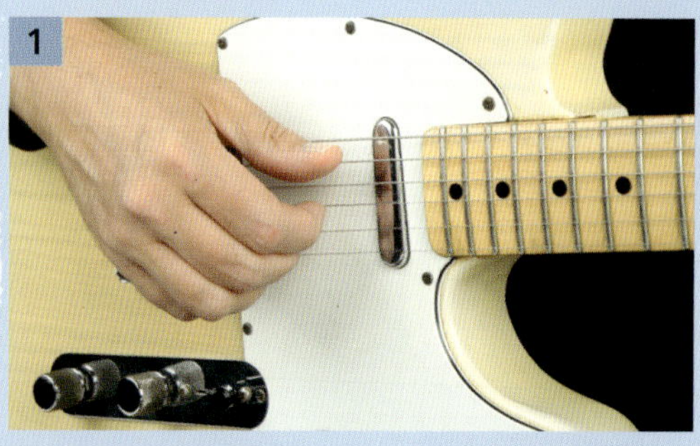

Den ersten Melodieton auf der 3. Saite schlägst du mit dem Zeigefinger (i) an.

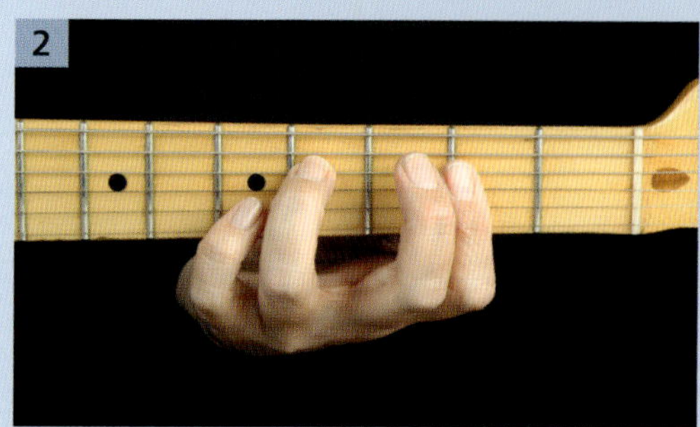

Greife den Doublestop auf dem 2. Taktschlag mit dem Zeigefinger (auf der 3. Saite) und dem Ringfinger (auf der 4. Saite).

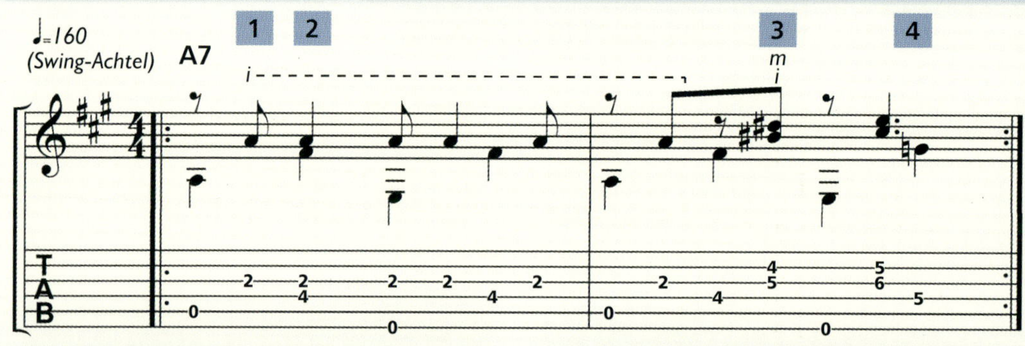

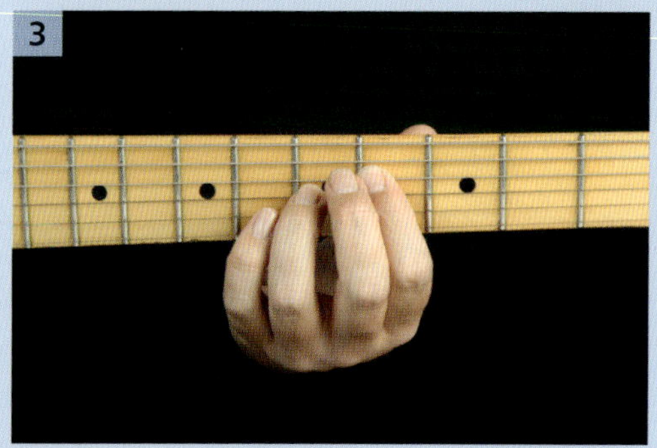

Den ersten Doublestop in Takt 2 greifst du mit dem Zeigefinger (auf der 4. Saite) und dem Ringfinger (auf der 2. Saite) ...

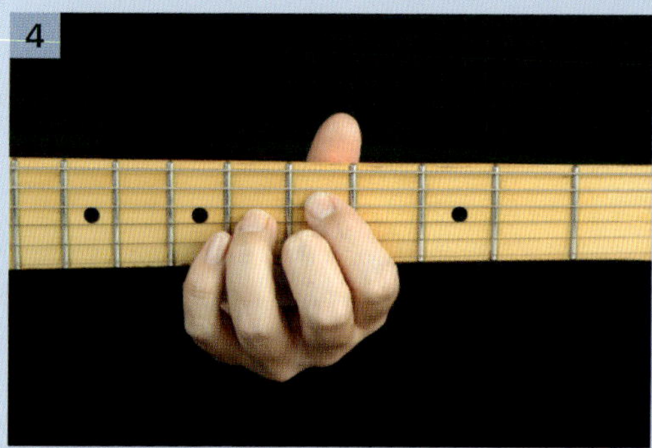

... dann verschiebst du ihn einen Bund aufwärts und greifst zusätzlich mit dem Mittelfinger auf der 2. Saite.

Übung 3 (CD-Track 40) **Hier spielst du ein klassisches Rockriff: eine statische Achtelnoten-Bass-Linie zu Zweiklängen (Doublestops).**

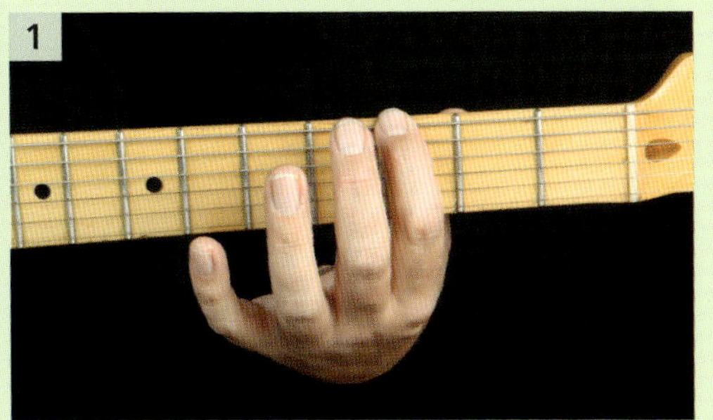

Greife das tiefe G auf der 6. Saite mit dem Zeigefinger.

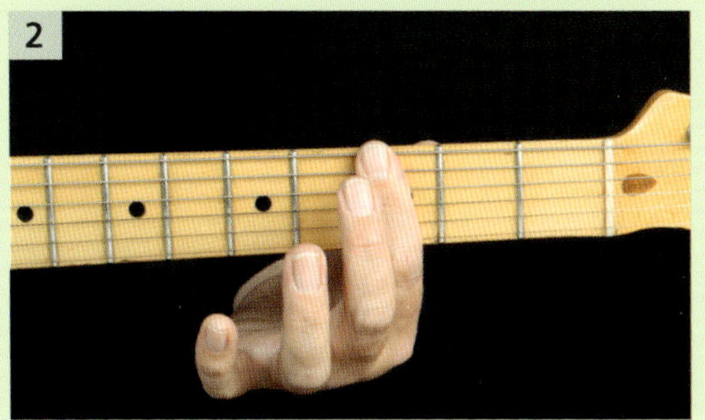

Wenn du den Zeigefinger quer über alle sechs Saiten legst, kannst du den Gm7-Akkord auf dem 2. Taktschlag einfach als Barré über die mittleren Saiten spielen.

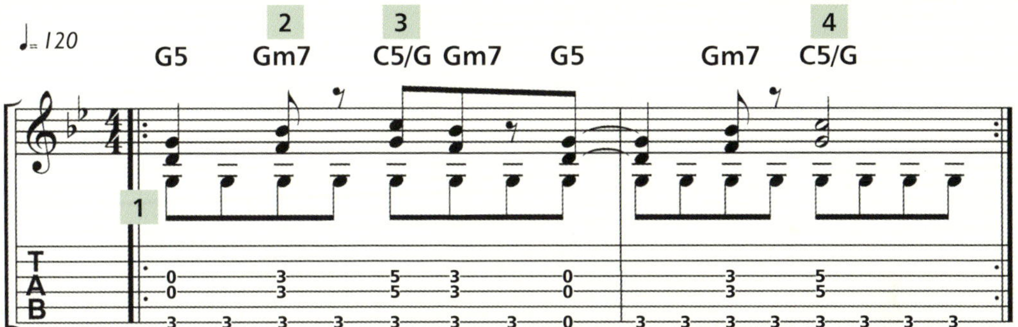

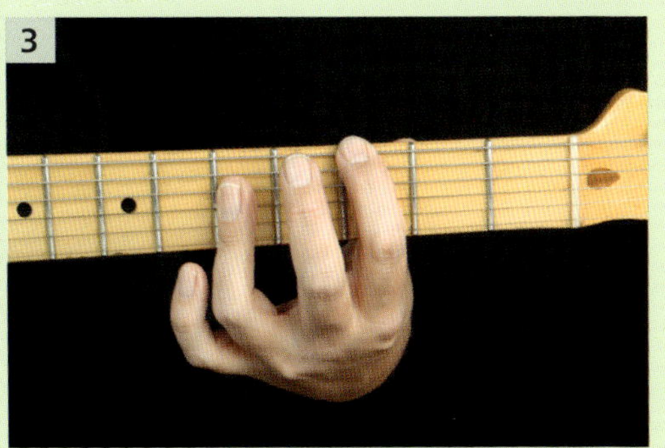

Für den G5/G-Akkord hebst du das Zeigefinger-Barré ab (greife aber weiterhin die 6. Saite) und greifst mit dem Ringfinger ein neues Barré über die mittleren Saiten im 5. Bund.

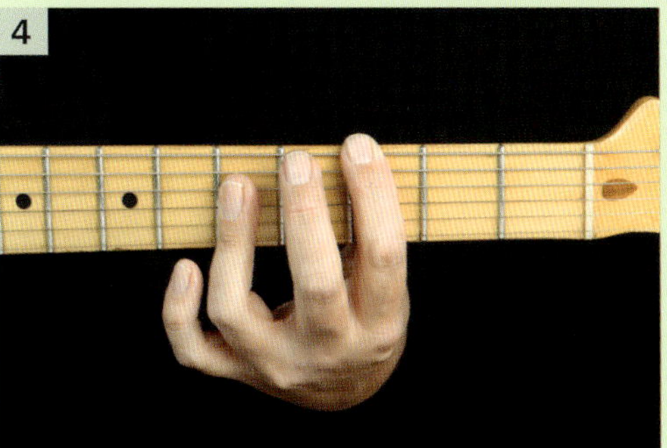

Der Zeigefinger und der Ringfinger bleiben bis zum Ende des 2. Taktes in dieser Position. So kann der G5-Akkord weiterklingen, wenn du die Basstöne (G) anschlägst.

Lektion 24
The Gallows Pole

Lerne anhand eines Original-Arrangements dieser bewegenden Folk-Ballade, wie du Riffs in deine eigenen Stücke integrieren kannst.

Diese auf dem traditionellen Folksong „The Maid Freed from the Gallows“ beruhende Ballade wurde zuerst 1939 unter dem Titel „The Gallows Pole“ von dem Bluessänger Leadbelly aufgenommen. Viele Künstler haben Versionen dieses Stücks veröffentlicht, und es hatte 1970 einen glorreichen Auftritt auf dem Album „Led Zeppelin III“. Im Original wird der Song aus der Perspektive einer verurteilten Frau erzählt, die ihre Henker anfleht, auf ihre Freunde und Vewandten zu warten, die sie sicherlich vor dem Galgen retten werden. Leadbelly ergänzte einen männlichen Blickwinkel. Die Led Zeppelin-Version fügt eine weitere Wendung hinzu: der Henker lässt sich zwar bestechen, richtet die Frau aber trotzdem hin. Das ist Rock 'n' Roll!

Das Riff dieses Arrangements setzt den Song in Bewegung, bildet ein kurzes Zwischenspiel vor der Wiederholung und erzeugt einen dramatischen Schluss. Für den größtmöglichen Effekt sollte ein Riff in deinem Arrangement wiederholt werden, weil Wiederholung die Aufmerksamkeit der Zuhörer weckt.

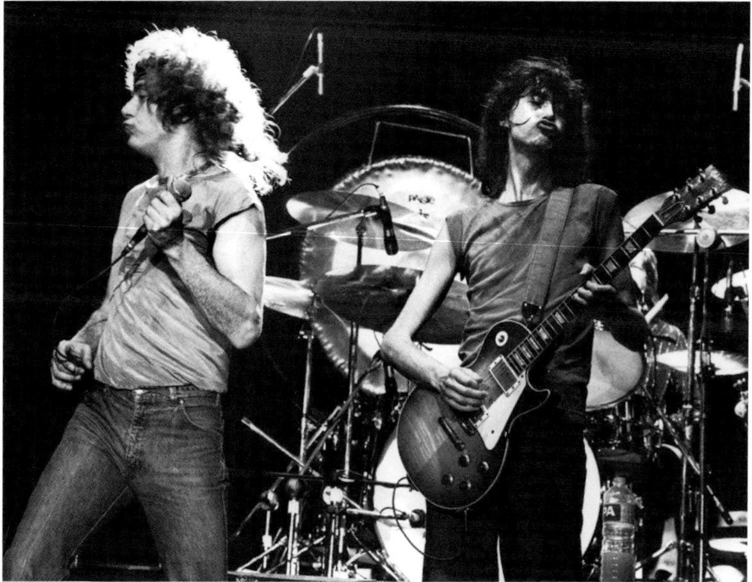

Led Zeppelin-Gitarrist Jimmy Page schuf mit seiner Adaption der Version von Fred Gerlach die wohl berühmteste Cover-Version von „The Gallows Pole“.

Diese Akkorde werden für diese Lektion benötigt:

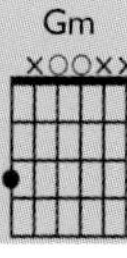

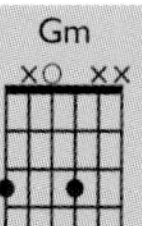

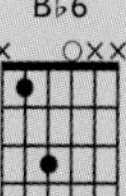

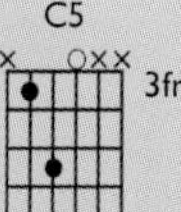

Berühmte Aufnahmen dieses Stücks

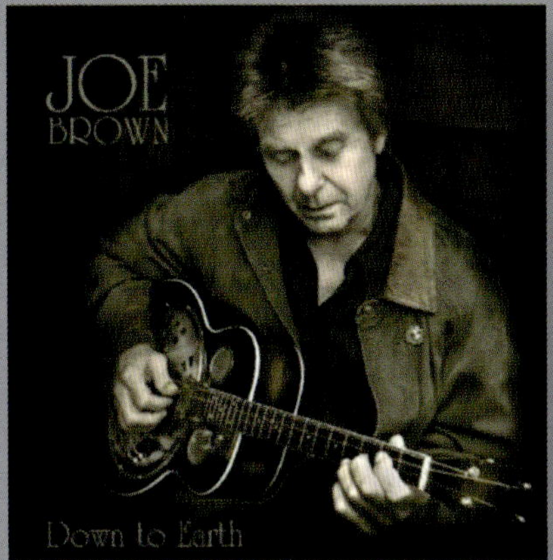

Der Bluesmann Leadbelly hat diesen traditionellen Folksong wieder in die Mainstream-Kultur des 20. Jahrhunderts eingeführt. Du solltest dir das ungebändigte Fingerpicking anhören, mit dem er sich bei seiner Version selbst begleitet (auf einer 12-saitigen Gitarre). Die Version von Led Zeppelin enthält zahlreiche Gitarrentracks (sechs- und zwölfsaitige Akustikgitarren, Banjo und E-Gitarre), alle von Zep's Gitarrenvirtuosen Jimmy Page gespielt.

LEADBELLY
The Earliest Blues Guitarists (2008)

ODETTA
Maybe She Go (2008)

JOE BROWN
Down to Earth (2006)

LONG JOHN BALDRY
Remembering Leadbelly (2001)

ROY METTÉ
12 Bars and the Blues (2005)

TEX RITTER
Country Classics (2000)

JULIAN MOKHTAR
About Time (1999)

LED ZEPPELIN
Led Zeppelin III (1970)

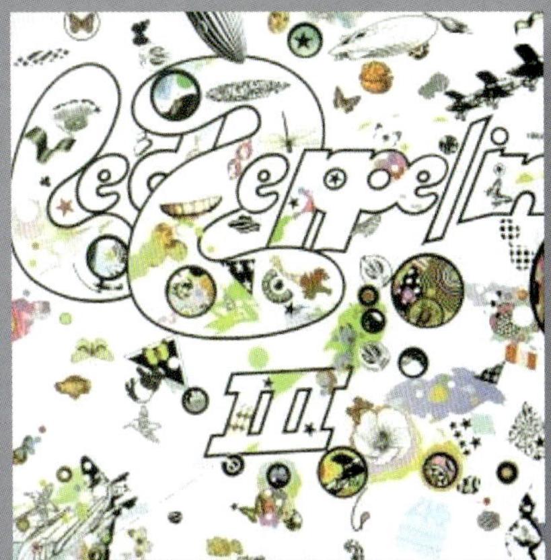

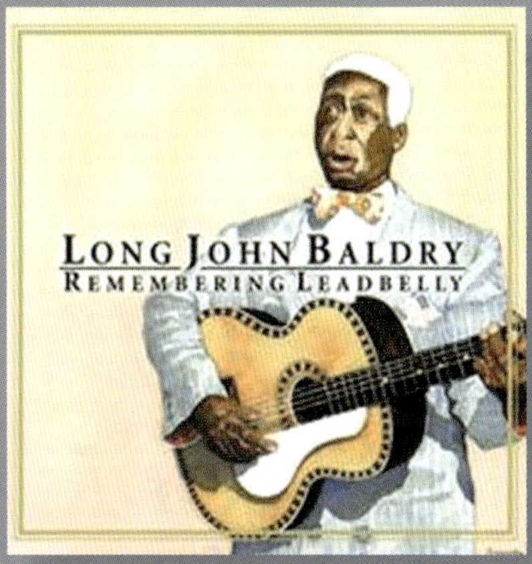

Übung
(CD-Track 41)

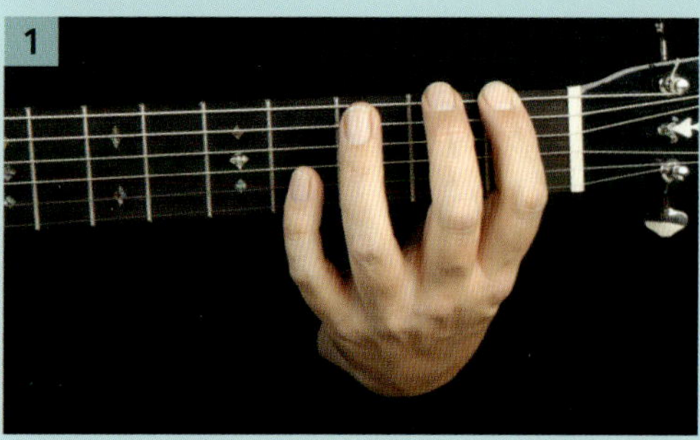

Der erste G-Dur-Akkord enthält den Ton F auf dem 1. Bund. Du greifst dieses F am besten mit dem Zeigefinger ...

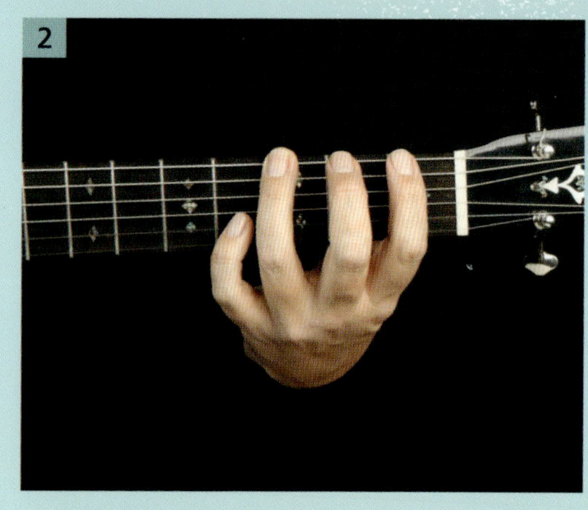

... weil so dein Ringfinger für den unmittelbar folgenden Basston G frei bleibt.

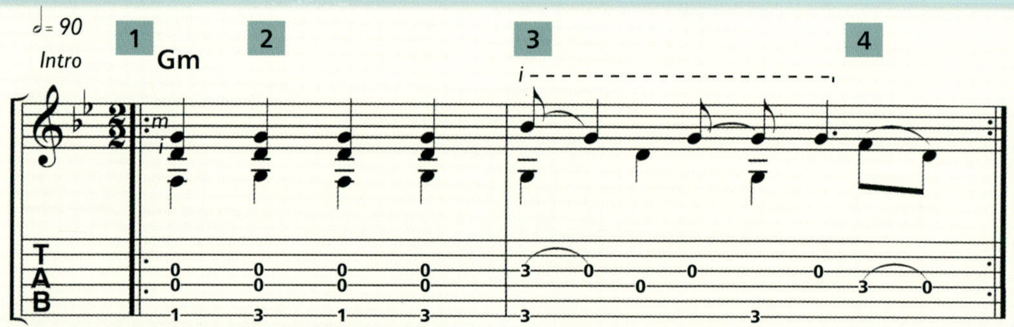

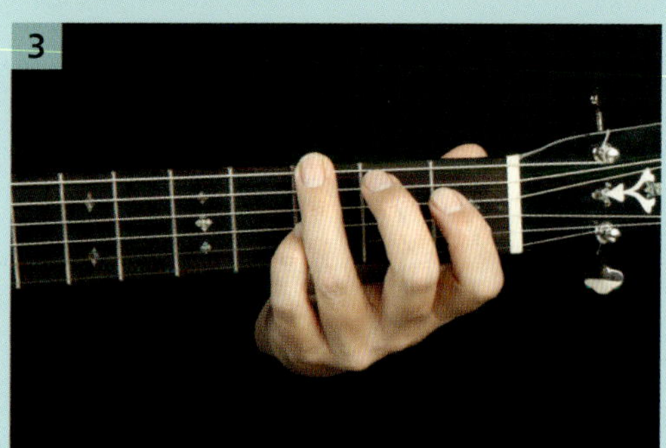

Den Ton B♭ auf der 3. Saite greifst du mit dem kleinen Finger, so dass du das Pull-off zum G (der Leersaite) mit einem seitlichen „Wegschnippen" des Fingers spielen kannst.

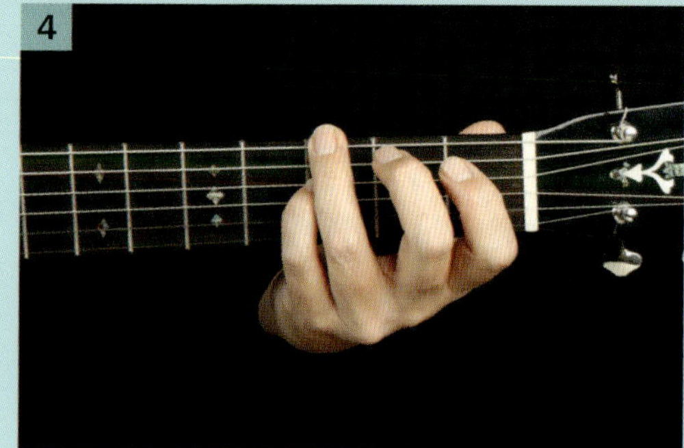

Auch das F auf der 4. Saite wird mit dem kleinen Finger gegriffen. Den Pull-off zum D (der Leersaite) spielst du auch hier wieder mit mit einem seitlichen „Wegschnippen" des Fingers. Der Mittelfinger bleibt dabei in seiner Position.

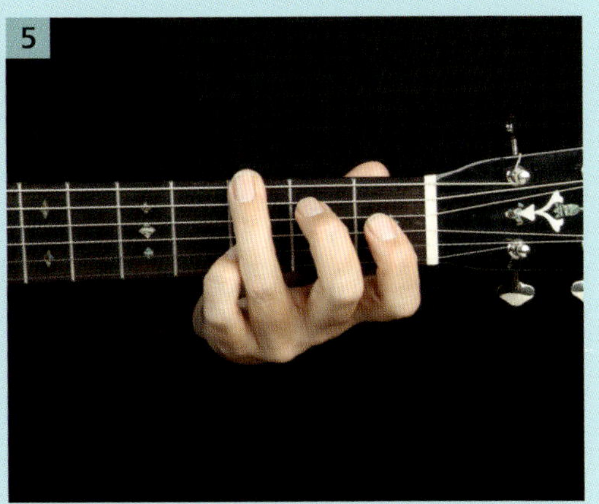

Den Doublestop (Zweiklang) auf dem 1. Taktschlag des 3. Takts greifst du mit dem Ringfinger (auf der 6. Saite) und dem kleinen Finger (auf der 2. Saite).

Tipp!

Die zu Beginn dieser Lektion angegebenen Griff-Formen (vor allem der Gm) sollen nur als Anhaltspunkte dienen. Weil hier das Stück einem durchgehenden Wechselbass überlagert ist, werden nicht viele echte (vollständige) Akkorde gegriffen.

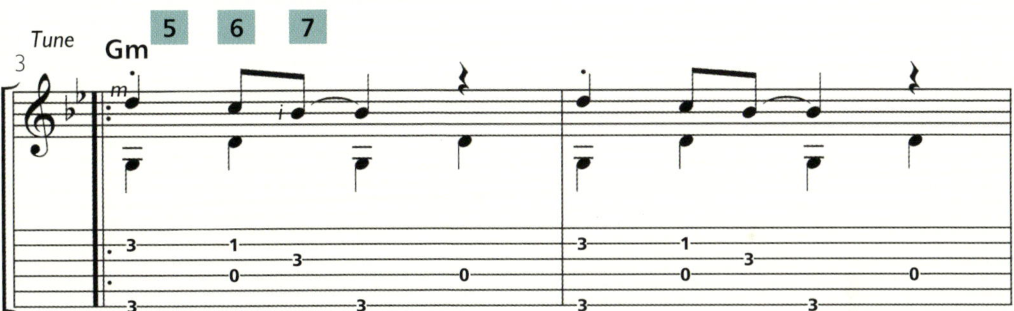

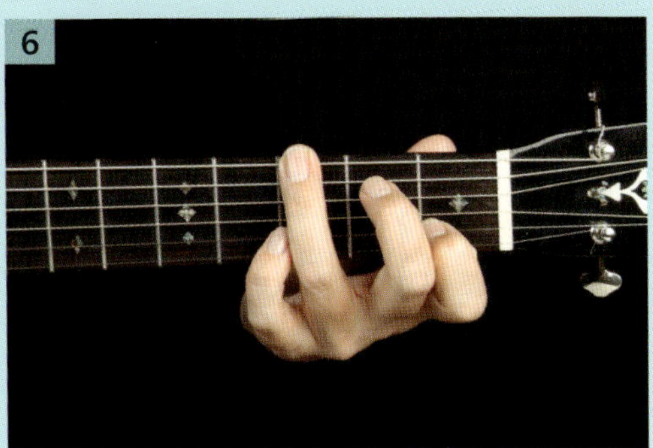

Der Ringfinger greift weiterhin das tiefe G, während du das C auf der 2. Saite mit dem Zeigefinger hinzufügst ...

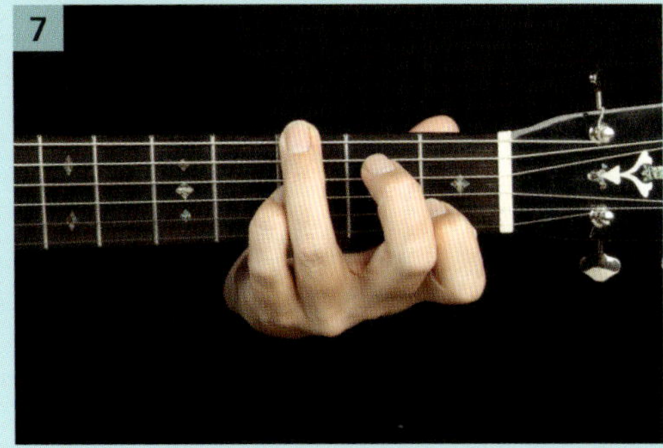

... und anschließend schnell das folgende B mit dem kleinen Finger auf der 3. Saite greifst.

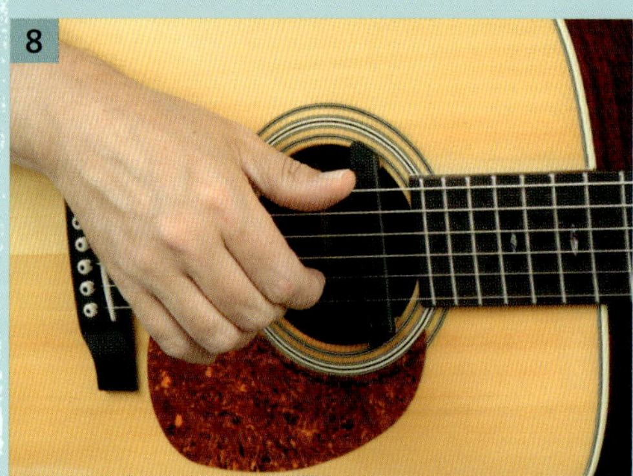

Obwohl die 2. Saite normalerweise mit dem Mittelfinger (m) angeschlagen wird, ist für schnell aufeinanderfolgende Töne der Anschlag mit wechselnden Fingern besser geeignet. Hier schlägt der Zeigefinger (i) das zweite D des 2. Taktschlags an.

Tipp!
Dir wird zu Beginn des Stückes die ungewöhnliche Taktart 2/2 aufgefallen sein. Schnelle Stücke wie dieses sind oft statt im 4/4-Takt im 2/2-Takt notiert. Es sind nach wie vor vier Viertelnoten in jedem Takt; sie fühlen sich allerdings an wie Achtelnoten, wenn du mit dem Fuß halbe Noten mitklopfst!

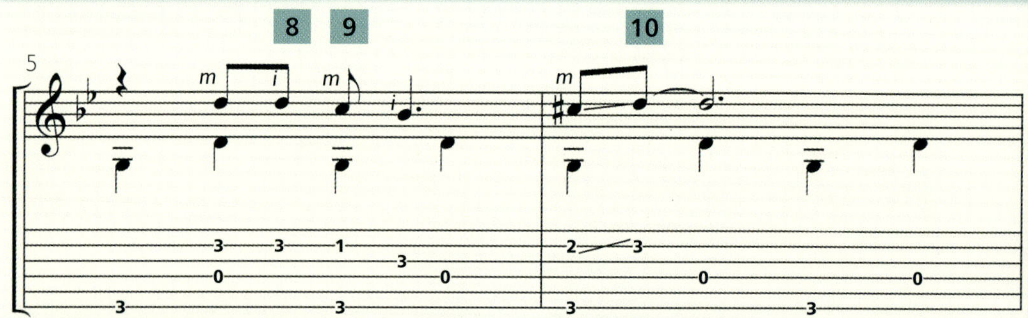

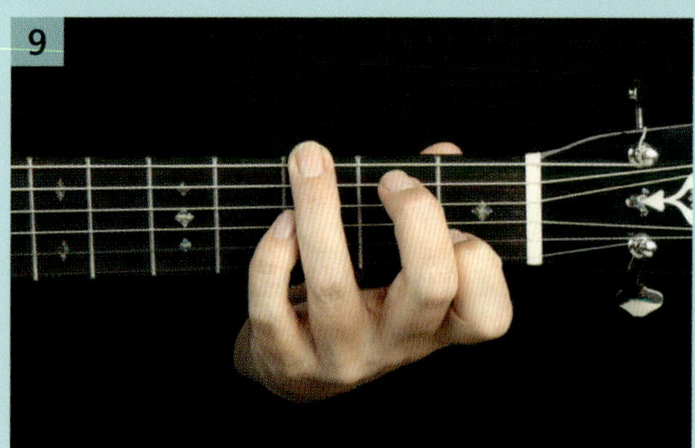

Den Pinch auf dem 3. Taktschlag greifst du mit dem Ringfinger (auf der 6. Saite) und dem Zeigefinger (auf der 2. Saite). Dabei sollte der kleine Finger für das folgende B bereits einsatzbereit über der 3. Saite schweben.

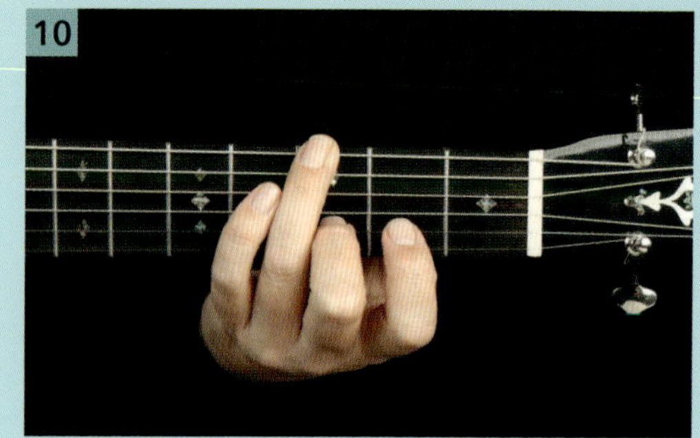

Der Slide vom C♯ zum D ist etwas knifflig! Greife den ersten Ton mit dem Mittelfinger, den du unter den Ringfinger schiebst, um das D zu greifen.

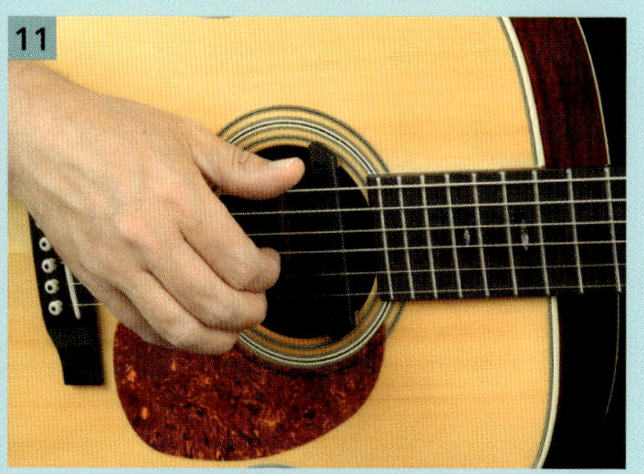

Denke daran, aufeinanderfolgende Töne auf derselben Saite mit abwechselnden Fingern anzuschlagen. Du schlägst also das erste G in Takt 7 mit dem Zeigefinger an ...

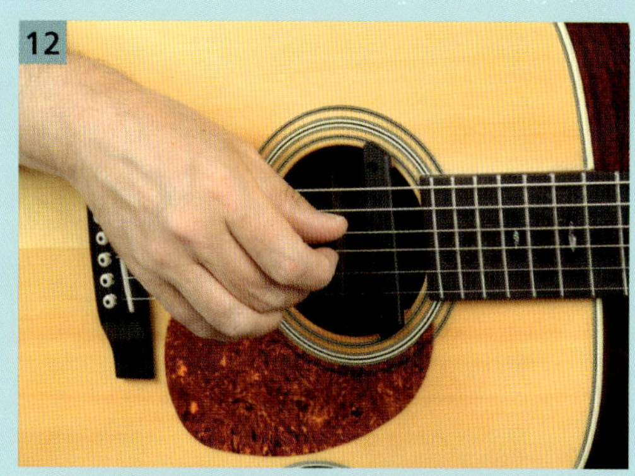

... und dann den Pinch mit Daumen und Mittelfinger (m).

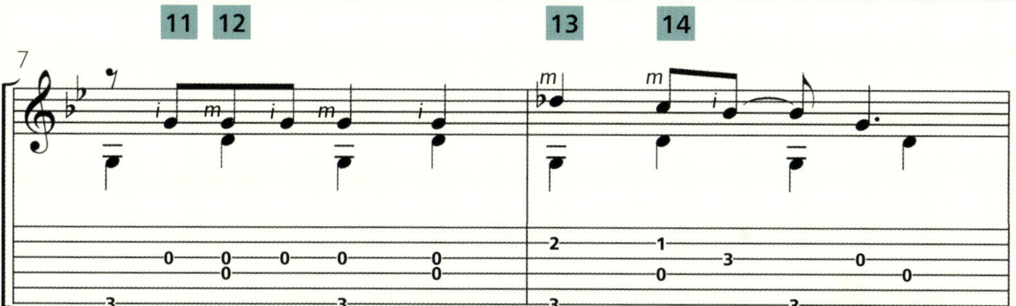

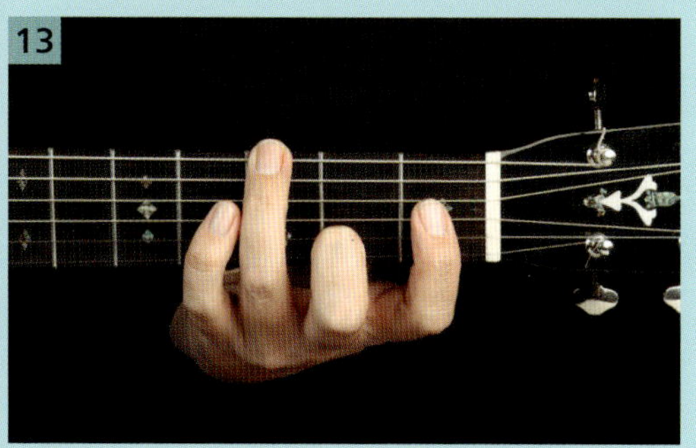

Den ersten Doublestop im 8. Takt greifst du mit dem Ringfinger (auf der 6. Saite) und dem Mittelfinger (auf der 2. Saite) ...

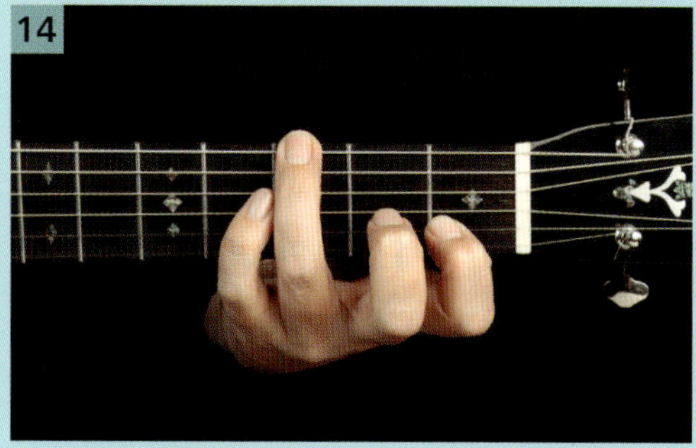

... anschließend hebst du den Mittelfinger ab und greifst das folgende C der Melodiestimme mit dem Zeigefinger. Der kleine Finger ist hier bereits über der 3. Saite in Position, um das B♭ zu greifen.

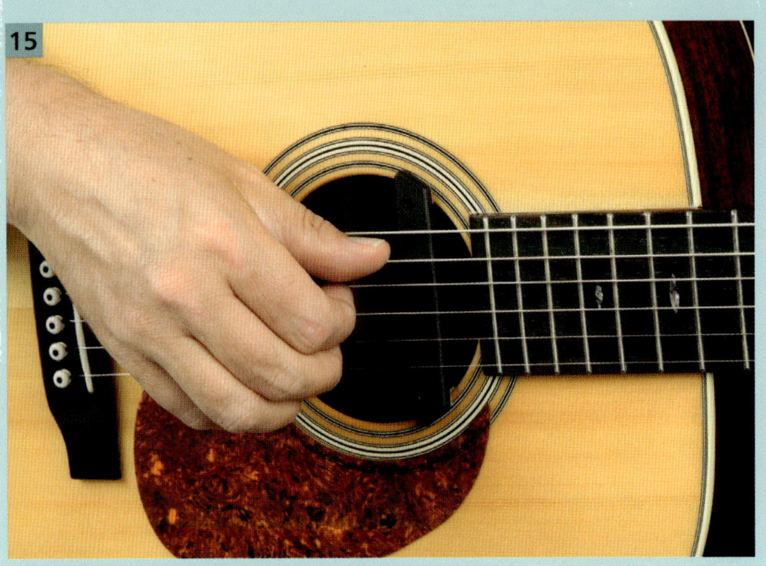

Den tiefen Pinch auf dem 1. Taktschlag dieses Takts spielst du mit dem Daumen (p – auf der 5. Saite) und dem Zeigefinger (i – auf der 4. Saite).

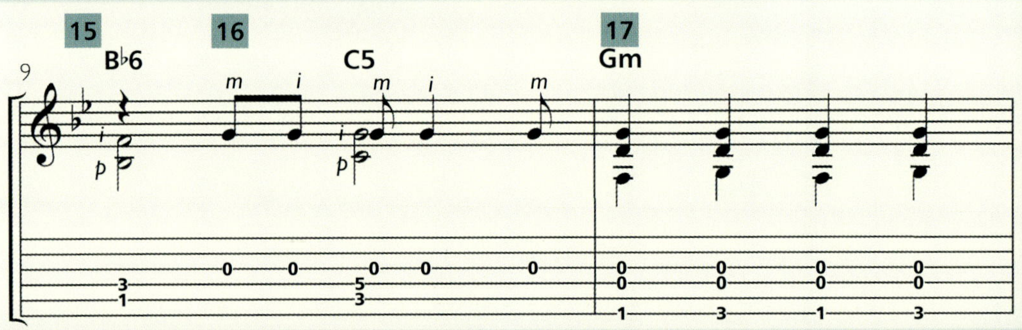

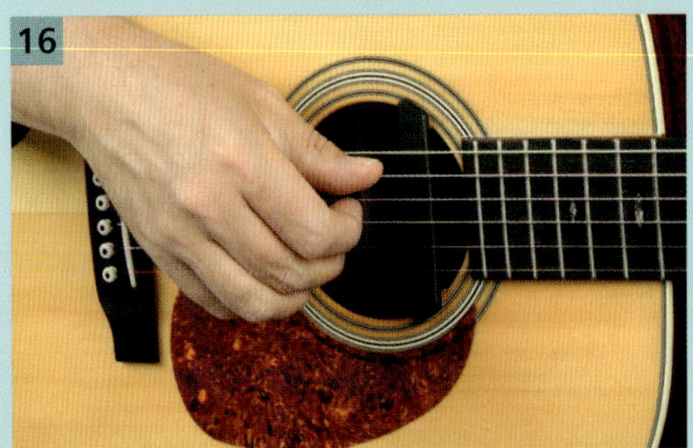

Die leere 3. Saite schlägst du mit dem Mittelfinger (m) an. Die Tonwiederholung wird dann mit dem Zeigefinger (i) angeschlagen.

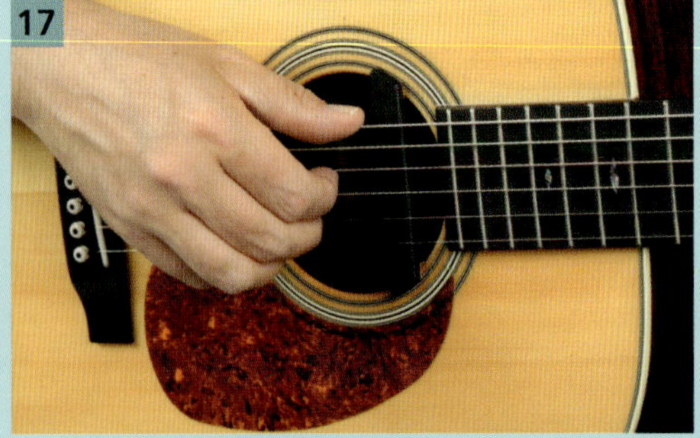

Die Dreiklänge werden mit dem Daumen, dem Zeigefinger (i) und dem Mittelfinger (m) gleichzeitig angeschlagen.

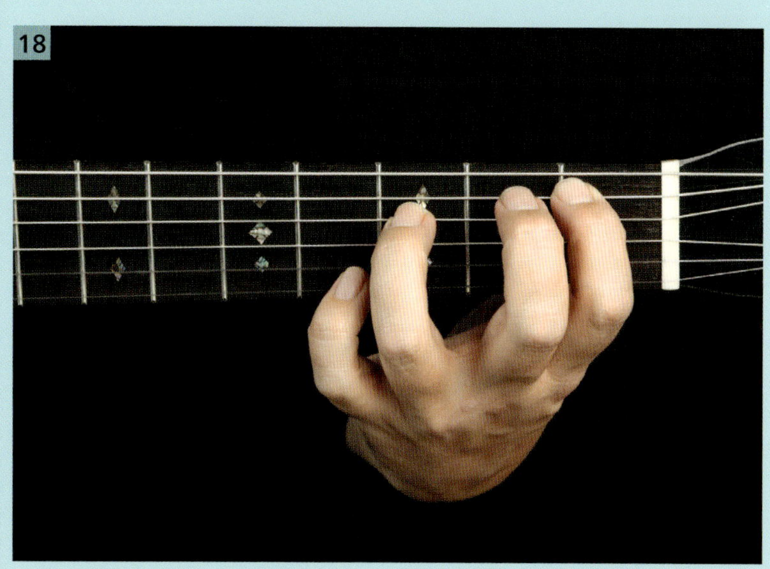

Greife den B♭6-Akkord mit dem Zeigefinger und dem Ringfinger. Achte darauf, den Ringfinger leicht gekrümmt zu halten, damit du nicht aus Versehen die leere 3. Saite dämpfst.

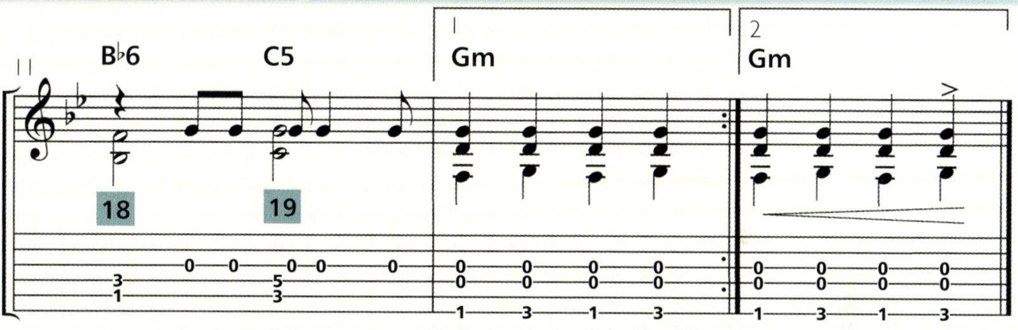

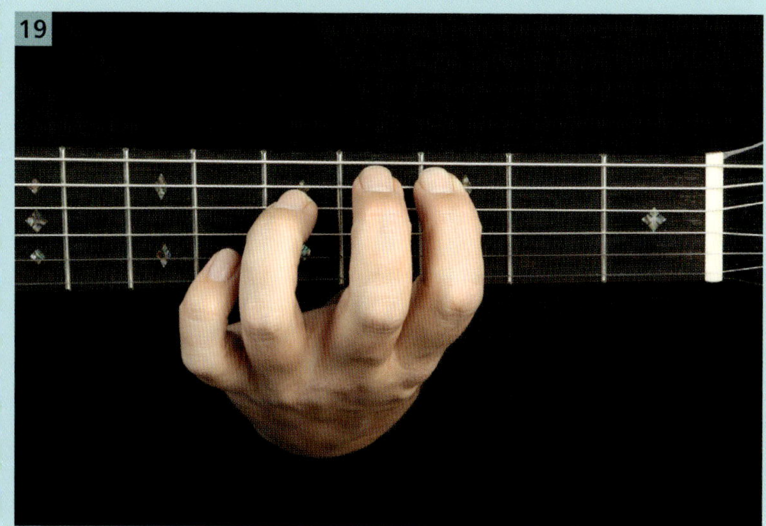

Für den C5 auf dem 3. Taktschlag verschiebst du deine Finger zwei Bünde aufwärts. Vermeide es beim Verschieben von Griff-Formen stets, die Finger völlig von den Saiten abzuheben – verringere nur den Druck der Finger, um die Bewegung zu erleichtern.

LIES AUSSERDEM Offene Akkorde, Seite 34; Verschiebbare Griff-Formen, Seite 50

Lektion 25
Dursept-Akkorde und exotische Dominant-Akkorde

Hier sind einige grundlegende Griff-Formen für Dursept-Akkorde und exotische Dominant-Akkorde in allen Tonarten.

Wir haben uns eine Weile nicht mit Griff-Formen befasst, deshalb sehen wir uns hier einige anspruchsvolle Akkorde an, die deinen Arrangements etwas Klasse und einen Tupfer Farbe hinzufügen. Die Akkorde dieser Lektion sind nicht so schwer zu erlernen wie die Barré-Akkorde in Lektion 14 – zumindet nicht, was die Spieltechnik betrifft. Vielleicht sehen die Bezeichnungen etwas erschreckend aus, aber alle diese Klänge hast du schon einmal gehört. Du findest hier keine überflüssigen Griff-Formen, sondern nur nützliche Voicings für eine Vielzahl von Musikrichtungen und musikalische Szenarien.

Mit Moll- und Dominant-Septakkorden haben wir uns bereits befasst, aber noch nicht mit dem jazzig klingenden Dur-Septakkord. Hier sind alle fünf Griff-Formen angegeben. Die Dominant-Septakkorde mit den merkwürdigen Namen sind ebenfalls coole, jazzige Akkorde. Alle diese Akkorde eignen sich hervorragend für anspruchsvolle Arrangements. Wenn du in den nächsten beiden Lektionen Latin-Style-Begleitungen erkundest, wirst du die Chance haben, einige von ihnen einzusetzen.

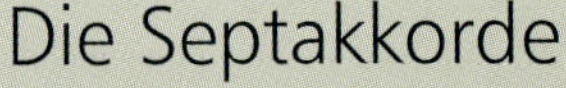

Die Septakkorde

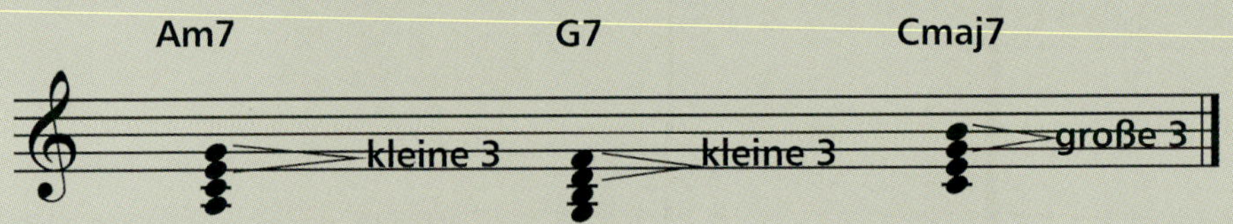

1) Moll-Septakkord 2) Dominant-Septakkord 3) Dur-Septakkord

Akkorde bestehen aus übereinandergeschichteten großen und/oder kleinen Terzen (vgl. Lektion 8). Das Diagramm zeigt den Aufbau der drei unterschiedlichen Typen von Septakkorden: wenn man einem Moll-Dreiklang eine kleine Terz hinzufügt, entsteht ein Moll-Septakkord; ein um eine kleine Terz ergänzter Dur-Dreiklang wird zum Dominant-Septakkord; und schließlich wird ein um eine große Terz erweiterter Dur-Akkord zum süßklingenden Dur-Septakkord.

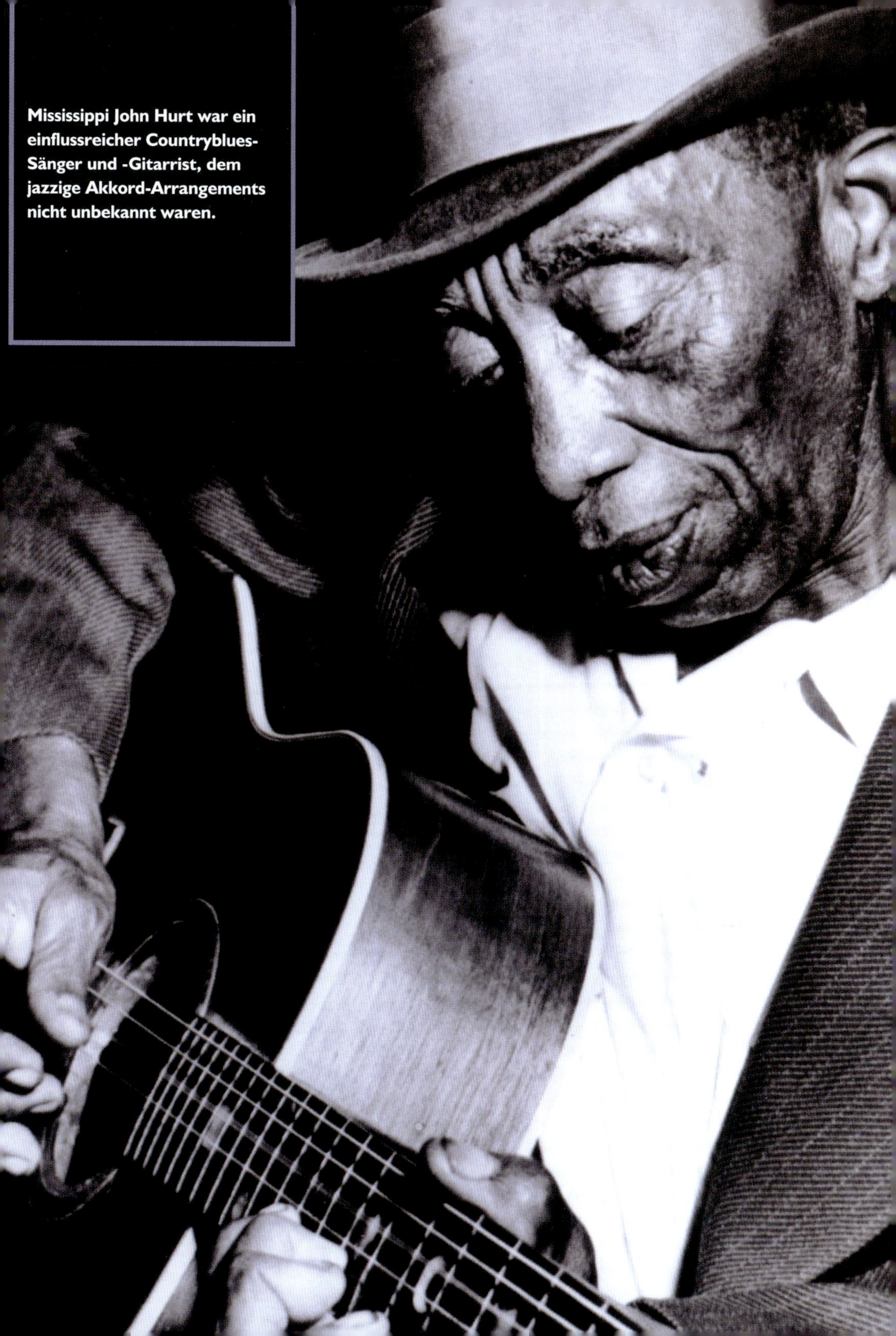

Mississippi John Hurt war ein einflussreicher Countryblues-Sänger und -Gitarrist, dem jazzige Akkord-Arrangements nicht unbekannt waren.

Beispiel 1

Fünf verschiebbare Griff-Formen für Dur-Septakkorde

Diese fünf Griff-Formen sind aus dem CAGED-System abgeleitet das auf den fünf offenen Grundakkorden aufbaut. Diese Akkorde sind alle in der Grundstellung (d.h. der tiefste Ton gibt dem Akkord seinen Namen), außer dem letzten, der eine 2. Umkehrung ist (also mit der Quinte als tiefstem Ton).

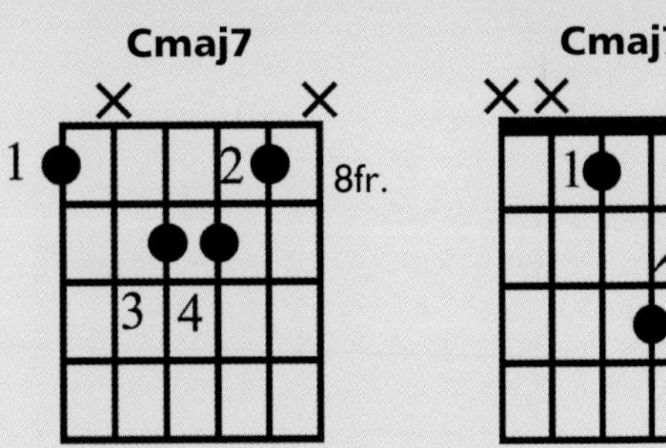

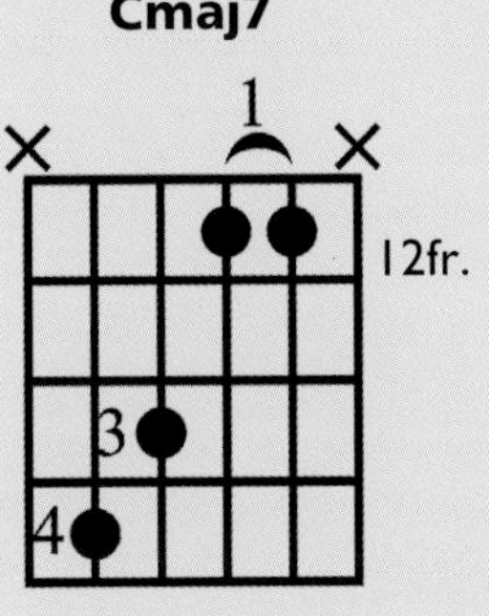

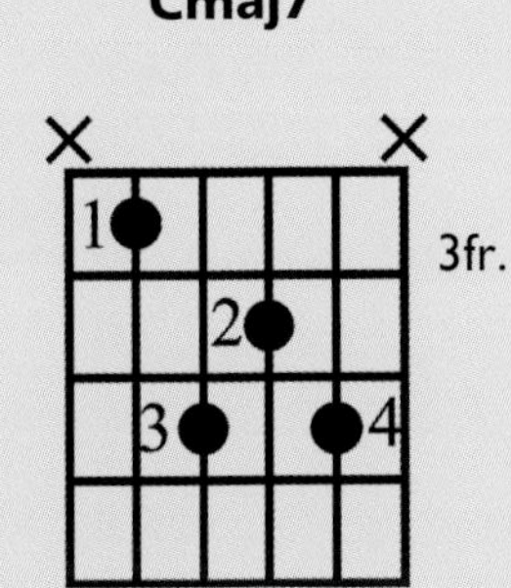

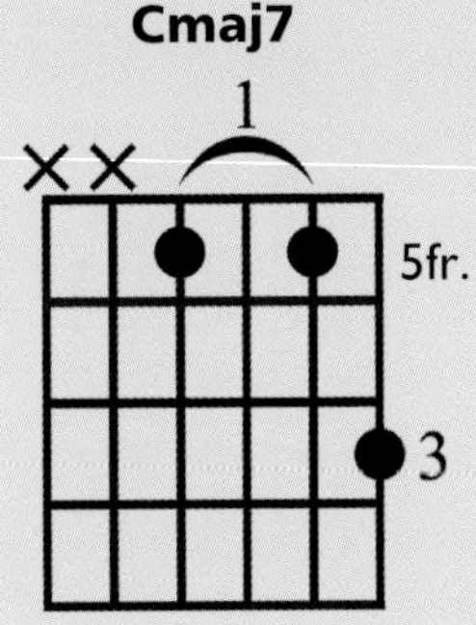

Tipp!

Nur weil ein Akkord einen exotischen Namen trägt, heißt das nicht, dass nur Jazzer ihn spielen dürfen! Nur keine Angst vor Experimenten – versuche diese Akkorde in deine eigenen Arrangements einzubauen. Wie bereits erwähnt: „Wenn es richtig klingt, dann ist es richtig!“

Beispiel 2

Sechs exotische Dominant-Akkorde

Weitere spannend klingende Dominant-Septakkorde kann man einfach durch Alteration der Quinte des Akkordes (d.h. ♯5 und ♭5) erzeugen, oder indem man dem Akkord Erweiterungen wie die None, die Duodezime oder die Tredezime hinzufügt. Alle diese Akkorde haben den Grundton als tiefsten Ton.

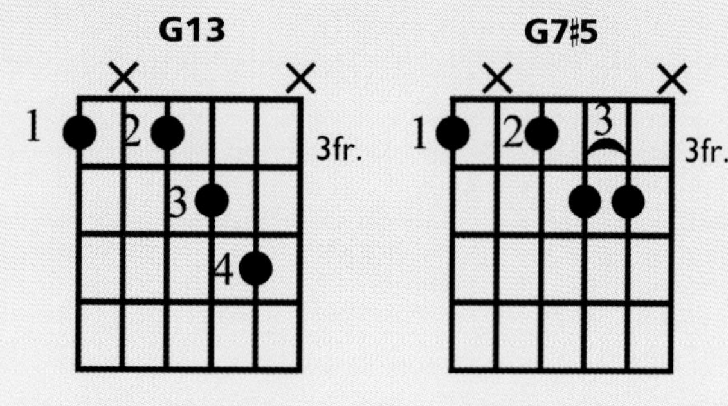

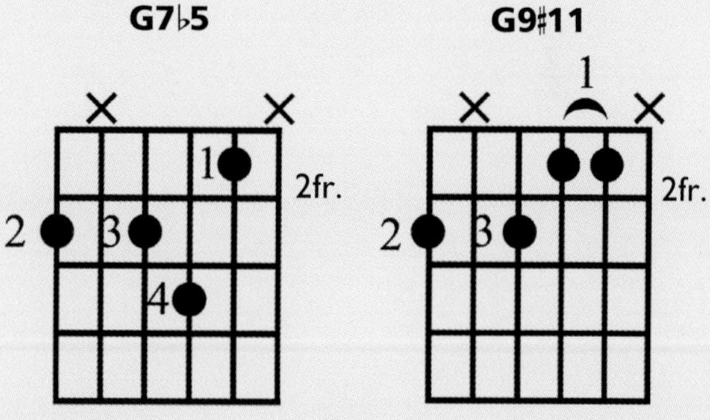

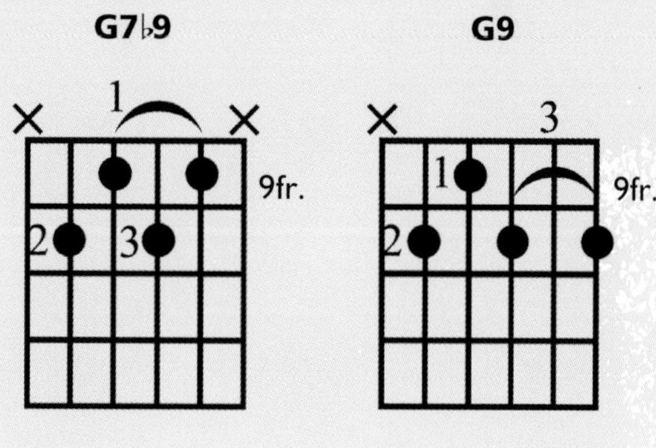

Tipp!

Die angegebenen Fingersätze sind nur Vorschläge – sie sind nicht in Stein gemeißelt! In manchen Fällen wirst du einen anderen Fingersatz für effektiver halten (z. B. wenn du einen Basston mit dem Daumen greifst).

LIES AUSSERDEM

Daumen-Wechselbass, Seite 88

Lektion 26

Lateinamerikanische Rhythmen

Coole und raffinierte Bossa-Nova-Begleitungen klingen auf der Gitarre einfach fantastisch. Hier lernst du, wie man sie spielt.

Die sanft wiegenden Bossa-Nova-Rhythmen sind ideal für die akustische oder elektrische Gitarre geeignet. Die brasilianischen Musiker Antônio Carlos Jobim und João Gilberto waren Mitte der 1950er Jahre die Pioniere dieser Musik; der Jazzgitarrist Charlie Byrd „entdeckte" sie dann auf einer Südamerika-Tour in den späten 1950ern. Byrd löste mit dem berühmten Album „Jazz Samba" (mit dem Saxophonisten Stan Getz) eine weltweite Bossa-Nova-Mode aus. Ursprünglich wurde Bossa Nova im fingerstyle auf der Nylonsaiten-Konzertgitarre gespielt; heutzutage eher auf einer E-Gitarre mit weichem und cleanen Ton. Egal auf welcher Gitarrenart du spielst, diese Rhythmen verleihen deinem Spiel ein cooles Latin-Flair.

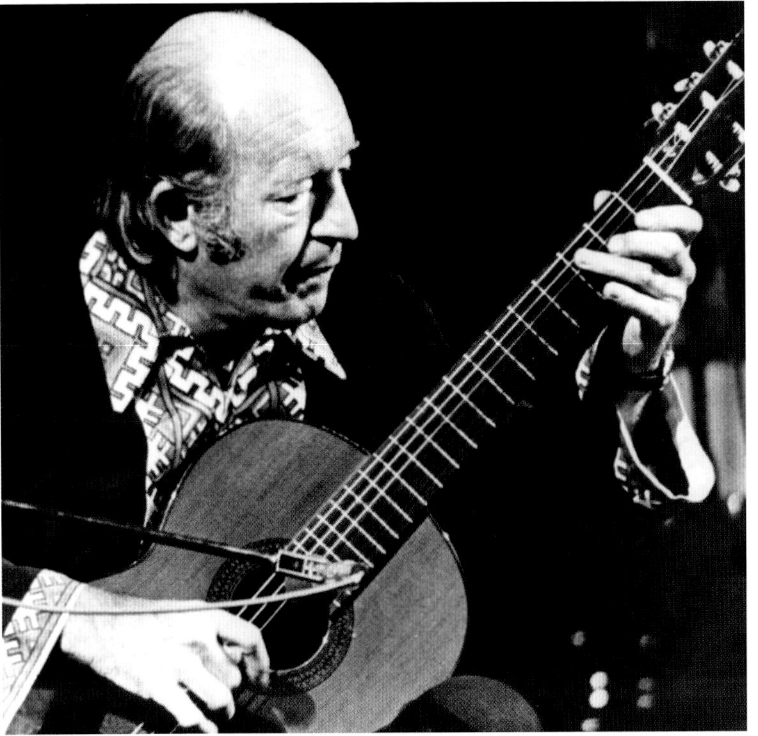

Bossa-Nova-Maestro Charlie Byrd spielt hier eine coole Latin-Akkordfolge auf der Konzertgitarre.

Diese Akkorde werden für diese Lektion benötigt:

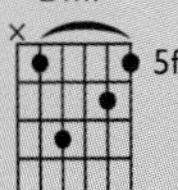

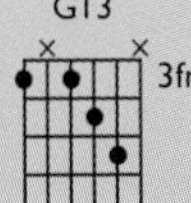

Klassische Bossa-Nova-Aufnahmen

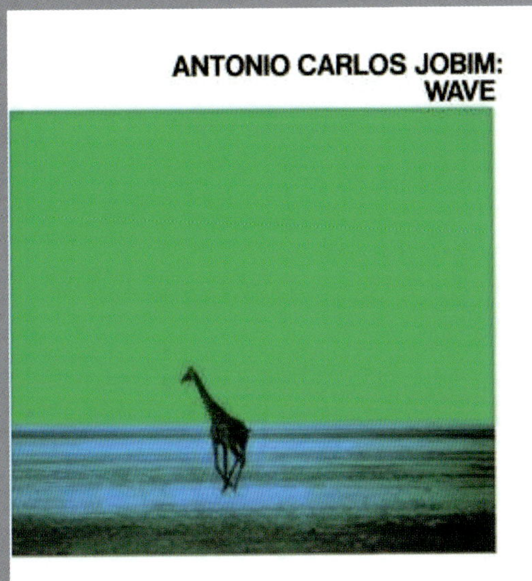

Um einen Musikstil zu erlernen, solltest du mindestens genausoviel hören wie üben. Wenn du die Beispiele dieser Lektion gespielt hast, wirst du wahrscheinlich mehr von dieser großartigen Musik hören wollen. Hier ist also eine Liste der klassischen Aufnahmen, mit denen die ganze Bossa-Nova-Bewegung in den 1960ern anfing, angeführt von Charlie Byrds und Stan Getz' Nr. 1 von 1962.

CHARLIE BYRD/STAN GETZ
Jazz Samba (1962)

Dieses Album mit Werken des braslianischen Komponisten Antônio Carlos Jobim und den exquisiten Begleitungen des Gitarristen Charlie Byrd machte aus dem Bossa Nova 1962 schnell ein weltweites Phänomen.

STAN GETZ/JOÃO GILBERTO
Getz/Gilberto (1964)

Dieses außergewöhnliche Album entstand 1964 aus der Zusammenarbeit des brasilianischen Sänger/Gitarristen Gilberto mit dem Saxophonisten Getz. Es enthält zahlreiche Songs, die bis heute zu den Hauptwerken des Latin/Jazz-Repertoires gehören, unter anderem „The Girl From Ipanema", „Corcovado" und „Desafinado".

ANTÔNIO CARLOS JOBIM
Wave (1967)

Da seine Stücke auf vielen amerikanischen Jazz-Album erschienen, konnte Jobim in den USA eine Solo-Karriere starten. Wave von 1967 war sein drittes Solo-Album. Hier glänzen sowohl seine wundervollen Stücke als auch seine Fähigkeiten als Arrangeur.

FRANK SINATRA AND ANTÔNIO CARLOS JOBIM
Francis Alberto Sinatra & Antônio Carlos Jobim (1967)

Frank Sinatra erkannte schnell die Wichtigkeit der Bossa-Nova-Bewegung und veröffentlichte 1967 eine Arbeit mit Jobim. Dieses Album war 1968 für den Grammy nominiert und enthält außerdem im Bossa-Nova-Stil arrangierte Standards aus dem Great American Songbook.

Übung 1

(CD-Track 42)

Dies ist der Standard-Rhythmus des Bossa Nova für lateinamerikanische Begleitungen. Er ist von den Clava-Pattern der schnelleren und komplexeren Samba abgeleitet. Damit die Akkorde wie notiert nur kurz klingen, verringerst du zwischen den Akkorden den Druck der Greiffinger.

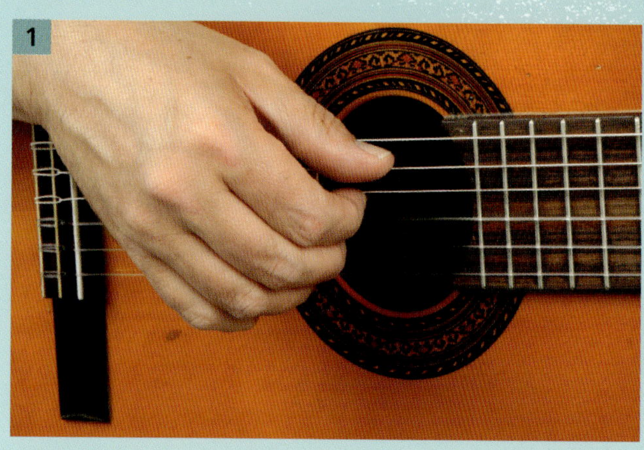

Der Dm7-Akkord wird mit allen Fingern der Anschlagshand gespielt. Der Daumen schlägt die Saite seitlich an, die Finger schlagen gleichzeitig mit einer krallenähnlichen Bewegung an.

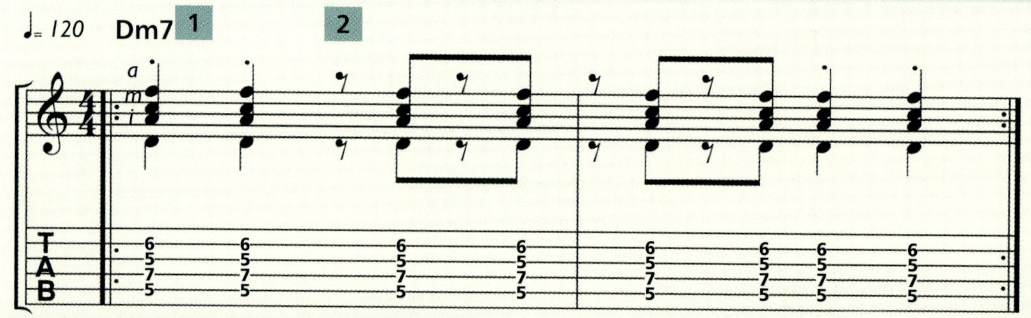

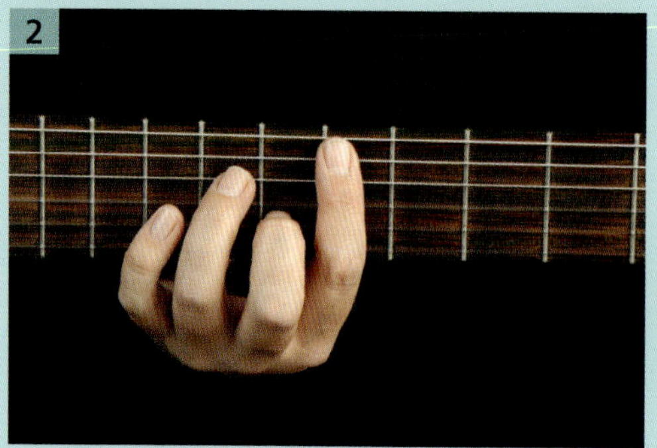

Pausen sind genauso wichtig wie Töne! Für Pausen verringerst du den Fingerdruck der Greiffinger, allerdings ohne die Finger ganz von den Saiten abzuheben.

Tipps!

- Bossa Nova ist stark synkopiert und umgeht den 1. Taktschlag des 2. Takts, was ihn zu einem schwierigen Rhythmus macht – vor allem bei einer Bass-Linie mit halben Noten. Übe langsam und mit Metronom, damit du im Takt bleibst.

- Wenn die Quinte im Bass nicht gut klingt (z. B. bei einem Akkord mit ♯5 oder einem heiklen Melodieton), wiederhole den Grundton auf dem 3. Taktschlag. Diese Technik klingt allerdings nur gut, wenn man sie nicht für alle Akkorde verwendet.

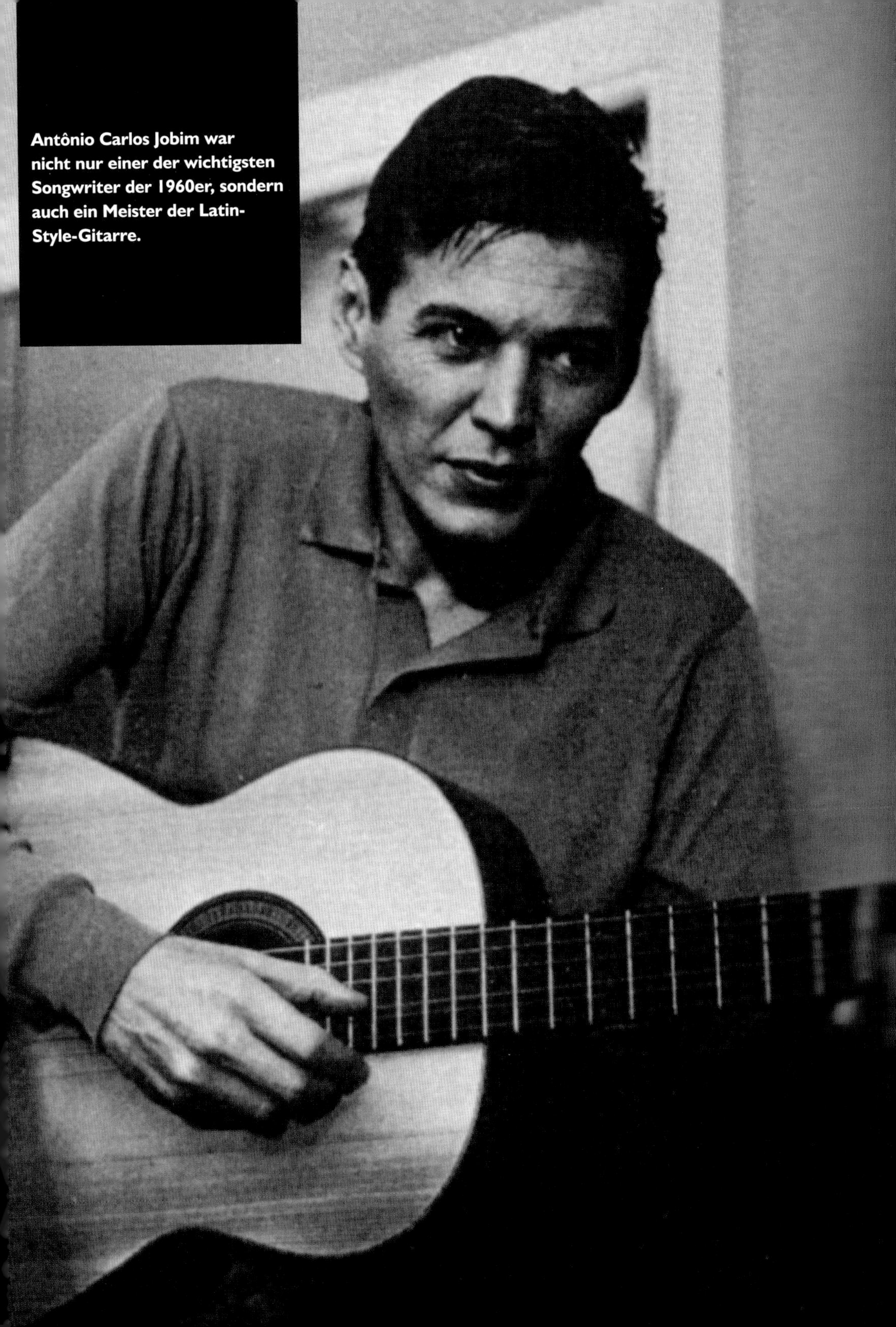

Antônio Carlos Jobim war nicht nur einer der wichtigsten Songwriter der 1960er, sondern auch ein Meister der Latin-Style-Gitarre.

Übung 2
(CD-Track 43)

Durch Hinzufügen einer Grundton/Quint-Bass-Linie auf dem 1. und 3. Taktschlag entsteht der komplette Bossa-Nova-Rhythmus. Dieses synkopierte Pattern zu einem Bass in halben Noten zu spielen ist nicht einfach – nimm dir also Zeit!

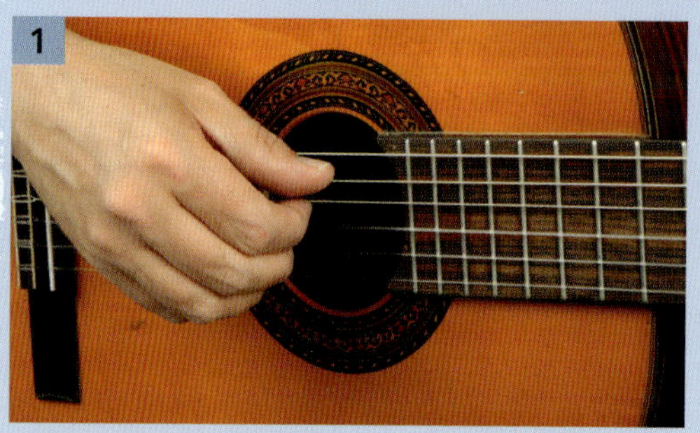

Auf dem 1. Taktschlag von Takt 1 erklingen der Basston und die Akkordtöne gleichzeitig. Die Saiten werden mit dem Daumen und den Fingern (i, m und a) gleichzeitig angeschlagen.

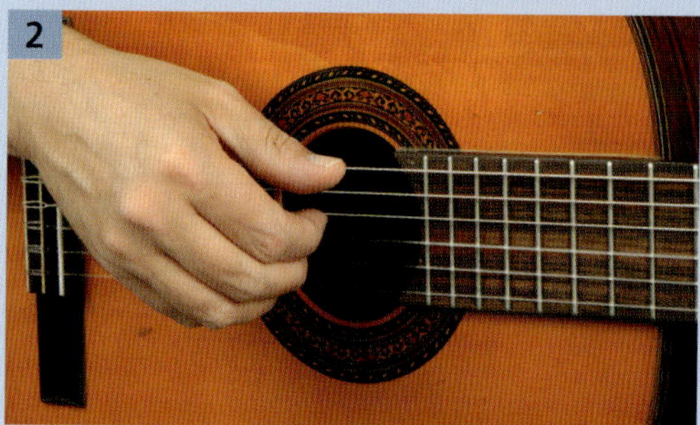

Auf dem 2. Taktschlag sollten nur die Akkordtöne klingen. Hier schlagen die Finger (i, m und a) gleichzeitig die 2., 3. und 4. Saite an.

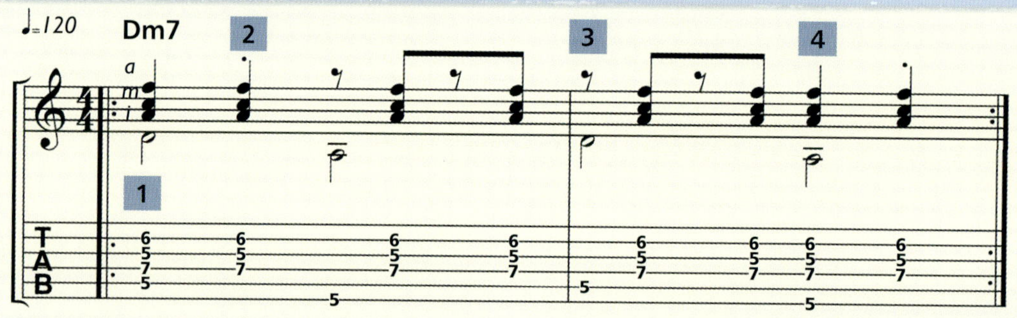

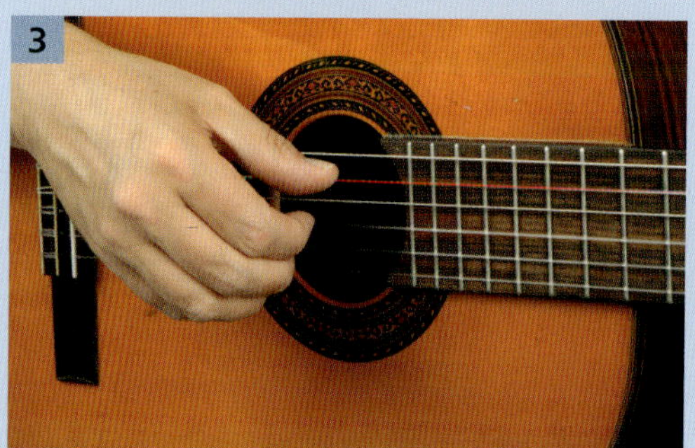

Auf dem 1. Taktschlag des 2. Takts wird nur der Basston angeschlagen. Verwende für diesen Anschlag der 5. Saite den Daumen.

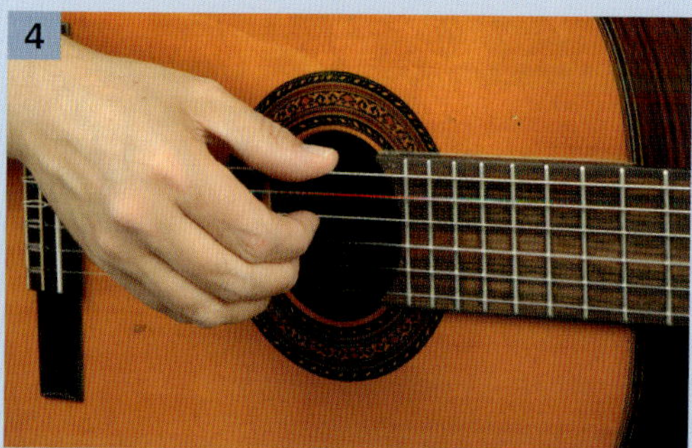

Der vorletzte Akkord hat ein tiefes A im Bass. Schlage ihn mit dem Daumen und den Fingern (i, m und a) gleichzeitig an.

Übung 3
(CD-Track 44)

Weil der Bossa Nova ein zweitaktiges Pattern ist, muss man bei Akkordwechseln im 2. Takt aufpassen. Der Akkordwechsel wird hier am Ende von Takt 1 vorweggenommen, aber der Basston erklingt erst auf dem 1. Taktschlag von Takt 2.

Wie bei den vorherigen Beispielen sollen Basston und Akkord gleichzeitig erklingen. Schlage deshalb die Saiten mit dem Daumen und allen Fingern (i, m und a) gleichzeitig an.

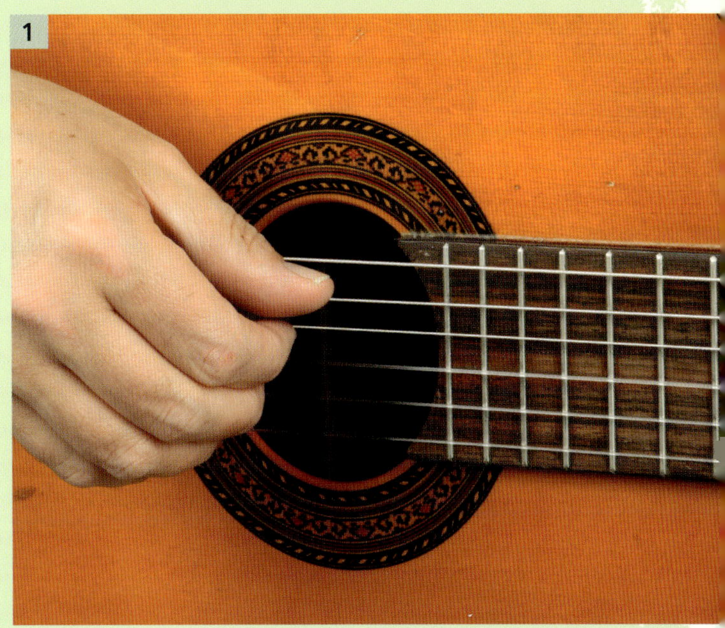

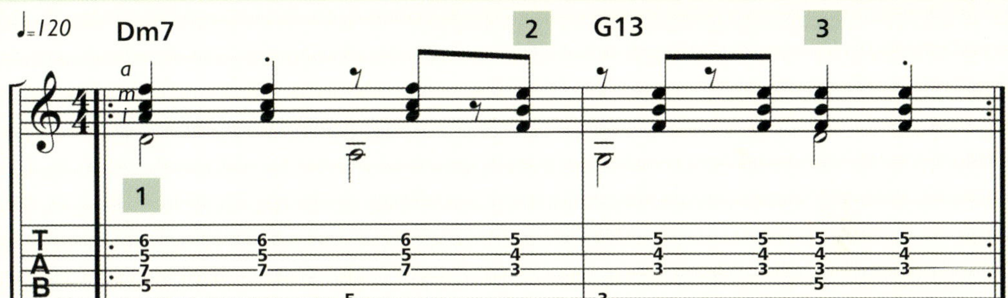

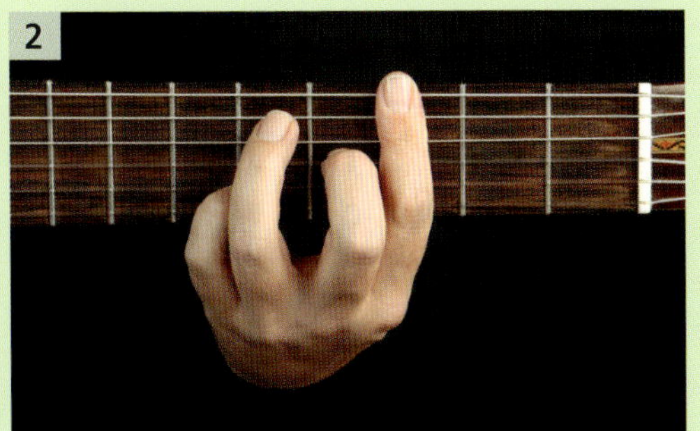

Um den Akkordwechsel auf dem Offbeat vorzubereiten, solltest du den G13-Akkord bereits kurz vor dem Anfang des 2. Takts greifen. Durch das Zeigefinger-Barré über alle sechs Saiten kann das tiefe G mitgegriffen werden.

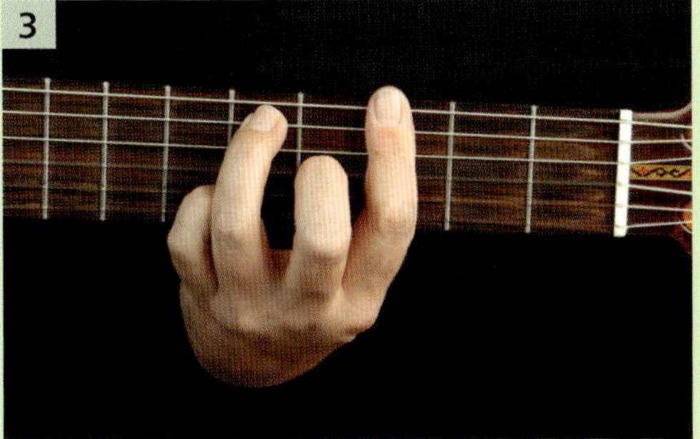

Greife den vollständigen Akkord wenn du auf dem 3. Taktschlag den Basston auf der 5. Saite spielst.

LIES AUSSERDEM Lateinamerikanische Rhythmen, Seite 152

Lektion 27
Latin-Workout

Erlerne dieses Original-Bossa-Nova-Arrangement und trainiere damit deine neuerworbenen Begleit-Fähigkeiten.

Antônio Carlos Jobim war der wohl wichtigste Komponist der Bossa-Nova-Bewegung der 1960er Jahre. Mit zahllosen Pionieren in jedem musikalischen Genre waren die 1960er eine aufregende Dekade der Popmusik: Bob Dylan war die Blaupause des unabhängigen Sänger/Songwriters; die Beatles revolutionierten die Popmusik; Eric Clapton stand an der Spitze des britischen Blues-Booms und bei Jimi Hendrix klang die Gitarre, wie sie noch niemals zuvor geklungen hatte. Aber auch bei den Komponisten gab es eine Revolution. Komponisten (wie Jobim und der amerikanische Songwriter Burt Bacharach) schrieben äußerst anspruchsvolle Songs mit cleveren und ungewöhnlichen harmonischen Strukturen. Jobim's berühmtestes Stück, „The Girl from Ipanema", hat beispielsweise einen Mittelteil mit einer Länge von 16 statt 8 Takten, der durch vier tonale Zentren moduliert.

Dieses Arrangement für Gitarre solo ist eine von Antônio Carlos Jobims Werk inspirierte Originalkomposition. Die Melodie fungiert als eine Folge von auftaktigen Phrasen, die jeweils den Akkordwechsel vorwegnehmen. In typischer Bossa-Nova-Manier enthält die Akkordfolge viele nicht-diatonische Akkorde, ohne dabei jemals zusammenhanglos oder unlogisch zu klingen.

Übung
(CD-Track 45)

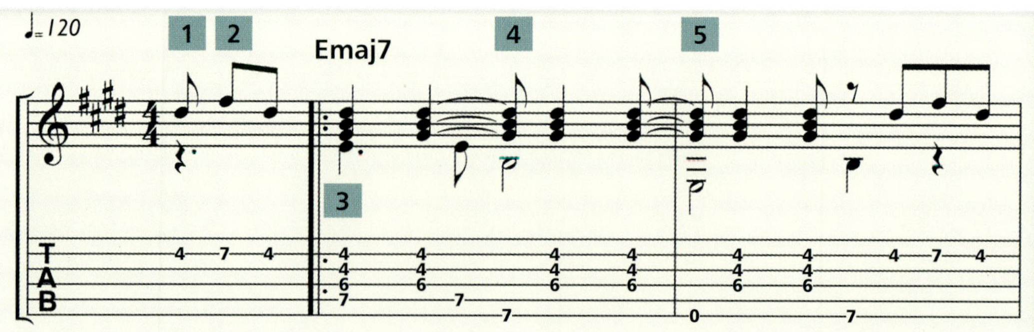

Diese Akkorde werden für diese Lektion benötigt:

Emaj7 4fr.

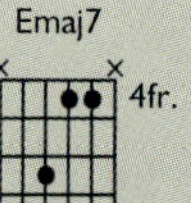

A9♯11 4fr.

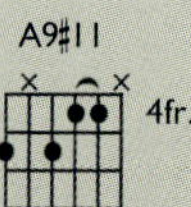

G♯m7 4fr.

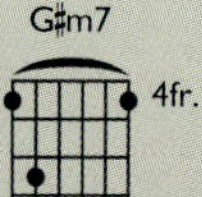

G7 3fr.

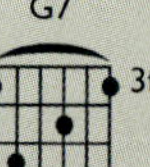

F♯m7 3fr.

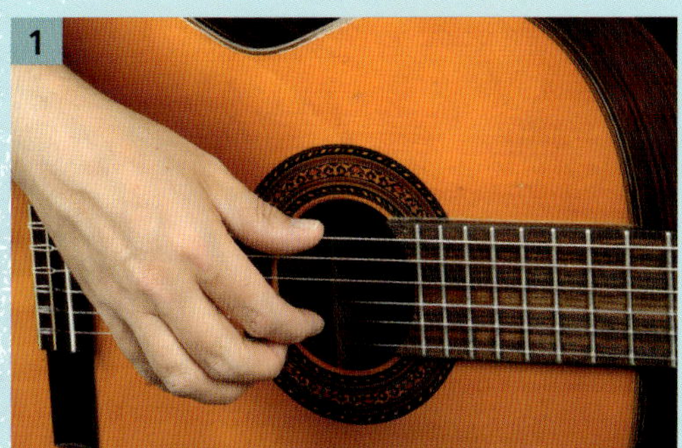

Schlage den ersten Ton des Stücks mit dem Zeigefinger (i) an. Dabei kannst du den Daumen auf der 6. Saite ruhen lassen.

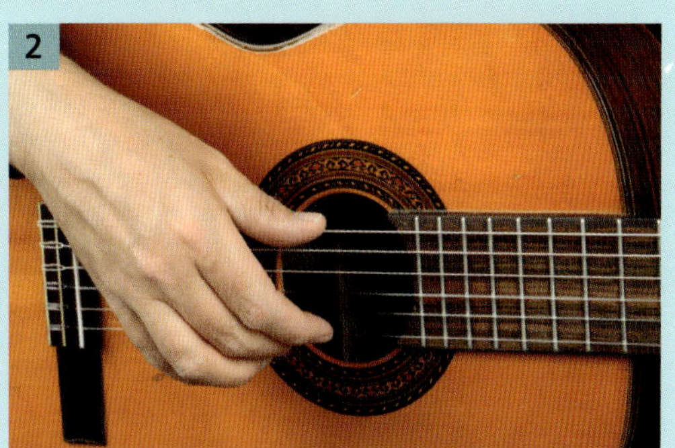

Weil der zweite Ton auf derselben Saite gespielt wird, kommt hier der Wechselschlag zum Einsatz. Hier schlägt der Mittelfinger (m) gerade den zweiten Ton des Auftakts an.

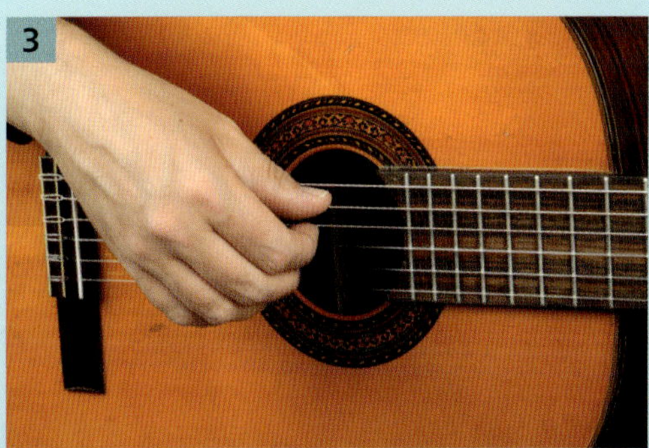

Auf dem 1. Taktschlag von Takt 1 müssen der Basston und der Akkord gleichzeitig erklingen. Schlage die Saiten mit dem Daumen und den Fingern (i, m und a) an.

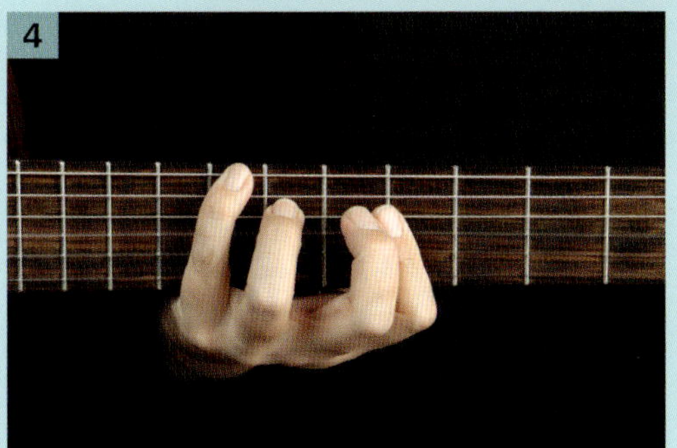

Um den Basston B zu Emaj7 zu greifen, bewegst du den kleinen Finger zur 6. Saite. (Dabei bleiben die anderen Finger in ihrer Position, so dass der Akkord weiterklingen kann.)

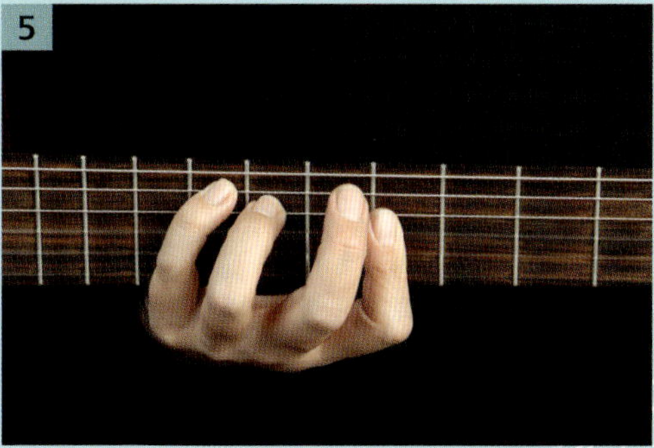

Anschließend kehrt der kleine Finger an seine Originalposition zurück, damit die leere 6. Saite auf dem 1. Taktschlag von Takt 2 klingen kann.

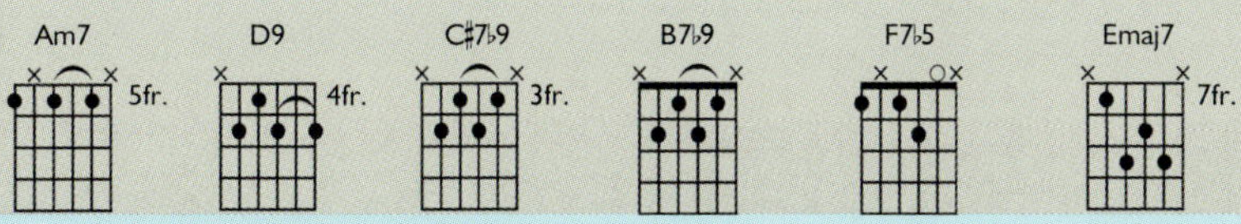

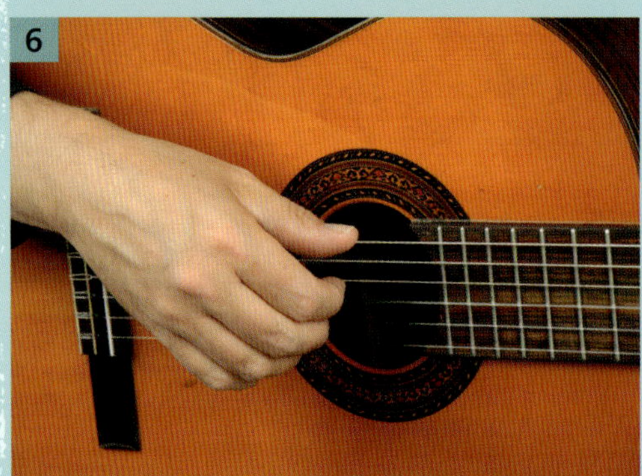

Auf dem 1. Taktschlag des 3. Takts erklingen Akkord und Basston gleichzeitig. Die Saiten werden mit dem Daumen und den restlichen Fingern (i, m und a) gleichzeitig angeschlagen.

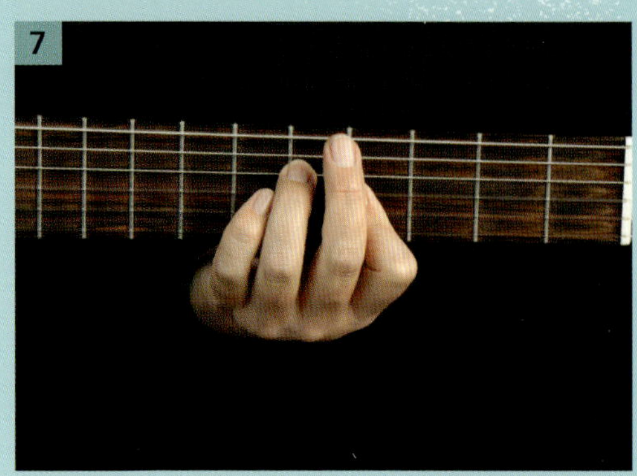

Damit das tiefe E auf dem 3. Taktschlag zum Akkord klingen kann, hebst du den Mittelfinger von der 6. Saite ab (Zeige- und der Mittelfinger bleiben aber in ihrer Position).

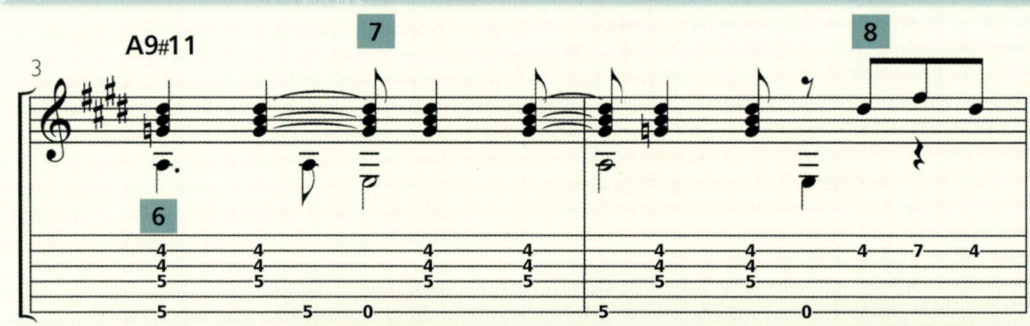

Die Melodietöne am Ende von Takt 4 werden mit dem Zeigefinger und dem kleinen Finger gegriffen. Hier greift der Zeigefinger das D♯, der kleine Finger ist bereits in Position über dem nächsten Ton, dem F♯.

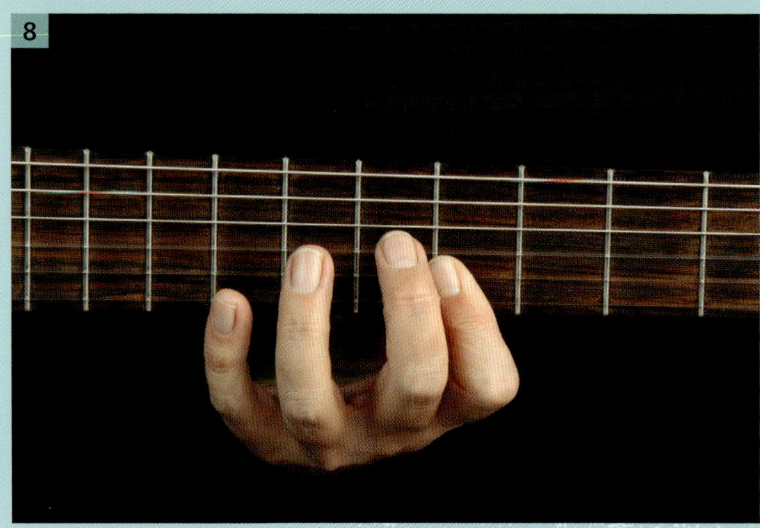

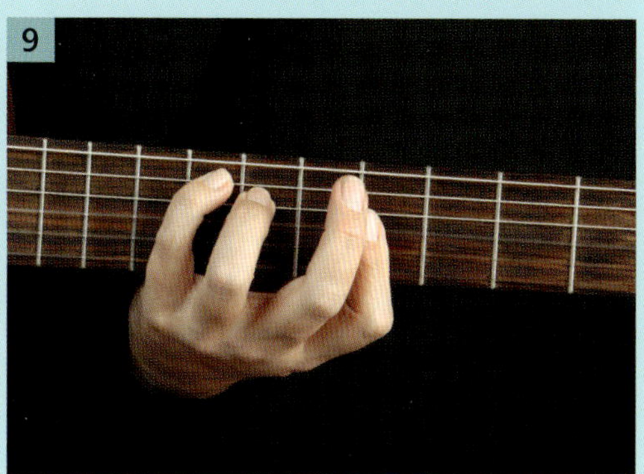

Der Emaj7-Akkord wird mit einem Zeigefingerbarré über die ersten vier Saiten gegriffen. Dabei kann der Mittelfinger zur Unterstützung des Barrés abgewinkelt auf den Zeigefinger aufgelegt werden wie im Bild gezeigt.

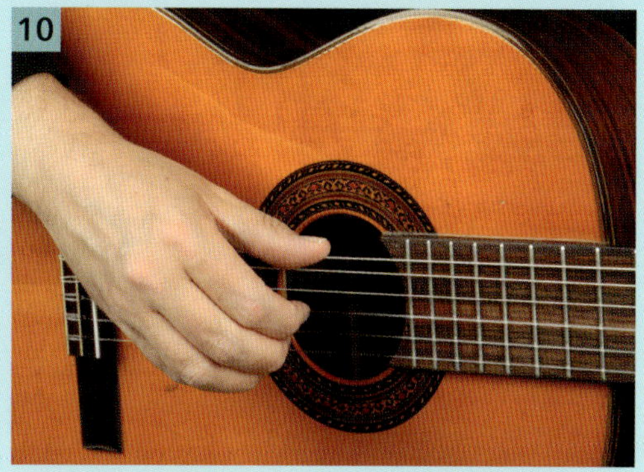

Beim Anschlag der 6. Saite mit dem Daumen sollten die übrigen Finger (i, m und a) bereits über ihrer jeweiligen Saite in Position und für den Anschlag des nächsten Akkords bereit sein.

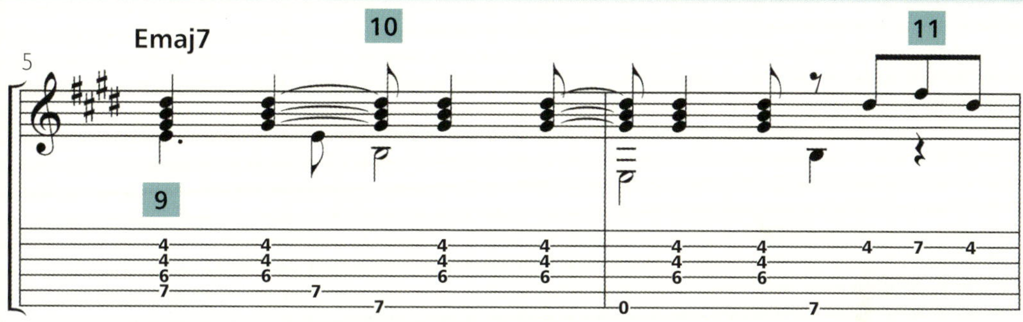

Die Melodietöne werden wie zuvor mit dem Zeigefinger und dem kleinen Finger gegriffen. Hier greift der kleine Finger gerade das F♯ im 7. Bund.

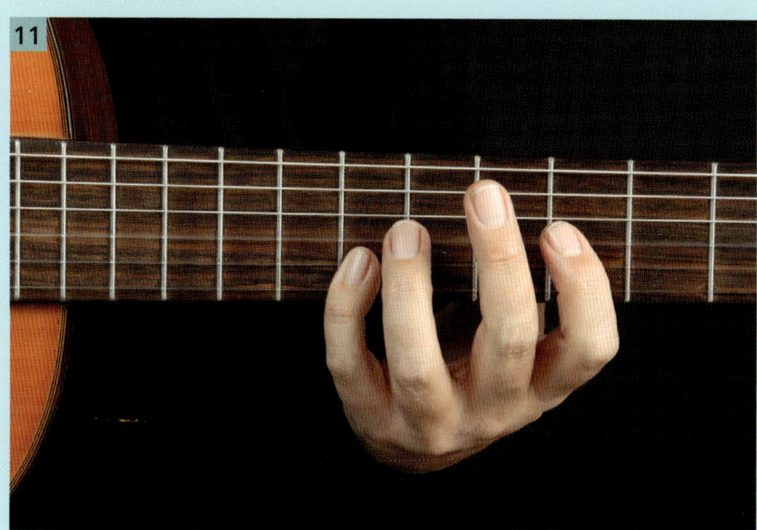

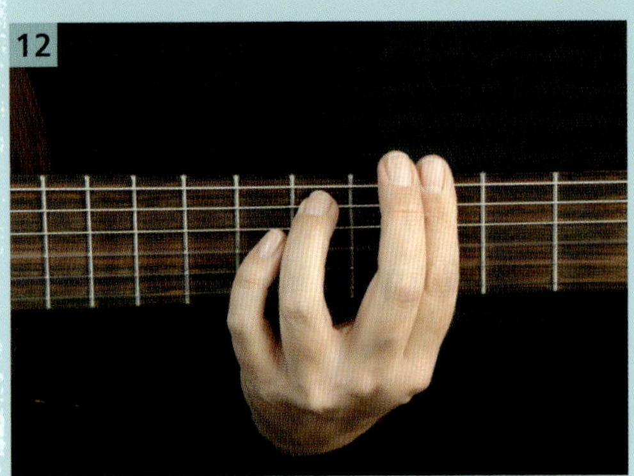

Den G♯m7-Akkord greifst du mit einem Barré des Zeigefingers im 4. Bund. Achte auf den Mittelfinger, der hier bereits in Position für den Basston auf dem 3. Taktschlag ist.

Tipp!
Die (gute) Organisation der Greifhand ist bei diesem Arrangement der Schlüssel zu einem geschmeidigen und entspannten Sound. Stelle durch Vergleich mit den Fotos stets sicher, dass dein Fingersatz korrekt ist. Schlechter Fingersatz = schlechter Groove!

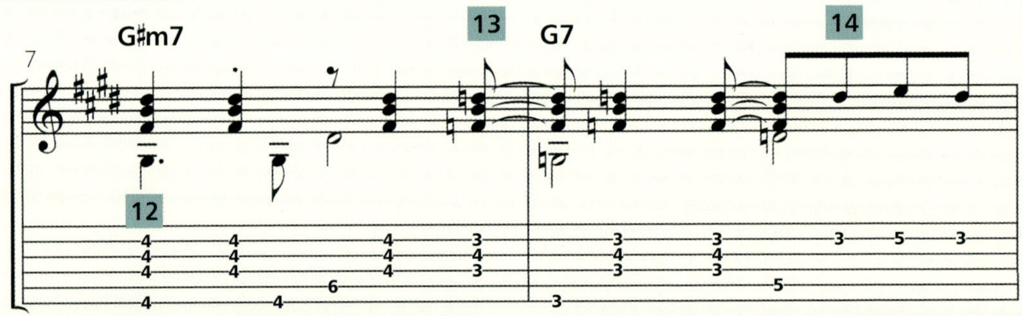

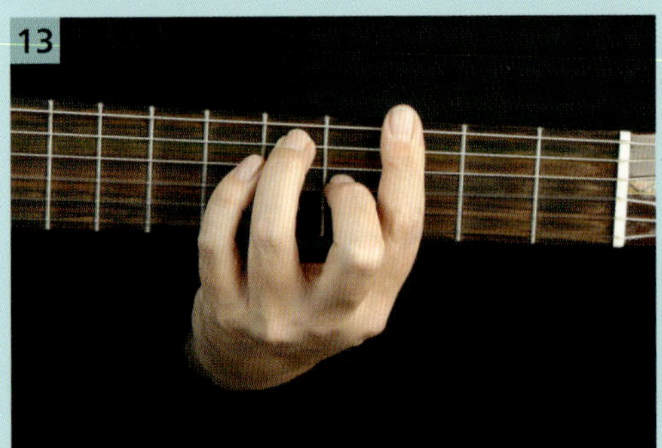

Für den Akkordwechsel zu G7 im 8. Takt verschiebst du einfach den gesamten Barré-Akkord einen Bund abwärts und greifst zusätzlich mit dem Mittelfinger auf der 3. Saite.

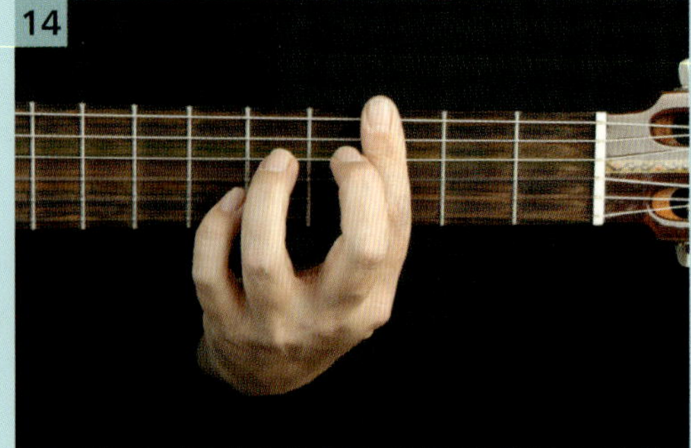

Halte das Zeigefinger-Barré beim Spiel der Melodietöne weiterhin gegriffen – so bist du in der Lage, den Akkordwechsel geschmeidig zu spielen.

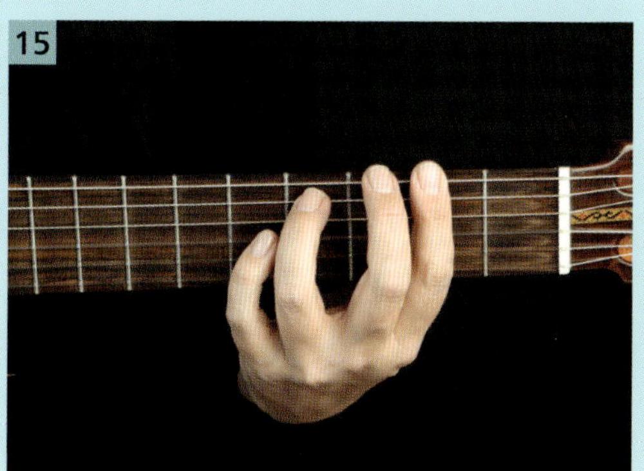

Der F♯m7-Akkord wird genauso gegriffen wie der G♯m7-Akkord im 7. Takt; er wird einfach nur auf dem 2. Bund gegriffen (statt auf dem 4. Bund).

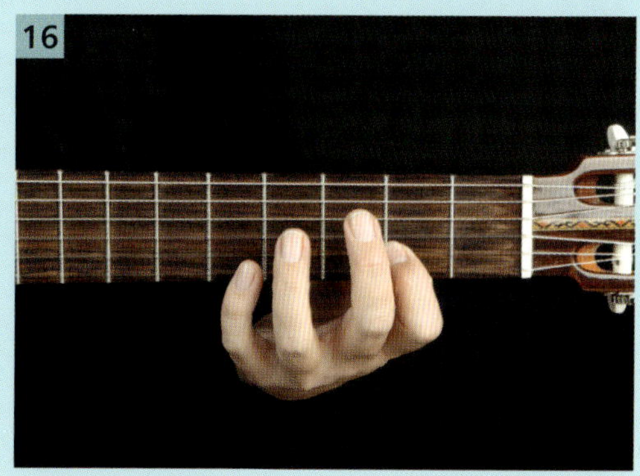

Weil der folgende Akkord kein vollständiger Barré-Akkord mehr ist, werden die Melodietöne am Ende von Takt 10 einzeln gegriffen. Hier greift der Zeigefinger das C♯ im 2. Bund ...

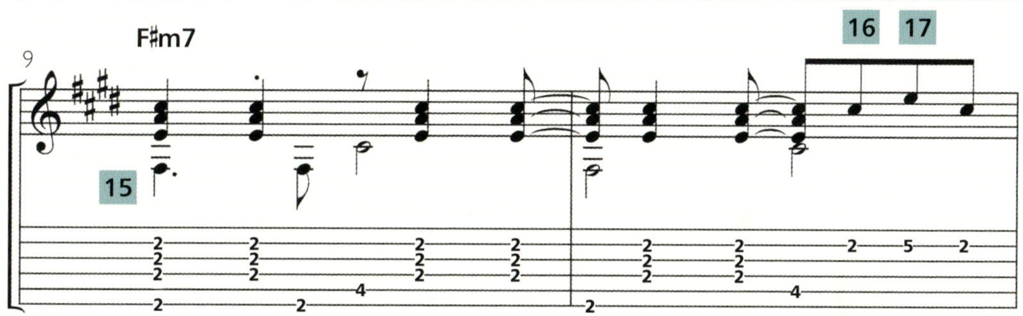

... und anschließend der kleine Finger das E im 5. Bund.

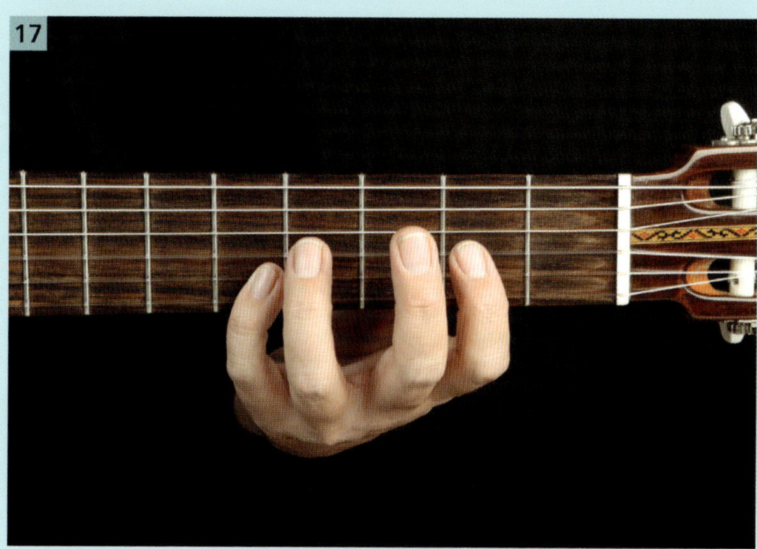

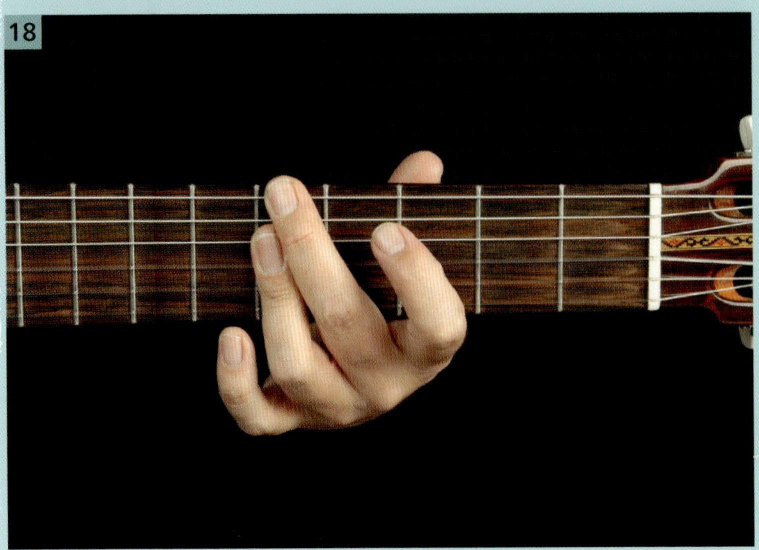

Du greifst diesen Am7-Akkord mit dem Mittelfinger (6. Saite) und dem Ringfinger (mit Barré über die 2., 3. und 4. Saite).

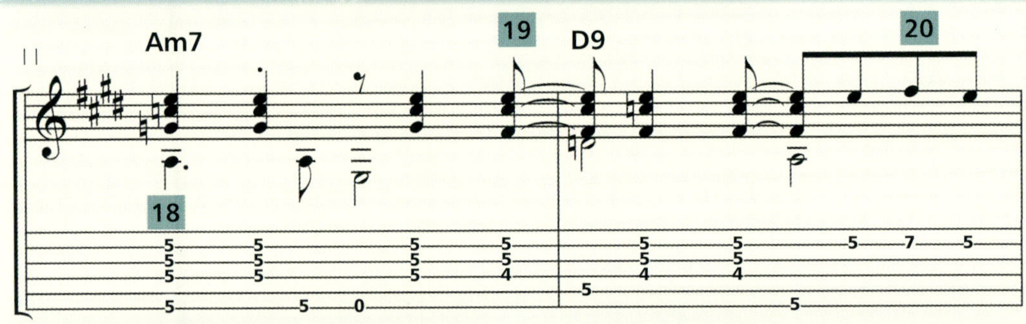

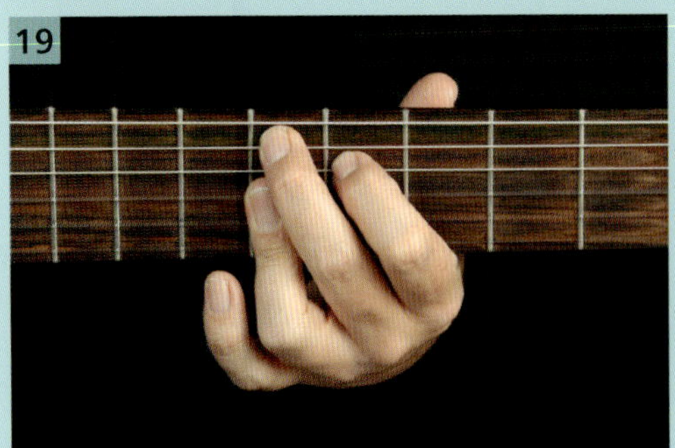

Der Wechsel zum D9-Akkord erfolgt mit einer geschmeidigen Verschiebung von Mittel- und Ringfinger (von Am7) jeweils eine Saite höher. Der Zeigefinger kann dann, wie hier zu sehen, auf der 4. Saite dem Akkord hinzugefügt werden.

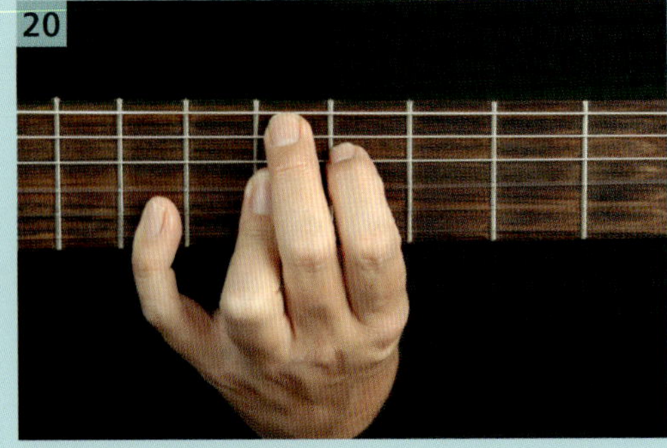

Wenn du die Melodietöne am Ende von Takt 12 mit dem kleinen Finger greifst, kannst du den D9-Akkord weiterhin gegriffen halten.

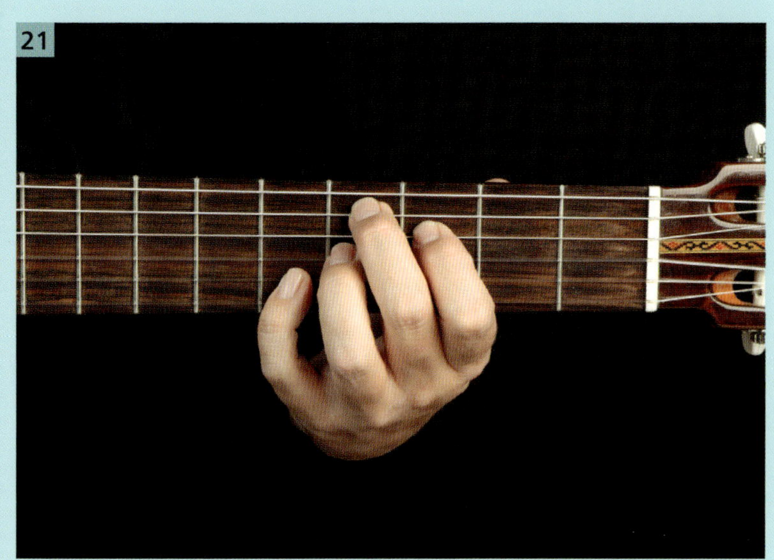

Wenn du am Ende von Takt 13 den folgenden C♯7♭9-Akkord vorwegnimmst, greife den Basston bereits auf der 5. Saite (mit dem Mittelfinger).

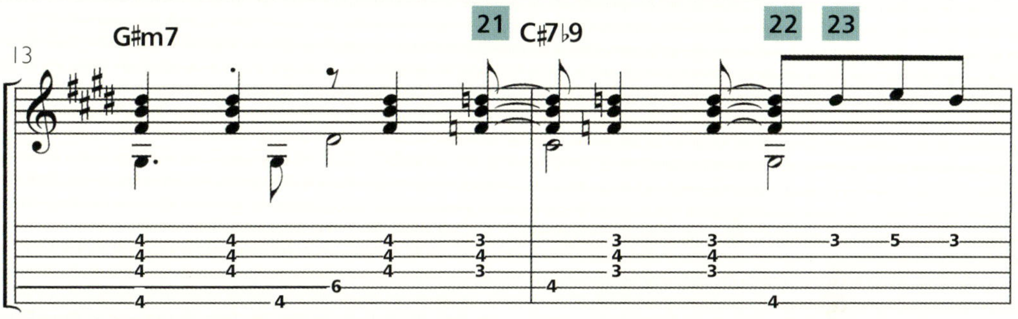

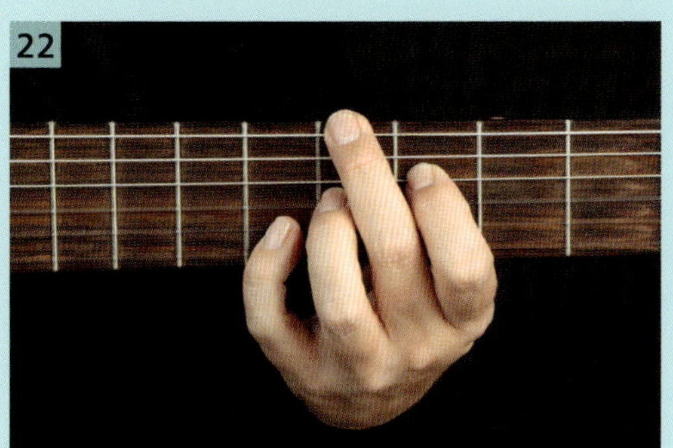

Den Basston G♯ in Takt 14 greifst du mit dem Mittelfinger auf der 6. Saite. (Dabei sollten der Zeige- und der Ringfinger in ihrer Position bleiben.)

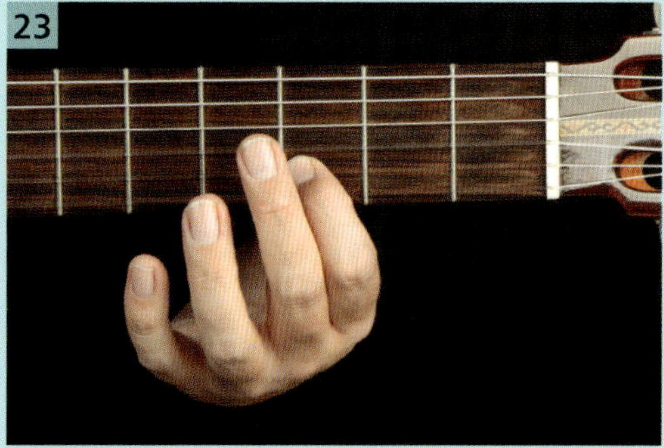

Die Melodietöne am Ende dieses Takts greifst du mit dem Zeige- und dem Ringfinger. Im Bild wird gerade das D im 3. Bund (der 2. Saite) mit dem Zeigefinger gegriffen.

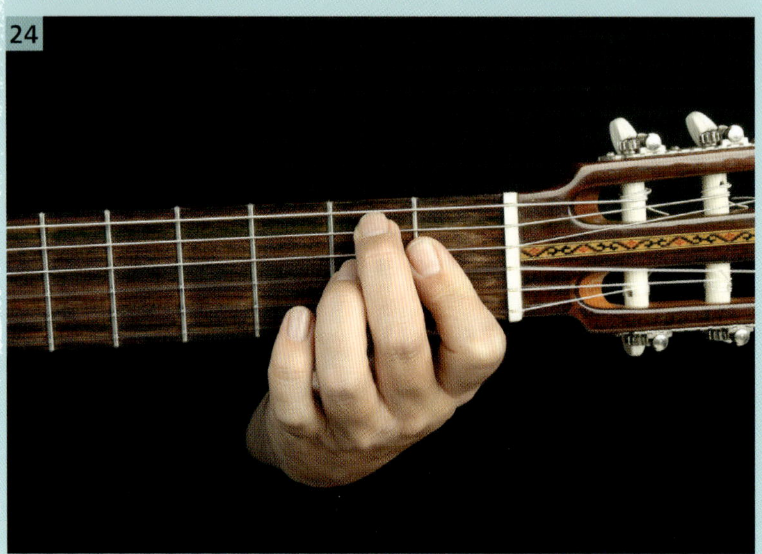

Den B7♭9-Akkord zu Beginn von Takt 16 greifst du mit einem Halb-Barré mit dem Zeigefinger im 1. Bund. Achte beim Greifen des Basstons mit dem Mittelfinger besonders darauf, die 4. Saite nicht aus Versehen zu dämpfen.

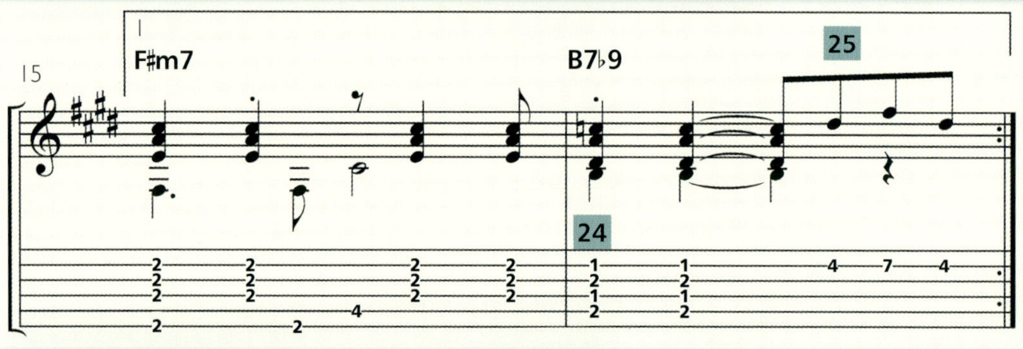

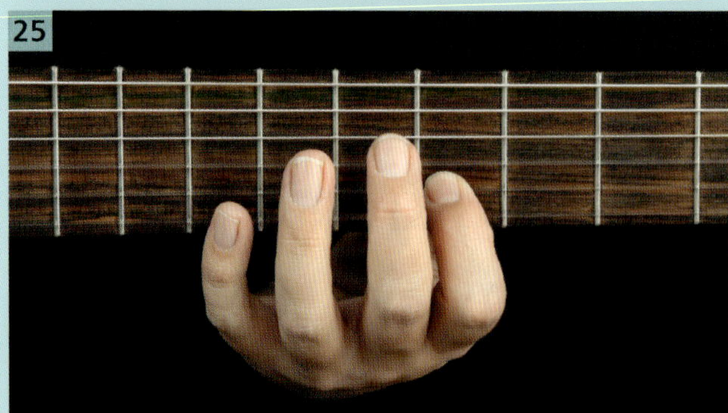

Die Melodietöne am Ende dieses Takts werden mit dem Zeige- und dem Ringfinger gegriffen. Hier greift der Zeigefinger das D♯ im 4. Bund.

Tipp!

Der Basspart dieses Arrangements ist etwas komplexer als das einfache Pattern mit halben Noten in Lektion 26. Hier wird der Grundton als punktierte Viertel gespielt, gefolgt von einer Achtelnote, bevor es auf- oder abwärts zur Quinte weitergeht. Beim Anhören des CD-Tracks wird dir auffallen, dass du dieses Pattern kennst und es schon oft gehört hast.

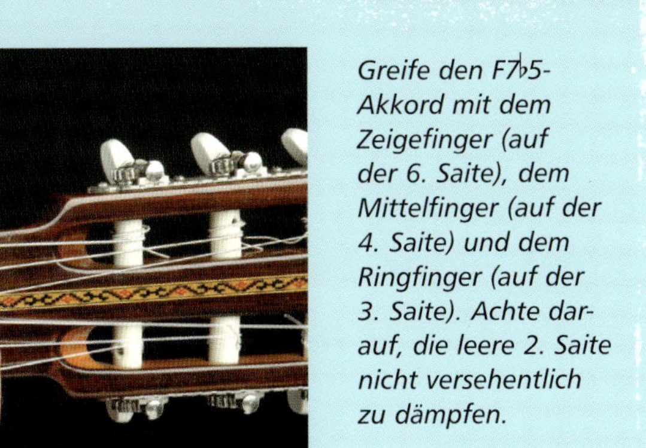

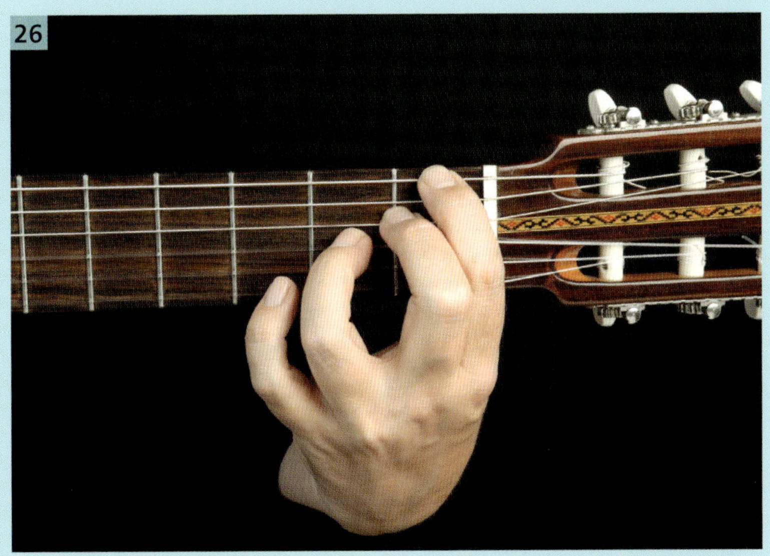

Greife den F7♭5-Akkord mit dem Zeigefinger (auf der 6. Saite), dem Mittelfinger (auf der 4. Saite) und dem Ringfinger (auf der 3. Saite). Achte darauf, die leere 2. Saite nicht versehentlich zu dämpfen.

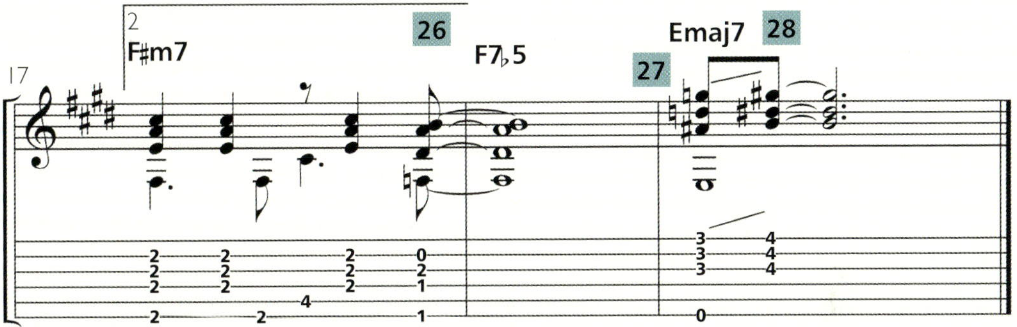

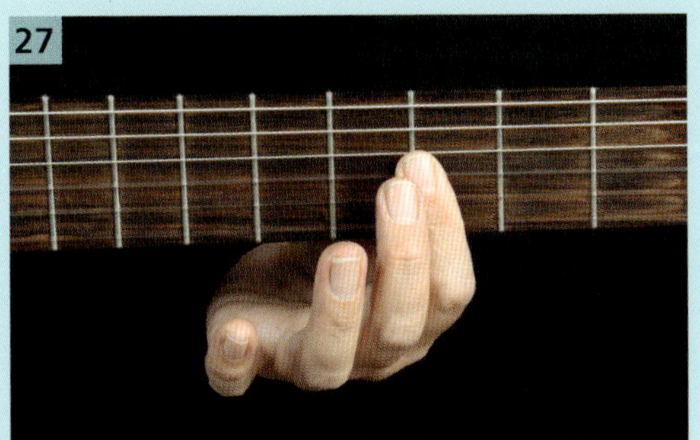

Den vorletzten Akkord (chromatische Annäherung an Emaj7) greifst du mit einem Zeigefinger-Barré im 3. Bund,

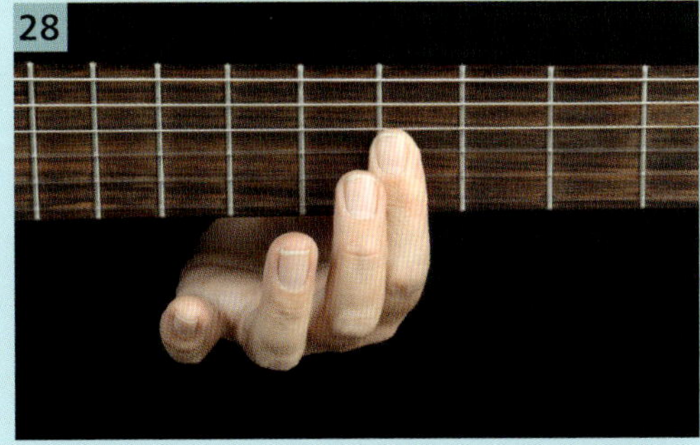

... das du dann für den letzten Akkord (Emaj7) einfach einen Bund aufwärts verschiebst (aber ohne die Saiten erneut anzuschlagen).

Lektion 28
Dezimen

Hier lernst du Dezimen spielen und erfährst, wie man sie für coole Begleitungen einsetzen kann.

Die etwas mysteriös klingende Dezime ist während der ganzen langen Geschichte des Instrumentes bei Gitarristen ebenso beliebt gewesen wie bei Komponisten. Von Mauro Giuliani's „Andante in C" (Leser in einem bestimmten Alter kennen das Stück als das Thema zu *Tales of the Riverbank*) aus dem frühen 19. Jahrhundert bis zum Beatles-Klassiker „Blackbird" bilden Dezimen seit Jahrhunderten ein Hauptelement der Begleittechniken auf der Gitarre. Dezimen sind aber nicht das alleinige Vorrecht von Akustikgitarristen; sie klingen auch auf der E-Gitarre cool. John Frusciante, der bekannte Gitarrist der Red Hot Chili Peppers, hat sie auf so vielen berühmten Songs der Band gespielt, dass sie mittlerweile ein Bestandteil seiner charakteristischen Spielweise sind.

Was ist eine Dezime?

Große und kleine Terzen/Dezimen

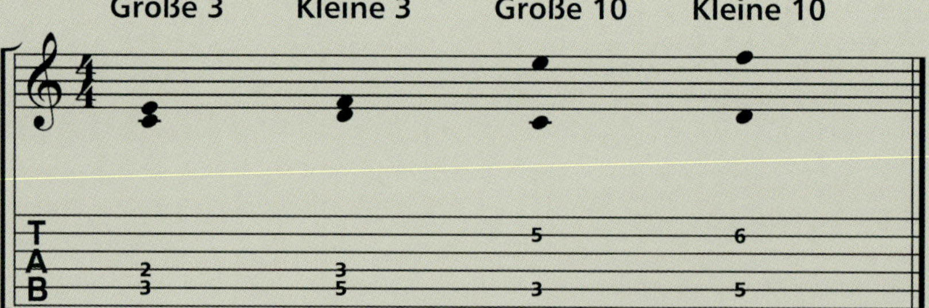

Eine Dezime ist ein Ton, der zehn Töne über dem Grundton liegt. Wichtiger ist allerdings, dass eine Dezime eine um eine Oktave aufwärts transponierte Terz ist. Wie du in der Grafik siehst, sind Terzen als normale Zweiklänge „enge" Intervalle und können in tiefen Lagen unklar klingen. Wenn man die Terz eine Oktave höher transponiert (also aus dem sogenannten „einfachen Intervall" ein „zusammengesetztes Intervall" macht), entsteht ein viel „weiteres" Intervall. Auf der Gitarre klingt ein solcher Zweiklang sehr resonant, vor allem wenn sein Grundton auf der 6. Saite liegt. Man kann alle diatonischen Akkorde jeder beliebigen Dur- oder Moll-Tonart als Dezimen spielen.

Übung 1
(CD-Track 46)

So etwa könnte ein Konzertgitarrist ein Arrangement mit Dezimen gestalten. Alle Akkorde sind hier diatonische Akkorde der Tonart G-Dur. Achte darauf, wie die leere D-Saite die gesamte Übung hindurch klingt.

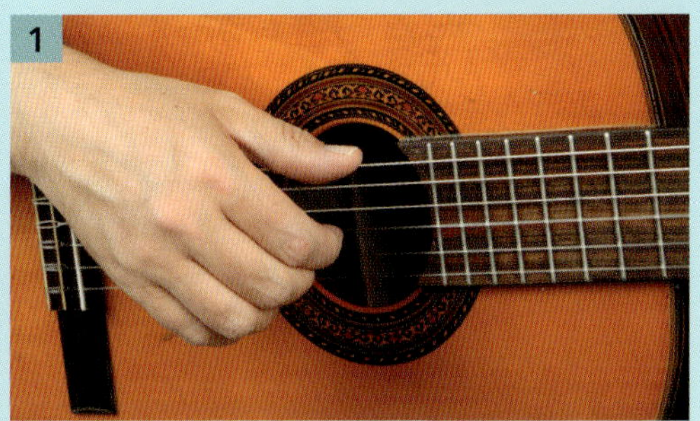

Den ersten Pinch schlägst du mit dem Daumen (6. Saite) und dem Zeigefinger (3. Saite) an …

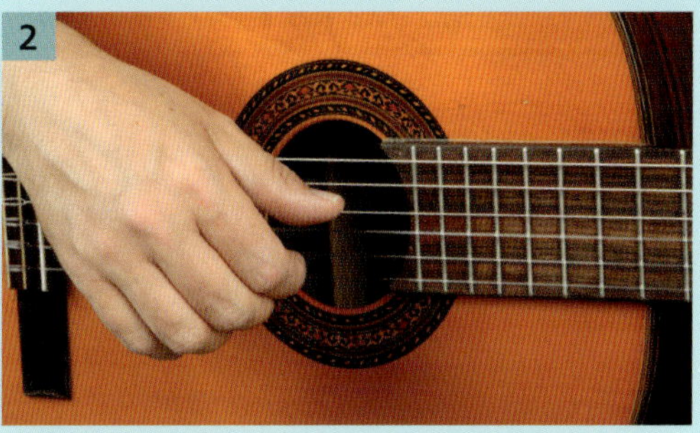

… anschließend bewegt sich der Daumen zum Anschlag auf die 4. Saite, während die beiden Töne des Pinchs weiterklingen.

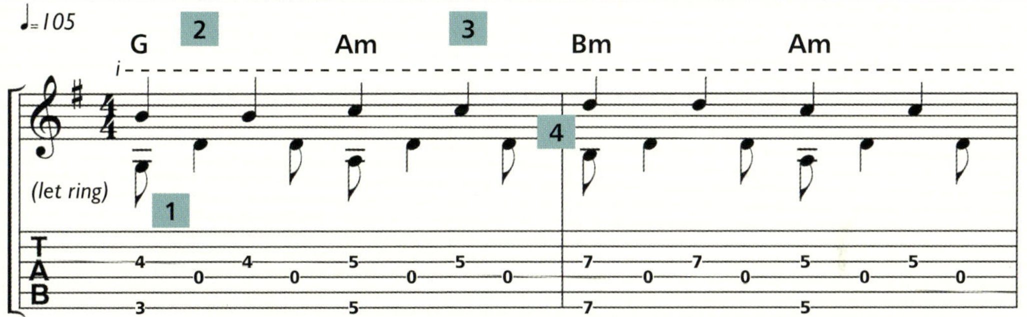

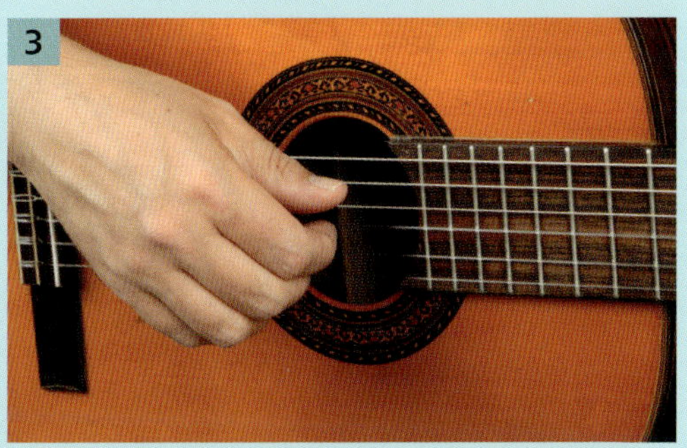

Wenn du auf dem 4. Taktschlag die 3. Saite anschlägst, sollte der Daumen bereits für seinen nächsten Anschlag über der 4. Saite in Position sein.

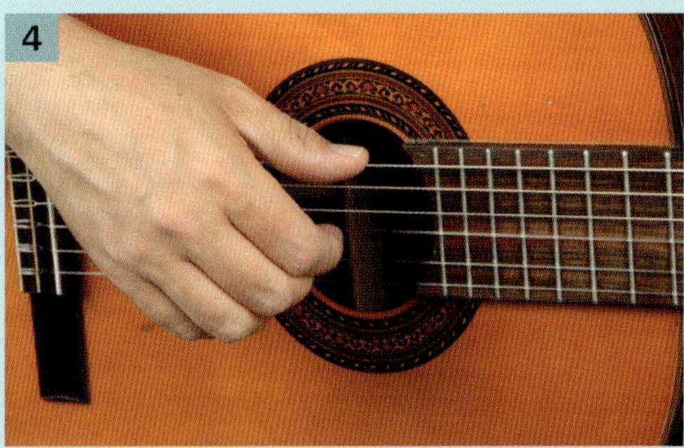

Auch der erste Pinch des 2. Takts wird mit dem Daumen und dem Zeigefinger (i) angeschlagen.

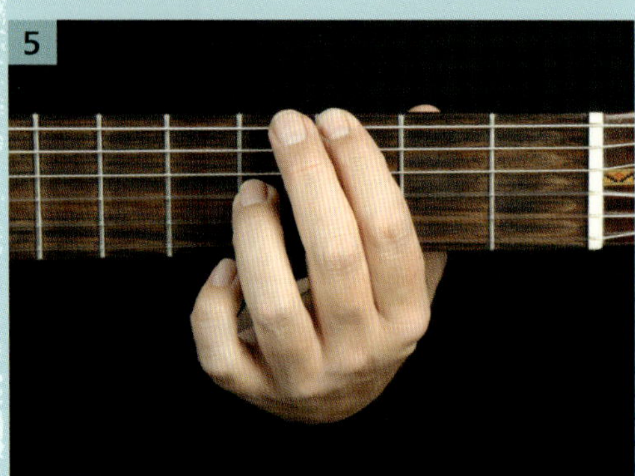

Der G-Dur-Akkord wird nur mit dem Zeige- und dem Ringfinger gegriffen. Achte darauf, die 4. Saite nicht versehentlich mit den Fingern zu dämpfen.

Tipp!
Man kann Dezimen mit dem tieferen Ton auf der 6., der 5., oder der 4. Saite spielen. Im Idealfall solltest du alle Dezimen, (egal ob groß oder klein) mit dem Mittelfinger (für den tieferen Ton) und dem Ringfinger (für den höheren Ton) greifen.

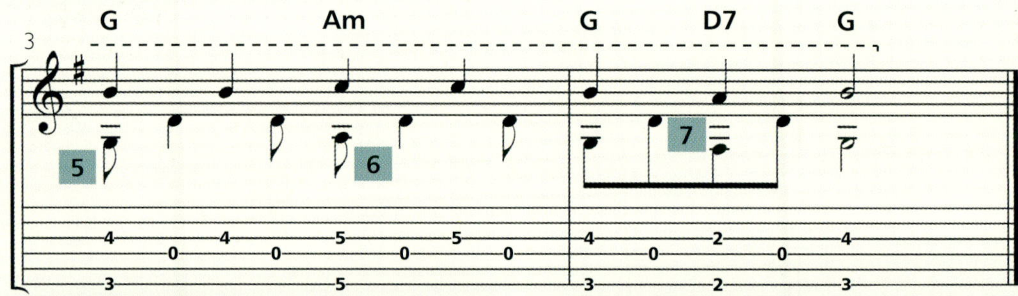

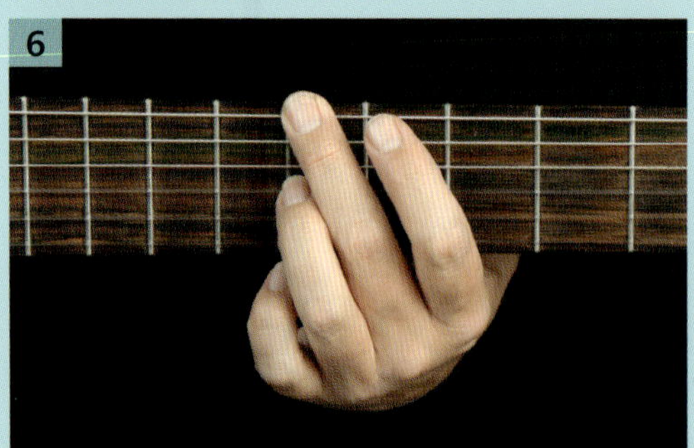

Beim Wechsel zum Am-Akkord auf dem 3. Taktschlag bleibt der Ringfinger auf der 3. Saite und du greifst das tiefe A mit dem Mittelfinger.

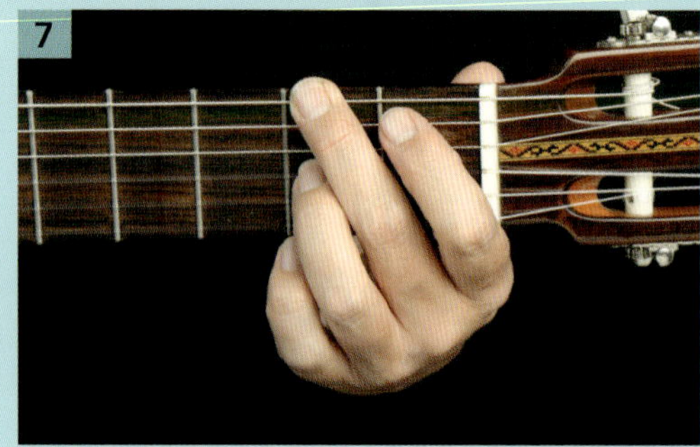

Den D7-Akkord im 4. Takt greifst du ebenfalls mit Mittel- und Ringfinger (achte wieder darauf, die 4. Saite nicht zu dämpfen).

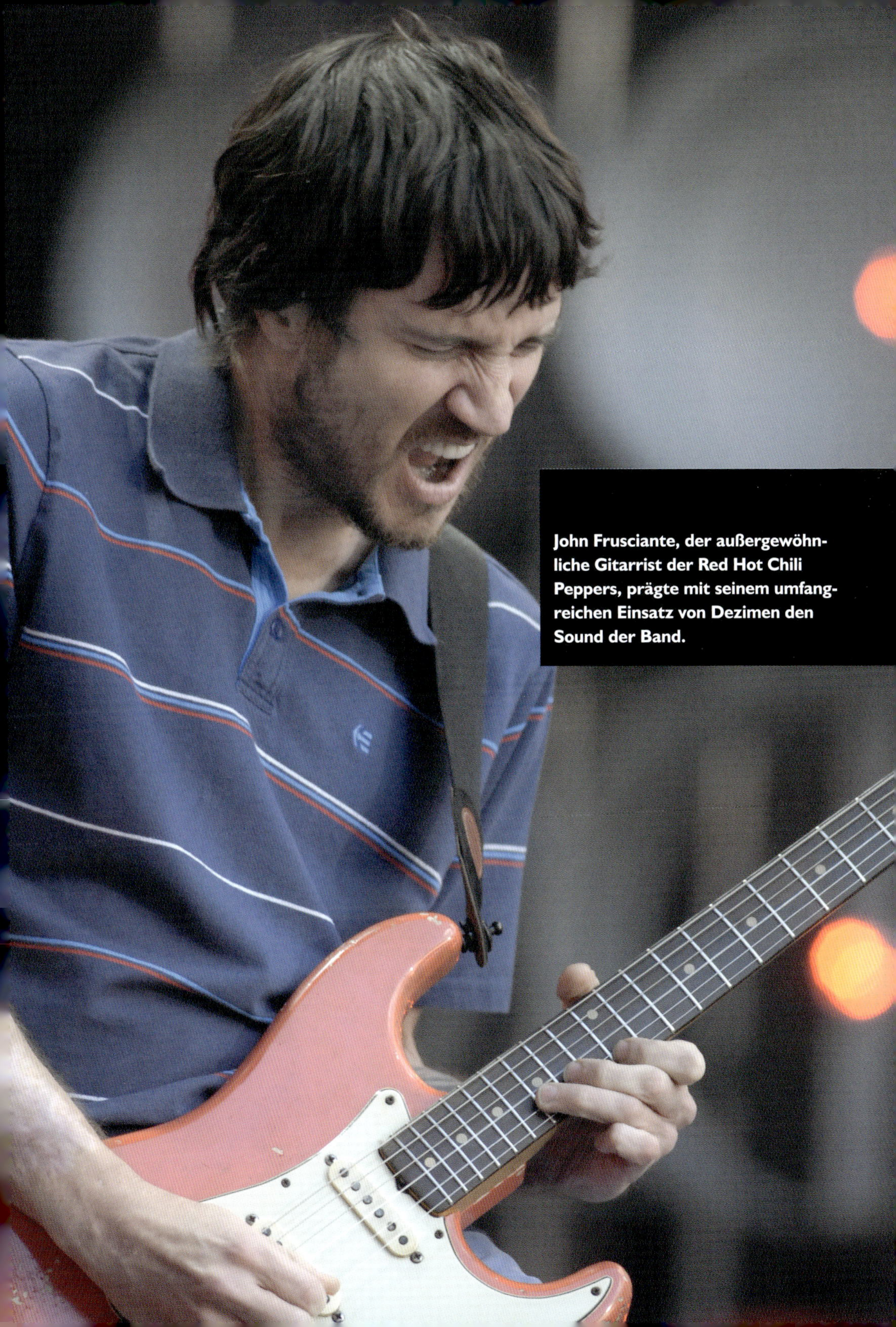

John Frusciante, der außergewöhnliche Gitarrist der Red Hot Chili Peppers, prägte mit seinem umfangreichen Einsatz von Dezimen den Sound der Band.

Übung 2
(CD-Track 47)

Blues- und Jazzgitarristen verwenden Dezimen, um einem Stück zugrundeliegende einfache Harmonien ein bisschen „aufzufüllen“. Hier kommt diese Technik in den ersten beiden Takten eines Blues in E zum Einsatz.

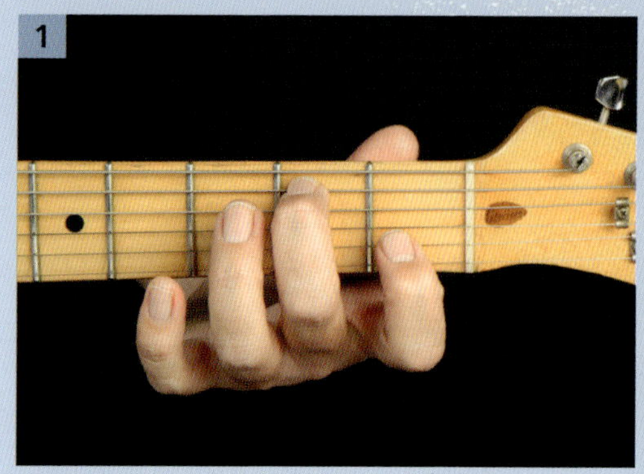

Das eröffnende Hammer-on spielst du mit dem Zeigefinger (i). Hier wird gerade die 3. Saite angeschlagen; der Zeigefinger ist bereit, die Bindung zu spielen.

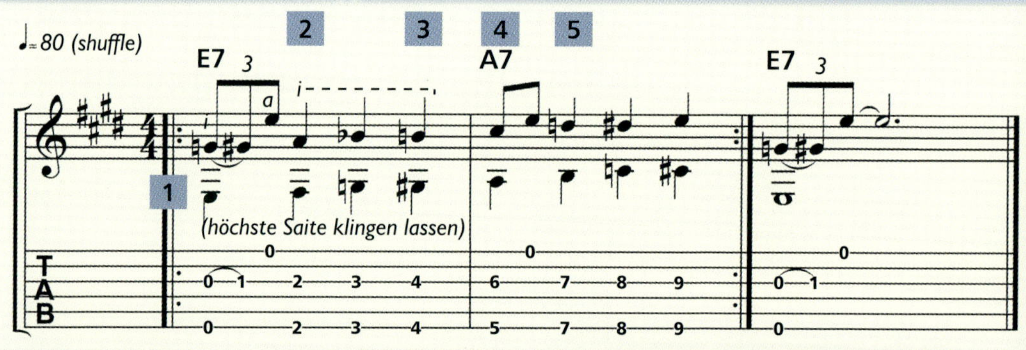

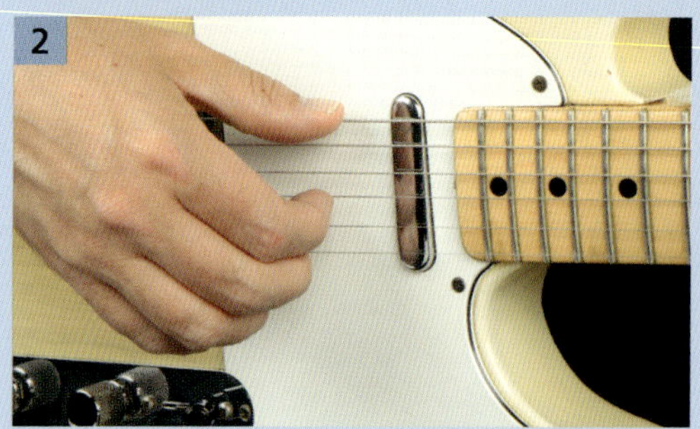

Spiele die aufsteigenden Doublestops als Pinchs mit Daumen und Zeigefinger (i).

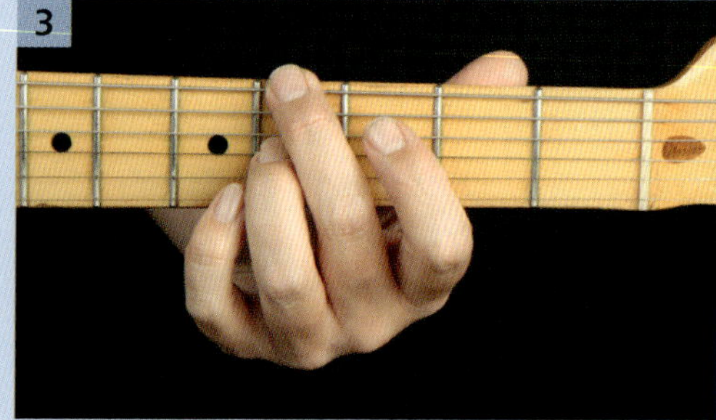

Hier siehst du den letzten Doublestop des 1. Taktes korrekt mit dem Mittel- und dem Ringfinger gegriffen.

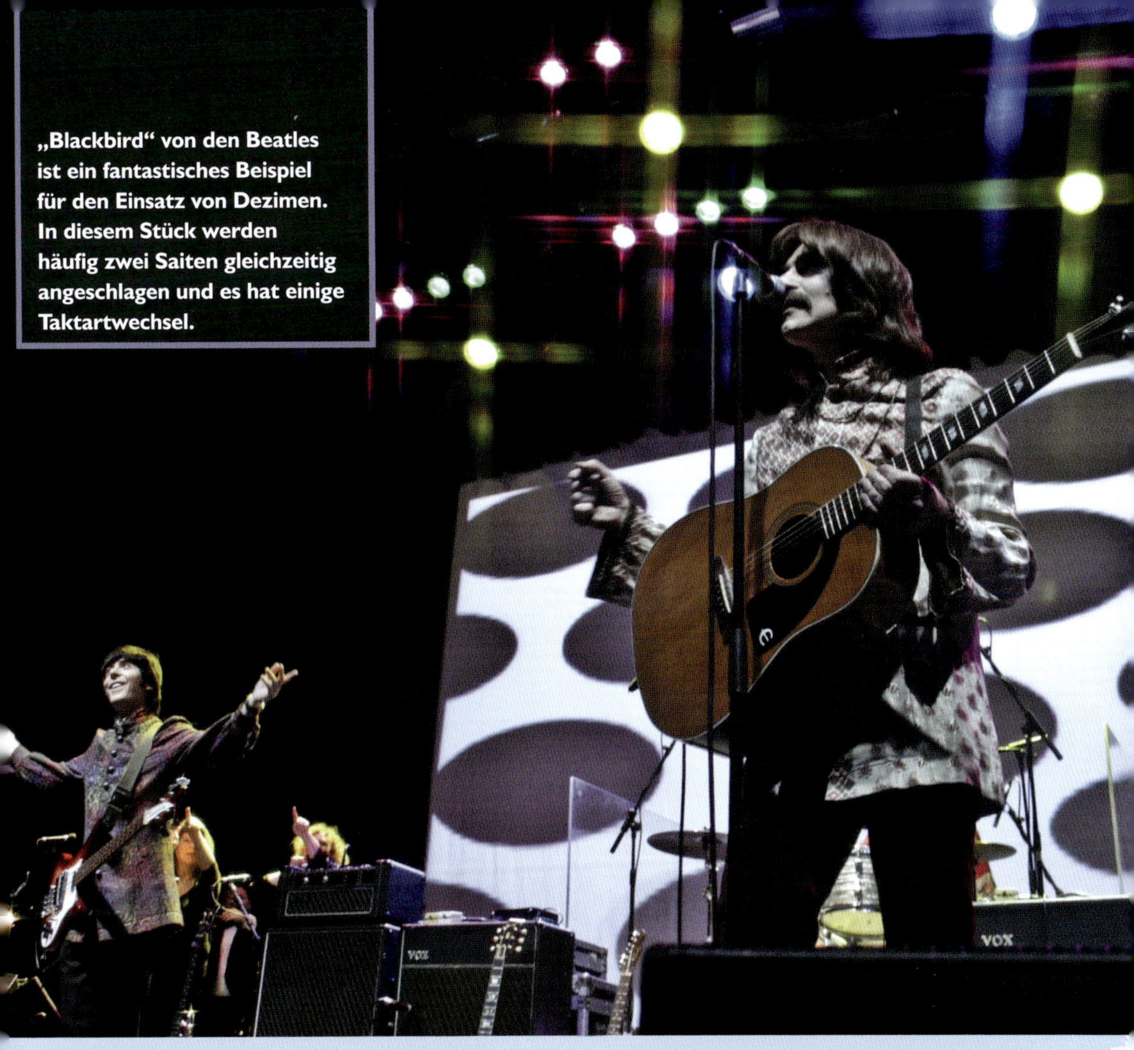

„Blackbird“ von den Beatles ist ein fantastisches Beispiel für den Einsatz von Dezimen. In diesem Stück werden häufig zwei Saiten gleichzeitig angeschlagen und es hat einige Taktartwechsel.

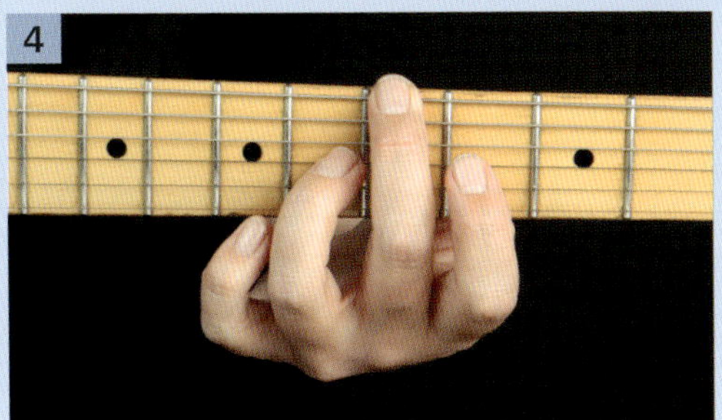

Für den A7-Akkord muss der Fingersatz der Doublestops leicht abgewandelt werden. Den Basston greifst du weiterhin mit dem Mittelfinger, aber der Ringfinger (auf der 3. Saite) greift jetzt einen Bund höher als der Basston ...

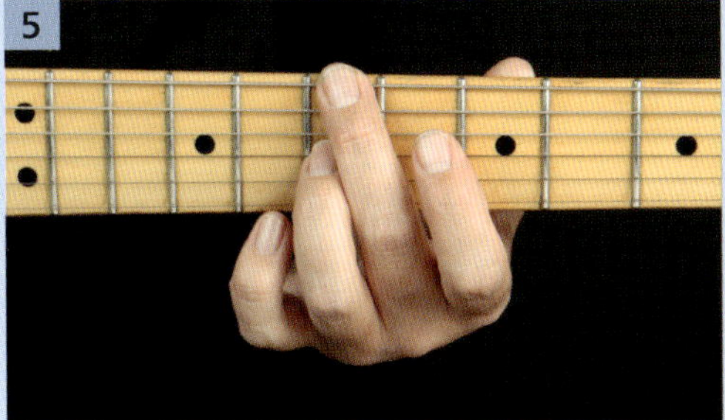

... und kehrt auf dem 2. Taktschlag wieder zur vorherigen Griff-Form (beide Finger greifen im selben Bund) zurück.

Übung 3

(CD-Track 48)

Hier spielst du mit einem moderneren Ansatz, wie er in einer Rock- oder Popballade Verwendung finden könnte. Die Töne auf der 2. Saite kannst du entweder mit dem Zeigefinger (i) oder dem Mittelfinger (m) anschlagen.

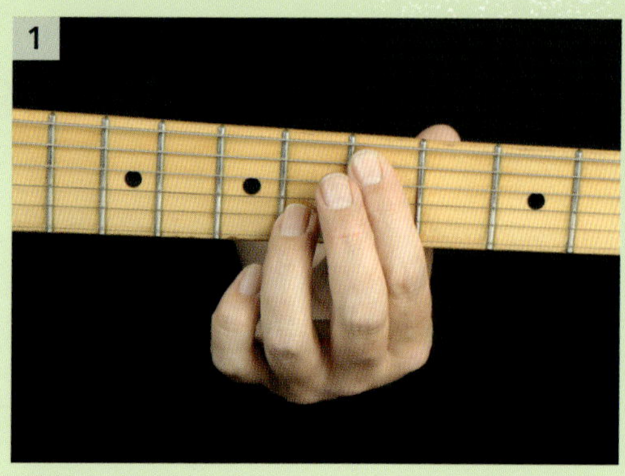

Sowohl der Bass- als auch der Melodieton sollten bereits vor dem Anschlag gegriffen weren.

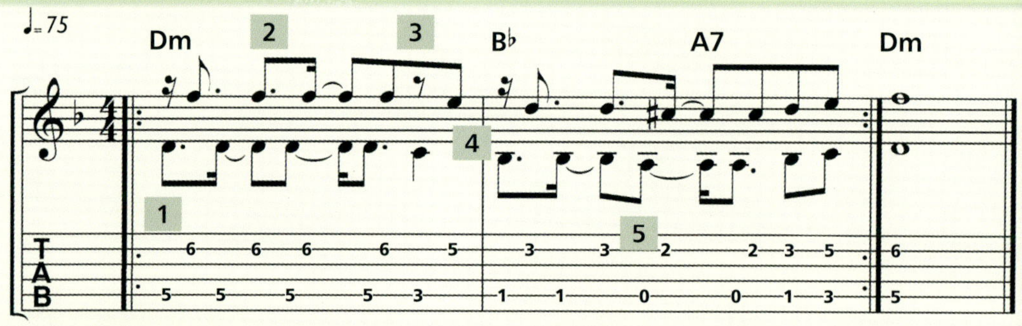

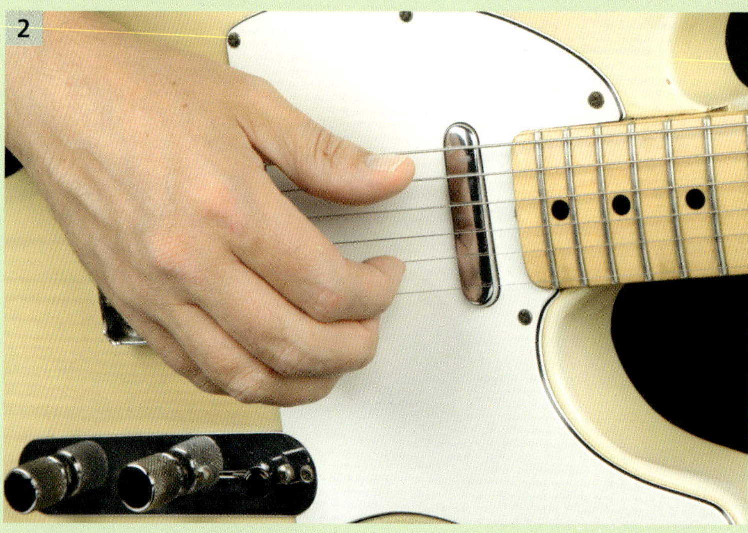

Hier schlägt der Zeigefinger (i) den Melodieton (F) auf der 2. Saite an.

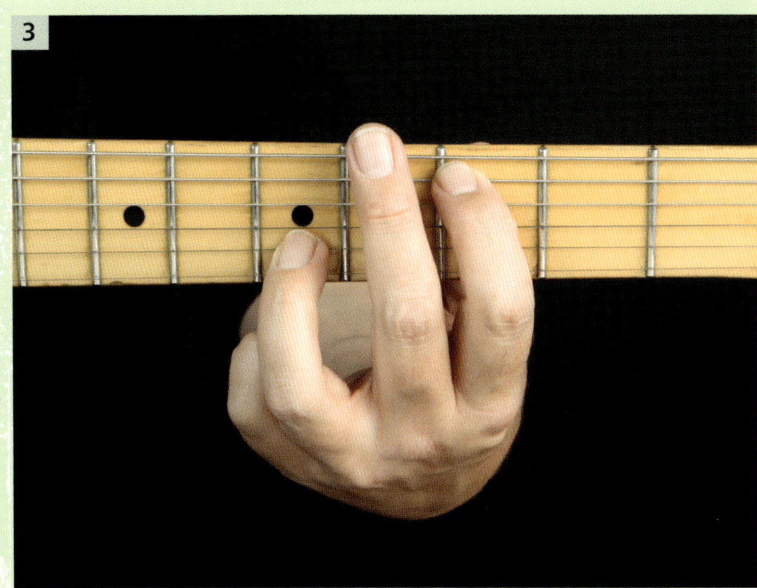

Die Griff-Form verändert sich, wenn du sie halsabwärts verschiebst. Hier siehst du den C-Dur-Akkord mit dem Zeigefinger im 3. Bund und dem Ringfinger im 5. Bund.

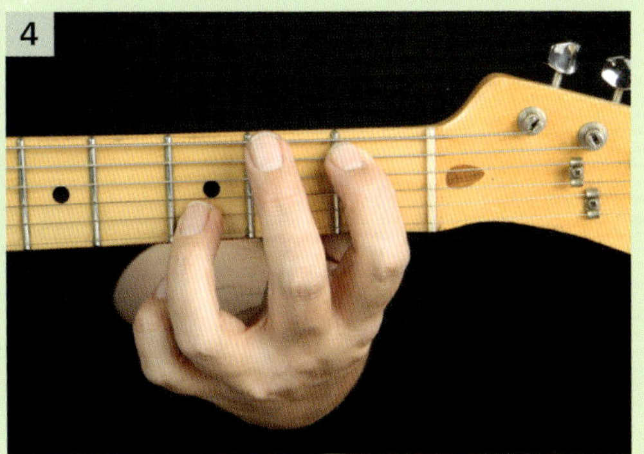

Der B♭-Dur-Akkord hat dieselbe Griff-Form wie der C-Dur-Akkord (deshalb kannst du die Griff-Form einfach verschieben); er wird auf dem 1. Bund gegriffen.

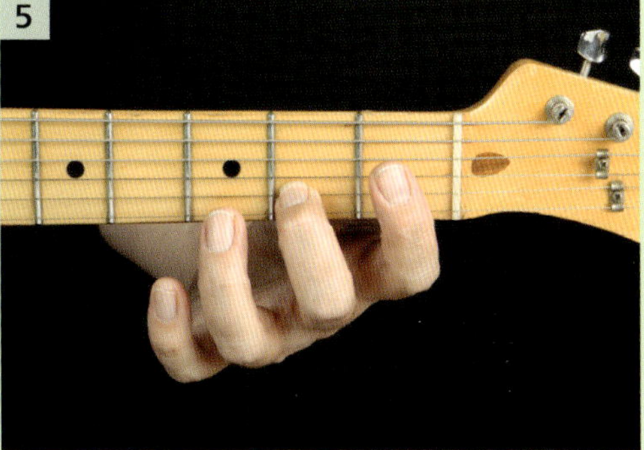

Weil der Basston des A7-Akkords eine Leersaite ist, benötigst du zum Greifen nur den Mittelfinger für das C♯ auf der 2. Saite.

Tipp!

Wenn du Dezimen hauptsächlich auf einem Saitenpaar spielst, kannst du immer versuchen, eine zusätzliche Leersaite als Pedalton zu verwenden, so wie in Übung 1. Das verändert die Textur deiner Begleitung dramatisch und klingt auf der Akustikgitarre genauso cool wie auf der E-Gitarre.

Lektion 29
Walking Bass

Mit diesen coolen Walking Bass-Linien kannst du deine Arrangements „anjazzen".

In der vorigen Lektion hast du gelernt, mit (aufwärts gespielten) Dezimen Harmonien zu erzeugen. In dieser Lektion lernst du eine weniger „dichte" Methode, auf jedem Taktschlag zu spielen, nämlich die Akkorde mit einer sogenannten Walking Bass-Linie (oder einfach Walking Bass) zu ergänzen. Wenn man auf jedem Taktschlag einen Basston spielt, entsteht eine Art „gehender" Rhythmus, der einen gleichmäßigen Vorwärtsdrang erzeugt. Obwohl der Walking Bass (gehender Bass) im Jazz weitverbreitet ist, kommt er auch in einer Vielzahl anderer Stilrichtungen vor, wie du an der Liste auf der nächsten Seite sehen kannst.

Wie spielt man Walking Bass?

Ein Walking Bass besteht aus einer Mischung von Akkordtönen (Arpeggios), Tonleitertönen und chromatischen Tönen (Töne, die nicht der jeweiligen Tonleiter entstammen). Für einen Takt mit vier Taktschlägen fehlt einem dreitönigen Arpeggio genau ein Ton, es sei denn, du wiederholst einen. Da kommen die Tonleitertöne und chromatischen Töne ins Spiel. Tonleitertöne können für melodische Bass-Linien überall verwendet werden, du solltest sie allerdings auf dem 1. Taktschlag des Takts vermeiden (damit dort die Harmonie klar erkennbar ist). Chromatische Töne können zur halbtönigen Umspielung des nächsten Akkords (von oben oder von unten) und für die Verbindung von Arpeggio- und Tonleitertönen mit Durchgangstönen verwendet werden.

Arpeggio mit chromatischer Nebennote

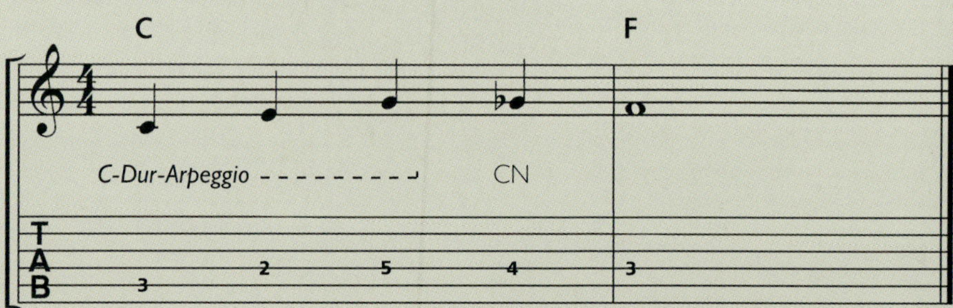

Berühmte Walking Bass-Linien

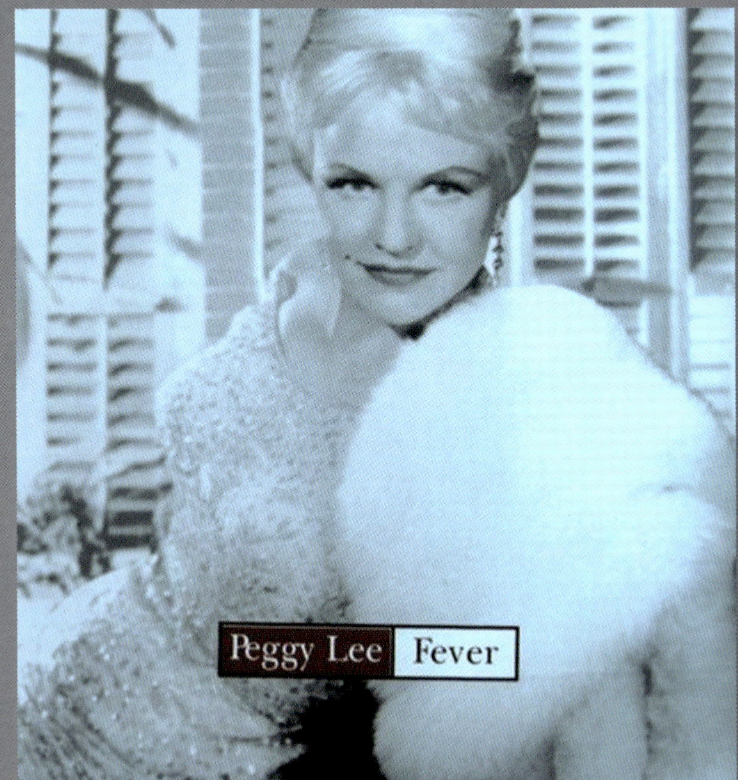

Hier sind ein paar Songs, bei denen du die Walking-Bass-Technik im Einsatz hören kannst.

YES
„Yours Is No Disgrace"

RAY CHARLES
„Hit The Road Jack"

PEGGY LEE
„Fever"

MILES DAVIS
„Freddie Freeloader"

JIMI HENDRIX EXPERIENCE
„Hey Joe"

VAN MORRISON
„Moondance"

Chromatische Nebennoten mit Arpeggio- und Tonleitertönen

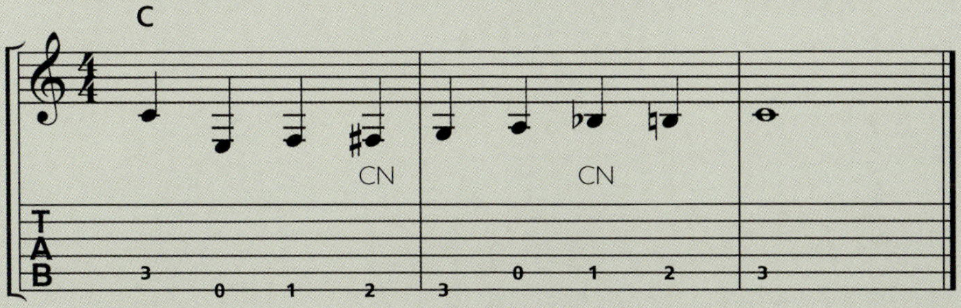

Übung 1

(CD-Track 49)

In diesem Beispiel siehst du, wie man eine Blues-Sequenz um einen Walking Bass erweitert. Beachte, wie hier ein einfacher Doublestop (Zweiklang) für eine vollklingende Begleitung ausreicht.

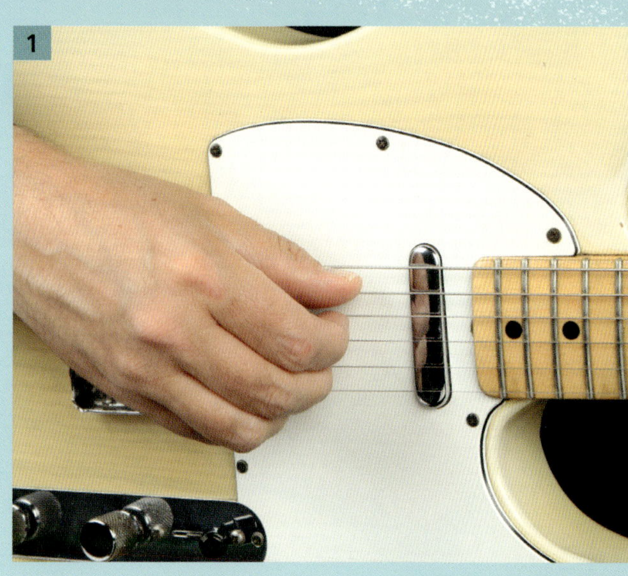

Der erste Akkord und sein Basston werden gleichzeitig mit dem Daumen, dem Zeigefinger (i) und dem Mittelfinger (m) angeschlagen.

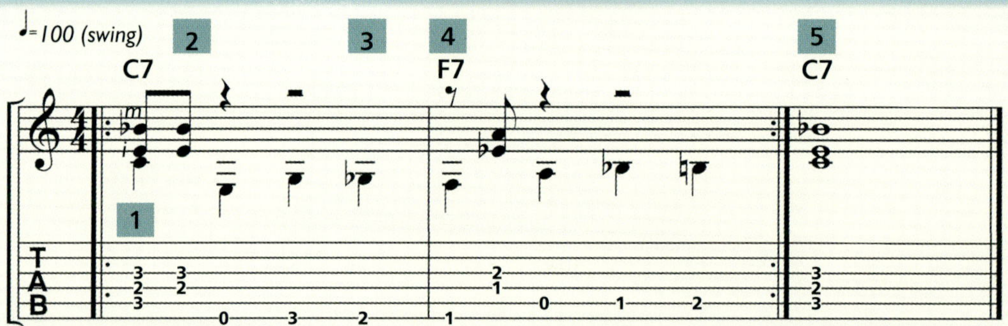

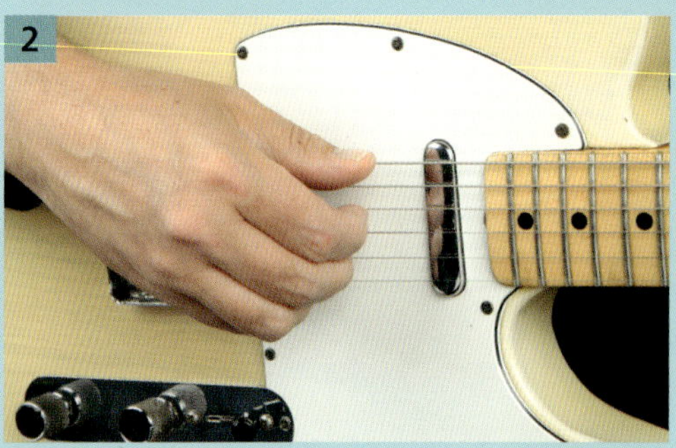

Auf dem Offbeat wird nur der Akkord angeschlagen – verwende dazu nur den Zeigefinger (i) und den Mittelfinger (m).

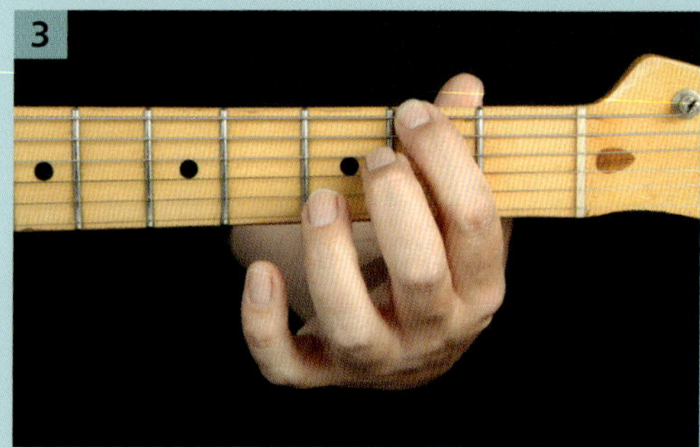

Das G♭ der fallenden Bass-Linie greifst du mit dem Zeigefinger. Das ermöglicht einen geschmeidigen Wechsel zum F-Akkord, ...

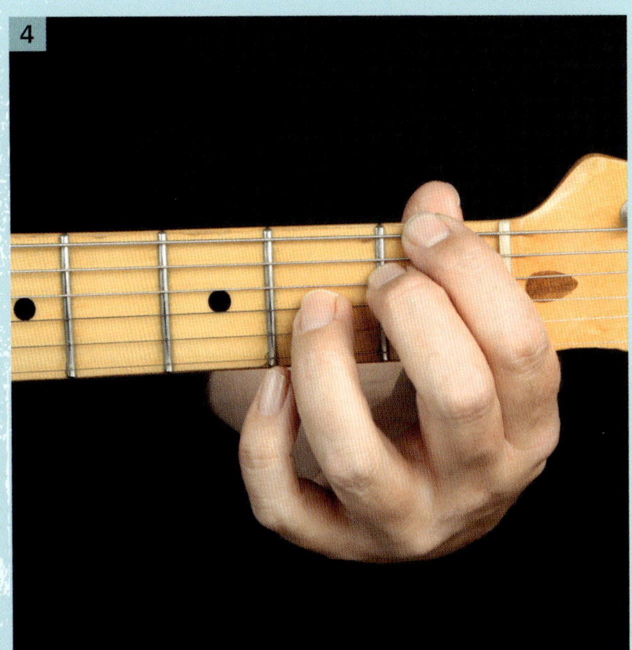

… der mit dem Zeigefinger (auf der 6. Saite), dem Mittelfinger (auf der 4. Saite) und dem kleinen Finger (auf der 3. Saite) gegriffen wird.

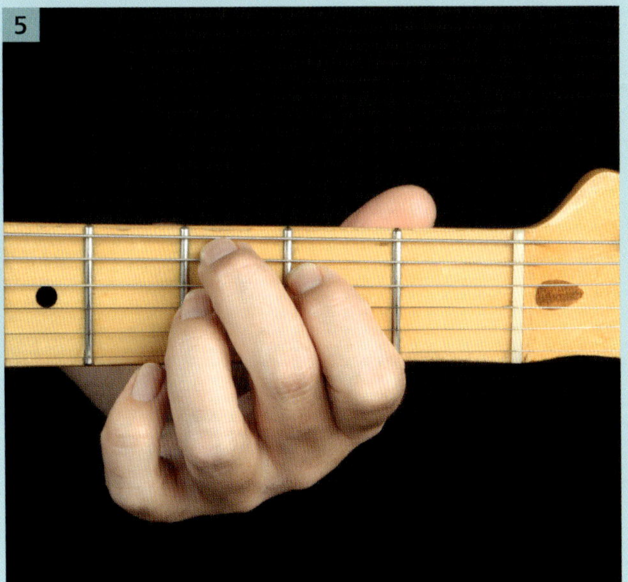

Den abschließenden C7-Akkord greifst du mit nur drei Fingern. Achte darauf, dass der Mittelfinger sich nicht an der 4. Saite „anlehnt" und sie so dämpft.

Tipps!

- Behalte im Hinterkopf, dass du mit einem Walking Bass die Illusion eines mit einem Gitarristen zusammenspielenden Bassisten erzeugst. Im Idealfall ist der Rhythmus der Akkorde improvisiert, manchmal kurz und perkussiv, manchmal mit mehrere Basstöne hindurch ausgehaltenen Akkorden.

- Denke daran, die Basstöne ausschließlich mit dem Daumen anzuschlagen. Akkorde werden mit den ersten zwei bzw. drei Fingern (i, m und a) angeschlagen.

Übung 2
(CD-Track 50)

Erzeuge einen vorandrängenden Groove, indem du ein Ein-Akkord-Vamp um einen Walking Bass erweiterst. Der zweite Am7 muss für seine gesamte Dauer klingen. Behalte die Greifhand so lange du kannst in ihrer Position, dann verschiebe sie für den Basston G auf den 3. Bund.

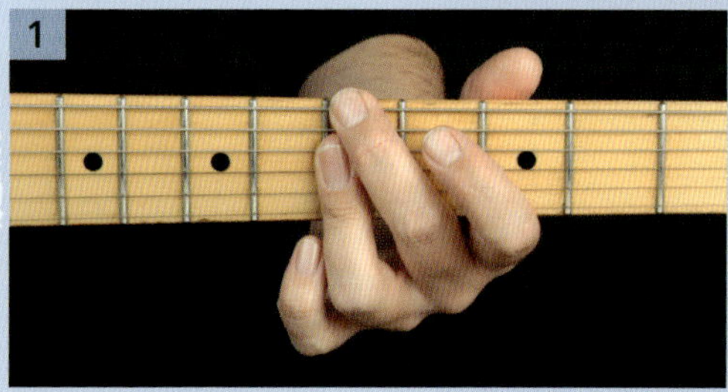

Greife den Am7-Akkord mit dem Mittelfinger (auf der 6. Saite) und dem Ringfinger (der ein Halb-Barré auf der 2., 3. und 4. Saite greift).

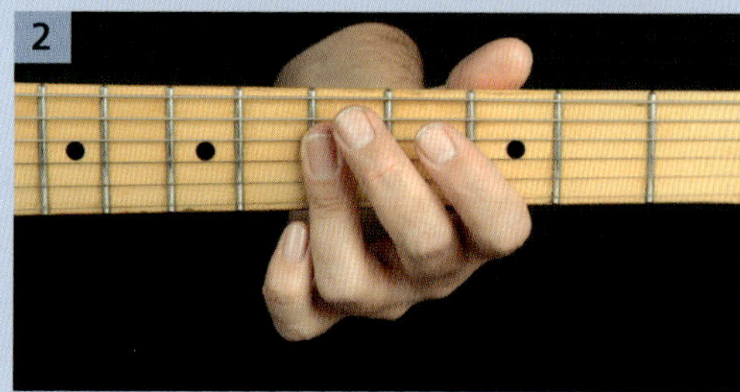

Wenn du den Mittelfinger von der Saite abhebst, kannst du das tiefe E als Basston zu dem Am7-Akkord spielen.

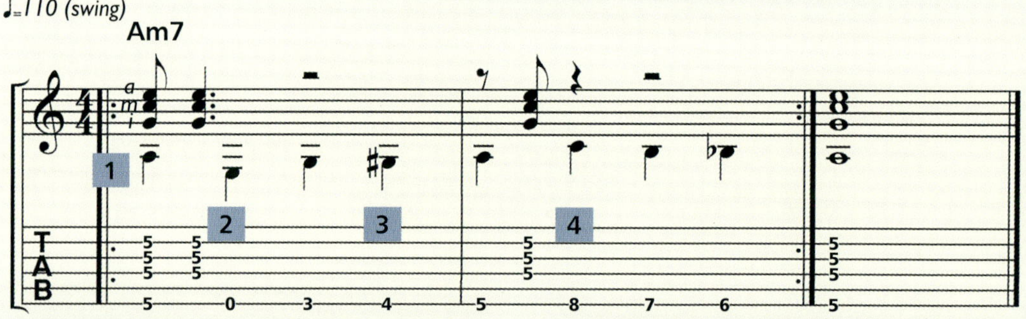

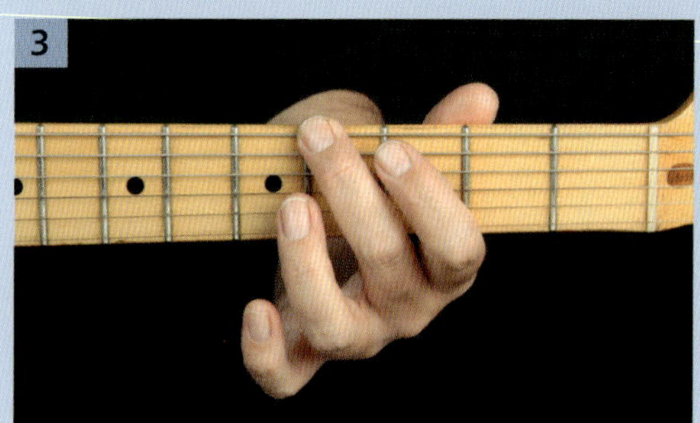

Den Basston G♯ auf dem 4. Taktschlag greifst du am besten mit dem Mittelfinger. Das ermöglicht dir einen schnellen und geschmeidigen Wechsel zum Am7-Akkord.

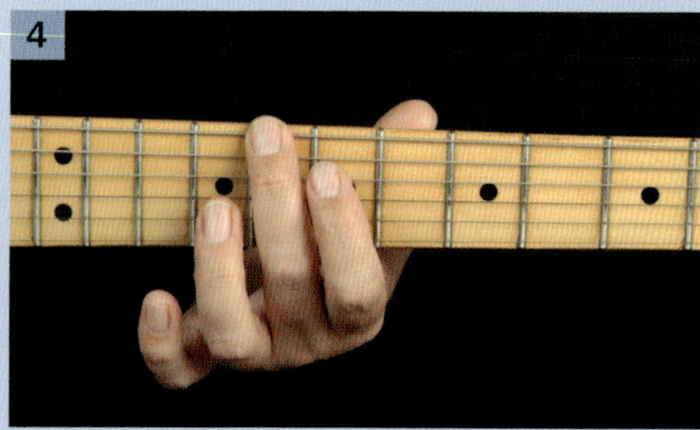

Die chromatisch fallende Bass-Linie in Takt 2 spielst du komplett mit dem Mittelfinger. Im Bild greift der Mittelfinger gerade C im 8. Bund.

Übung 3 (CD-Track 51)

Die Akkordfolge II–V–I kommt in vielen populären Musikrichtungen vor, so auch im Jazz und im Blues. Beachte wie der Dm7-Akkord (II) auf dem 4. Taktschlag direkt vor dem Wechsel zum G7 (V) im 2. Takt wiederholt wird.

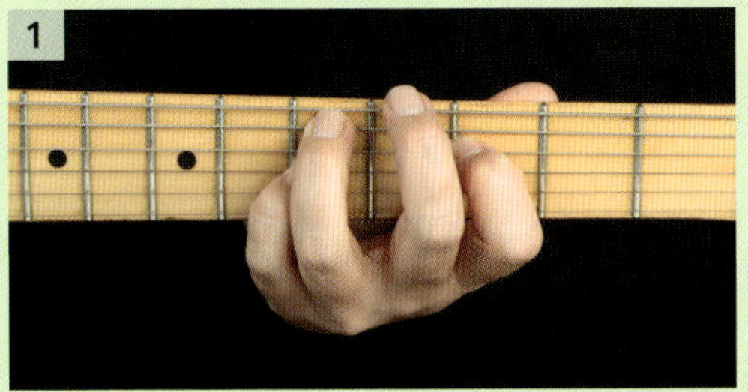

Den Dm7-Akkord greifst du mit Ringfinger (auf der 5. Saite), Zeigefinger (auf der 4. Saite) und kleinem Finger (auf der 3. Saite).

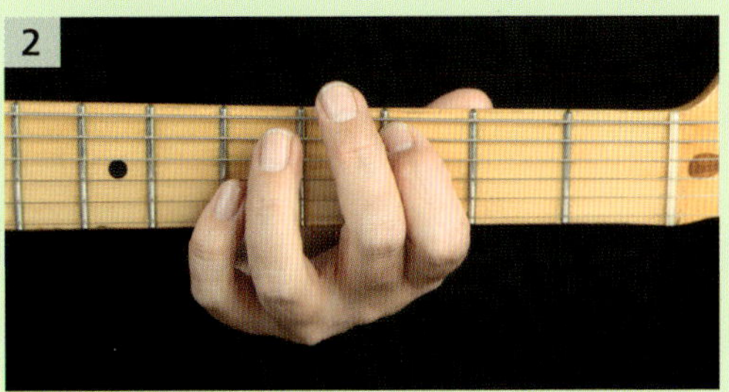

Verringere den Griffdruck des Akkords etwas und greife den Basston C mit dem Zeigefinger auf der 5. Saite.

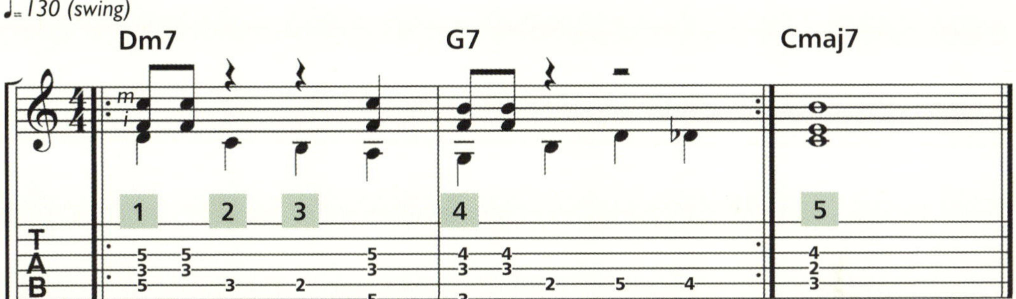

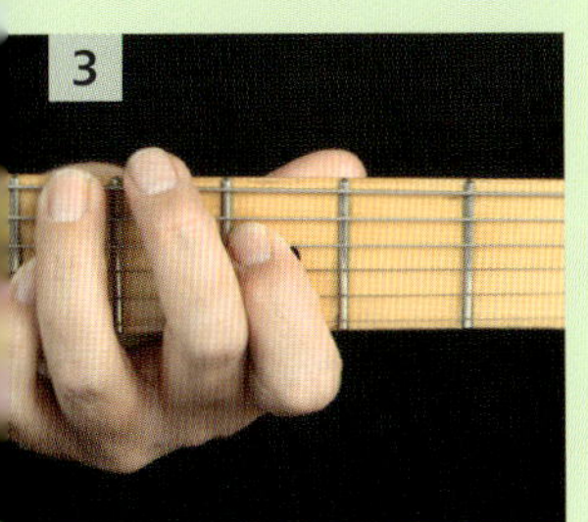

Auf dem 4. Taktschlag wird der Akkord mit einem zusätzlichen tiefen A erneut angeschlagen. Greife mit demselben Fingersatz wie in Schritt 1, aber verschiebe den Ringfinger auf die 6. Saite.

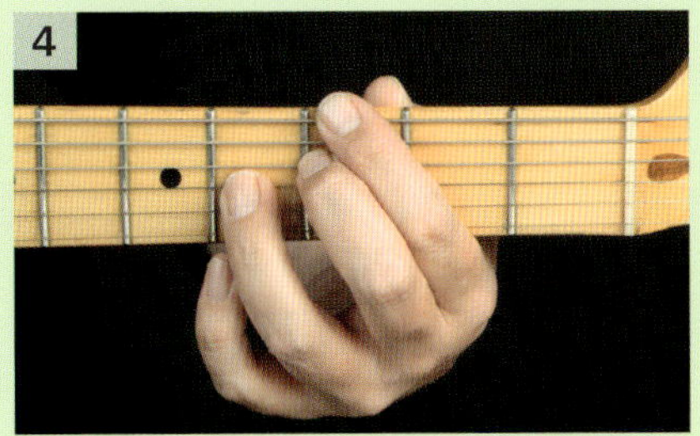

Den G7-Akkord greifst du mit dem Zeigefinger (auf der 6. Saite), dem Mittelfinger (auf der 4. Saite) und dem Ringfinger (auf der 3. Saite).

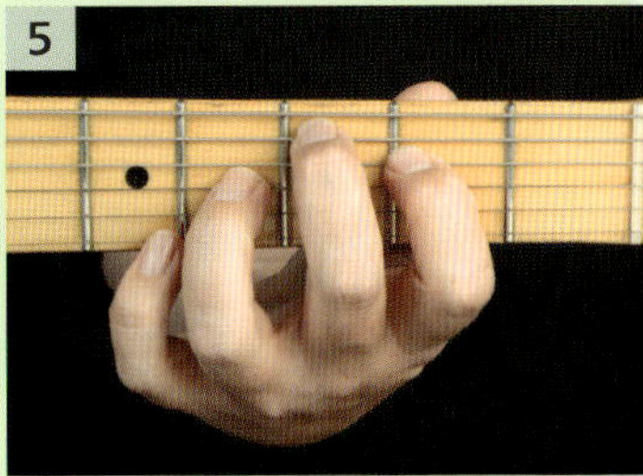

Der Cmaj7-Akkord wird mit dem Mittelfinger (auf der 5. Saite), dem Zeigefinger (auf der 4. Saite), und dem Ringfinger (auf der 3. Saite) gegriffen.

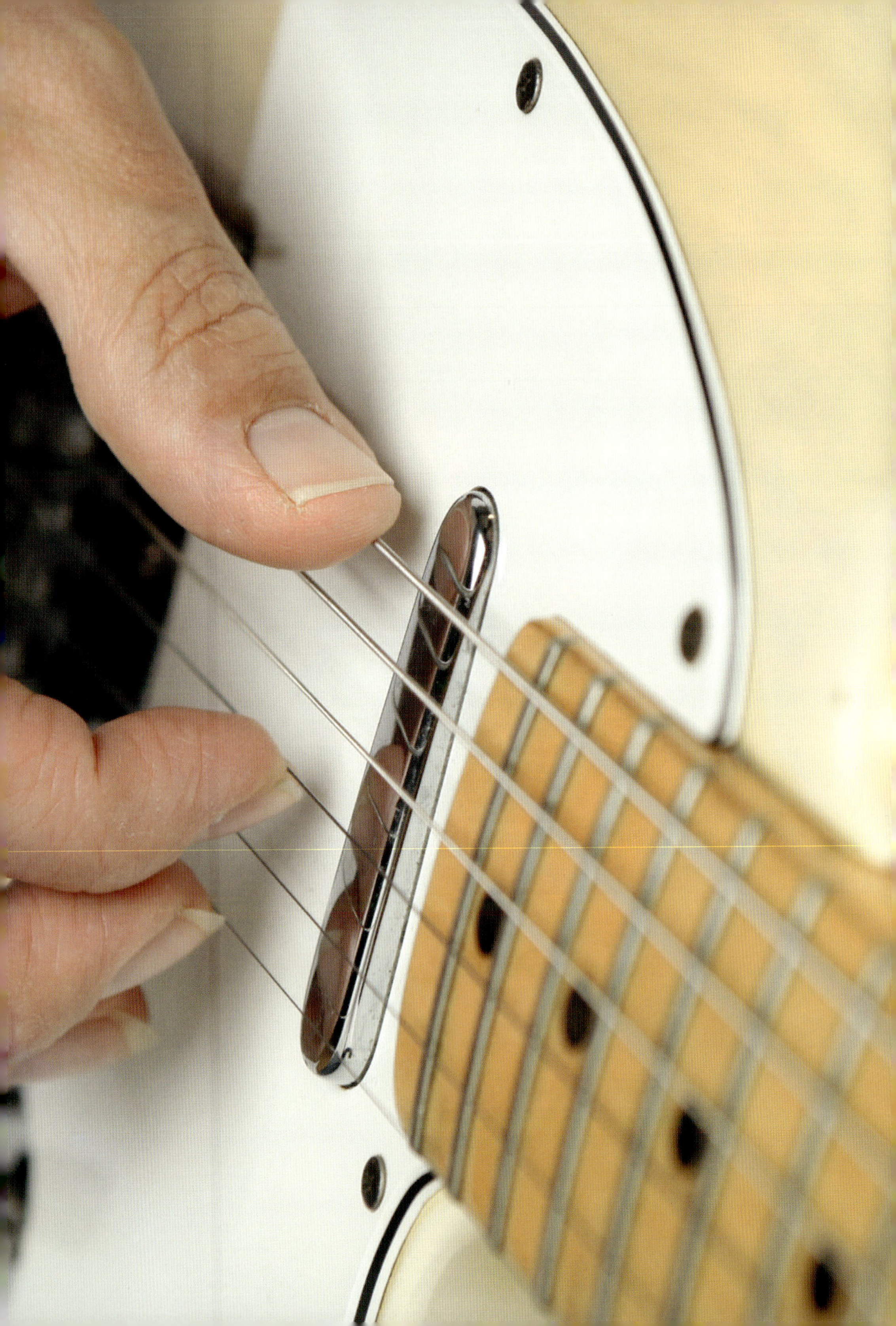

KAPITEL 2

PICKING-PATTERN

Die folgende Übersicht der Picking-Pattern soll vor allem zu Referenzzwecken dienen: sozusagen der Drive-In-Laden für alles, was Fingerpicker brauchen! Jedes Pattern ist auf drei verschiedene Arten notiert: konventionell, in Tabulatur, und – nur in diesem Buch – mit einem leicht verständlichen „Finger- und Saitenfolge"-Diagramm. Diese drei unterschiedlichen Darstellungsformen ermöglichen eine klare und eindeutige Darstellung der drei wichtigen Elemente (Rhythmus, Greifhand und Anschlagshand) jedes Patterns. Das sorgt für schnelle Resultate mit wenig Brimborium. Eine kurze Beschreibung der Vorteile jedes Patterns, seiner technischen Anforderungen und möglichen Einsatzgebiete sowie eine Akkordfolge zum Üben ergänzen diesen Abschnitt des Buches.

Die Picking-Patterns sind nicht sortiert, müssen also nicht der Reihe nach durchgearbeitet werden – außer wenn du möchtest. Wenn zu einem Pattern passende Stilrichtungen empfohlen werden, bedeutet das nicht, dass dieses Pattern nicht auch in anderen Stilrichtungen verwendet werden kann. Diese Pattern können (und sollen) für jede Musikrichtung angepasst werden, egal ob auf der akustischen oder der E-Gitarre. Ändere das Feeling oder das Tempo, lasse Töne weg oder füge welche hinzu. Stelle dir diese Pattern als Ausgangspunkte vor, die dir bei deiner eigenen Musik helfen können ... viel Spaß!

Picking-Pattern **Nr. 1**

Dieses Picking-Pattern ist einfach, aber sehr effektiv. Es ist leicht zu spielen, weil nur drei Finger der Anschlagshand (p, i und m) verwendet werden. Es klingt langsam gespielt genauso gut wie schnell. Das Pattern basiert auf der frühen amerikanischen Folkmusik und ist durch seine einfache, sich wiederholende Form ideal für die Selbstbegleitung.

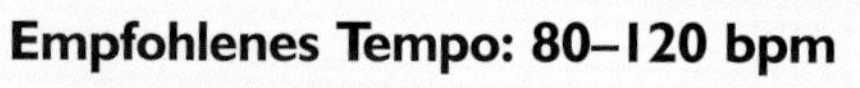

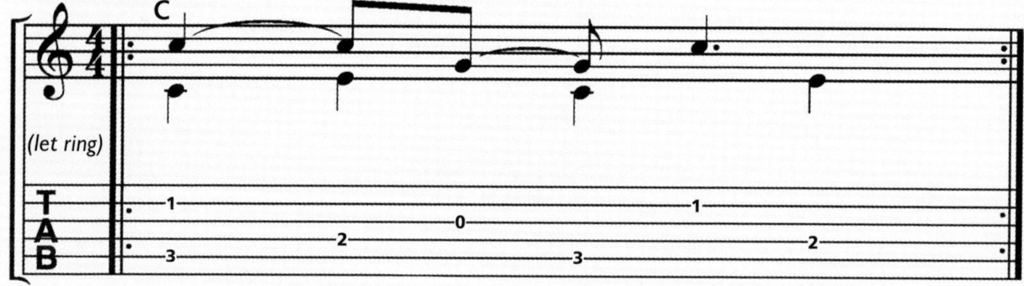

Finger- und Saitenfolge

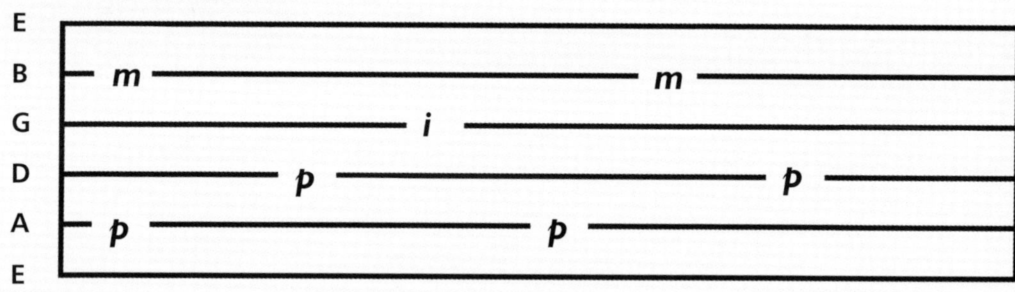

Akkordfolge zum Üben:

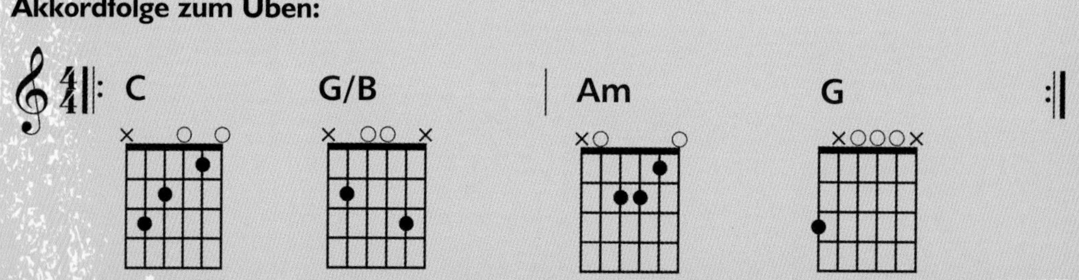

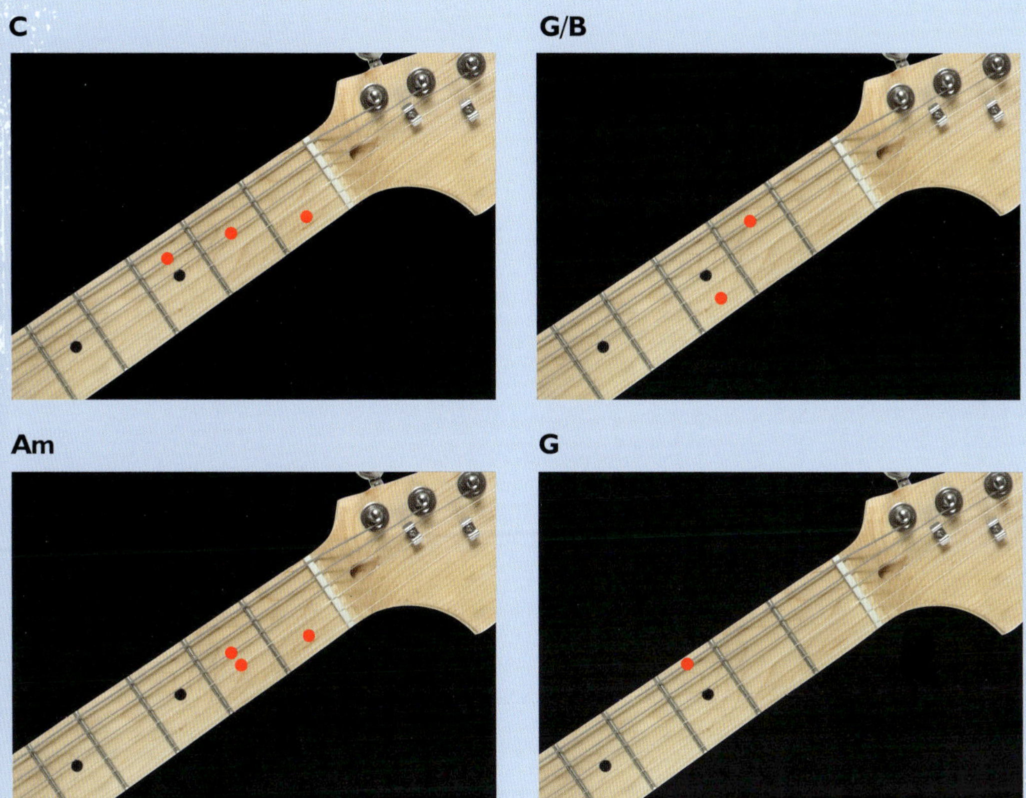

Spieltipps

Wenn du das Pattern mit dieser Akkordfolge verwendest, musst du es leicht abändern, um es an den G-Dur-Akkord (mit Grundton auf der 6. Saite) anzupassen. Schlage einfach anstelle der 5. die 6. Saite an (also G statt C) und spiele das restliche Pattern unverändert.

Picking-Pattern **Nr. 2**

Dieses coole Picking-Pattern passt gut zu verschiebbaren Griff-Formen wie dem hier gezeigten E7; außerdem kann man es mit vollständigen Barré-Akkorden verwenden, wie in der unten notierten Akkordfolge zum Üben. Mit einem angedeuteten Doubletime-Groove ist dieses Pattern perfekt für Blues, Country, Swamprock und verwandte Stilrichtungen.

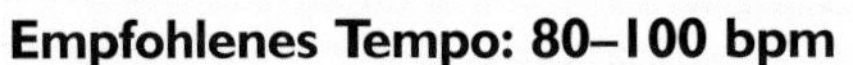

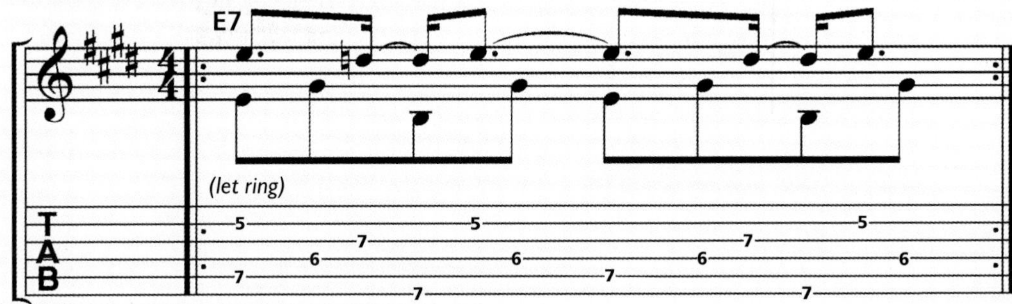

Finger- und Saitenfolge

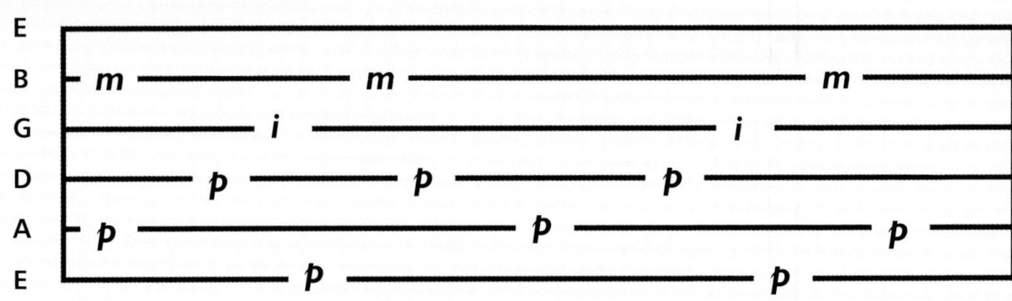

Akkordfolge zum Üben:

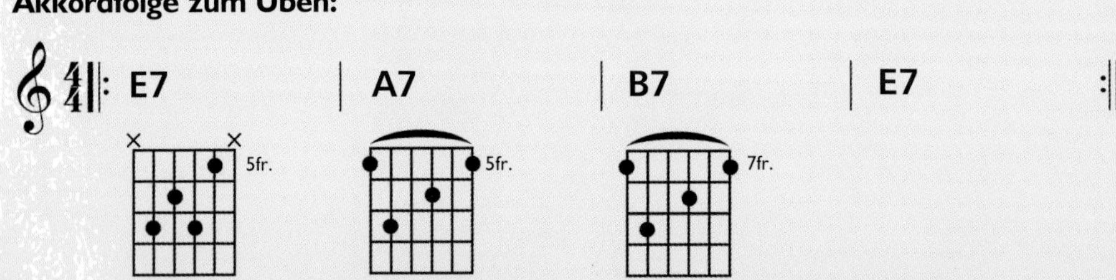

E7

5. Bund

A7

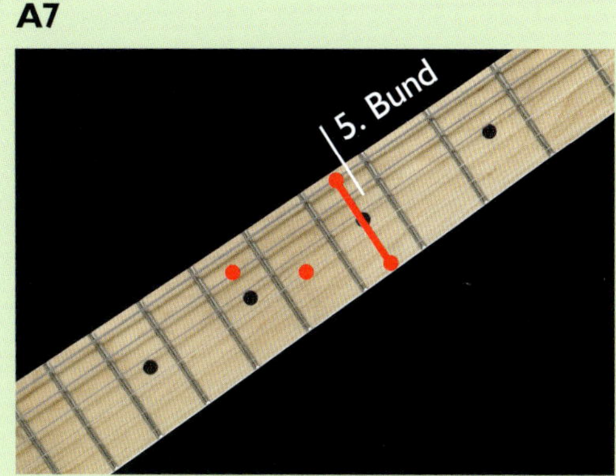

B7

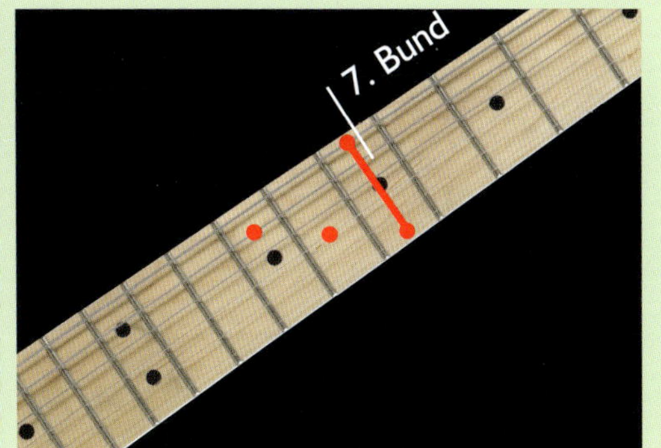

Spieltipps

Spiele dieses Pattern mit und ohne Dämpfen mit dem Handballen; beides klingt hier großartig. Wenn du es in ein sechsaitiges Pattern umwandeln möchtest, vertausche einfach den 1. und den 3. Basston, so dass es mit dem Grundton des Akkordes beginnt, nicht mit der Quinte.

Picking-Pattern **Nr. 3**

Hier werden alle Finger der Anschlagshand verwendet, aber weil es eine einfache aufsteigende Sequenz ohne Pinches ist, ist dieses Pattern einfacher zu spielen, als die Sechzehntelnoten andeuten! Es ist ideal für Intros, Outros oder Instrumentalabschnitte mit dichterer Begleitung – und perfekt für langsamere Klassikrock-Songs und Balladen.

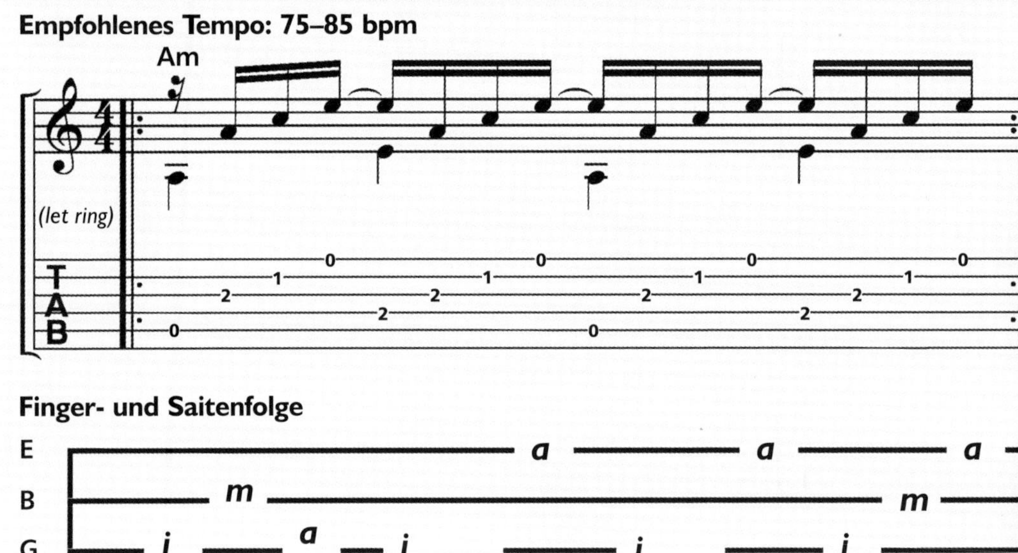

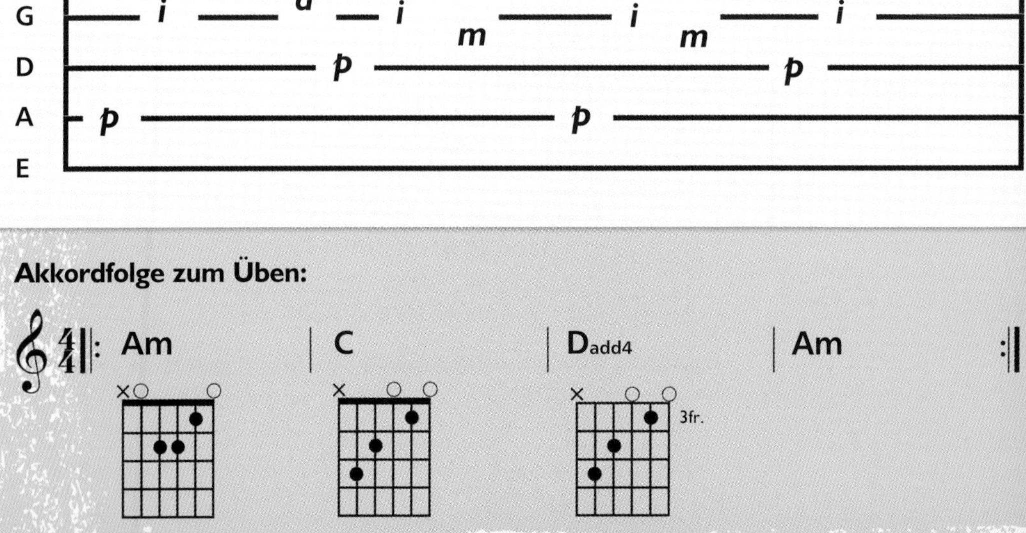

Am

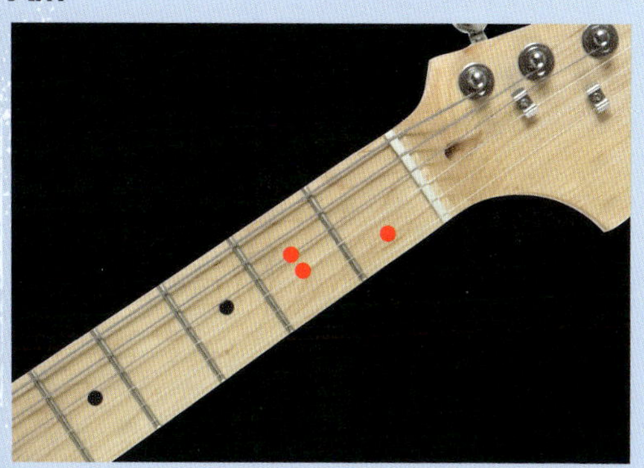

C

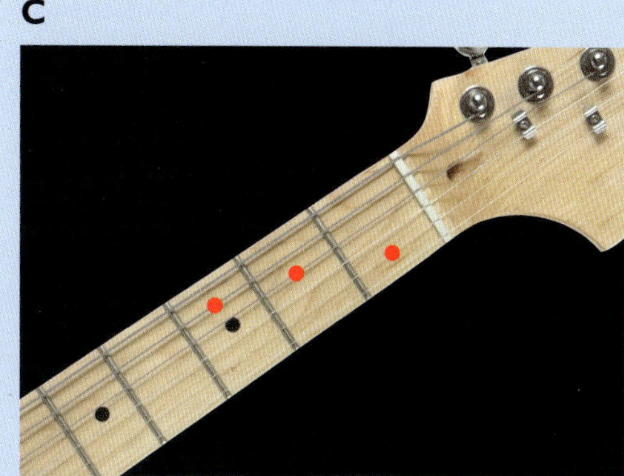

Dadd4

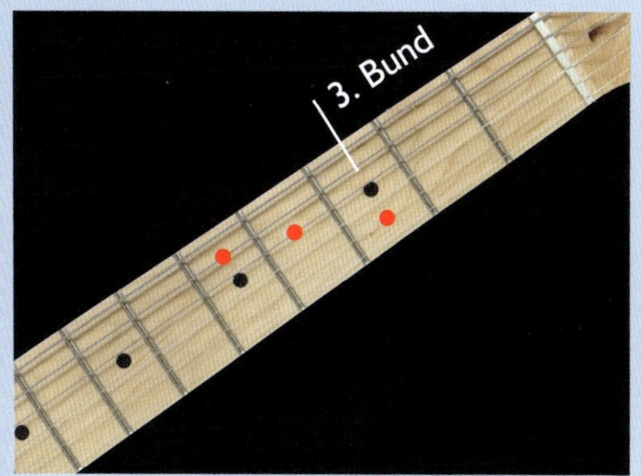

Spieltipps

Weil der höchste Akkordton auf jedem Taktschlag wiederholt wird, kann man hier leicht Melodien auf der 1. Saite hinzufügen. Versuche zwischen einem hohen G (3. Bund) und dem E der leeren 1. Saite zu wechseln, wenn du die Akkorde Am und C spielst.

Picking-Pattern **Nr. 4**

Dieses Beispiel mag anfangs etwas knifflig erscheinen, aber dieses coole Pattern ist die Mühe wert. Der erste Ton wird bei den Wiederholungen vorweggenommen (das hohe G am Ende des 4. Taktschlags), so dass ein wundervoll hypnotisches Pattern entsteht. Durch die drängende Bass-Linie ist dieses Pattern hervorragend für Singer/Songwriter geeignet, die sich selbst begleiten.

Empfohlenes Tempo: 80–90 bpm

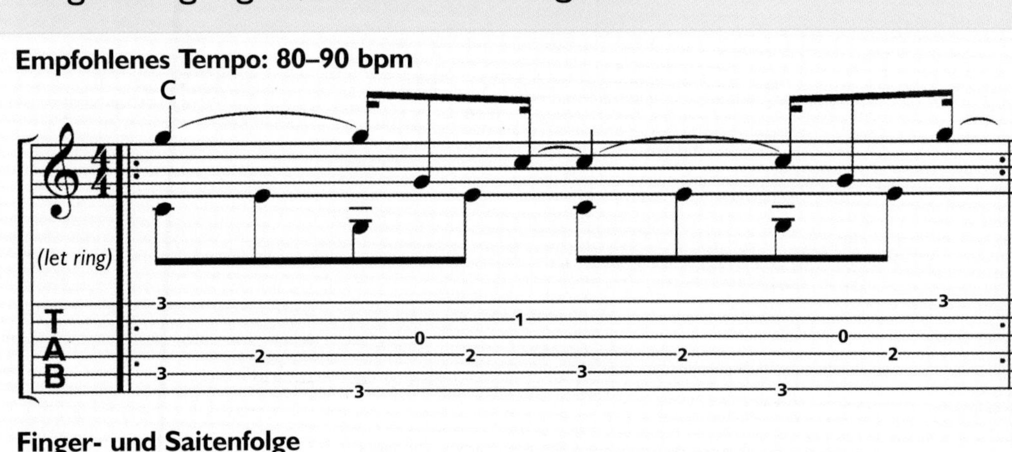

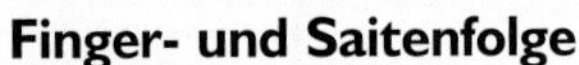

Finger- und Saitenfolge

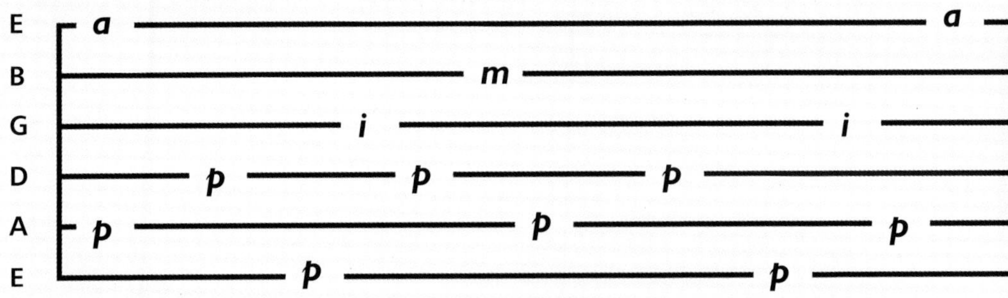

Akkordfolge zum Üben:

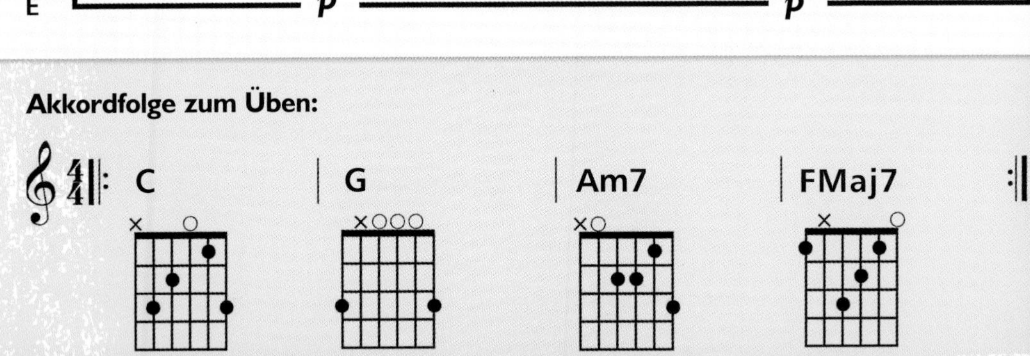

C

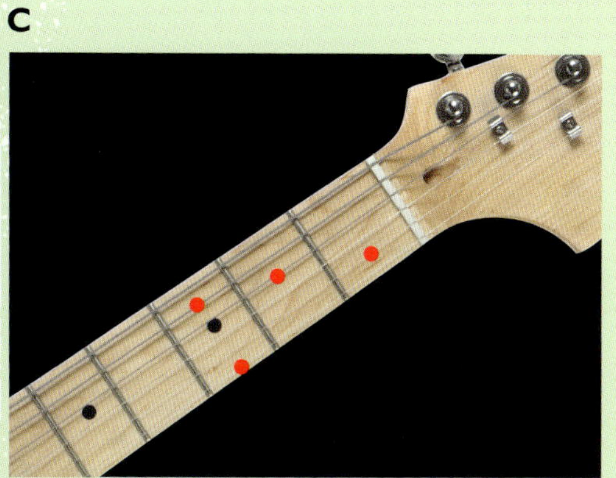

G

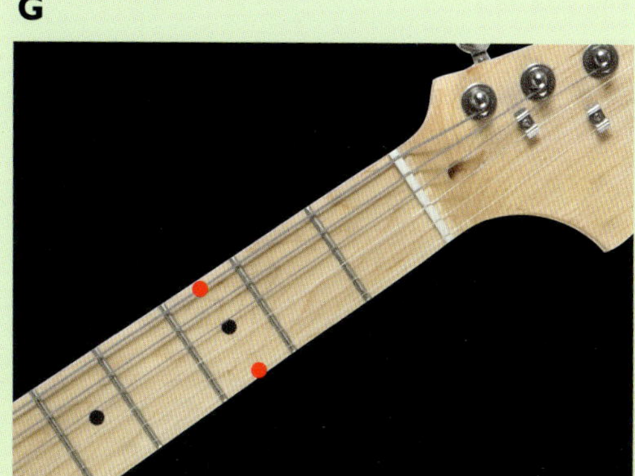

Am7

FMaj7

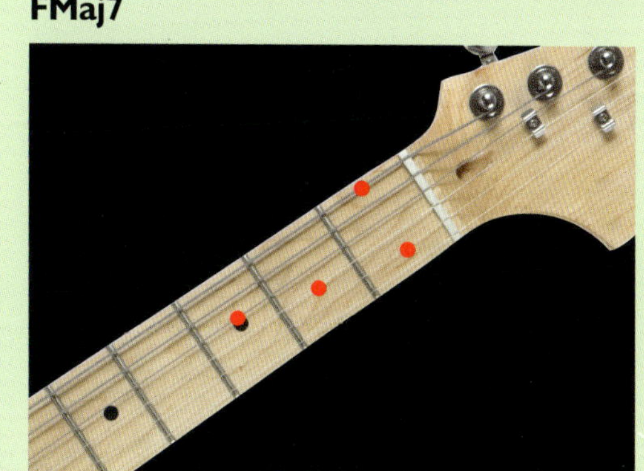

Spieltipps

Das hohe G ist die Oberstimme der ersten drei Akkorde; du kannst es auch mit dem hohen E (als Leersaite) abwechseln. Greife den Grundton des Fmaj7-Akkords mit dem Daumen auf der 6. Saite.

Picking-Pattern **Nr. 5**

Bei diesem Doubletime-Beispiel solltest du die Sechzehntel mit Swing-Feeling spielen. Die Basstöne werden mit dem Handballen gedämpft, damit sie die Melodie nicht übertönen und die Begleitung rhythmisch und perkussiv ist. Dieses Pattern ist ideal für authentische Blues-Arrangements.

Empfohlenes Tempo: 60–70 bpm

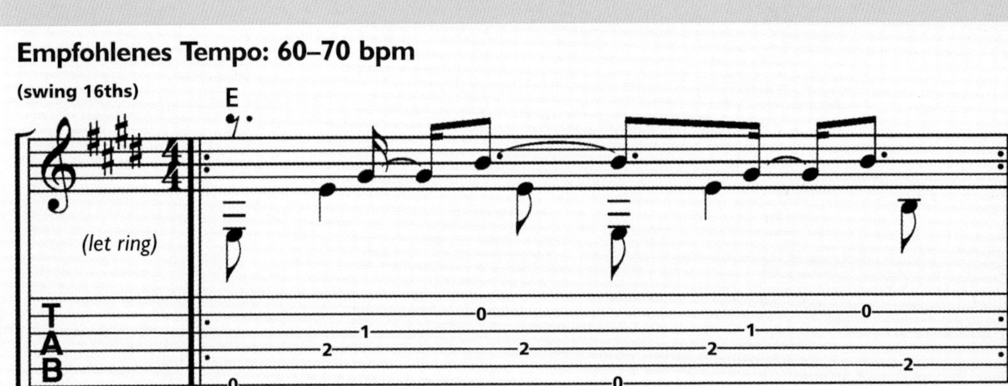

Finger- und Saitenfolge

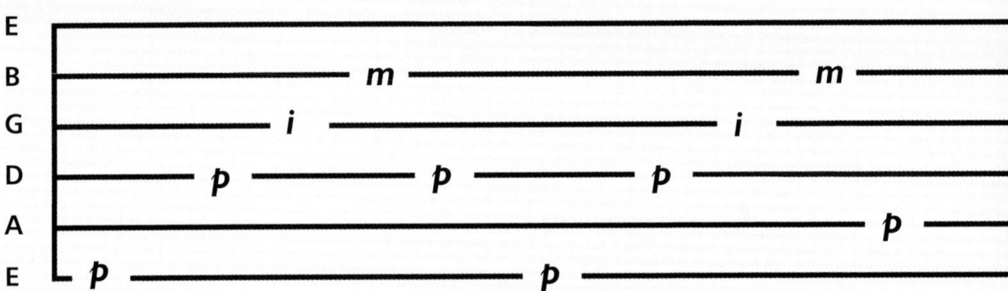

Akkordfolge zum Üben:

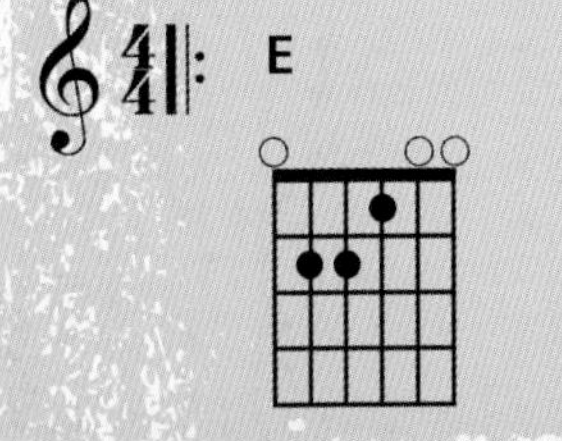

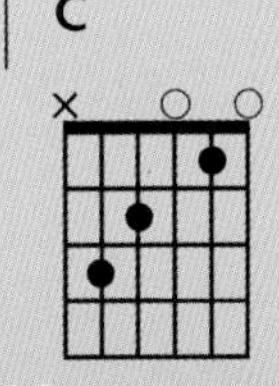

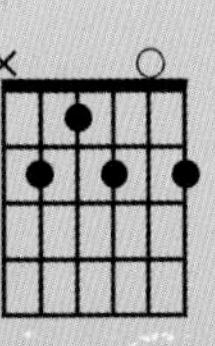

E

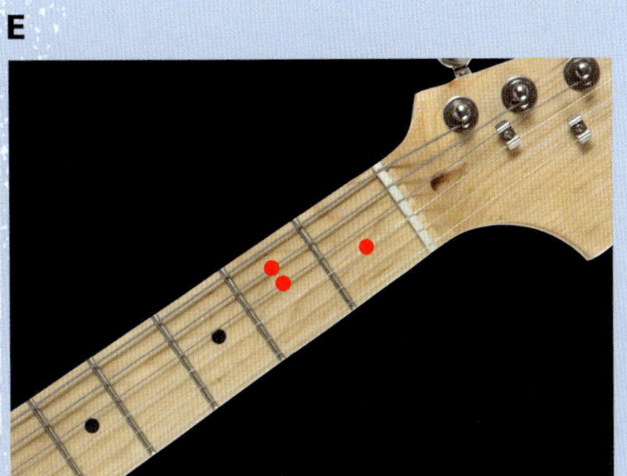

C

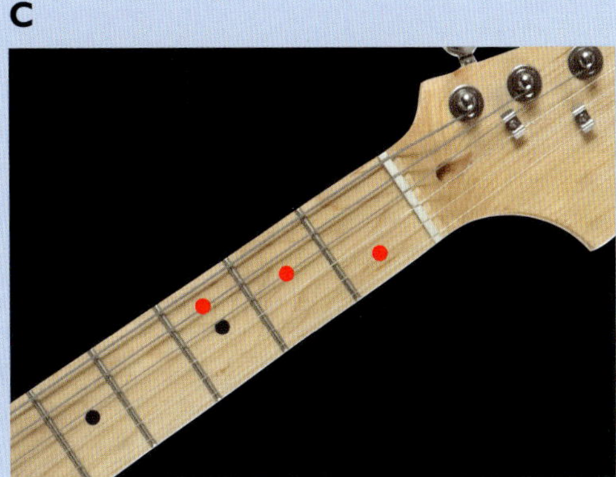

B7

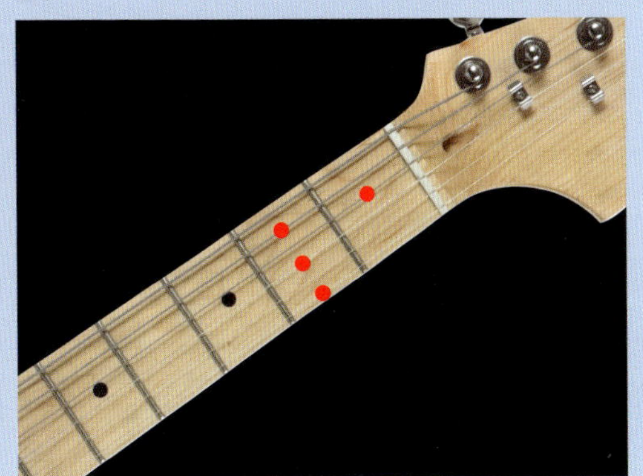

Spieltipps

Bei den Akkorden C und B7 liegt der tiefste Ton auf der 5. Saite. Passe das Picking einfach so an, dass die Basstöne auf der 4. und der 5. Saite liegen (mit dem Grundton auf der 5. Saite).

Picking-Pattern **Nr. 6**

Dies ist ein groovendes Doubletime-Pattern mit swingenden Sechzehnteln, das sich ideal für akustische oder elektrische Blues-Arrangements eignet. Hier erzeugt ein kraftvoller Wechselbass (in Oktaven) ein starkes Gefühl von Bewegung. Die Basstöne müssen unbedingt gedämpft werden!

Empfohlenes Tempo: 80–120 bpm

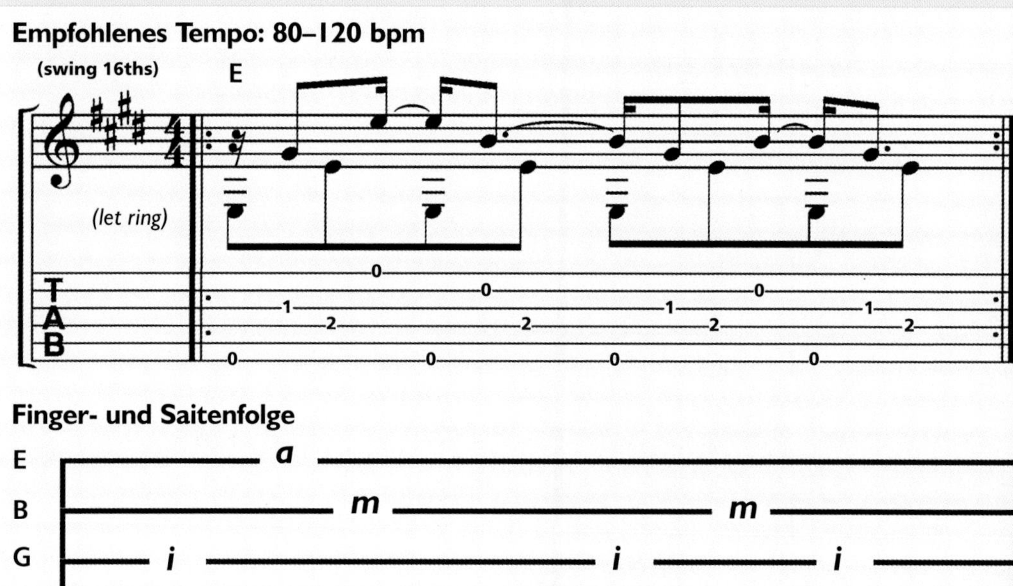

Finger- und Saitenfolge

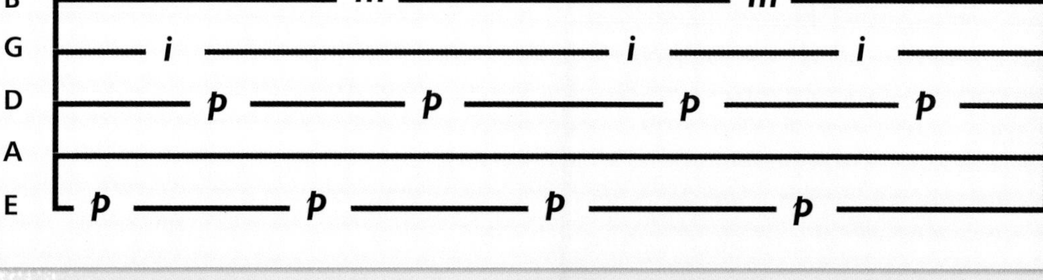

Akkordfolge zum Üben:

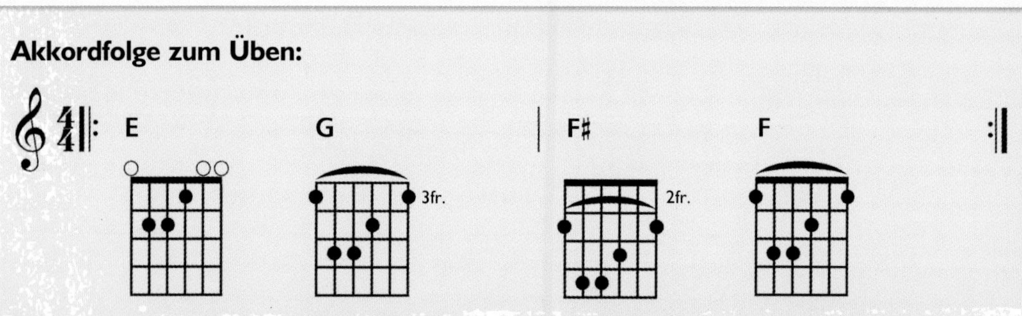

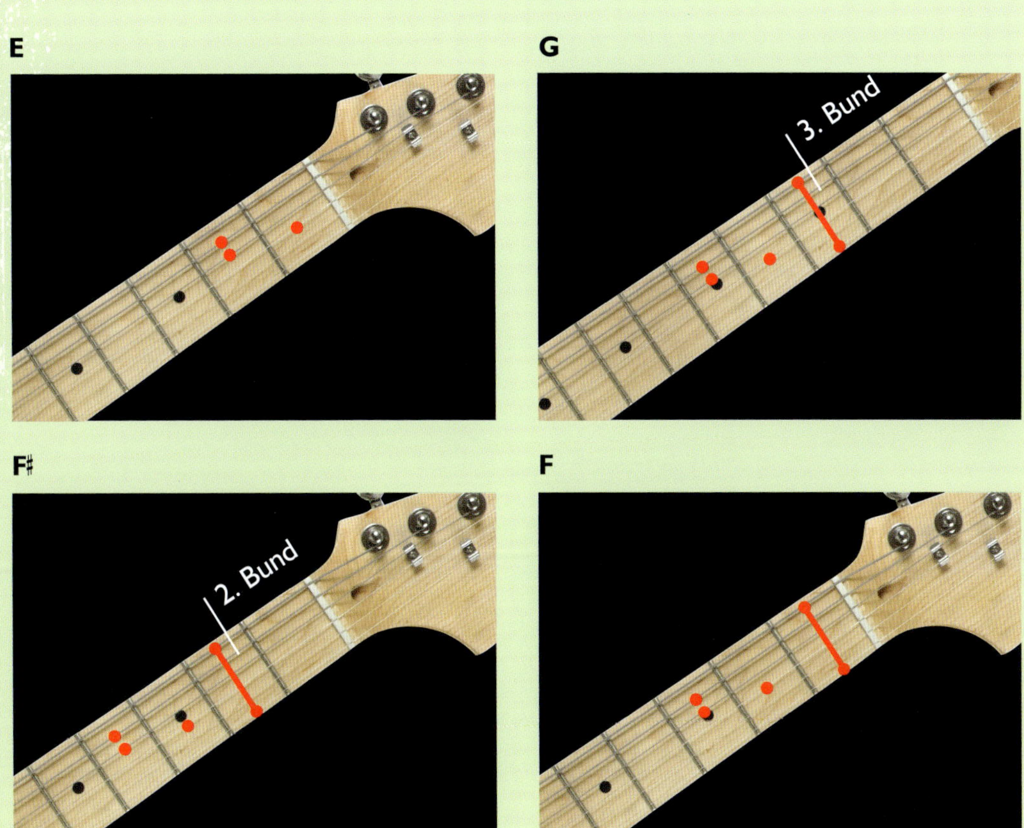

Spieltipps

Diese Sequenz könnte den Hauptteil eines Arrangements bilden (mit Wiederholungen), oder den Turnaround am Ende eines 12-taktigen Blues. Ob mit vollen Barré-Akkorden oder mit Akkorden mit Leersaiten, das Pattern bleibt das gleiche.

Picking-Pattern **Nr. 7**

Dies ist ein modernes, perkussives Begleit-Pattern, das gut zu Pop und Rock und verwandten Stilen passt. Schlage auf den Taktschlägen 2 und 4 einfach die Saiten an, während du den (gedämpften) Akkord weiterhin greifst. So hebst du den Backbeat hervor (den üblicherweise die Snare spielt) und es entsteht ein herrlich rhythmischer Groove.

Empfohlenes Tempo: 95–115 bpm

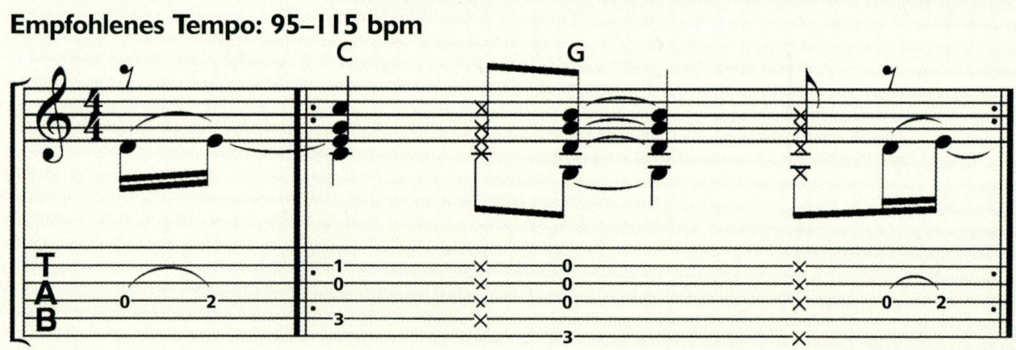

Finger- und Saitenfolge

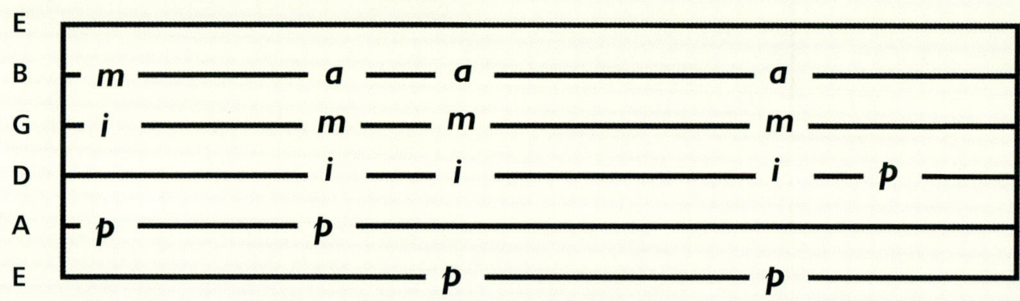

Akkordfolge zum Üben:

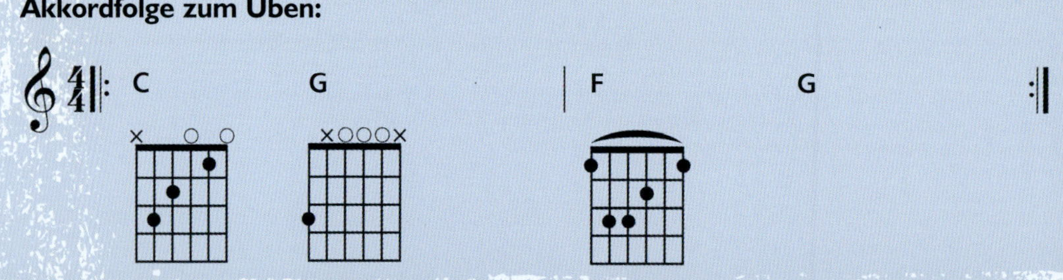

C

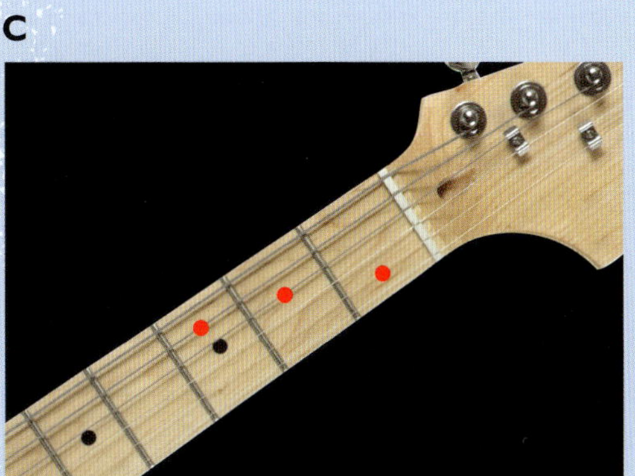

G

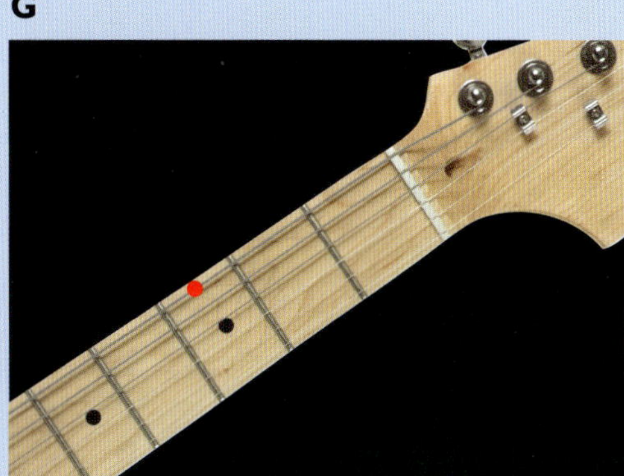

F

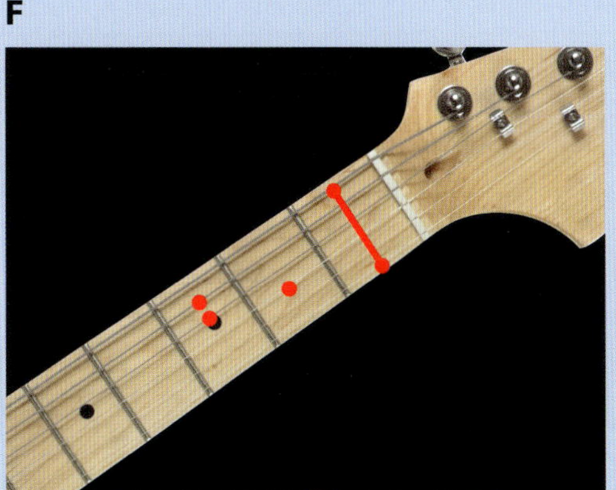

Spieltipps

Der mit Hammer-on gespielte Basston im Auftakt (und der Basston am Ende der Sequenz vor der Wiederholung) sollten in den nächsten Akkord hineinklingen. Wenn du die Saiten anschlägst, lass deine Finger kurz auf den Saiten liegen. So klingen die Saiten nicht weiter (und du verhinderst unerwünschte Obertöne).

Picking-Pattern **Nr. 8**

Für dieses coole Picking-Pattern brauchst du nur den Daumen und den Zeigefinger der Anschlagshand! Vor allem in Verbindung mit der unten notierten absteigenden Akkordfolge zum Üben beschwört es die 60er Jahre herauf. Dieses Pattern klingt auf der Akustikgitarre genauso hervorragend wie auf der E-Gitarre.

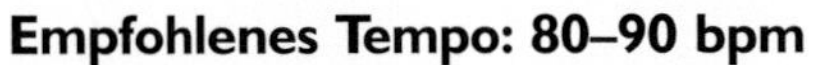

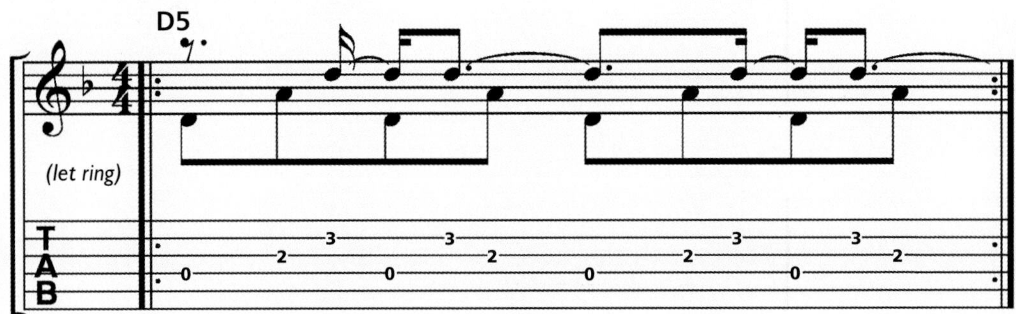

Finger- und Saitenfolge

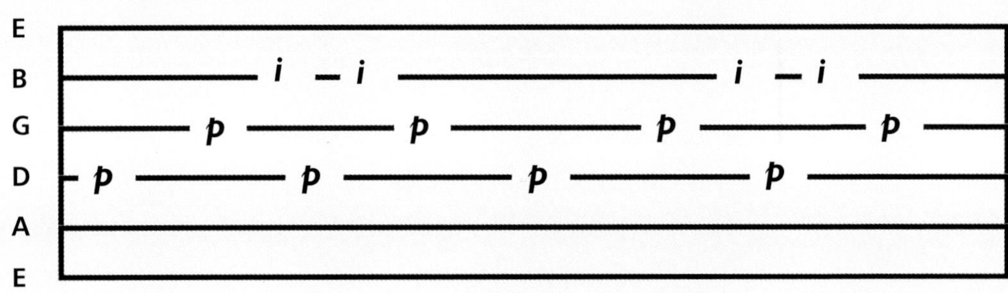

Akkordfolge zum Üben:

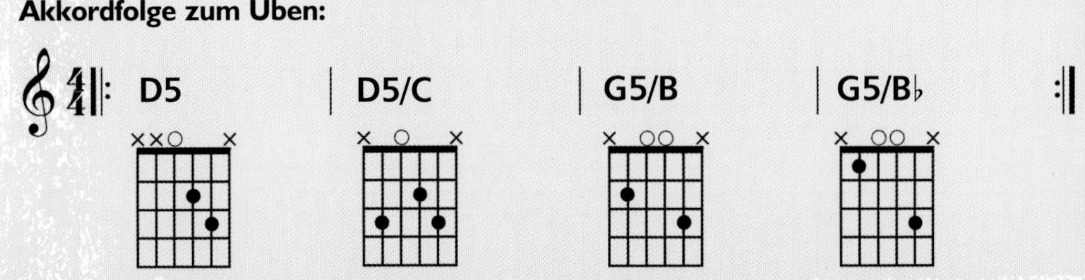

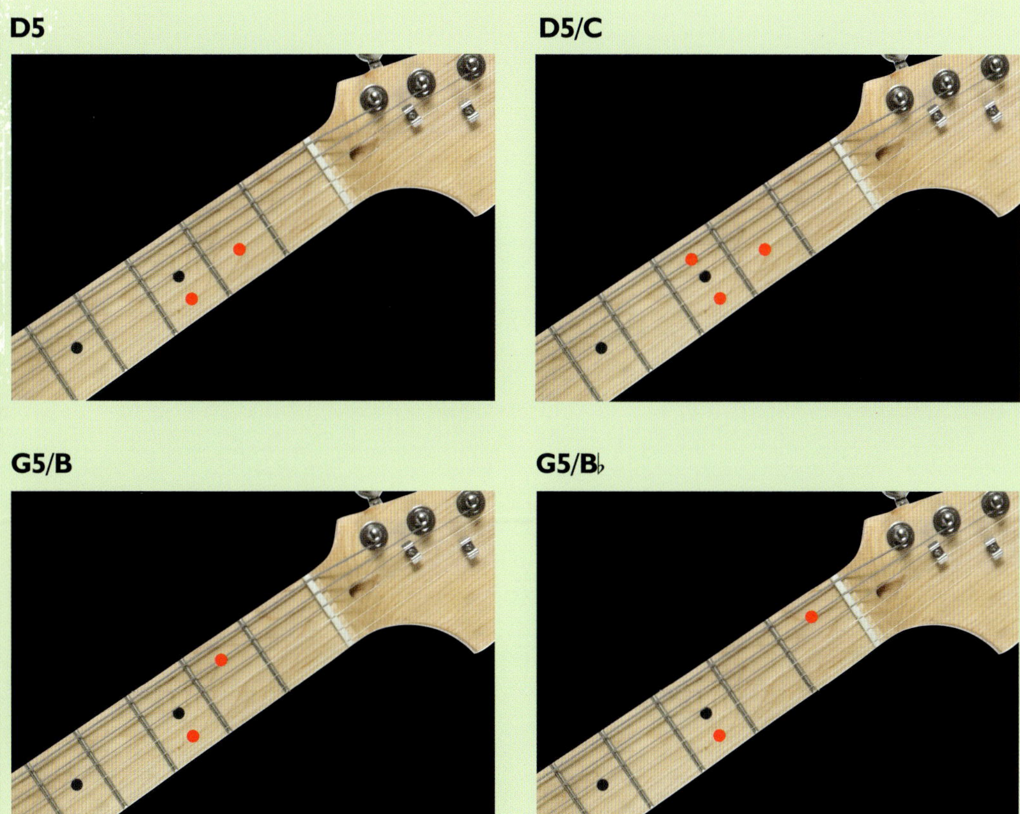

Spieltipps

Beim D5-Akkord umfasst dieses Pattern nur drei Saiten. Bei allen übrigen Akkorden liegt der tiefste Ton auf der 5. Saite, du beginnst also das Pattern statt auf der 4. Saite auf der 5. Saite. Das übrige Pattern bleibt unverändert.

Picking-Pattern **Nr. 9**

Dieses Pop-Pattern mit Country-Beigeschmack wird mit einem Pinch auf Taktschlag 1 und 3 gespielt. Die wiederholten Pinchs ergeben ein hypnotisches Melodiefragment, das sich (wie hier) durch eine komplette Akkordfolge hindurchziehen kann. Das mit dem Wechselbass angedeutete Double-Time-Feeling verhindert, dass dieses Pattern bei langsameren Tempi langweilig wird.

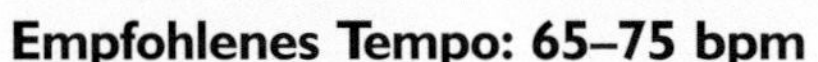

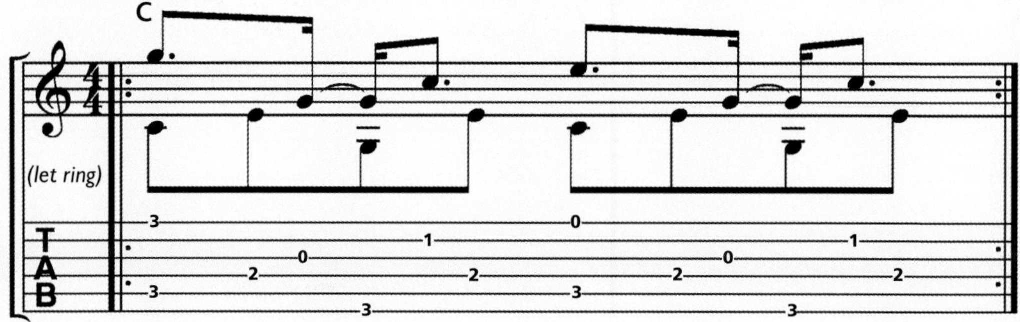

Finger- und Saitenfolge

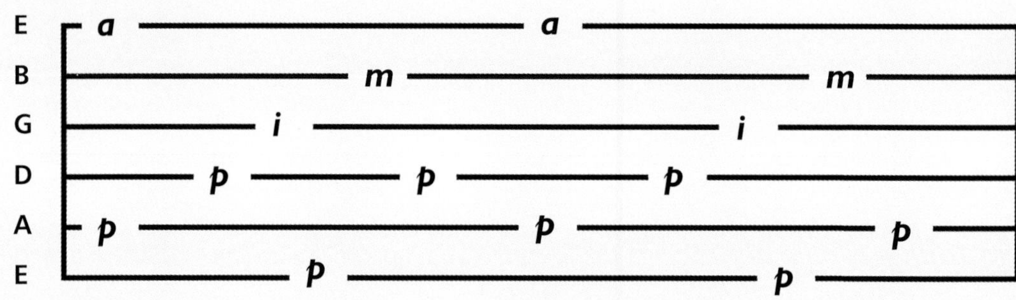

Akkordfolge zum Üben:

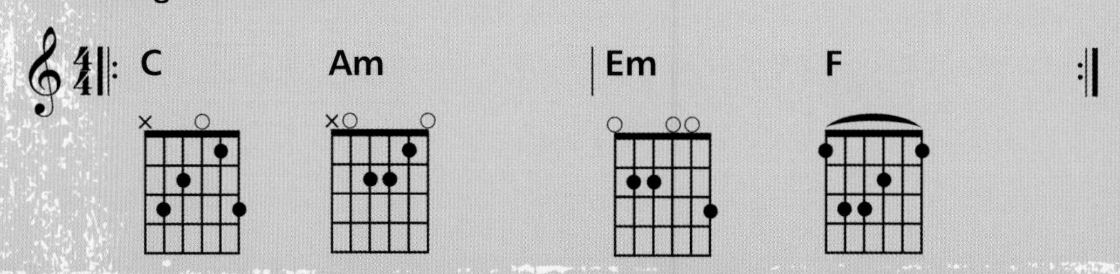

C

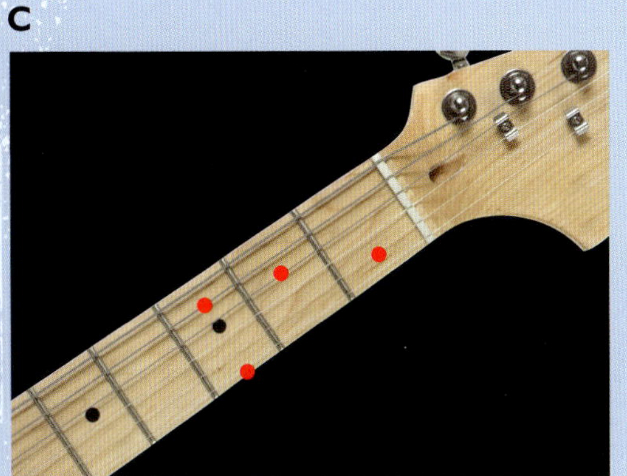

Am

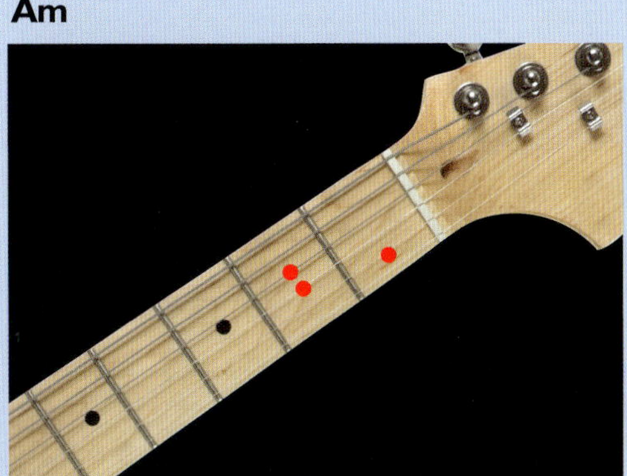

Em

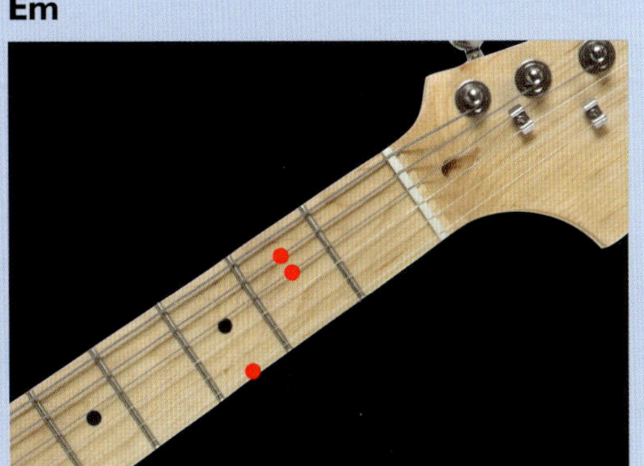

F

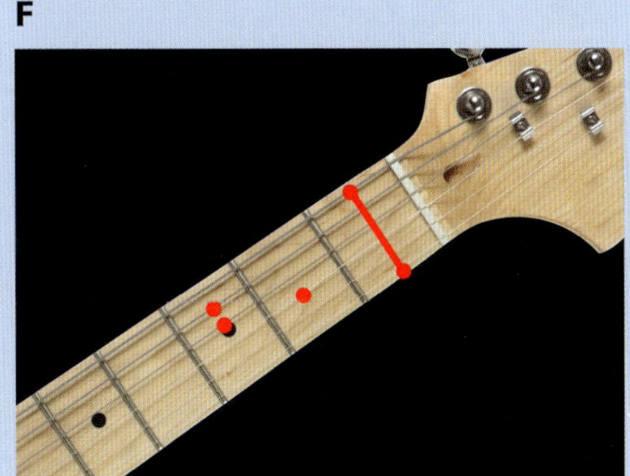

Spieltipps

Denke daran, dass man Akkorde mit Melodietönen erweitern kann – klammere dich nicht mit religiösem Eifer an immer denselben Griffen fest! Wenn man in dieser Akkordfolge den Em-Akkord um ein hohes G (1. Saite) erweitert, kann man die Melodie des 1. Taktes im 2. Takt wiederholen, aber zu anderen Akkorden. Das ist eine äußerst effektive Begleit-Technik.

Picking-Pattern **Nr. 10**

Dieses klassische Country-Pattern geht auf den Bluegrass zurück. Der ungewöhnliche Pinch auf dem ersten Offbeat erzeugt eine coole synkopierte Melodie, die zwar rhythmisch nicht ganz einfach ist, aber mit nur zwei Fingern der Anschlagshand (i und m) gespielt werden kann. Durch das Double-Time-Feeling klingt dieses Pattern bei höheren Tempi sehr beeindruckend.

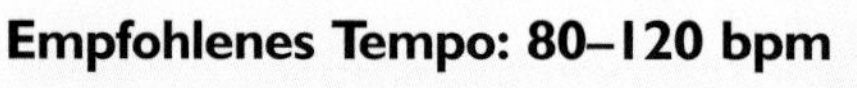

Empfohlenes Tempo: 80–120 bpm

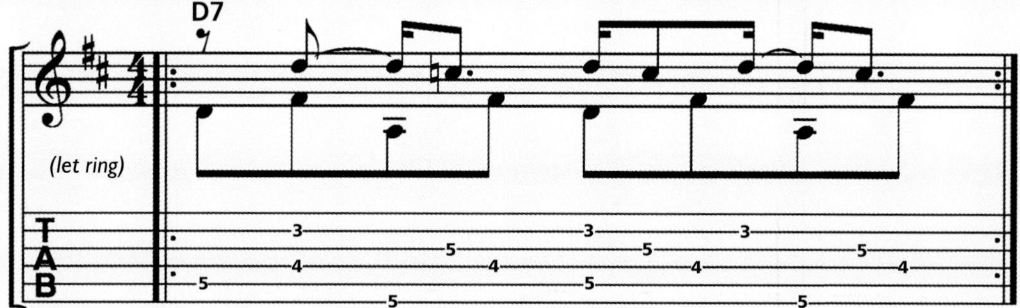

Finger- und Saitenfolge

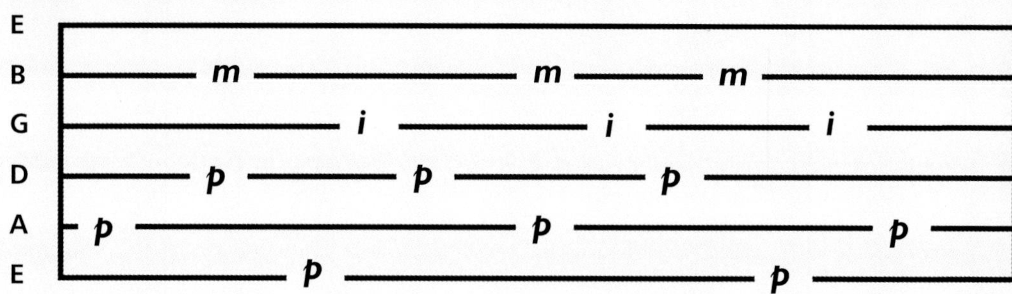

Akkordfolge zum Üben:

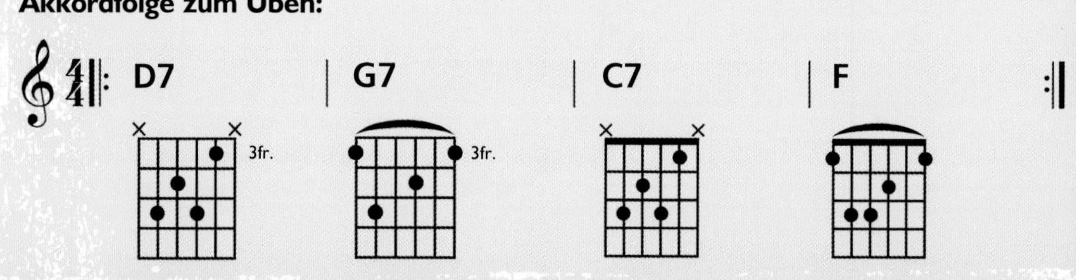

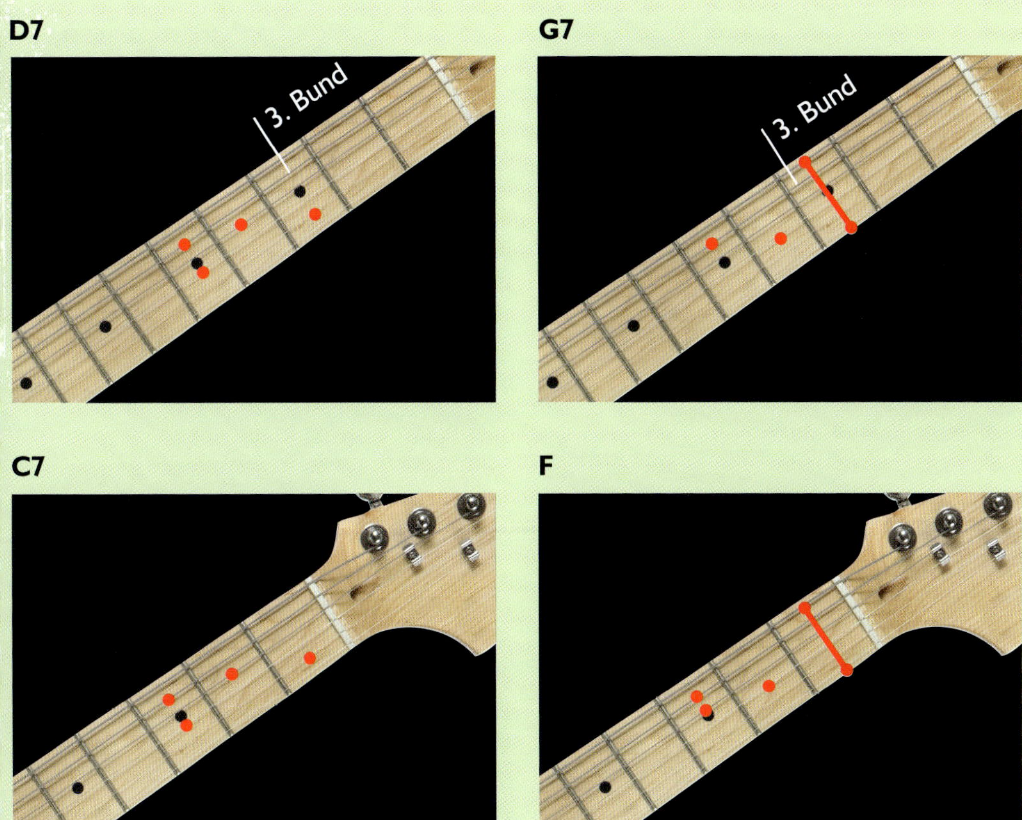

Spieltipps

Du kannst dieses Pattern leicht von einem Pattern mit Grundton auf der 5. Saite zu einem mit Grundton auf der 6. Saite (z.B. für G7 und F) ändern. Die mit den Fingern angeschlagenen Saiten bleiben unverändert; das Bass-Pattern beginnst du mit der 6. Saite und wechselst die 4. und 5. Saite ab. Anders ausgedrückt, spielst du für D7 und C7 die Saitenfolge 5–4–6–4; für G7 und F ändert sie sich zu 6–4–5–4.

Picking-Pattern **Nr. 11**

Ein wundervolles „jangly“ Picking-Pattern das für langsame, groovige Rockstücke hervorragend geeignet ist. Dieses Pattern klingt gut auf einer akustischen Gitarre, aber so richtig zum Leben erwacht es erst auf einer E-Gitarre mit etwas Chorus und Hall. Es klingt in langsamem Tempo am besten.

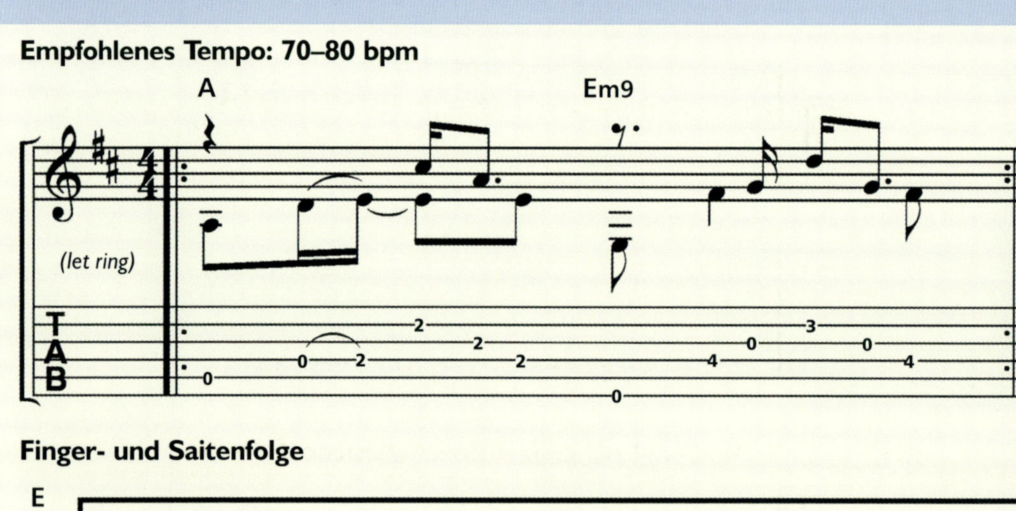

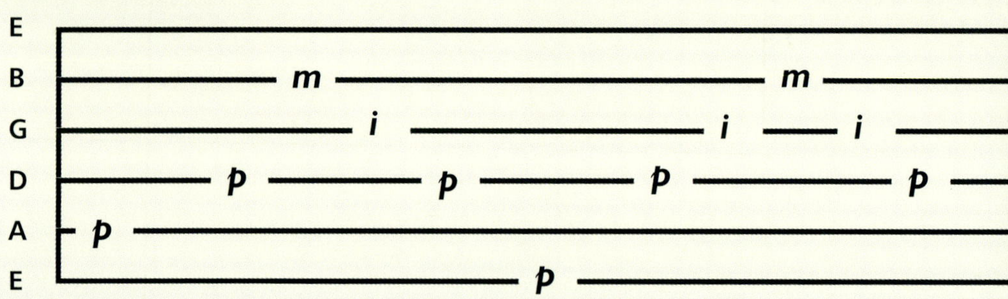

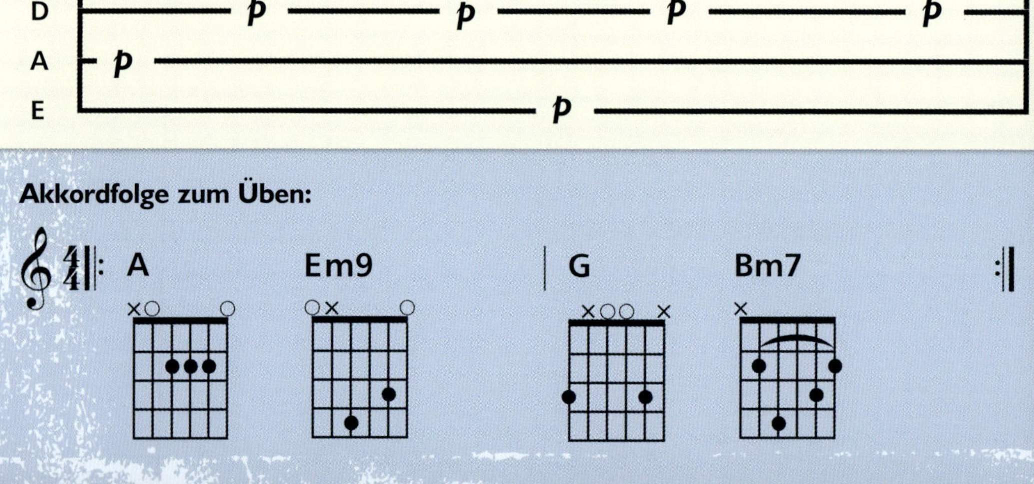

A

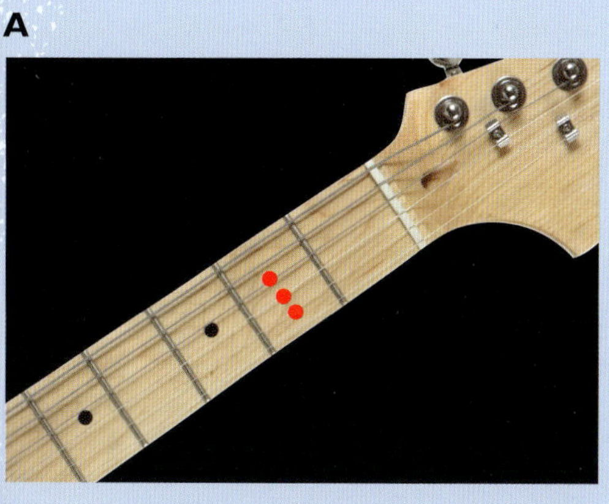

Em9

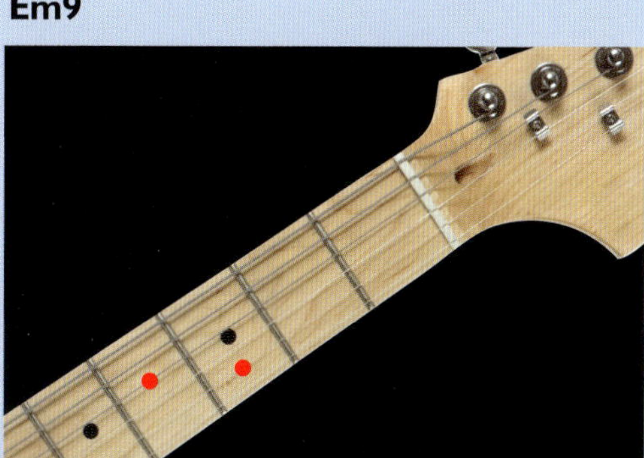

G

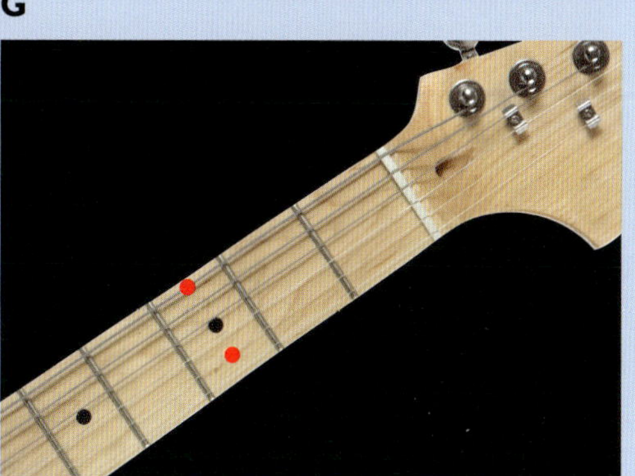

Bm7

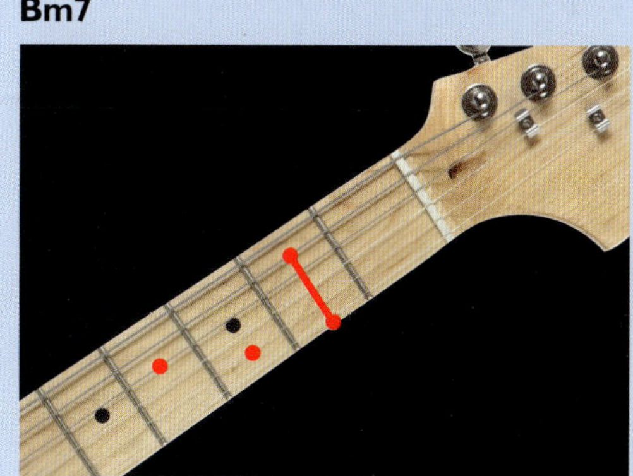

Spieltipps

Dieses Pattern entfaltet seine Wirkung nur, wenn die Saiten ineinanderklingen können. Achte deshalb beim Greifen des Em9-Akkordes besonders darauf, die leere 3. Saite neben der gegriffenen 4. Saite nicht versehentlich zu dämpfen.

Picking-Pattern **Nr. 12**

Dies ist das perfekte Pattern für Balladen und langsamere Stücke. Durch die Hammer-ons klingt es raffiniert, ohne allzu kompliziert zu werden; dadurch ist es eine ausgezeichnete Begleitung für Singer/ Songwriter. Man könnte es im Bandkontext auch für ein kontrastierendes Zwischenspiel oder eine Strophe einsetzen, wenn die Begleitung etwas „luftiger" ausfallen soll.

Empfohlenes Tempo: 75–85 bpm

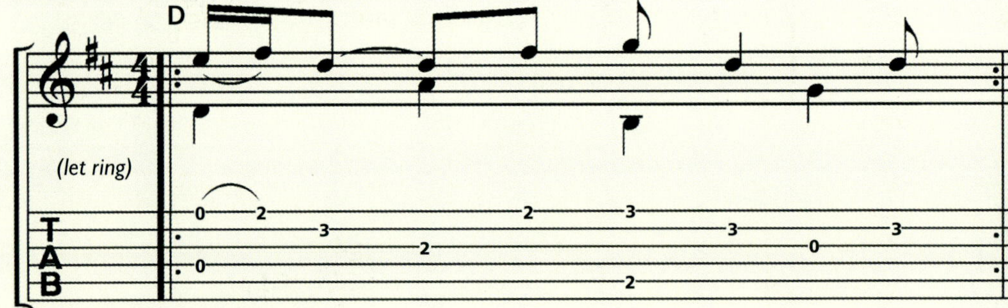

Finger- und Saitenfolge

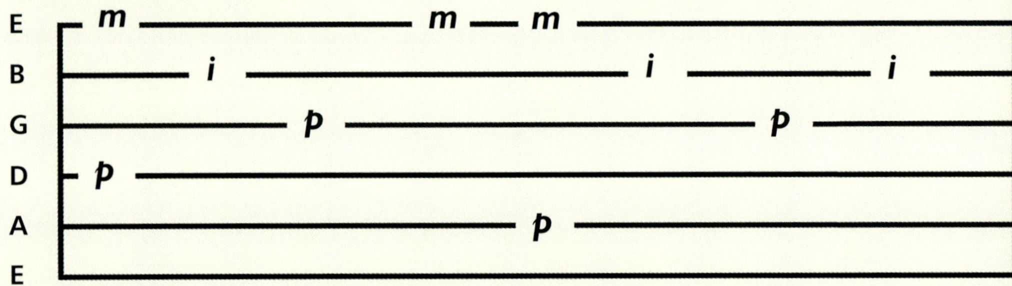

Akkordfolge zum Üben:

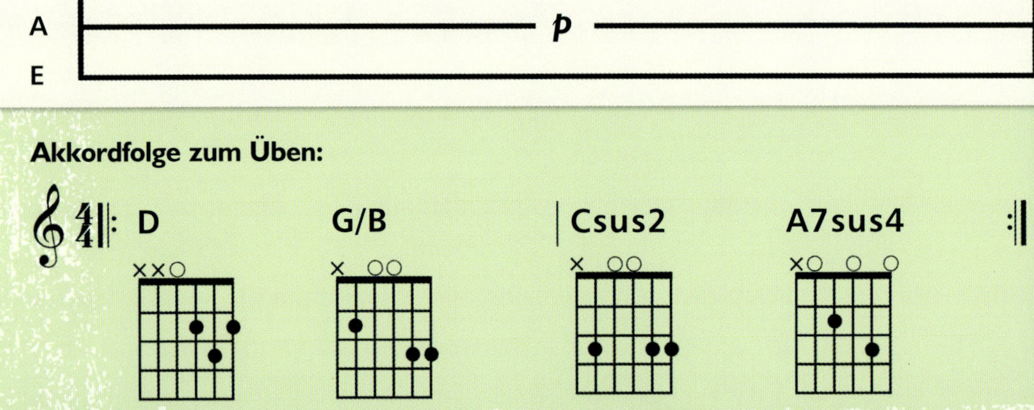

D

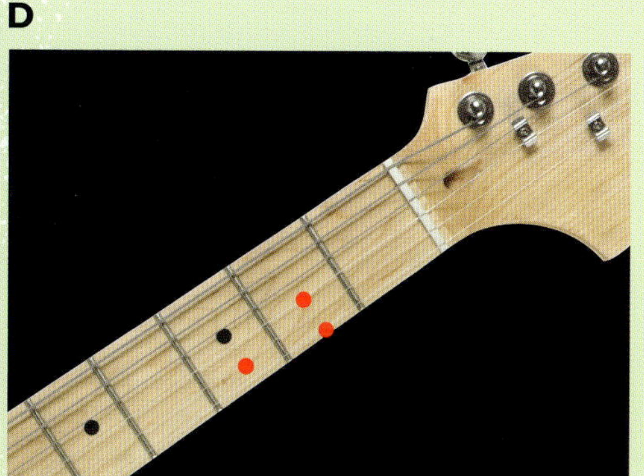

G/B

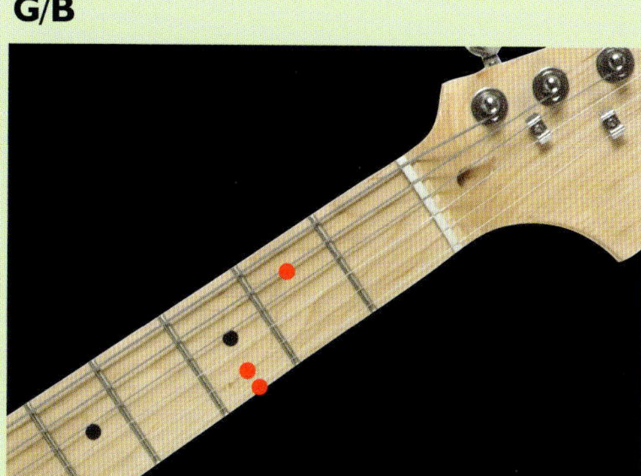

Csus2

A7sus4

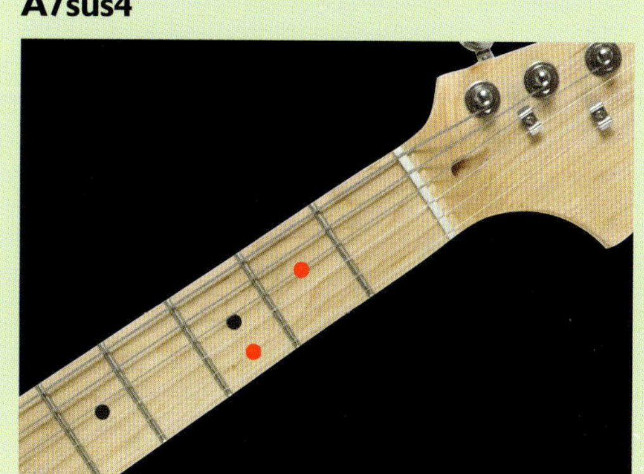

Spieltipps

Das Hammer-on kann beim Csus2-Akkord im 2. Takt weggelassen werden. Verwende das angegebene Picking-Pattern, aber starte mit der 5. Saite anstelle der 4. Saite. Lass alle Töne ineinanderklingen, um den größten klanglichen Effekt zu erzielen.

Picking-Pattern **Nr. 13**

Die Kombination von Wechselbass und sich wiederholender synkopierter Melodie macht dieses Pattern ideal für die Selbstbegleitung. Es passt zu vielen Stilen vom Folk der 1960er bis zu Country oder Classic Rock. Alle Melodietöne fallen auf die Offbeats zwischen den Basstönen und erzeugen eine vollklingende Klangkaskade.

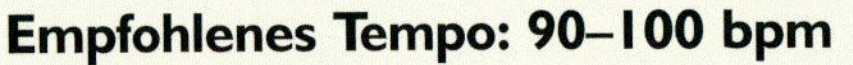

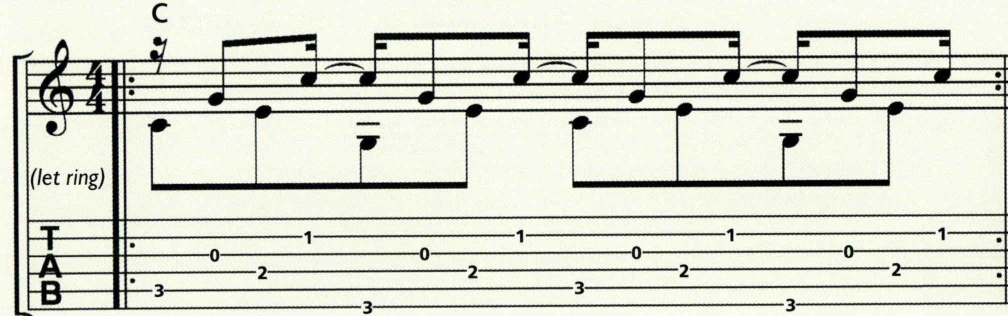

Finger- und Saitenfolge

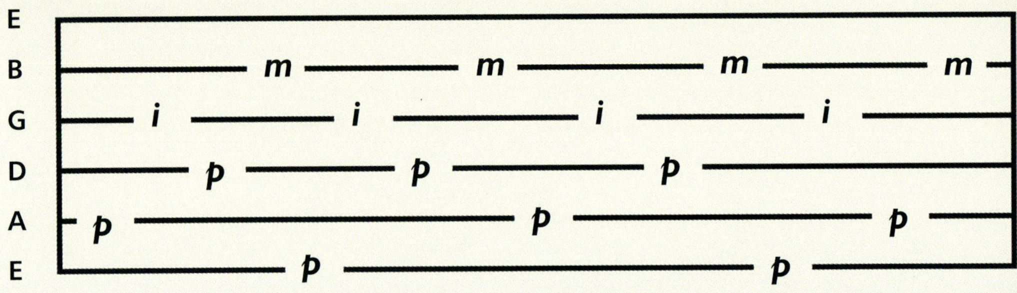

Akkordfolge zum Üben:

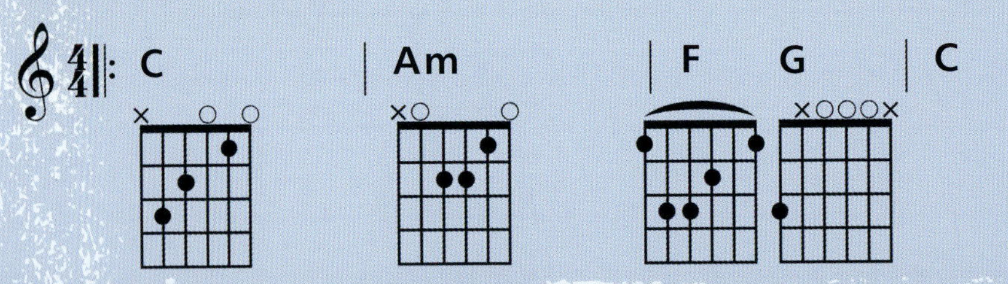

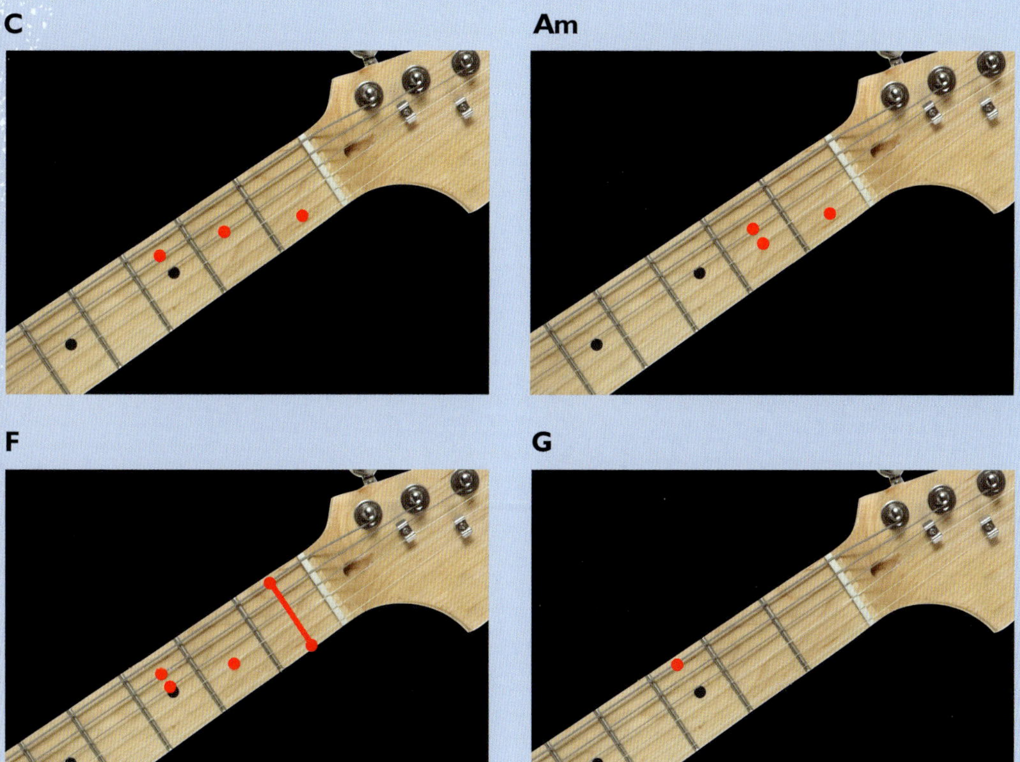

Spieltipps

Wenn du zu den Akkorden F und G (mit Grundton auf der 6. Saite) wechselst, kannst du den Bass so anpassen, dass er ein einfaches Wechselbass-Pattern zwischen der 6. und der 4. Saite wird. Die Melodie wird ohne Wechsel der Saite konstant durchgespielt.

Picking-Pattern **Nr. 14**

Dieses auf einem Pedalton basierende Pattern wäre ideal für ein Intro oder ein Zwischenspiel. Alternativ kann man es auch (wie unten) für eine komplette Strophe oder einen Refrain verwenden. Es ist nicht an einen bestimmten Stil gebunden; wegen des G7sus4-Akkordes klingt es modern, würde aber prinzipiell zu jedem Stil passen.

Empfohlenes Tempo: 75–85 bpm

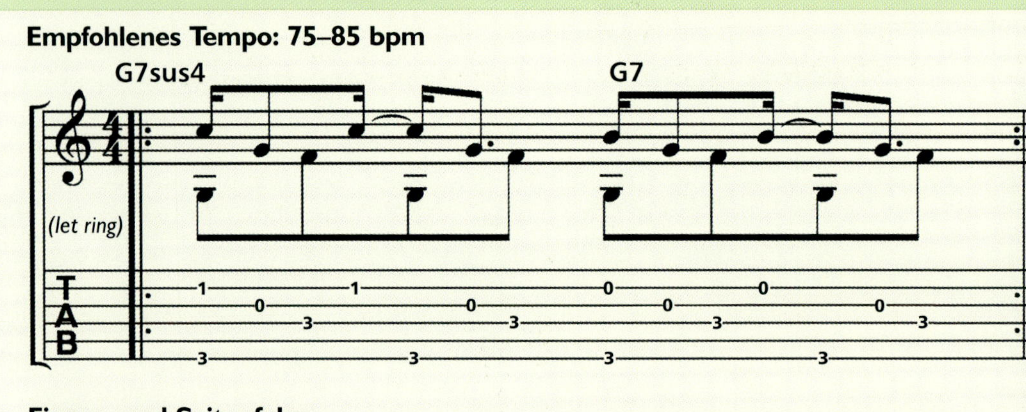

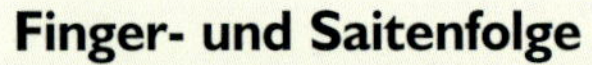

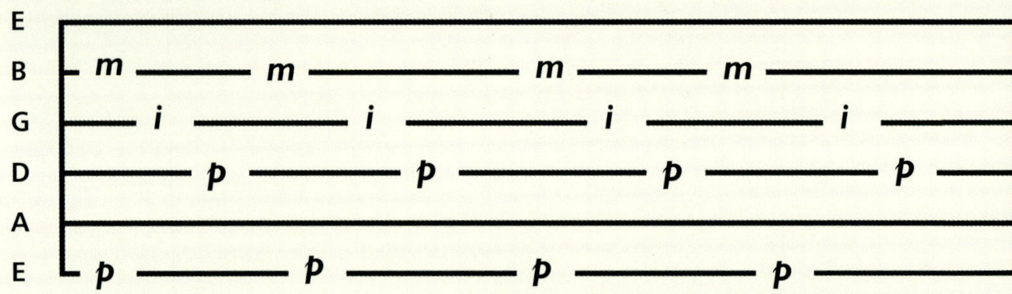

Akkordfolge zum Üben:

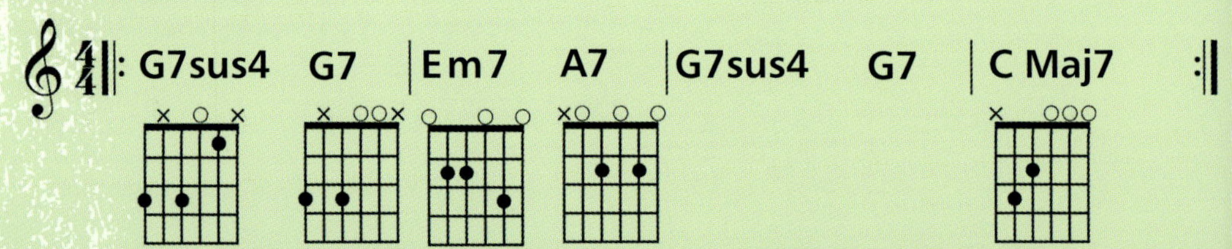

G7sus4

G7

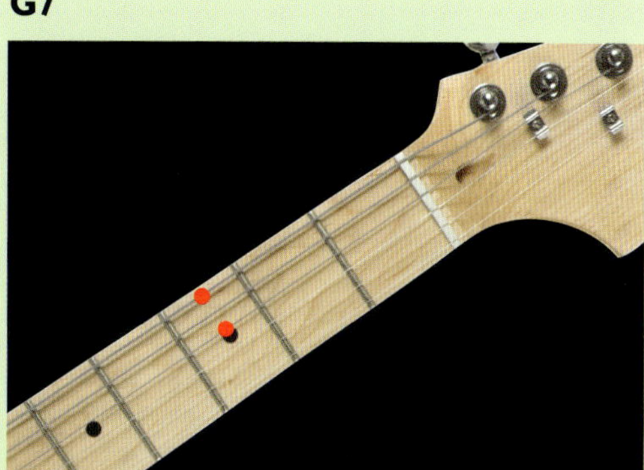

Em7

A7

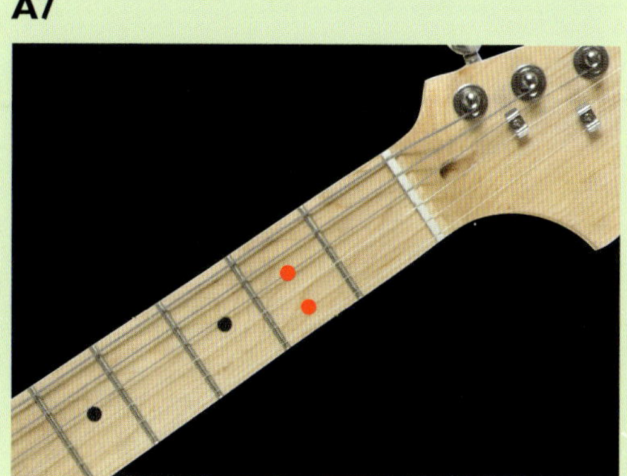

Cmaj7

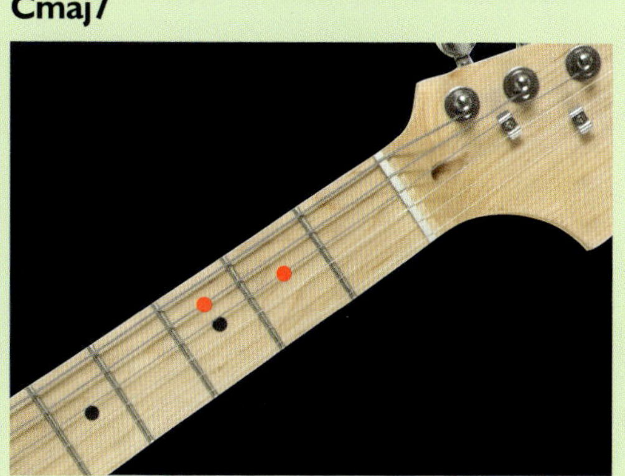

Spieltipps

Dieses Pattern sieht komplizierter aus, als es mit ein wenig Üben tatsächlich ist. Für die Akkorde A7 und Cmaj7 muss das Pattern wegen ihrer Grundtöne auf der 5. Saite leicht abgeändert werden. Verschiebe den tiefsten Basston auf die 5. Saite und lasse den höheren wie im Original-Pattern auf der 4. Saite.

Picking-Pattern **Nr. 15**

Dieses eindringliche und trotz seiner Spärlichkeit vollklingende Pattern eignet sich für moderne akustische oder elektrische Blues-Arrangements. Die ruhigen Melodietöne erzeugen mit der unnachgiebigen Achtel-Basslinie ein ungewöhnliches, aber hocheffektives Pattern. Das hohe E am Ende des Pattern sollte in die Wiederholung hineinklingen.

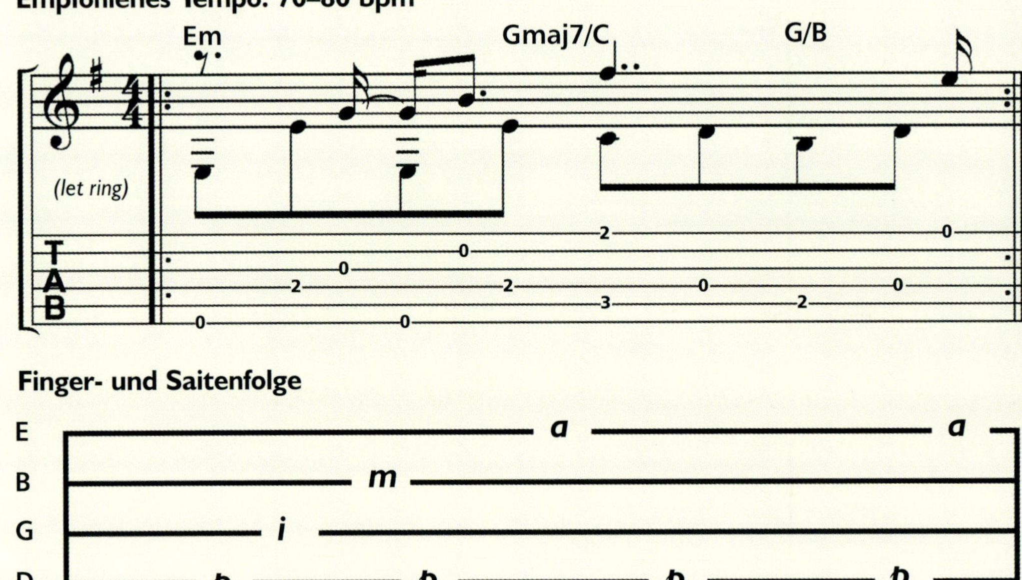

Akkordfolge zum Üben:

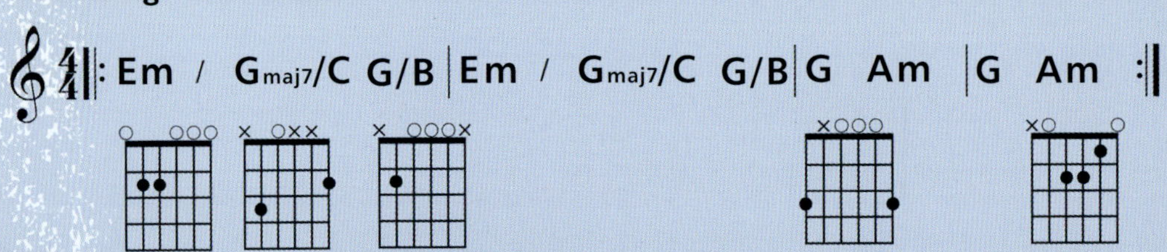

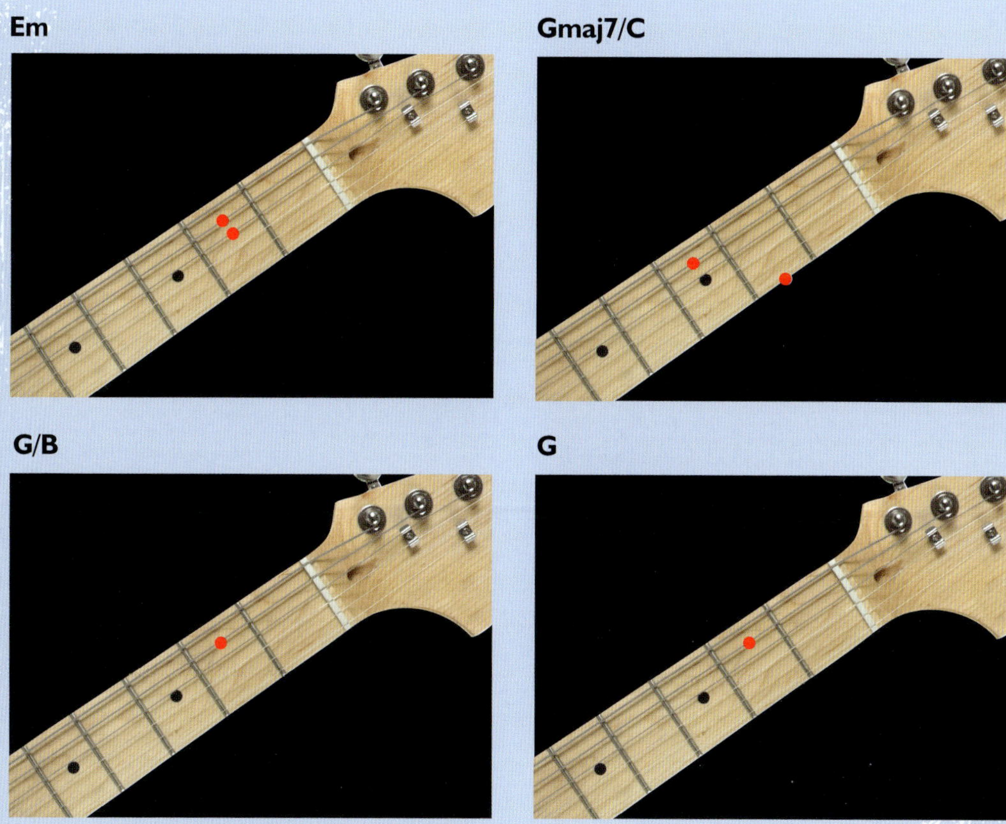

Am

Spieltipps

Greife das hohe F♯ beim Gmaj7/C-Akkord mit dem Zeigefinger, dann kannst du beide Töne auf der 5. Saite mit dem Mittelfinger greifen (und das F♯ kann für seine volle Dauer weiterklingen). Versuche am Ende des 3. Taktes, das hohe G (1. Saite) des folgenden G-Dur-Akkords vorwegzunehmen.

Picking-Pattern **Nr. 16**

Dieses coole Rock 'n' Roll-Riff erzeugt eine Menge Drive und passt zu Country-Swing mit Südstaaten-Feel. Die Basstöne auf dem Taktschlag erzeugen gemeinsam mit den synkopierten Akkorden die spezielle Stimmung. Die 16tel-Akkorde auf den Offbeats werden mit Shuffle-Feeling gespielt. Richtig gespielt klingt das, als würden die Akkorde in die Basstöne „hineinfallen".

Empfohlenes Tempo: 110–120 bpm

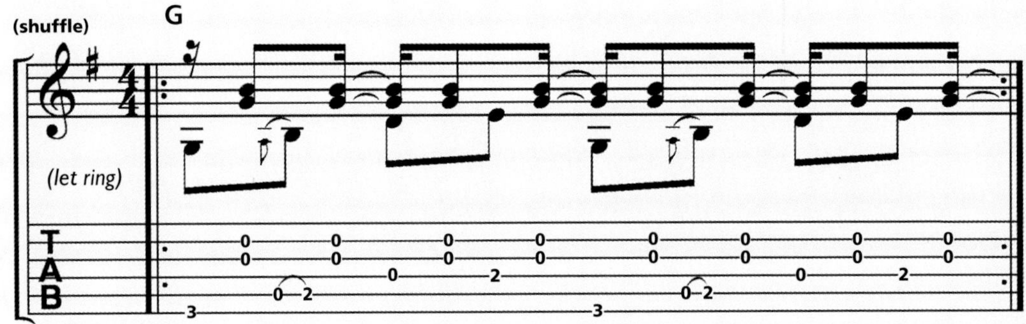

Finger- und Saitenfolge

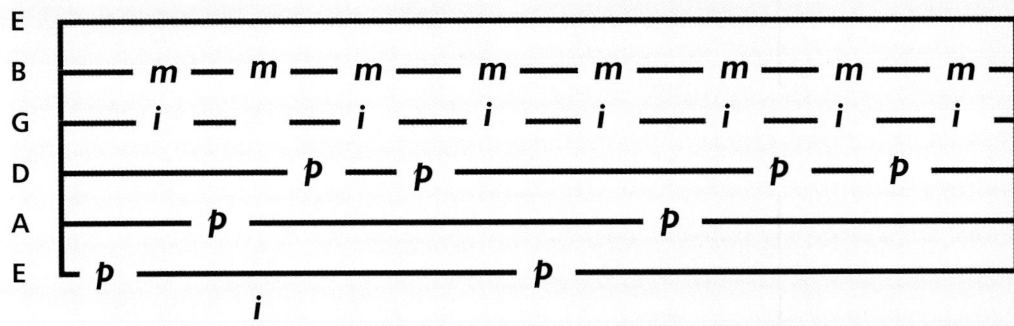

Akkordfolge zum Üben:

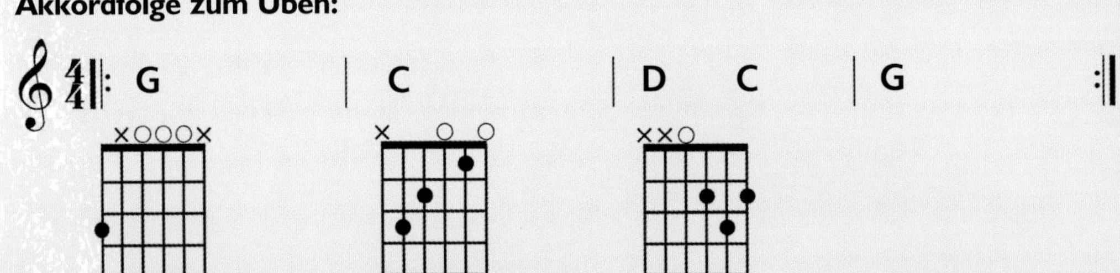

G

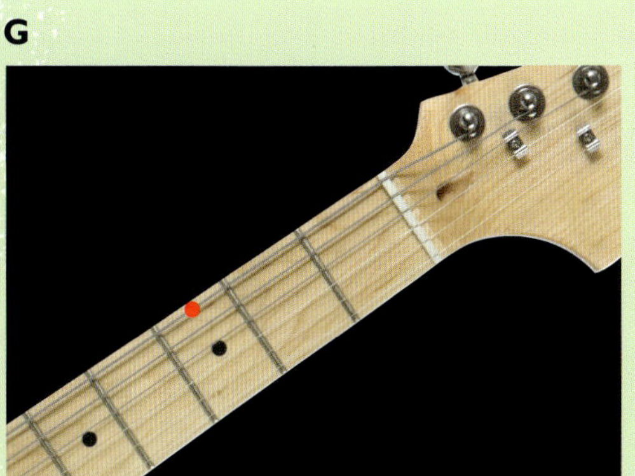

C

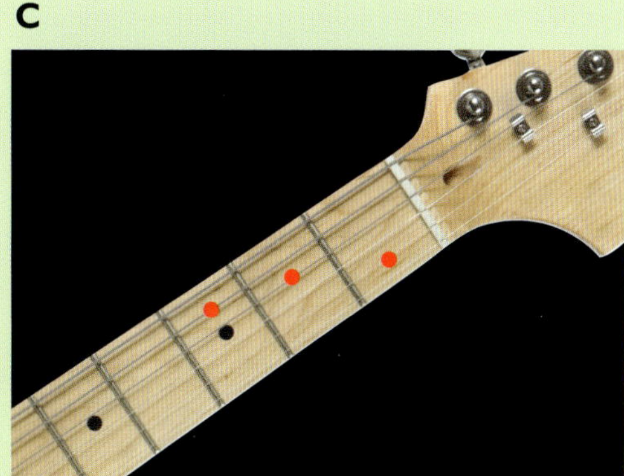

D

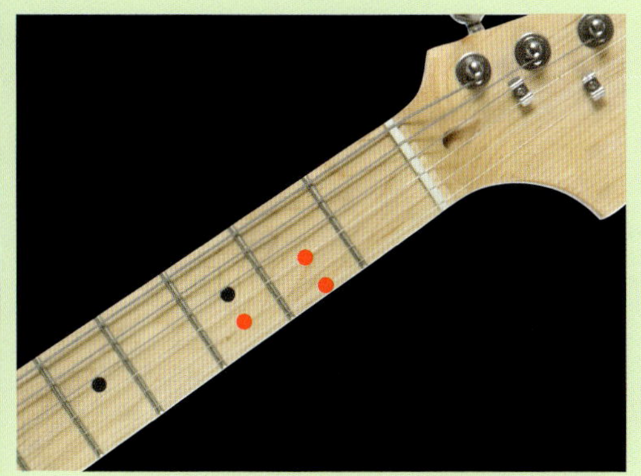

Spieltipps

Du solltest mittlerweile Riffs und Pattern problemlos an verschiedene Griff-Formen anpassen können. Behalte stets die Intervalle des Riffs und seinen Klang im Kopf. Anschließend transponierst du einfach – mit Übung geht das immer schneller. Greife versuchsweise den D-Dur-Akkord mit einem kleinen Barré des Zeigefingers im 2. Bund. So bleibt der Mittelfinger für die Töne des Riffs frei.

Picking-Pattern **Nr. 17**

Dies ist ein vielseitig verwendbares Picking-Pattern mit starkem Country-Touch und ideal für schnellere oder Double-Time-Grooves. Der Daumen wandert hier bis zur 3. Saite, während die Finger (i und m) einen konstanten synkopierten Rhythmus durchspielen. Schneller gespielt ähnelt dieses Pattern einem traditionellen Banjo-Roll.

Empfohlenes Tempo: 90–120 bpm

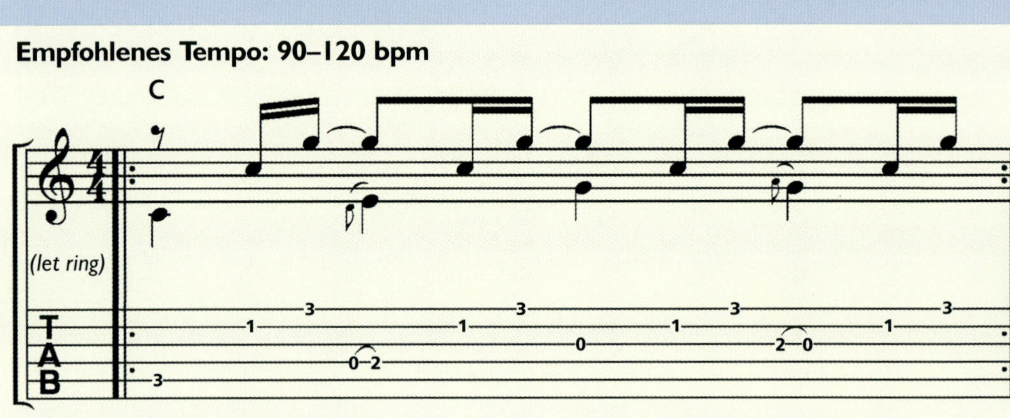

Finger- und Saitenfolge

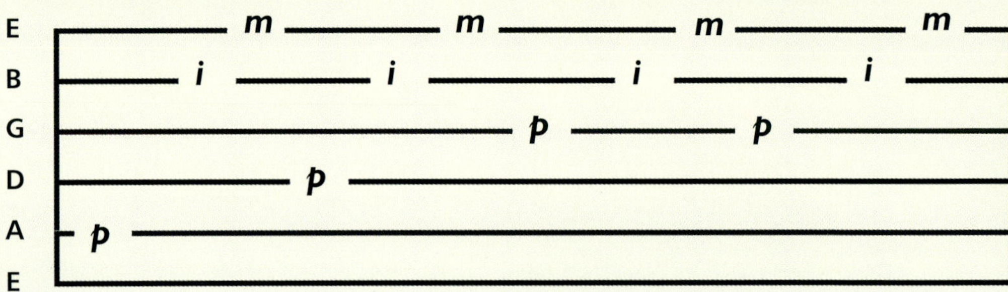

Akkordfolge zum Üben:

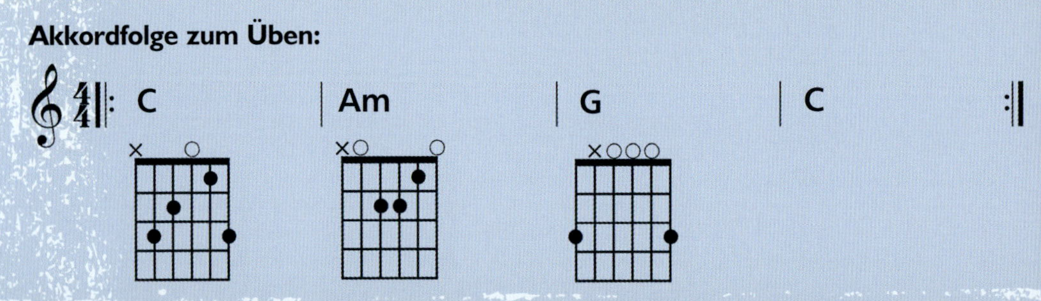

Picking-Pattern **Nr. 18**

Eine Begleitpattern für Sänger/Songwriter, das gut zu Sequenzen mit zwei Akkorden pro Takt (wie der Übungs-Akkordfolge unten) passt. Nur der erste Melodieton wird als Pinch gespielt, die anderen sind synkopiert. Übe dieses Pattern zuerst langsam und steigere dich allmählich bis zum empfohlenen Tempo.

Empfohlenes Tempo: 80–100 bpm

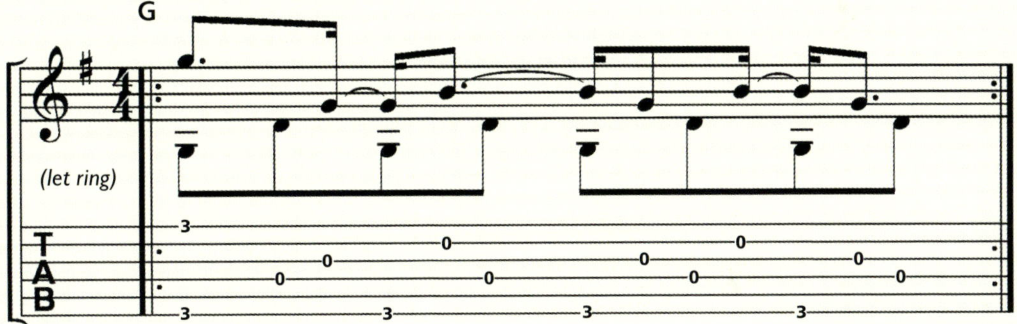

Finger- und Saitenfolge

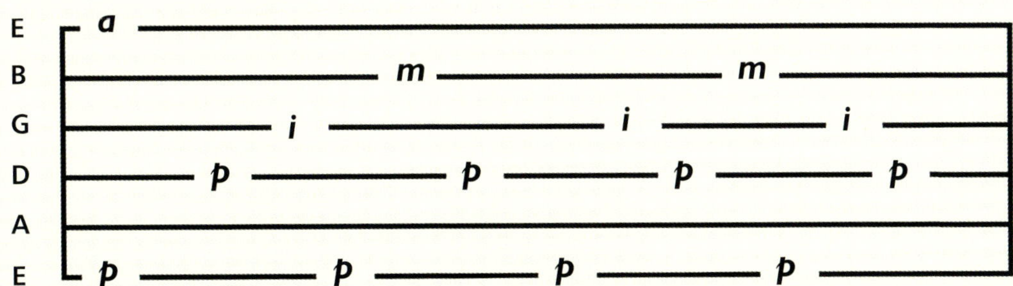

Akkordfolge zum Üben:

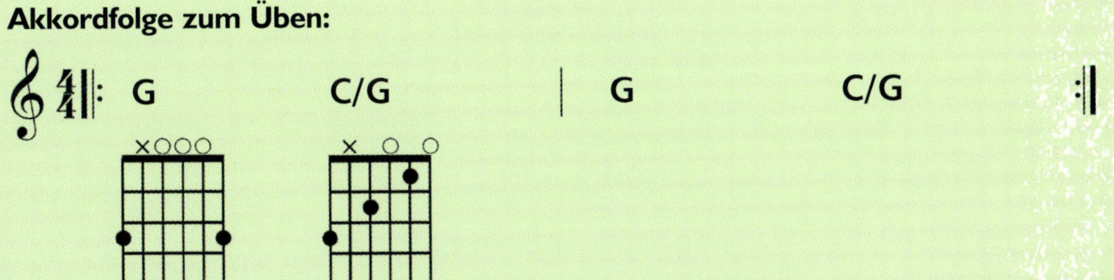

Picking-Pattern **Nr. 19**

Dies ist ein eher dunkles und mürrisches Fingerstyle-Riff, das für akustischen oder elektrischen Blues ideal ist. Obwohl die Bass-Linie die kleine Terz (B♭) enthält, fehlt dieses Intervall im Akkord (deshalb auch als G5 bezeichnet). Dieses Pattern eignet sich hervorragend für harmonisch mehrdeutige Begleitungen – perfekt für Blues in allen Varianten.

Empfohlenes Tempo: 70–80 bpm

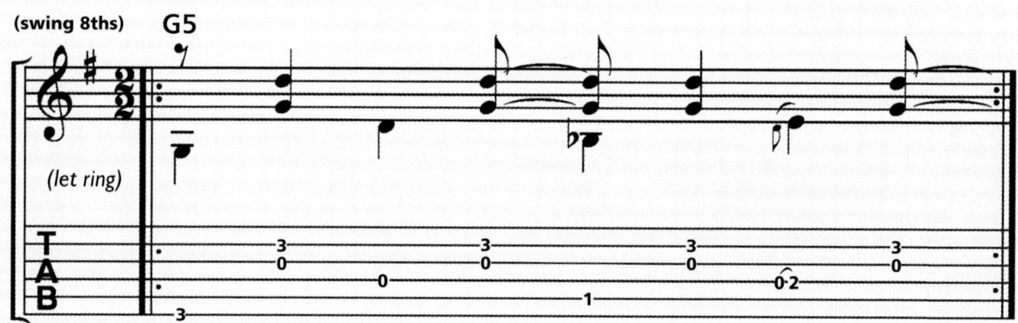

Finger- und Saitenfolge

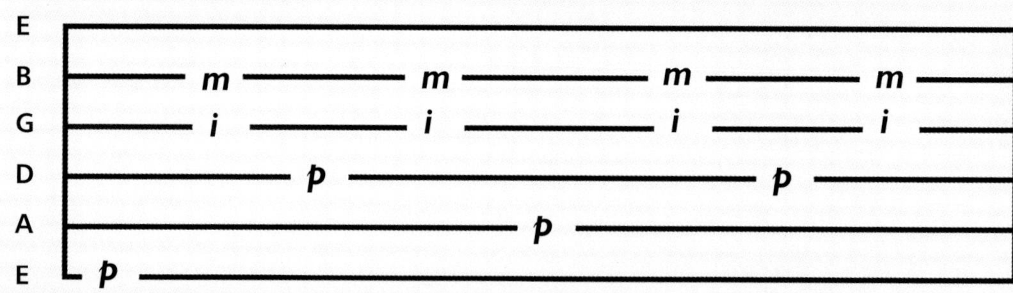

Akkordfolge zum Üben:

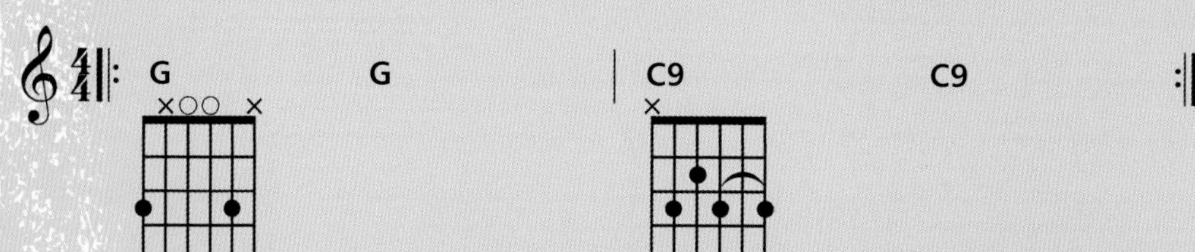

Picking-Pattern **Nr. 20**

Ein schönes kaskadenartiges und hypnotisierendes Pattern, das prima für Pop- und Country-Balladen geeignet ist. Es passt zu 5-saitigen oder 6-saitigen Griff-Formen, aber nicht so gut zu 4-saitigen Akkorden; deshalb auch der D9/F♯ anstelle eines einfachen D7 in der Akkordfolge zum Üben.

Empfohlenes Tempo: 75–85 bpm

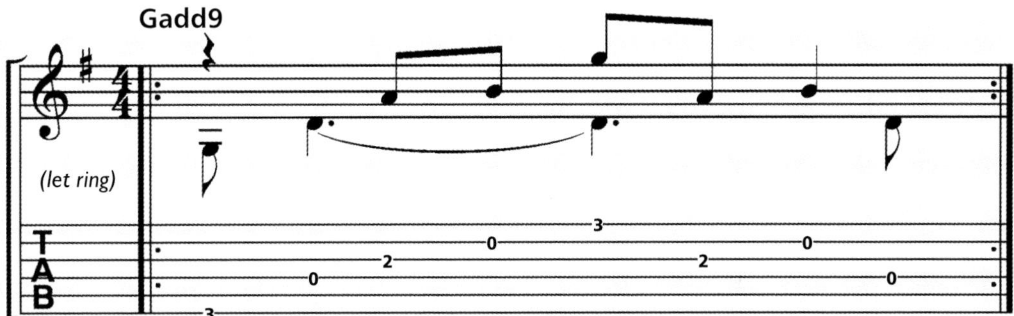

Finger- und Saitenfolge

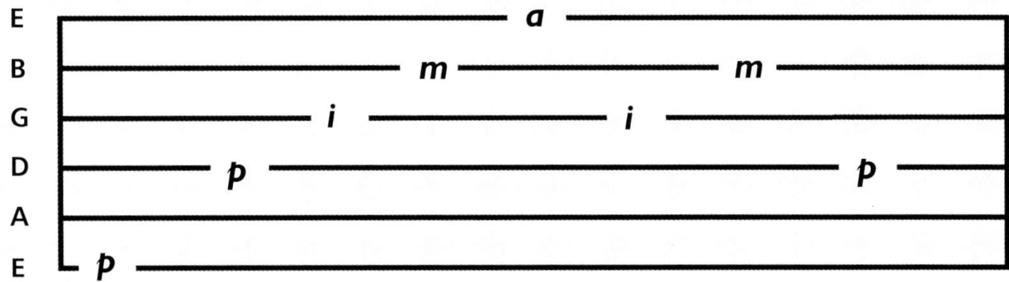

Akkordfolge zum Üben:

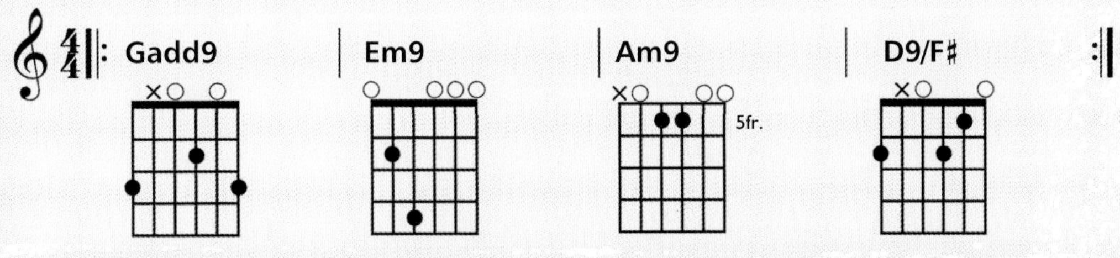

Picking-Pattern **Nr. 21**

Diese klassische Begleitung für Pop/Rock-Balladen erzeugt mit der Kombination von hoch auf dem Hals gegriffenen Tönen und Leersaiten einen vollklingenden harmonischen Hintergrund. Es gibt zahlreiche weitere mit Leersaiten kombinierbare Akkord-Fragmente – verschiebe sie entlang des Halses und finde die bestklingenden Lagen.

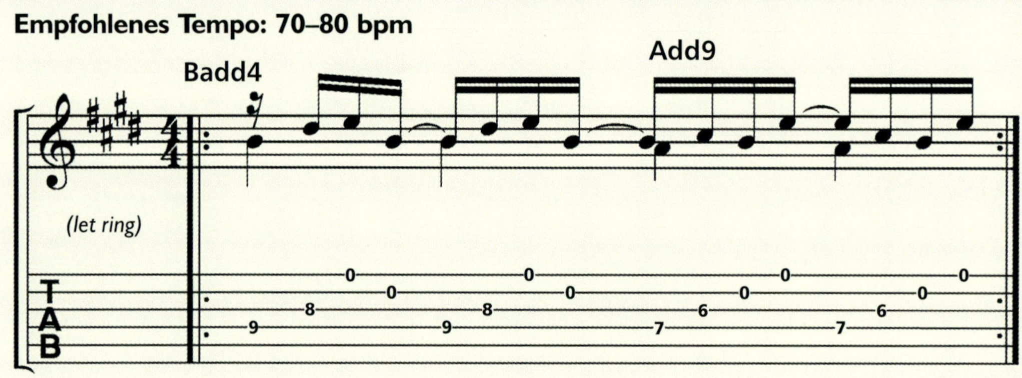

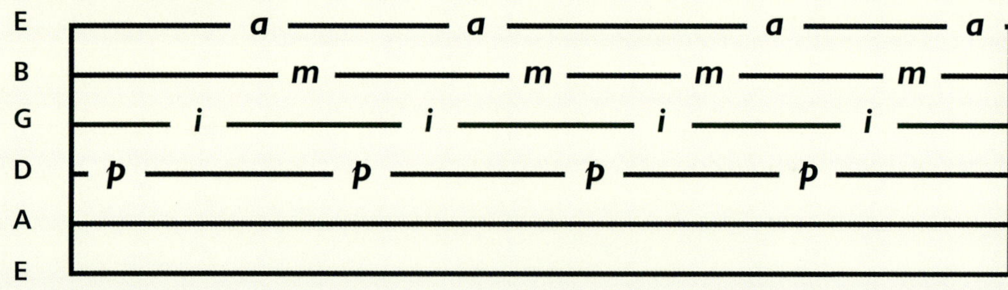

Akkordfolge zum Üben:

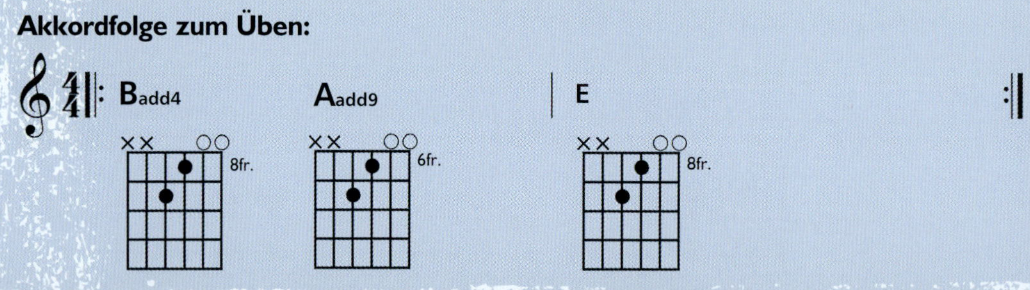

Picking-Pattern **Nr. 22**

Dieses Picking-Pattern passt hervorragend zu Rock/Pop-Balladen. Mit seinen Hammer-ons und Pull-offs klingt es flüssig und anspruchsvoll. Ohne diese Verzierungen durch Hammer-ons und Pull-offs kann dieses Pattern auch mit verschiebbaren Griff-Formen eingesetzt werden.

Empfohlenes Tempo: 80–120 bpm

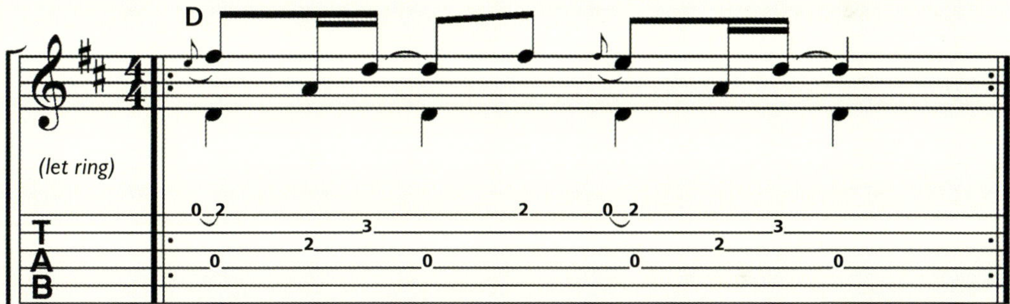

Finger- und Saitenfolge

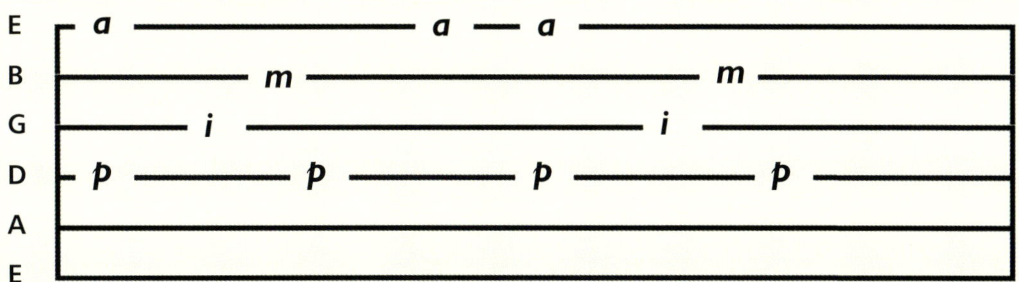

Akkordfolge zum Üben:

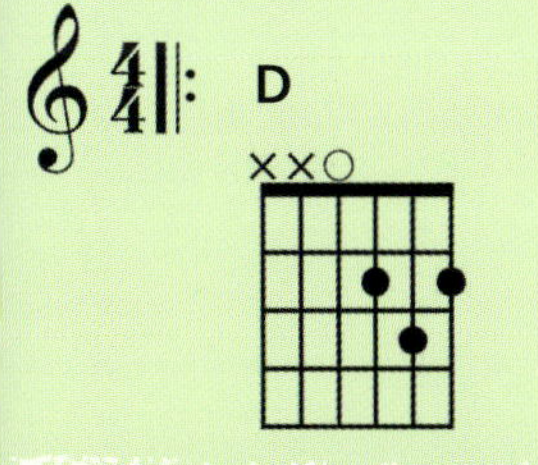

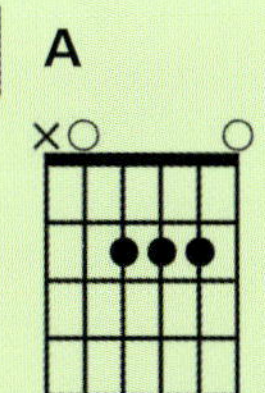

Picking-Pattern **Nr. 23**

Dieses „glockige" Pattern im Stil einer Pop-Ballade klingt sehr offen, allerdings ohne dafür den Groove zu opfern. Du kannst es auf der Akustik- oder der E-Gitarre spielen und es passt gut zu Intros oder Strophen, für die eine etwas „spärlichere" Begleitung gewünscht ist.

Empfohlenes Tempo: 75–85 bpm

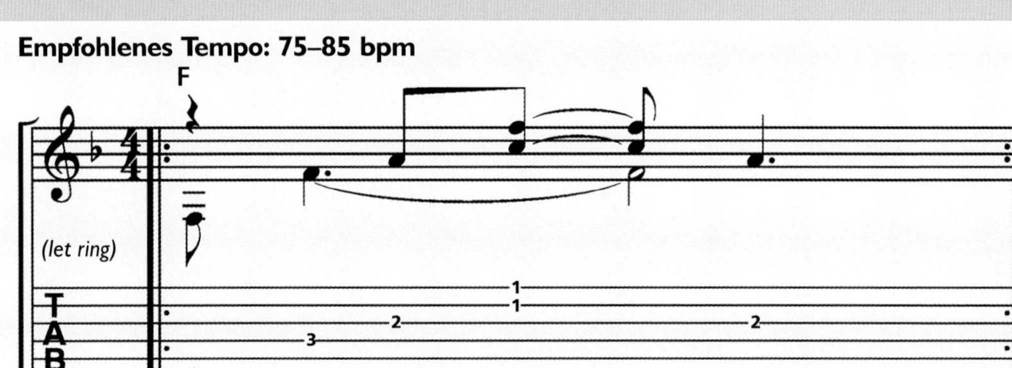

Finger- und Saitenfolge

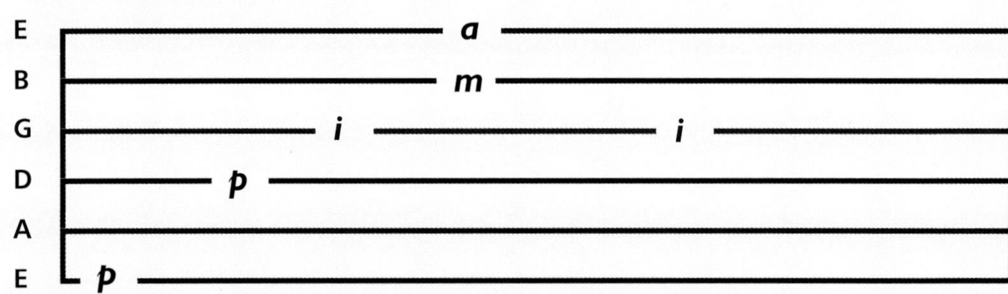

Akkordfolge zum Üben:

F | B♭/D

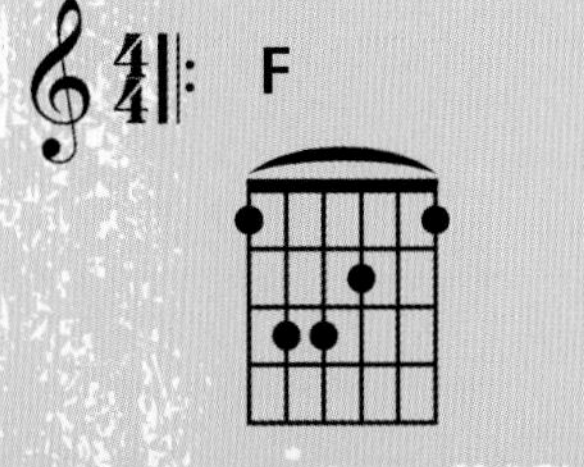

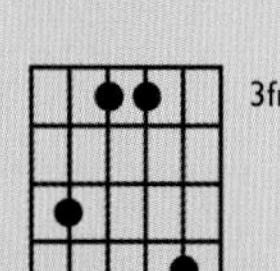

Picking-Pattern **Nr. 24**

Dieses Pattern eignet sich hervorragend für funkige Arrangements mit Blues-Einschlag. Weil es ohne Swingfeel gespielt wird, klingt es moderner und passt zu einer Vielzahl von Begleit-Szenarien. Es klingt auf der akustischen Gitarre genauso gut wie auf der E-Gitarre.

Empfohlenes Tempo: 70–80 bpm

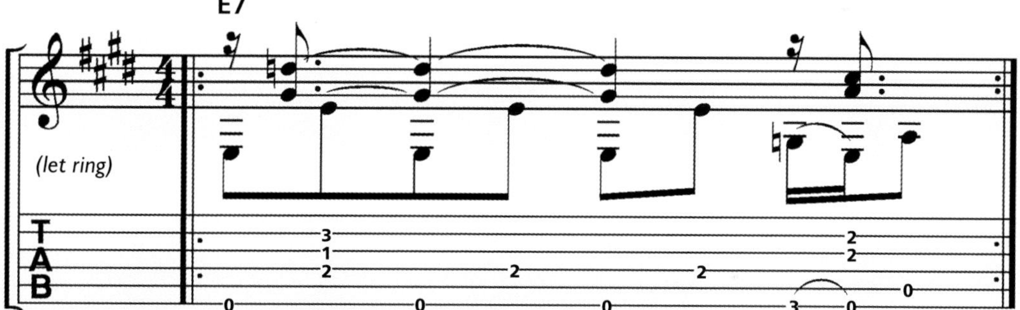

Finger- und Saitenfolge

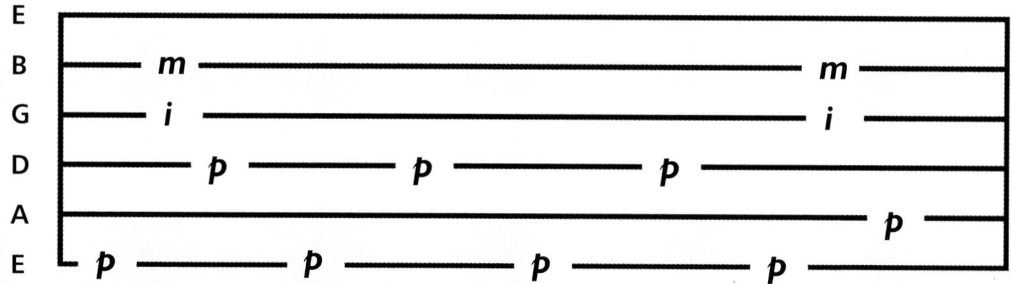

Akkordfolge zum Üben:

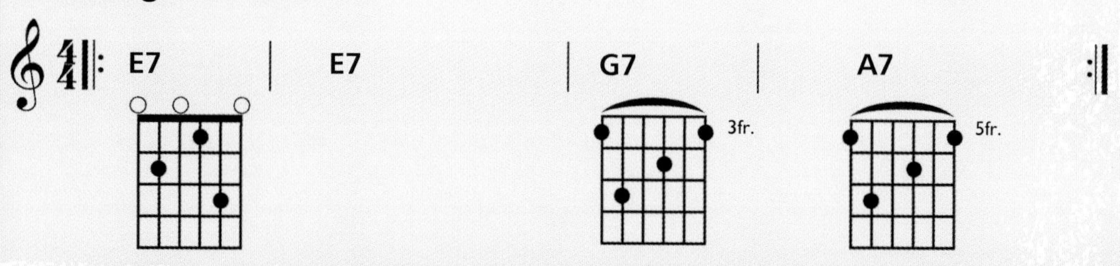

Picking-Pattern **Nr. 25**

Das perfekte Pattern für swingenden Moll-Blues, Jazz-Standards oder sogar einen Popsong mit Swing-Feeling. Dieses Pattern passt zu offenen Akkorden mit Leersaiten genauso wie zu Barré-Akkorden (dann solltest du allerdings die Hammer-ons weglassen). Es klingt besonders cool für schnellere Stücke in jazzigen Stilen.

Empfohlenes Tempo: 120–140 bpm

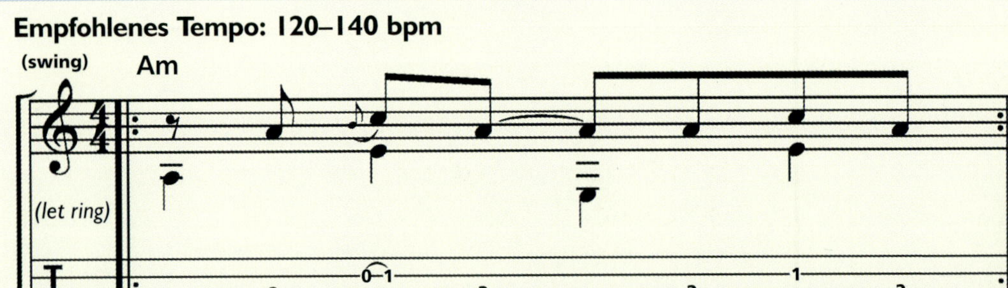

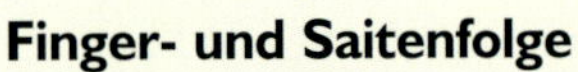

Finger- und Saitenfolge

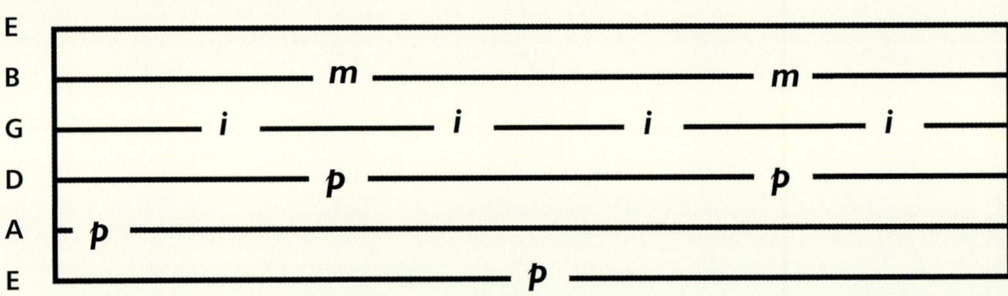

Akkordfolge zum Üben:

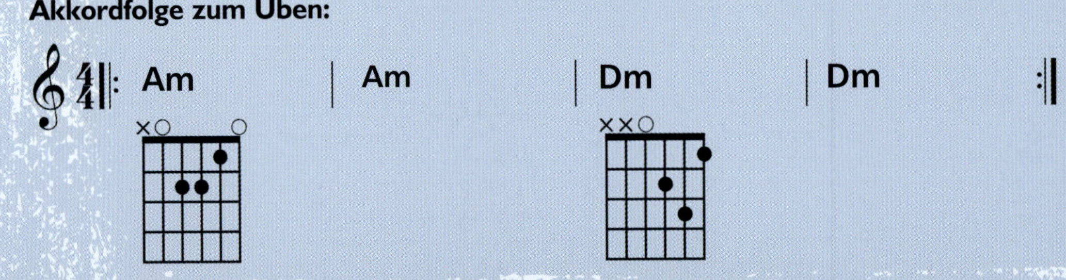

Picking-Pattern **Nr. 26**

Dieses Pattern passt gut zu 12/8-Balladen der unterschiedlichsten Stilrichtungen. Das klassische Auf/Ab-Muster dieses Picking-Patterns ergibt eine interessante Begleitung, ohne jemals allzu aufdringlich zu wirken.

Empfohlenes Tempo: 55–65 bpm

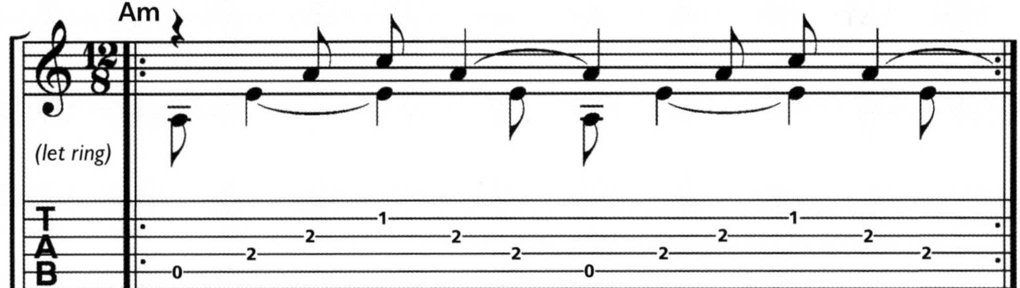

Finger- und Saitenfolge

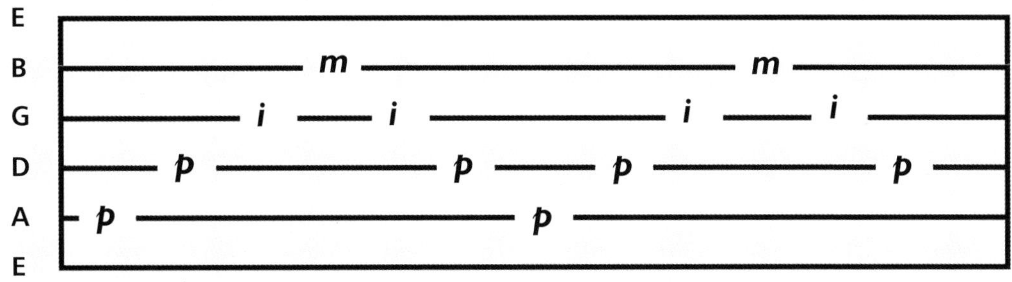

Akkordfolge zum Üben:

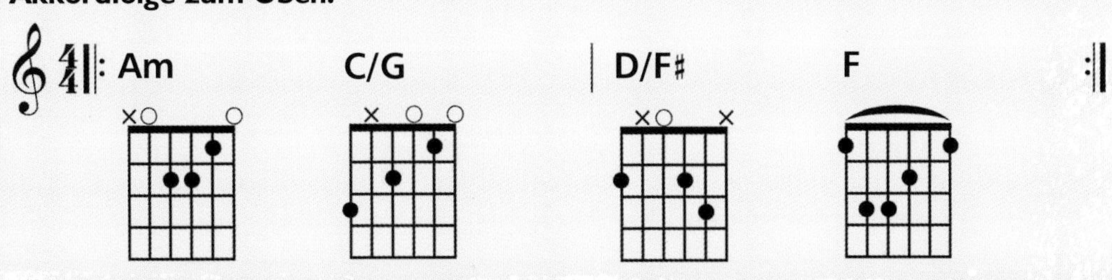

Picking-Pattern **Nr. 27**

Dieses sparsame, aber interessante Pattern erzeugt eine schöne hypnotische Begleitung, die zu vielen verschiedenen Rockstilen passt. Es ist perfekt für spacige Zwischenspiele oder Strophen. Es passt ebensogut zu einem Klassikrock-Stück mit Refrain zum Mitsingen wie zu einem modernen, düsteren Arrangement mit umgestimmter Gitarre.

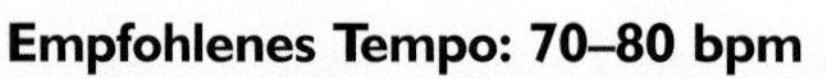

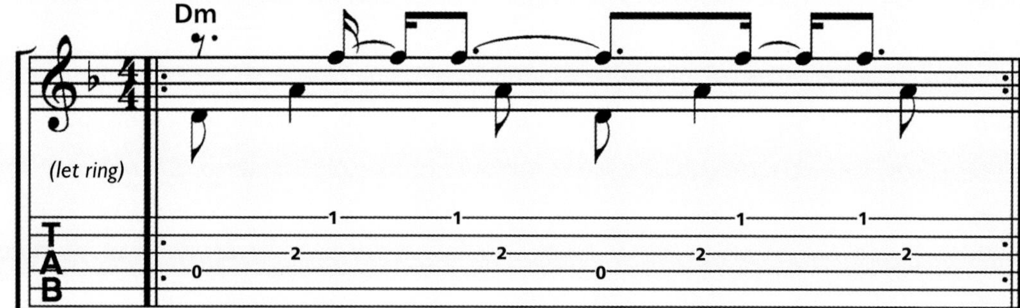

Finger- und Saitenfolge

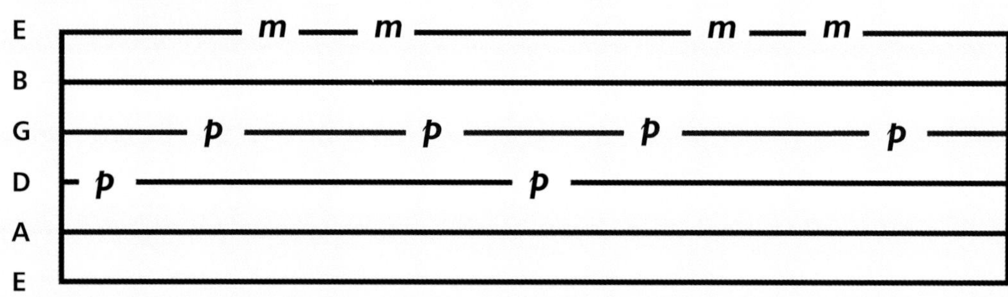

Akkordfolge zum Üben:

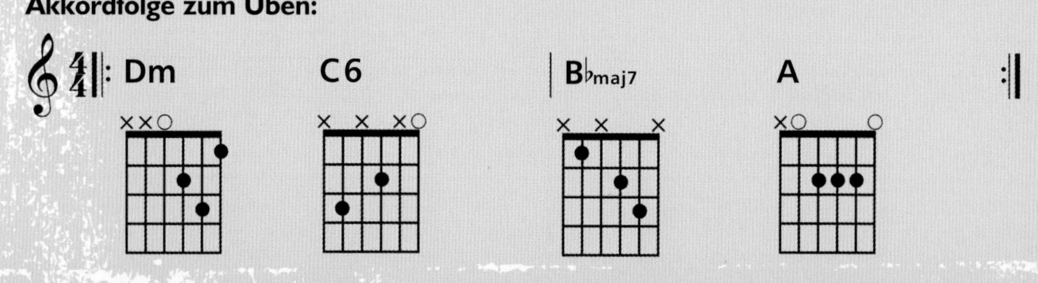

Picking-Pattern **Nr. 28**

Dieses Pattern im klassischen akustischen Singer/Songwriter-Stil eignet sich besonders für die Selbstbegleitung und erzeugt mit einer Melodie auf der 1. Saite Bewegung und Interesse. Das Pattern ist unkompliziert; die mit Pinch gespielte Oberstimme ändert sich auf dem 3. Taktschlag. Das ist eine einfache Art, ein Picking-Pattern aufzupeppen.

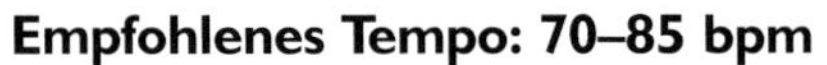
Empfohlenes Tempo: 70–85 bpm

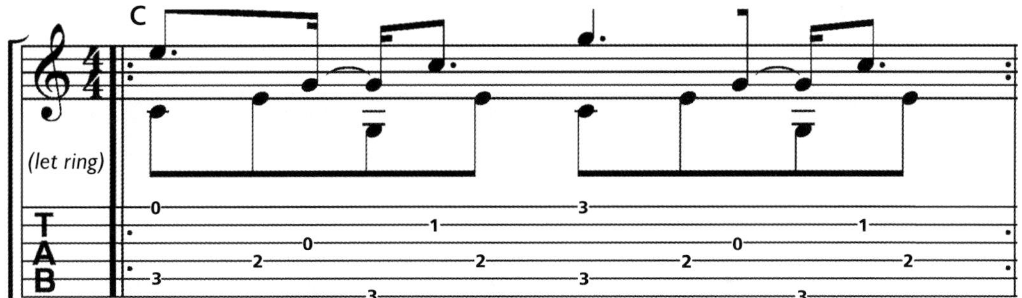

Finger- und Saitenfolge

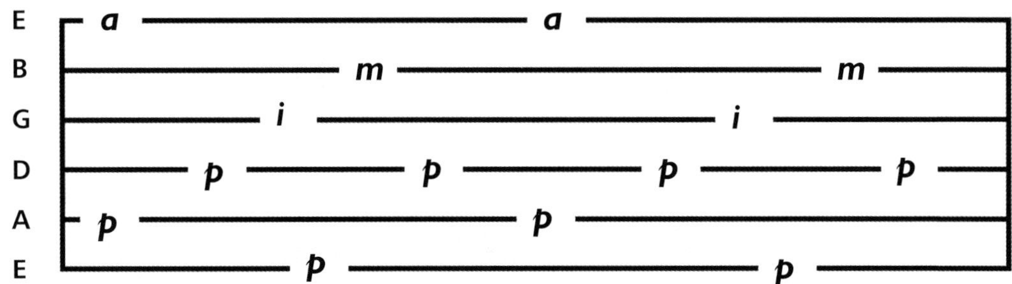

Akkordfolge zum Üben:

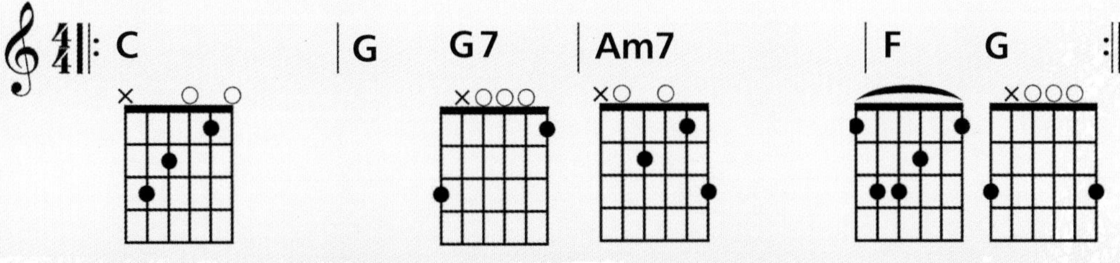

Picking-Pattern **Nr. 29**

Diese Progrock-angehauchte Begleitung ist ideal für Intros, Outros, oder kontrastierende Zwischenspiele. Die aufsteigenden Doublestops erzeugen eine räumliche Textur, die man mit einer 12-saitigen Gitarre noch verstärken könnte. Dieses Pattern passt besser zu langsameren Songs und Balladen und kann sowohl auf der Akustik- als auch auf der E-Gitarre gespielt werden.

Empfohlenes Tempo: 70–80 bpm

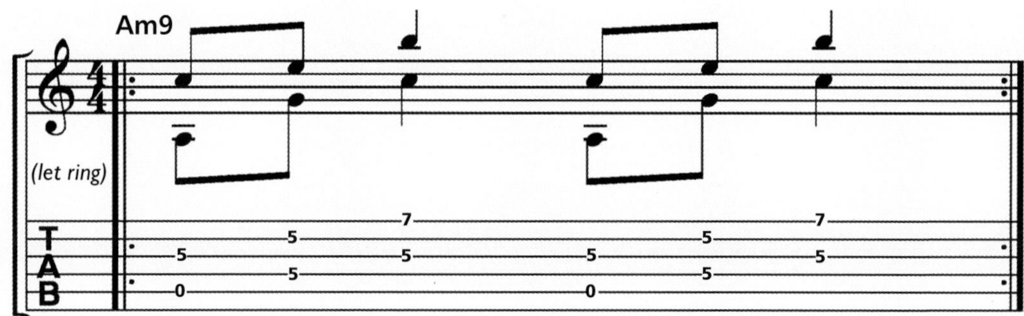

Finger- und Saitenfolge

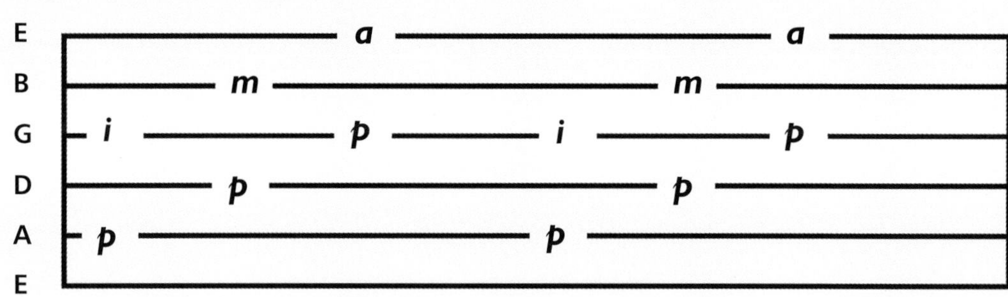

Akkordfolge zum Üben:

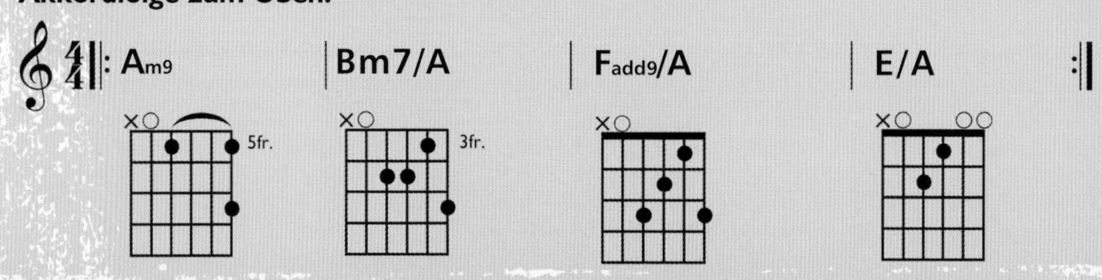

Picking-Pattern **Nr. 30**

Ein äußerst einfaches, aber sehr effektives Begleitpattern im 3/4-Takt. Mit seinem „beschwingten“ Feeling und seiner Andeutung des 6/8-Taktes kann dieses Pattern einen ganzen Song durchgrooven. Es passt perfekt zu traditionellen Folk- und Country-Balladen, kann aber auch in anderen Stilrichtungen eingesetzt werden. Balladen im 3/4-Takt werden gewöhnlich in flotterem Tempo gespielt.

Empfohlenes Tempo: 110–120 bpm

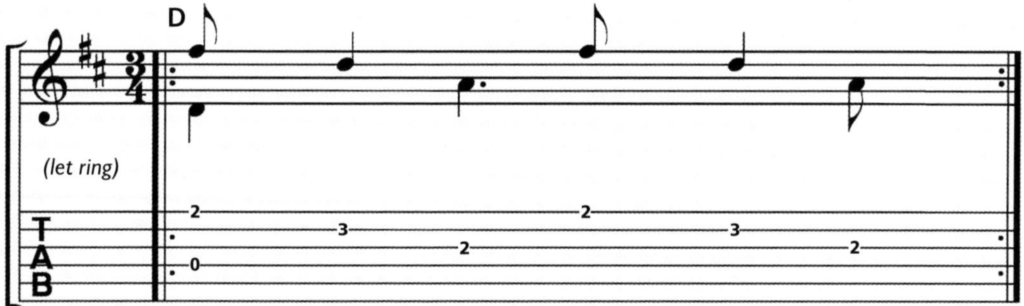

Finger- und Saitenfolge

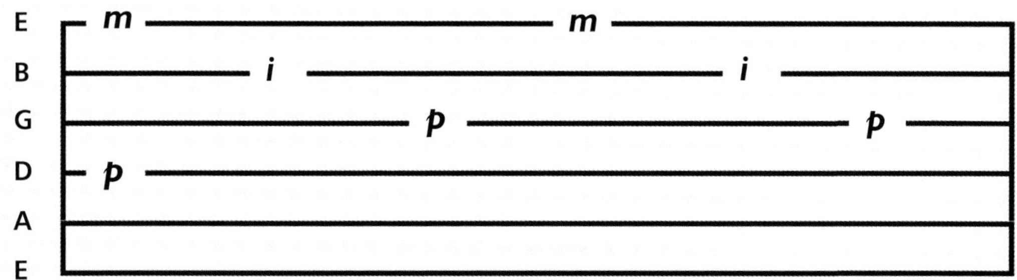

Akkordfolge zum Üben:

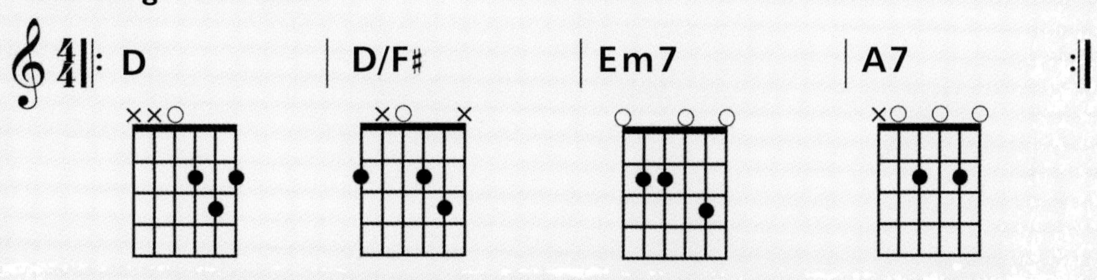

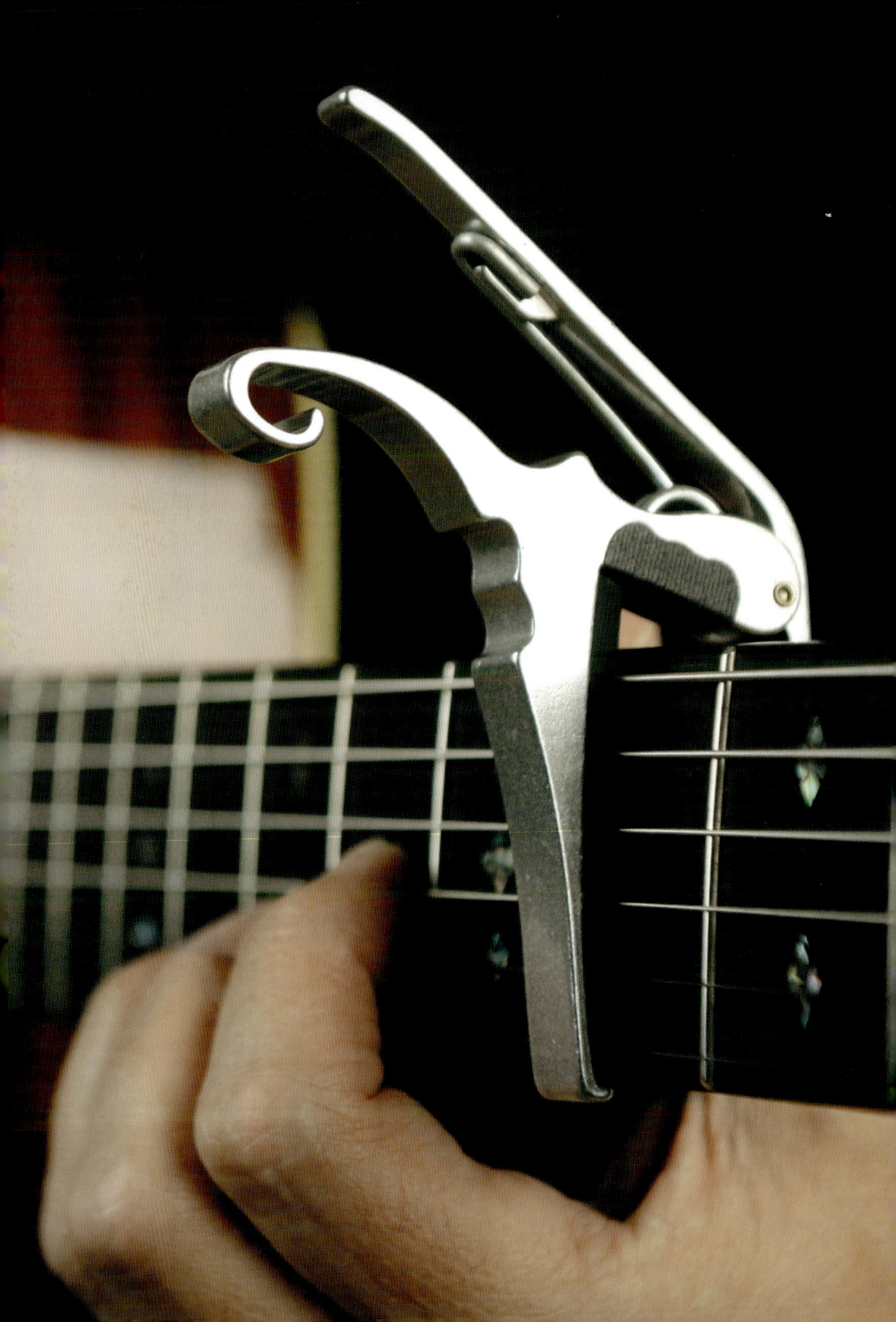

Kapitel 3

DER KAPODASTER

Mit dem Kapodaster kann man Picking-Pattern transponieren, ohne die Griff-Formen zu ändern. Aber warum möchte man das? Zum einen, um in der für den Sänger (oder für dich) günstigsten Tonart zu spielen; zum anderen, um neue Sounds zu erzeugen. Mit Kapo ändert sich das Timbre der Gitarre: je höher der Kapo, desto „tighter" wird der Klang. Das kann nützlich sein, beispielsweise wenn man beim Aufnehmen einen zweiten Gitarrenpart verwendet, um den Sound „fetter" zu machen.

Hier siehst du auf jedem Bund die möglichen Tonarten und alternativen Lagen für dieselbe Tonart (mit anderen Griff-Formen) . Die Akkordfolge C–F–G7 z. B. kann mit dem Kapo auf dem 3., 5. oder 10. Bund gespielt werden. Jede Kapo-Position hat ihren speziellen Klang und ermöglicht Verzierungen und Bindungen, die anders unspielbar wären.

Für jede Lage bis zum 9. Bund (ohne Cutaway die letzte spielbare Lage) sind fünf Dur- und zwei Moll-Tonarten angegeben. In jeder Tonart sind die Akkorde I–IV–V notiert (wobei V ein Dominantsept-Akkord ist). Nicht immer müssen alle Akkordtöne gegriffen werden, und bei Akkorden mit dem Grundton auf der 6. Saite kann auch mit dem Daumen gegriffen werden.

Gibt die Position des Kapodasters an

Für Akkorde verwendbare Griffbrettregion

Der neue „virtuelle" 3. Bund (die Lage der Grundtöne für die Griff-Formen C und G)

Der Kapodaster:
Kapo im 1. Bund

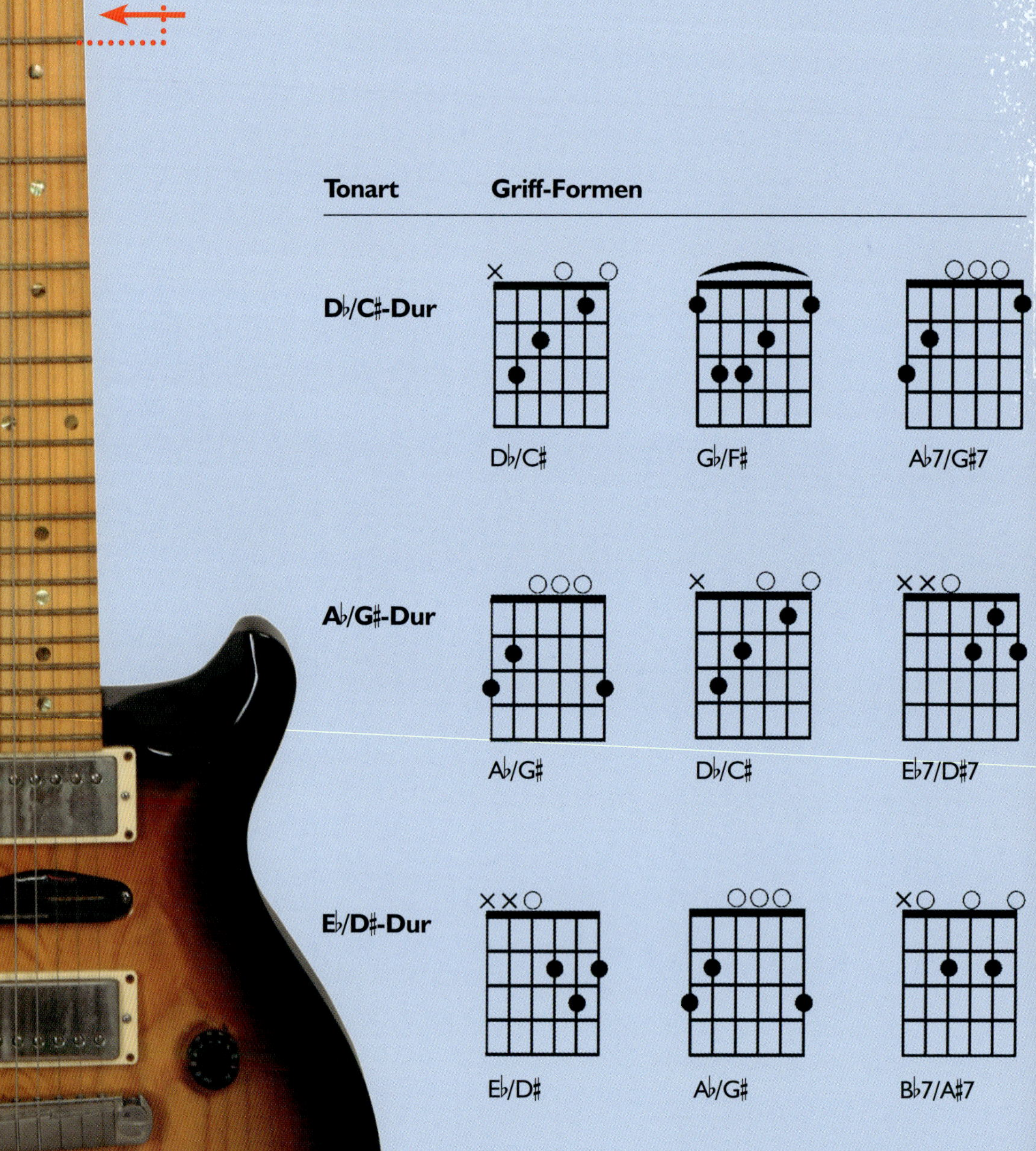

Tonart	**Griff-Formen**		
D♭/C♯-Dur	D♭/C♯	G♭/F♯	A♭7/G♯7
A♭/G♯-Dur	A♭/G♯	D♭/C♯	E♭7/D♯7
E♭/D♯-Dur	E♭/D♯	A♭/G♯	B♭7/A♯7

Tonart	Griff-Formen		
B♭/A♯-Dur	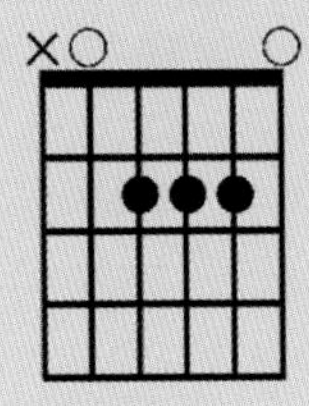 B♭/A♯	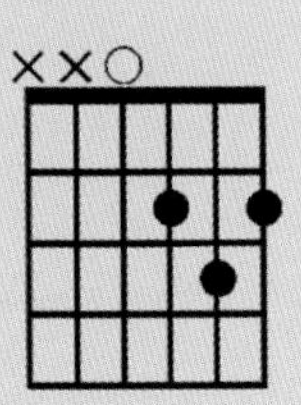 E♭/D♯	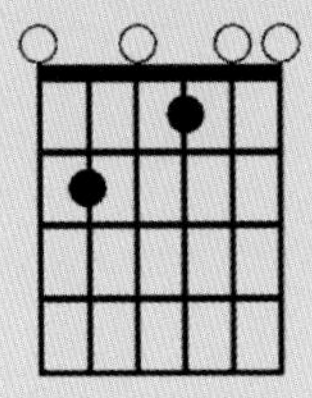 F7
F-Dur	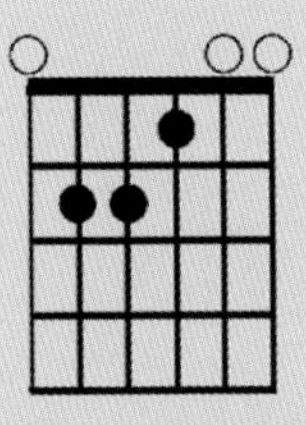 F	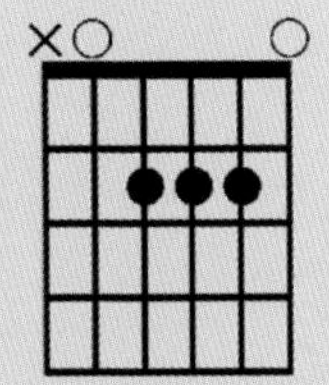 B♭/A♯	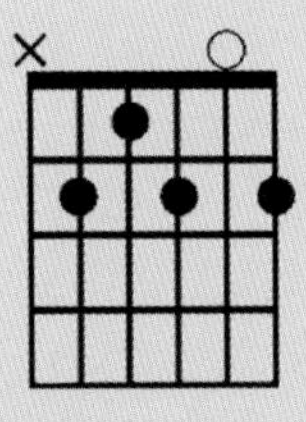 C7
B♭-Moll	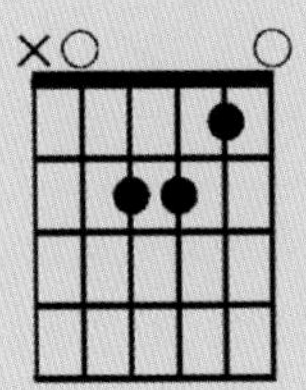 B♭m	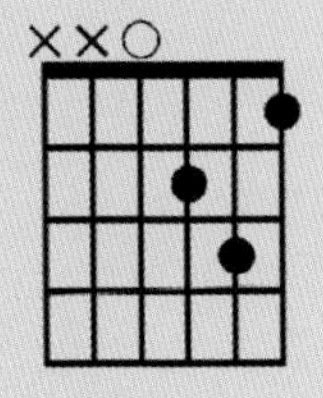 E♭m	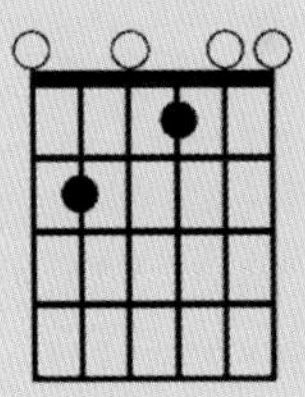 F7
F-Moll	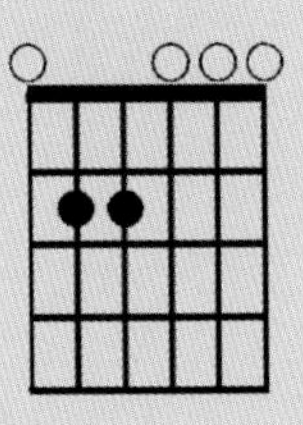 Fm	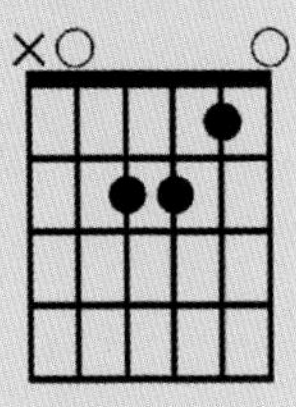 B♭m	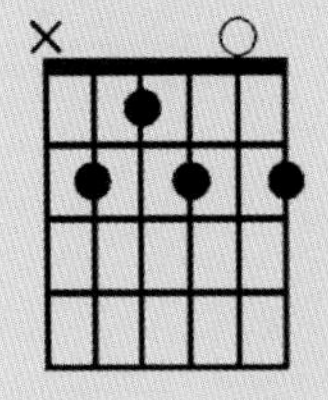 C7

Der Kapodaster:
Kapo im 2. Bund

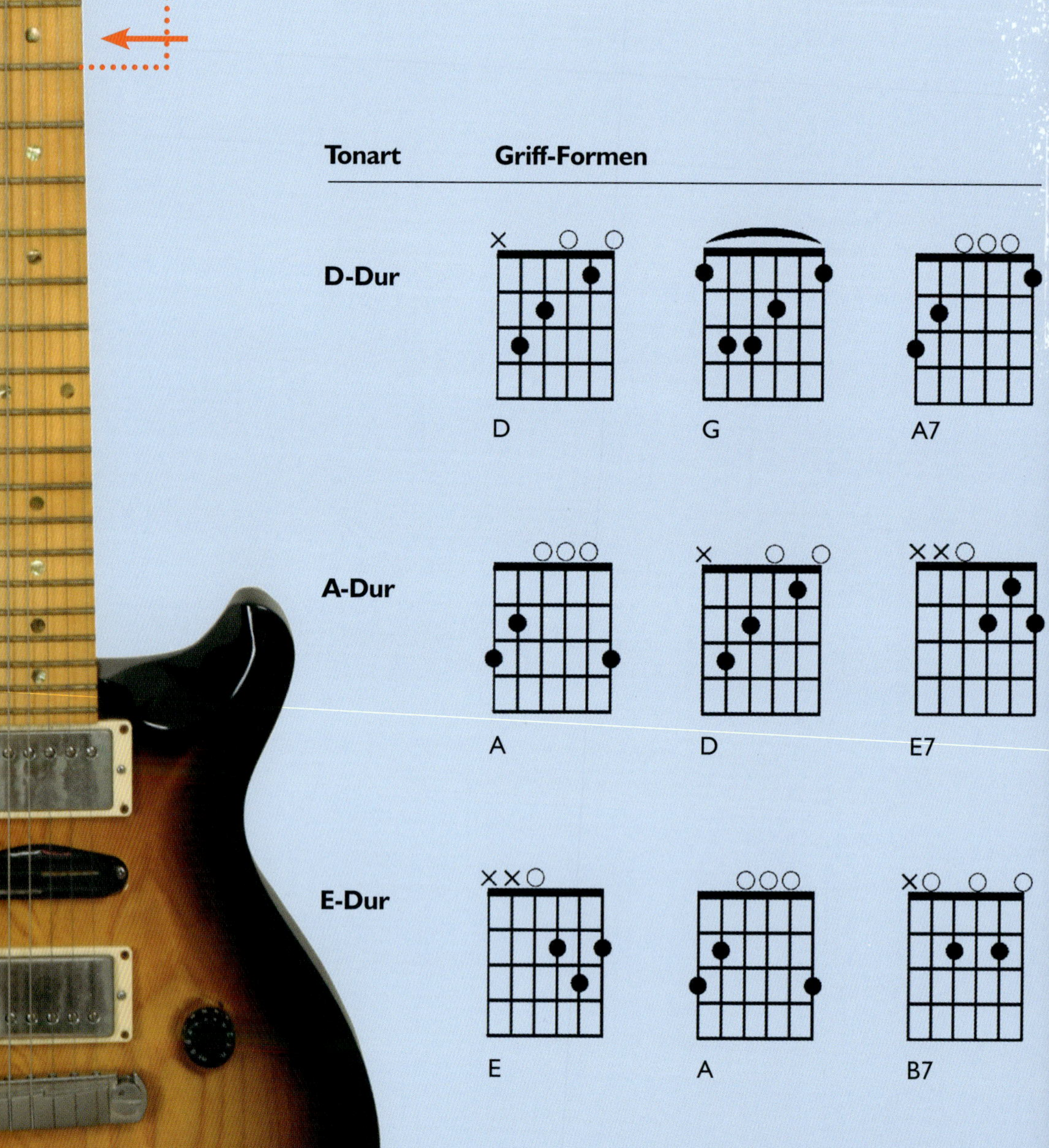

Tonart	Griff-Formen		
B-Dur	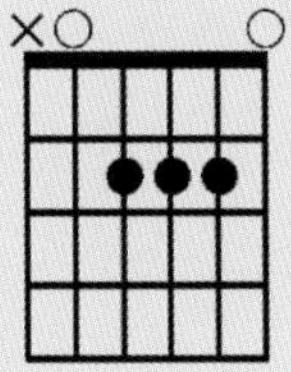 B	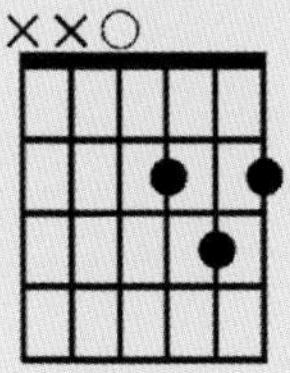 E	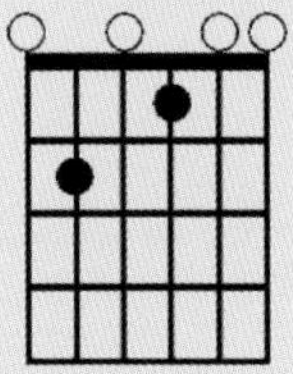 F♯7
F♯-Dur	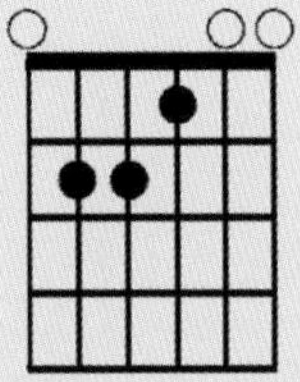 F♯	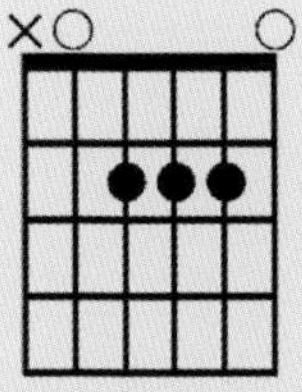 B	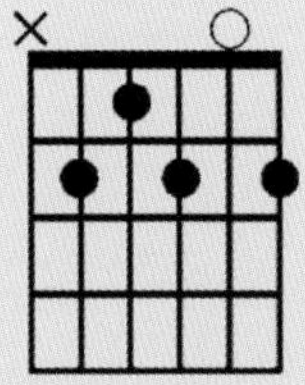 C♯7
B-Moll	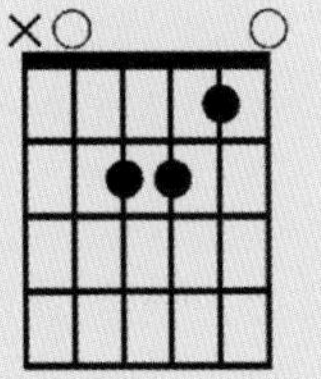 Bm	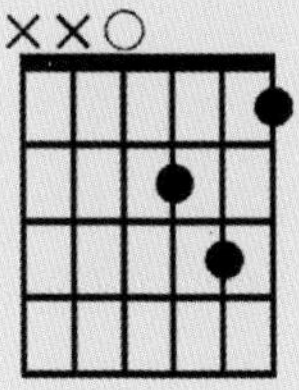 Em	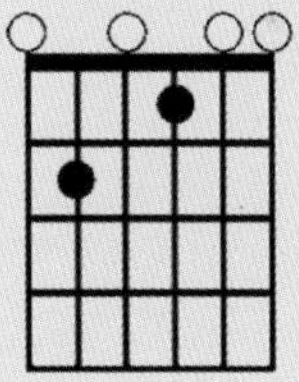 F♯7
F♯-Moll	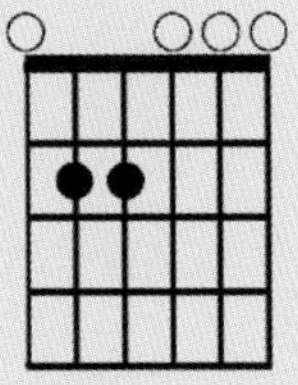 F♯m	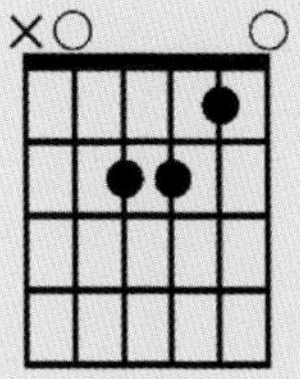 Bm	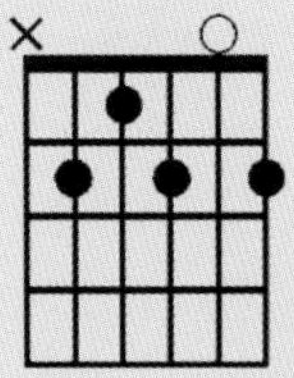 C♯7

Der Kapodaster:
Kapo im 3. Bund

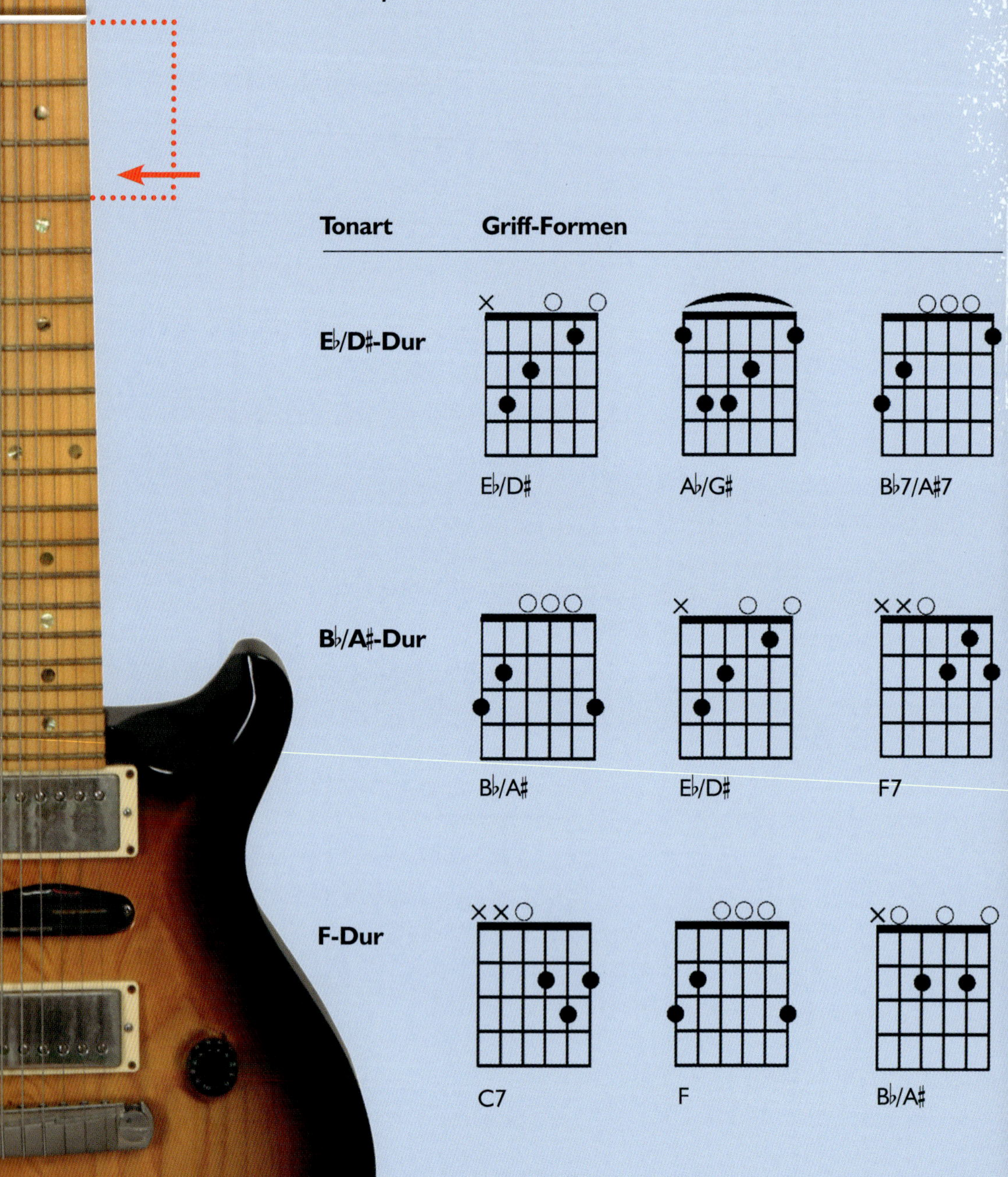

Tonart	Griff-Formen		
E♭/D♯-Dur	E♭/D♯	A♭/G♯	B♭7/A♯7
B♭/A♯-Dur	B♭/A♯	E♭/D♯	F7
F-Dur	C7	F	B♭/A♯

Tonart	**Griff-Formen**		
C-Dur	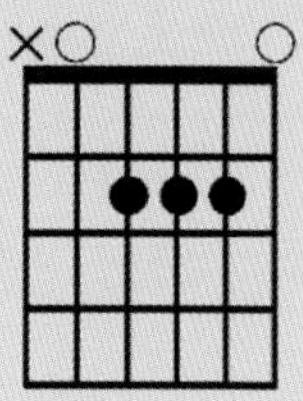 C	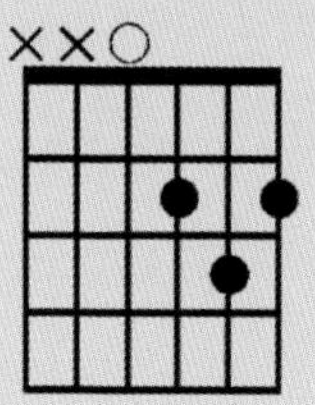 F	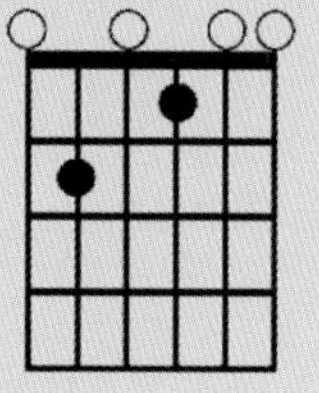 G7
G-Dur	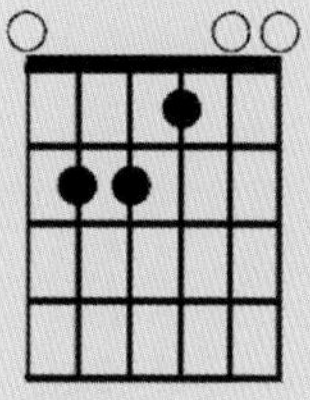 G	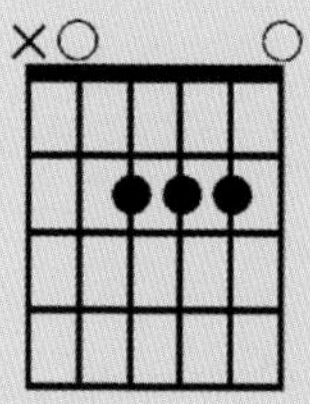 C	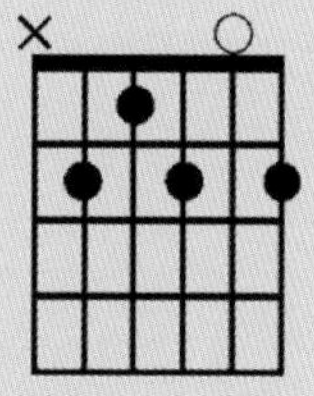 D7
C-Moll	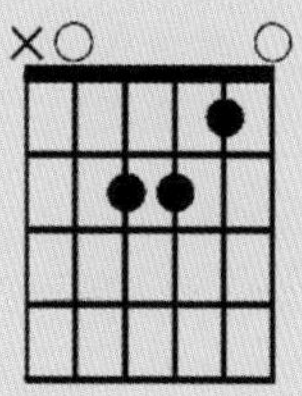 Cm	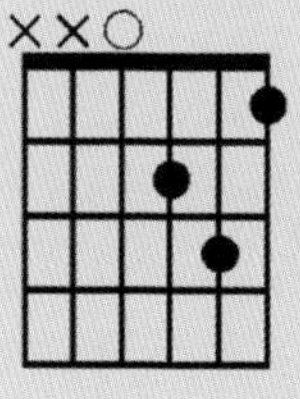 Fm	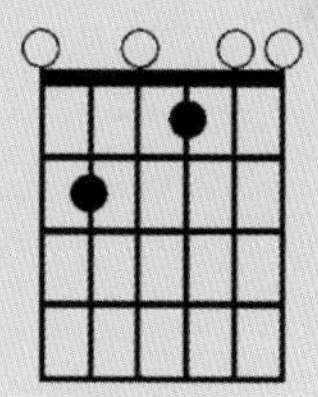 G7
G-Moll	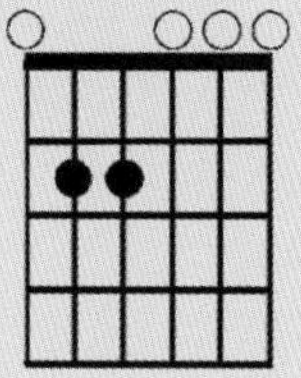 Gm	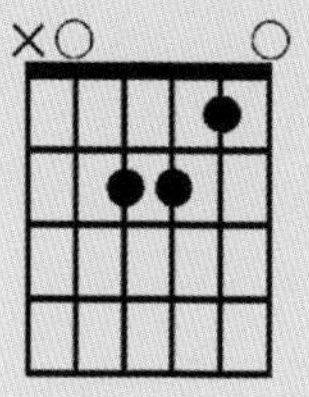 Cm	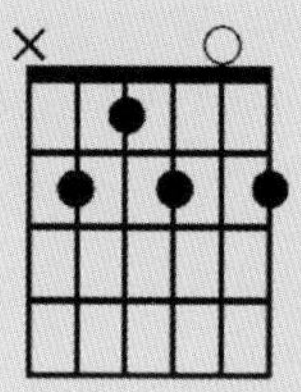 D7

Der Kapodaster:
Kapo im 4. Bund

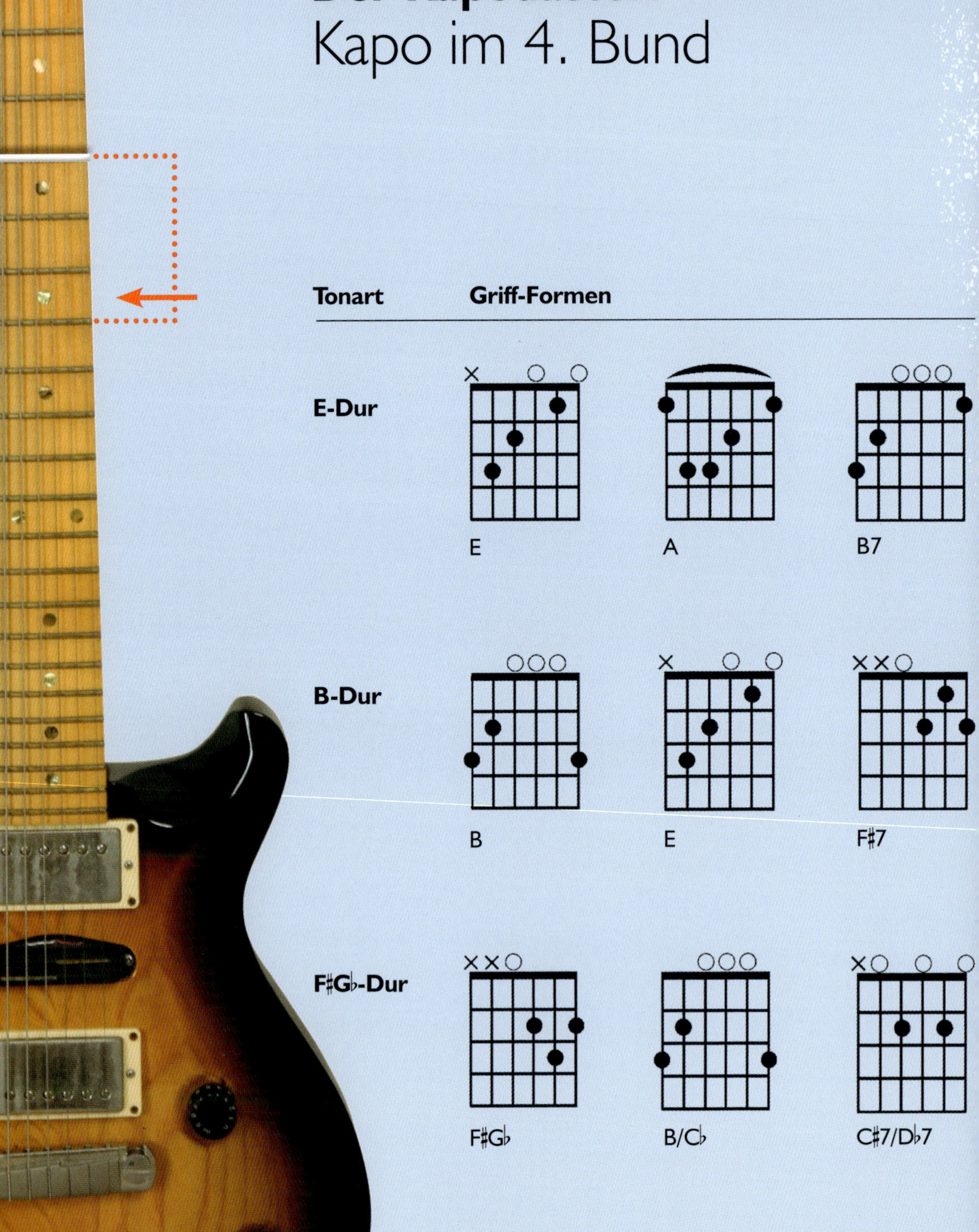

Tonart	Griff-Formen		
C♯/D♭-Dur	C♯/D♭	F♯/G♭	G♯7/A♭7
G♯/A♭-Dur	G♯/A♭	C♯/D♭	D♯7/E♭7
C♯/D♭-Moll	C♯/D♭m	F♯/G♭m	G♯/A♭7
G♯/A♭-Moll	G♯/A♭m	C♯/D♭m	D♯/E♭7

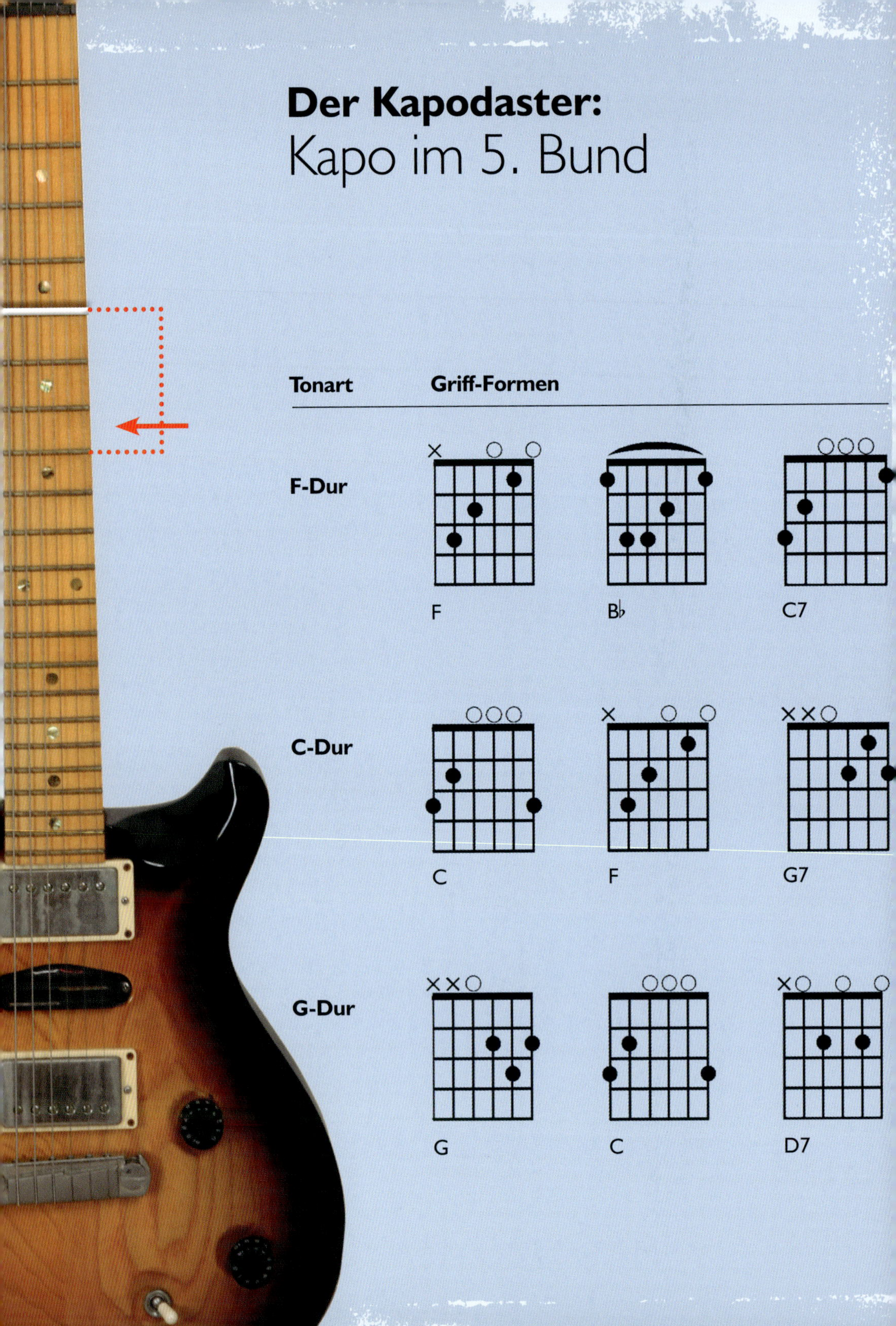
Der Kapodaster:
Kapo im 5. Bund
Tonart
Griff-Formen
F-Dur
F
B♭
C7
C-Dur
C
F
G7
G-Dur
G
C
D7

Tonart	Griff-Formen		
D-Dur	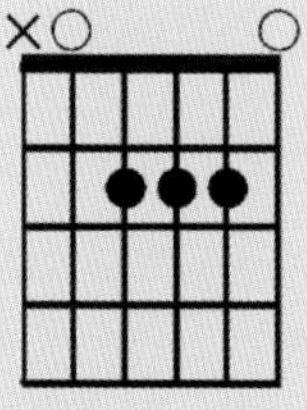 D	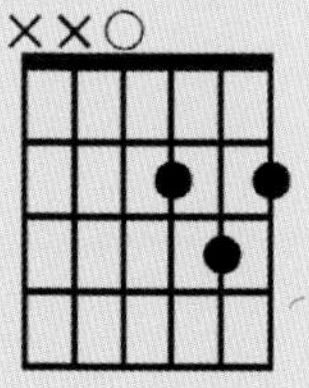 G	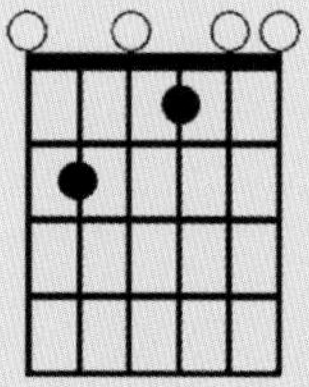 A7
A-Dur	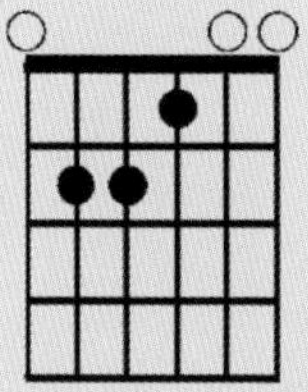 A	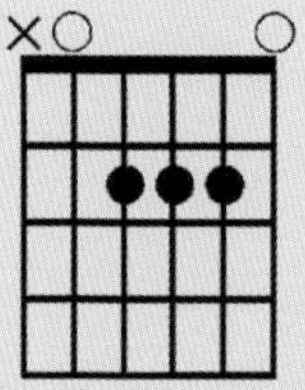 D	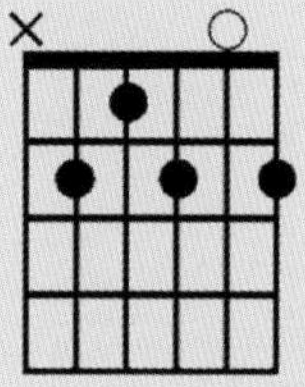 E7
D-Moll	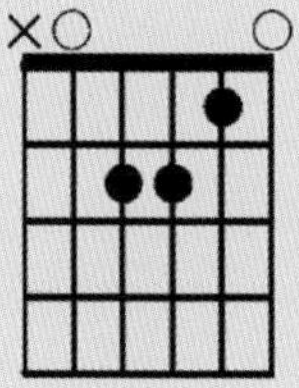 Dm	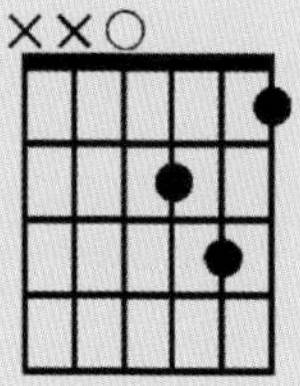 Gm	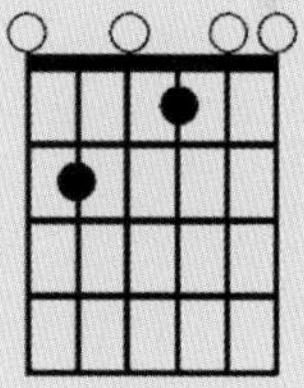 A7
A-Moll	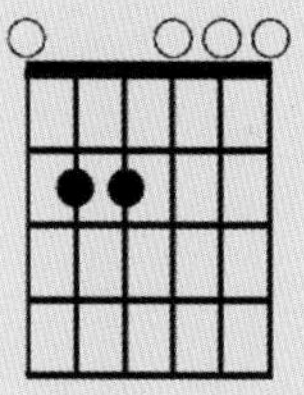 Am	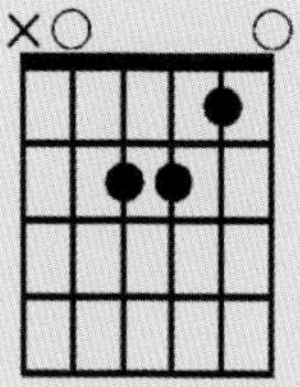 Dm	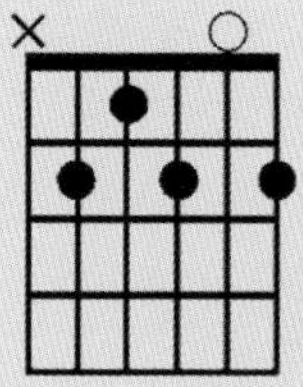 E7

Der Kapodaster:
Kapo im 6. Bund

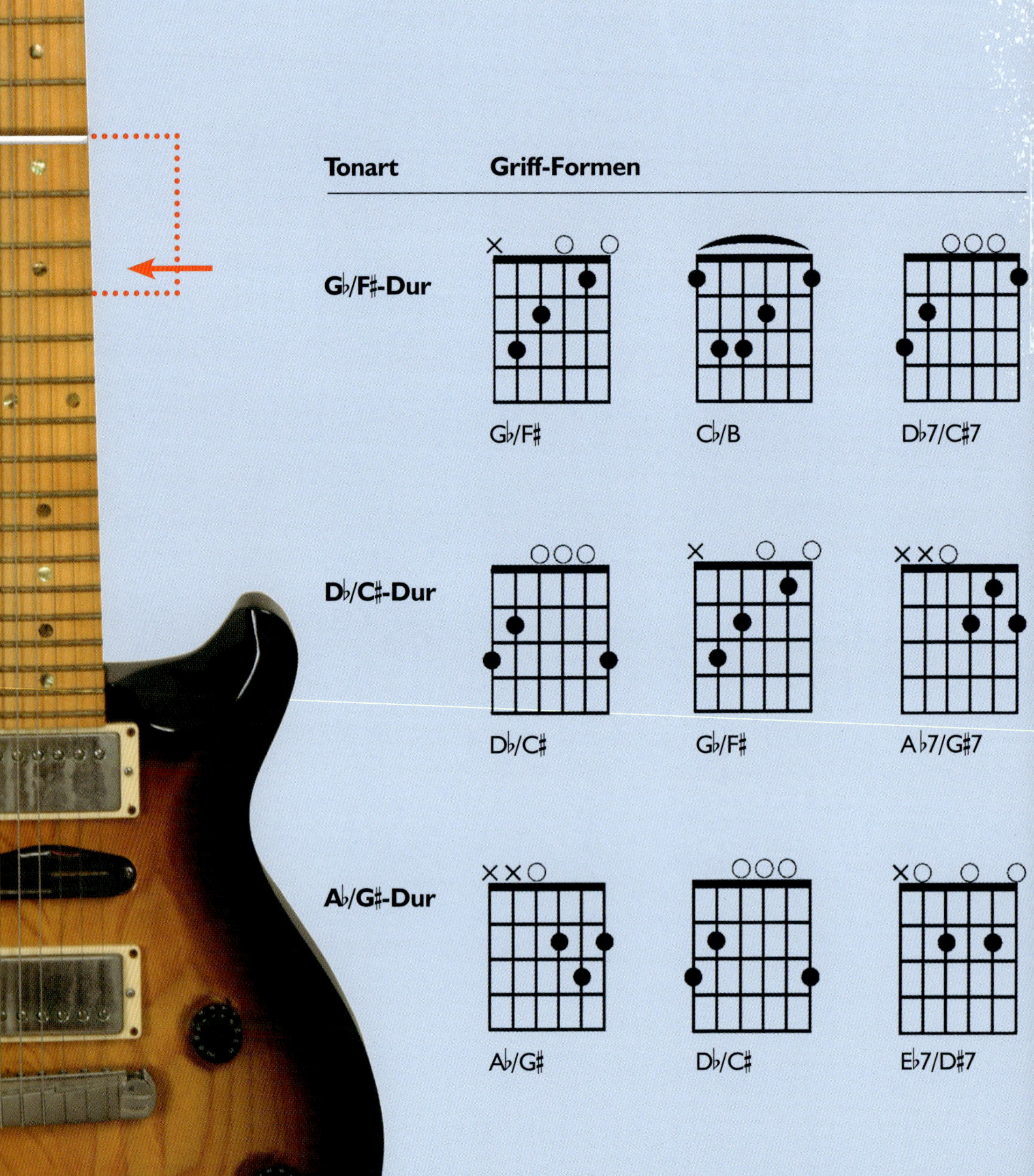

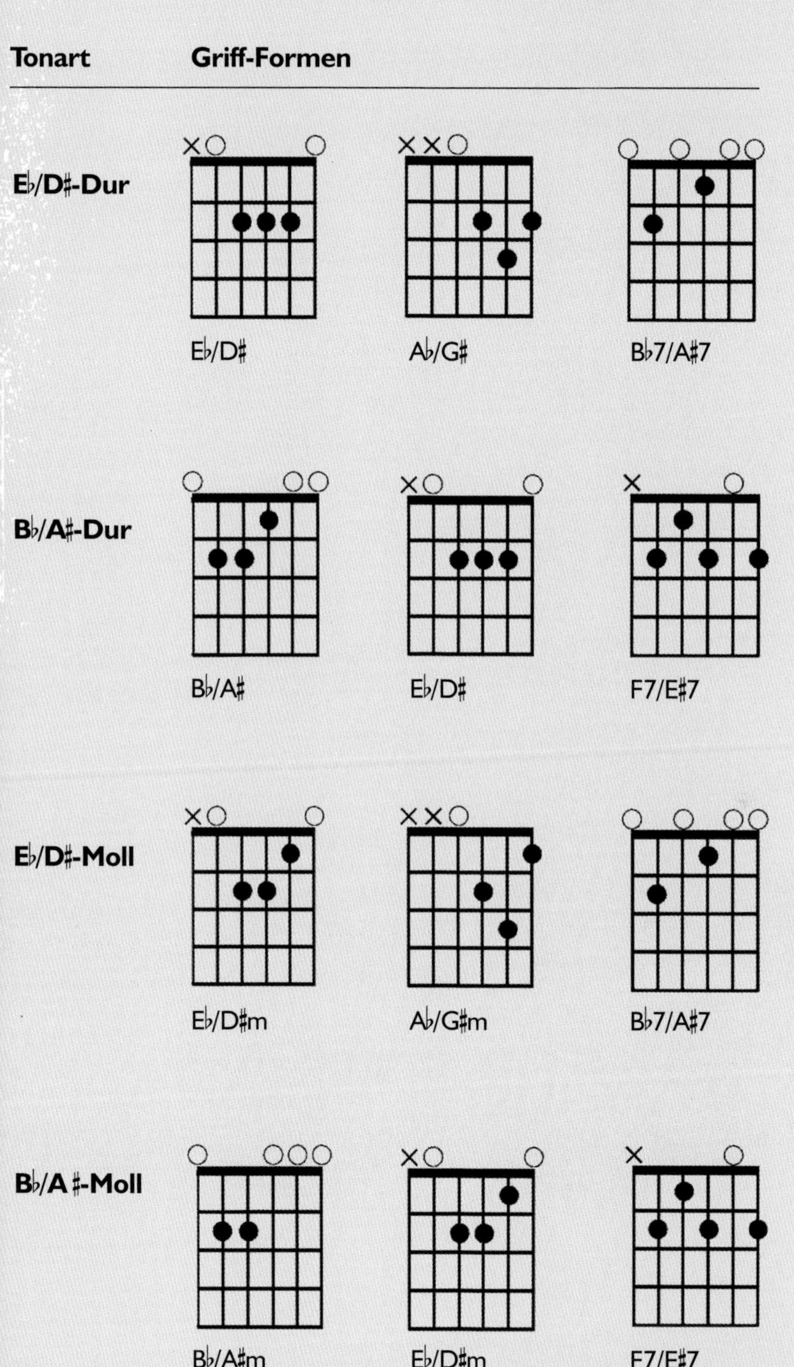

Tonart
Griff-Formen
E♭/D♯-Dur
E♭/D♯
A♭/G♯
B♭7/A♯7
B♭/A♯-Dur
B♭/A♯
E♭/D♯
F7/E♯7
E♭/D♯-Moll
E♭/D♯m
A♭/G♯m
B♭7/A♯7
B♭/A ♯-Moll
B♭/A♯m
E♭/D♯m
F7/E♯7

Der Kapodaster:
Kapo im 7. Bund

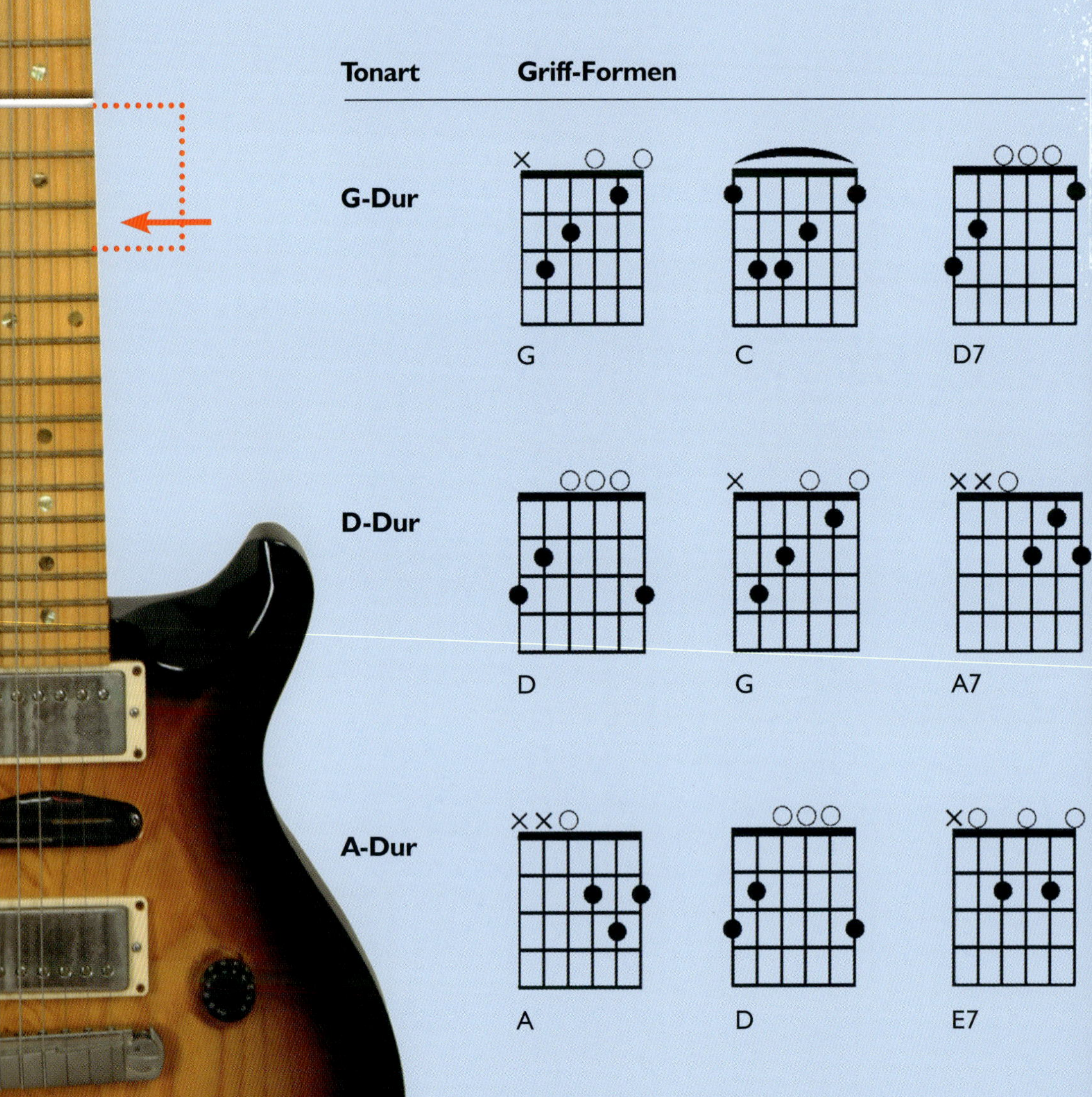

Tonart	**Griff-Formen**		
E-Dur	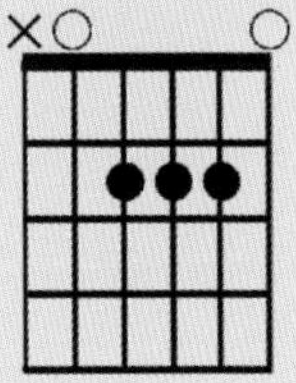 E	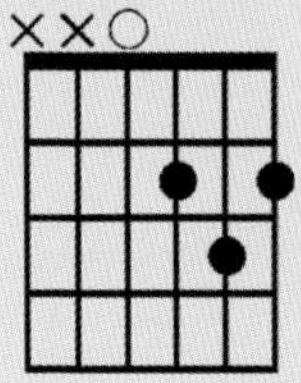 A	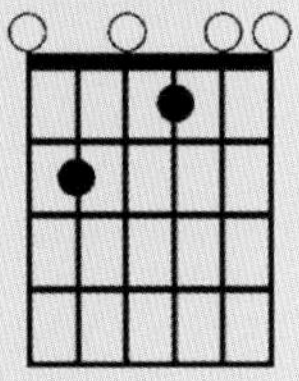 B7
B-Dur	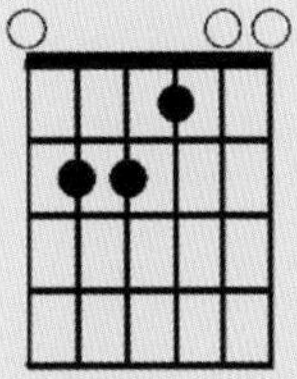 B	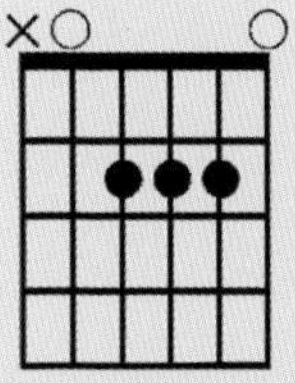 E	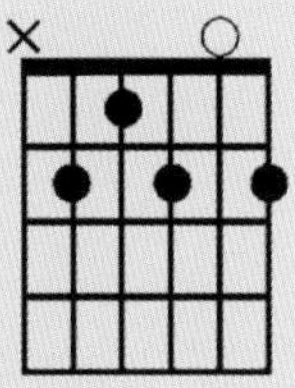 F♯7
E-Moll	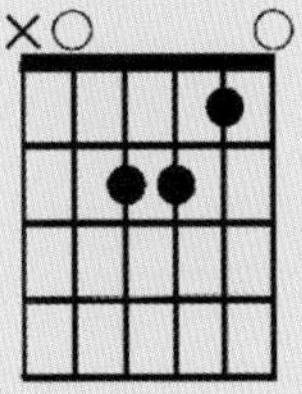 Em	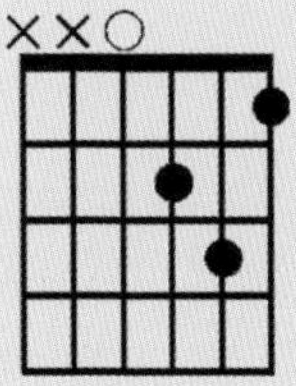 Am	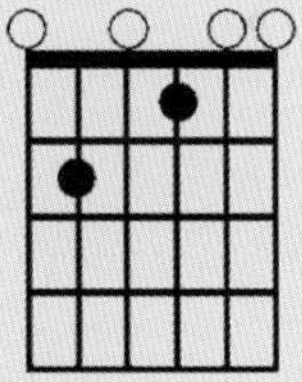 B7
B-Moll	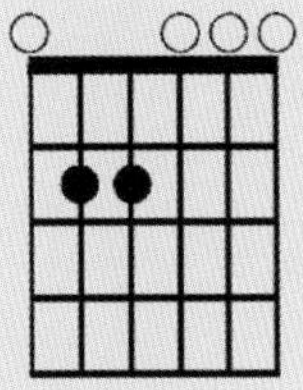 Bm	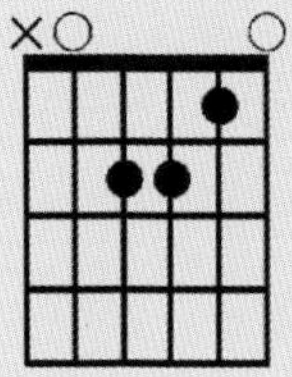 Em	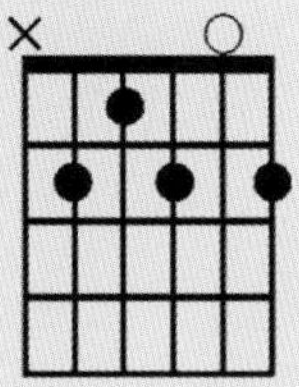 F♯7

Der Kapodaster:
Kapo im 8. Bund

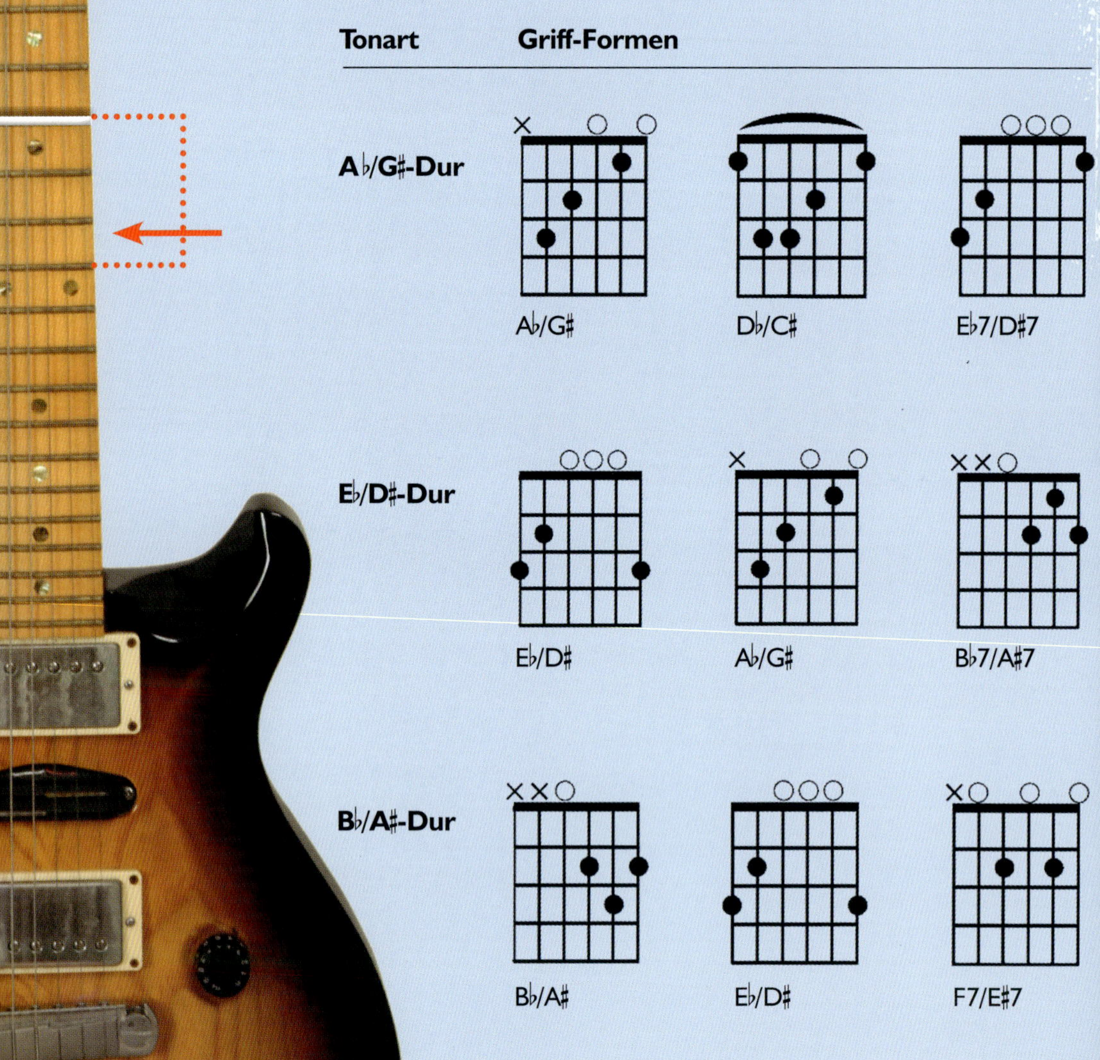

Tonart	Griff-Formen		
A♭/G♯-Dur	A♭/G♯	D♭/C♯	E♭7/D♯7
E♭/D♯-Dur	E♭/D♯	A♭/G♯	B♭7/A♯7
B♭/A♯-Dur	B♭/A♯	E♭/D♯	F7/E♯7

Tonart	Griff-Formen		
F-Dur	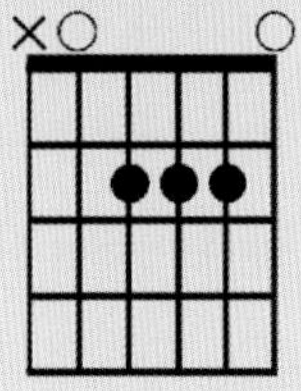 F	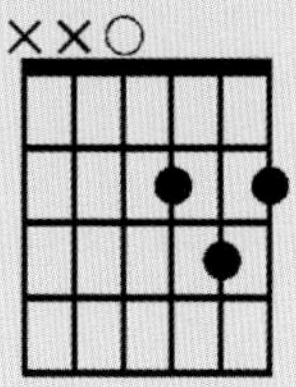 B♭	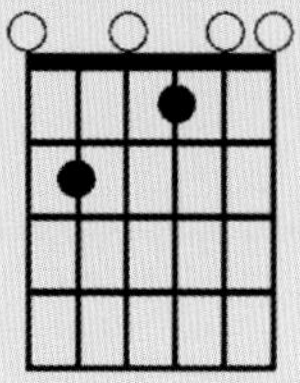 C7
C-Dur	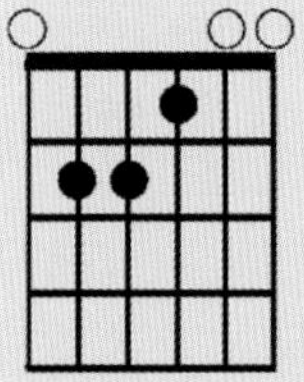 C	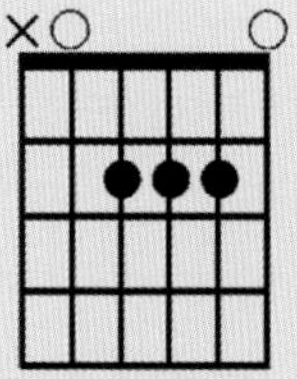 F	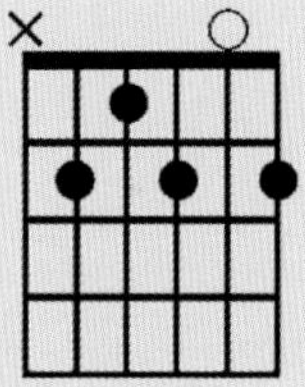 G7
F-Moll	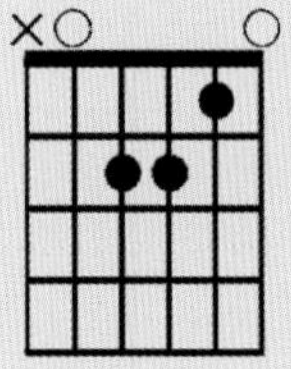 Fm	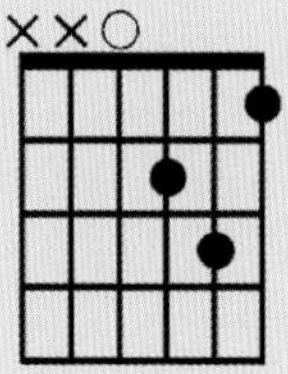 B♭m	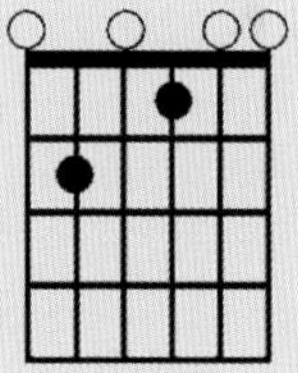 C7
C-Moll	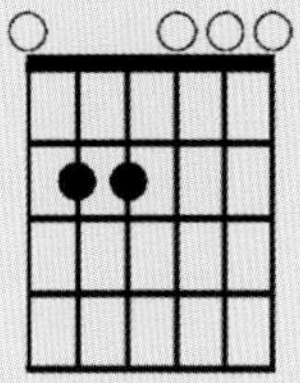 Cm	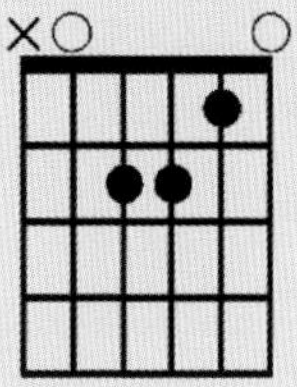 Fm	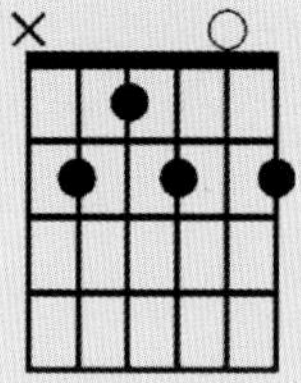 G7

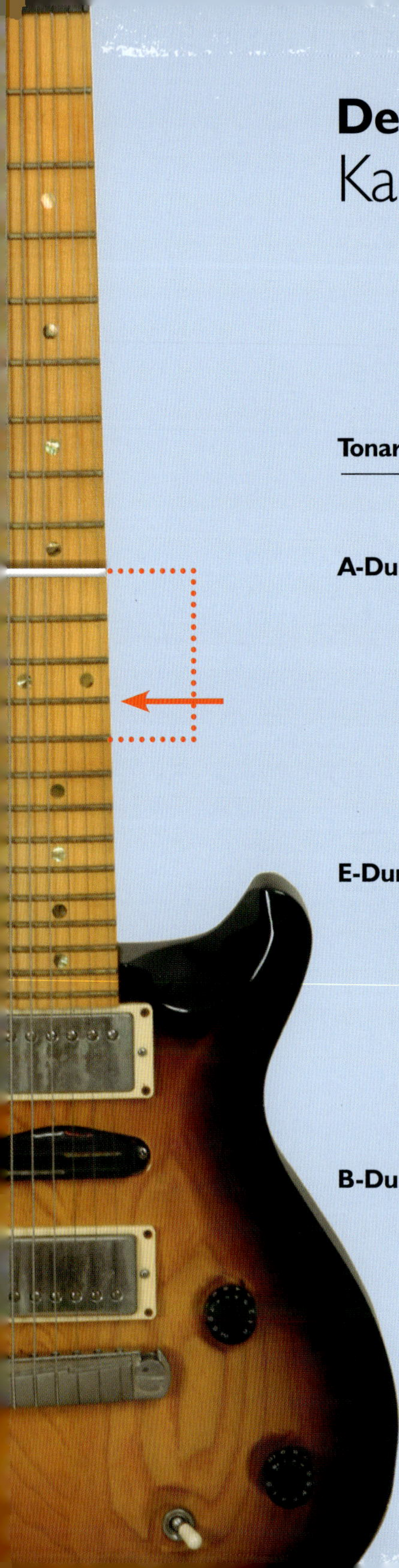

Der Kapodaster: Kapo im 9. Bund

Tonart	**Griff-Formen**		
A-Dur	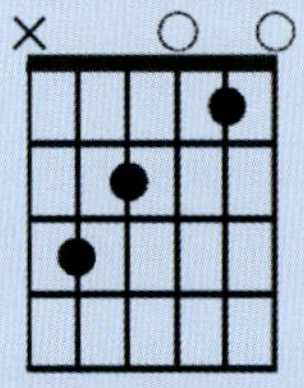 A	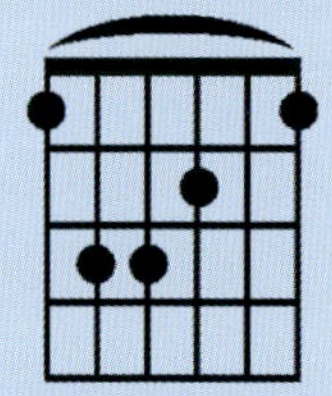 D	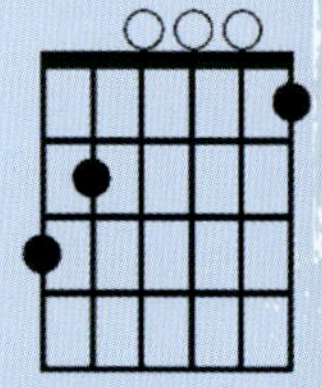 E7
E-Dur	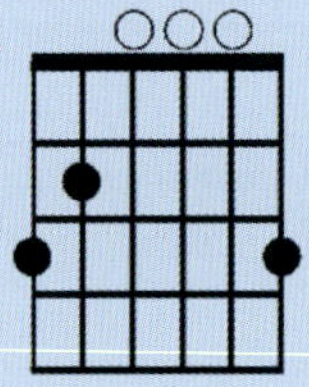 E	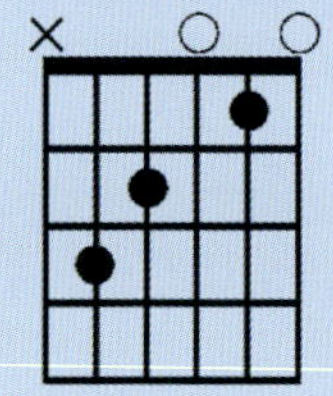 A	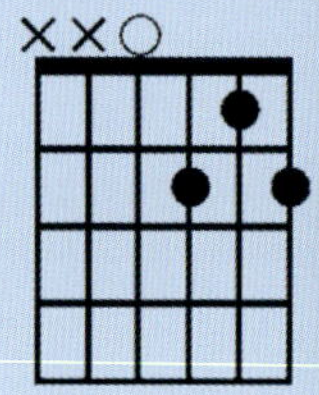 B7
B-Dur	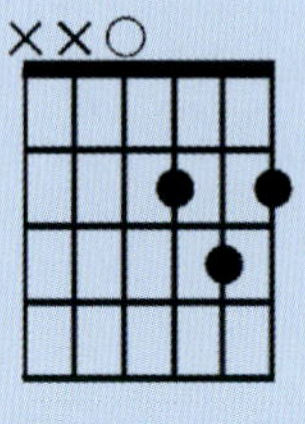 B	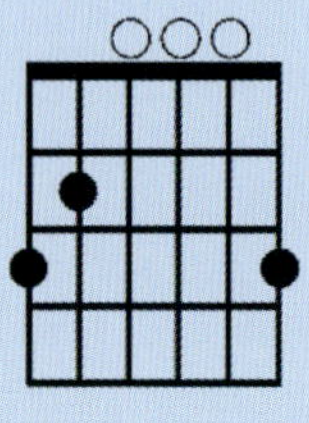 E	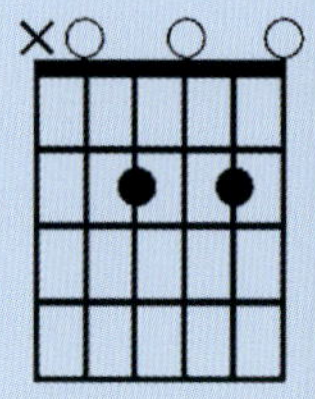 F♯7

Tonart	Griff-Formen		
F♯/G♭-Dur	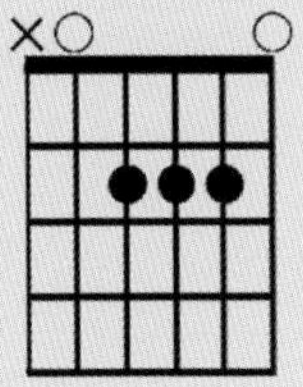 F♯/G♭	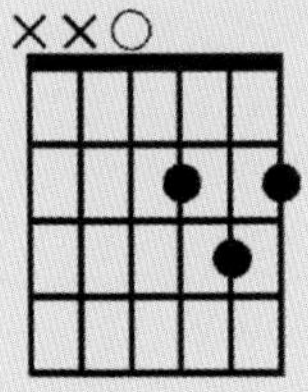 B/C♭	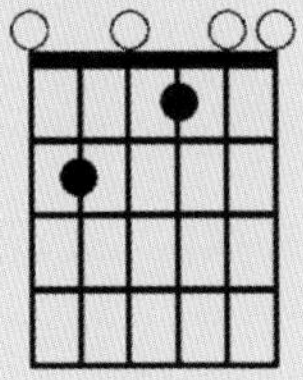 C♯7/D♭7
C♯/D♭-Dur	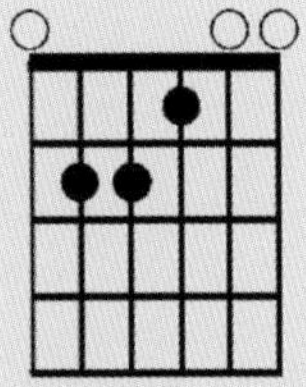 C♯/D♭	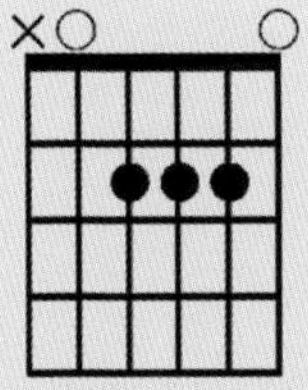 F♯/G♭	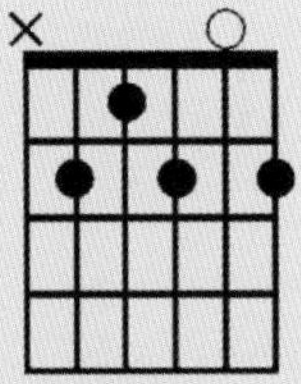 G♯7/A♭7
F♯/G♭-Moll	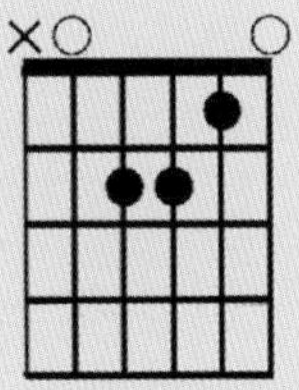 F♯/G♭m	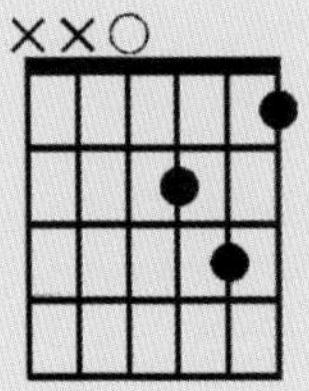 B/C♭m	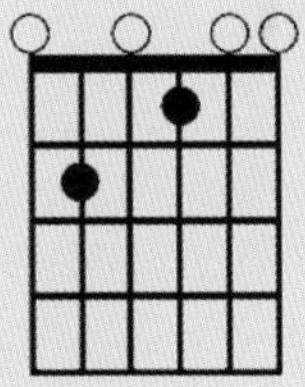 C♯7/D♭7
C♯/D♭-Moll	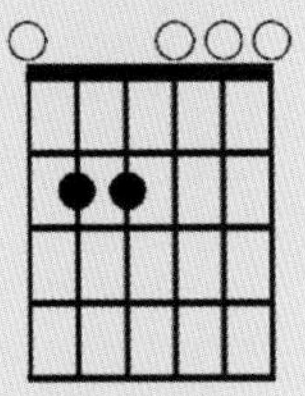 C♯/C♭m	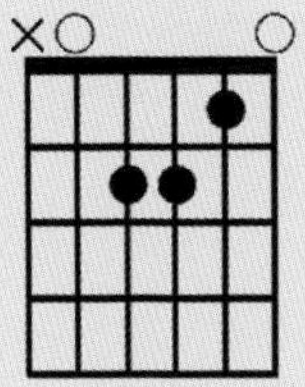 G♯/G♭m	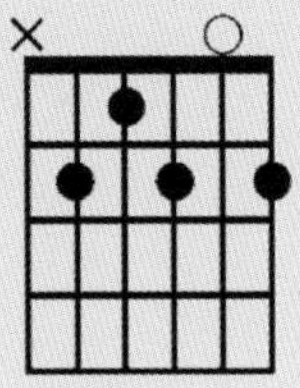 G♯7/A♭7

Glossar

Arpeggiert Die Akkordtöne nacheinander (nicht gleichzeitig) gespielt. Der vollständige Akkord sollte während des gesamten Arpeggios gegriffen werden, damit die Töne eineinanderklingen können.

Auftakt Unvollständiger Takt am Anfang eines Musikstückes. Ein doppelter Taktstrich gibt den Beginn des ersten Volltakts des Stückes an (außer bei Wiederholungen).

Arpeggio Die Töne eines Akkordes nacheinander gespielt (ohne sie ineinanderklingen zu lassen), nicht gleichzeitig. Arpeggien sind ein wertvolles Hilfsmittel beim Komponieren und bei der Improvisation.

Backbeat Betonung der beiden schwachen Taktschläge – zwei und vier im 4/4-Takt – in der Popmusik. Meist vom Schlagzeuger auf der Snare gespielt; auch der Rhythmusgitarrist kann diese Betonung übernehmen.

Barré-Akkord Quergriff mit einem Finger über mehrere Saiten. Wenn man ein Barré mit dem Zeigefinger über alle Saiten und eine offene Griff-Form greift, entsteht eine verschiebbare Griff-Form. Die meisten Barré-Akkorde basieren auf dem Typ 1 (dem offenen E-Dur-Akkord) und dem Typ 2 (dem offenen A-Dur-Akkord).

Bindung Ein Bogen über oder unter den Noten, der die Notenköpfe verbindet. Alle gebundenen Töne werden legato gespielt. Gitarristen spielen Bindungen mit Hammer-ons und Pull-offs.

Dämpfen Die Saiten werden gedämpft, indem nach dem Anschlag der Fingerdruck verringert wird, oder indem sie unmittelbar nach dem Anschlag mit den Fingern der Anschlagshand berührt werden.

Dämpfen mit dem Handballen Der Handballen der Anschlagshand wird unmittelbar vor dem Steg sanft auf die Bass-Saiten aufgelegt, dadurch werden die Basstöne leicht gedämpft. Viele Fingerstyle-Gitarristen setzen diese Technik ein, damit die Basstöne die Melodie nicht übertönen.

Diatonisch Ein Ton, Intervall oder Akkord, der in einer Dur- oder Molltonleiter leitereigen ist (d.h. ohne Veränderung der Tonleitertöne durch Kreuze, B oder Auflösungszeichen vorkommt).

Dissonanz Das Gegenteil von Konsonanz; ein dissonantes Intervall wird als „unstabil" empfunden. Eine Dissonanz erzeugt durch ihre Tendenz zur Auflösung harmonische Bewegung. Das wird als „Spannung und Auflösung" bezeichnet; die Dissonanz erzeugt eine Spannung, die in der Konsonanz aufgelöst wird.

Dominant-Septakkord Durakkord (Dreiklang) mit der kleinen Septime des Grundtons. Leitereigener Akkord der 5. Stufe (V oder Dominante) der Durtonleiter, der harmonischen und der melodischen Molltonleiter, der sich in die Tonika (I) auflöst. Gilt aufgrund des Tritonus zwischen großer Terz und kleiner Septime als dissonanter Akkord.

Drei-Akkord-Trick Das Erstellen eines kompletten Arrangements ausschließlich mit den drei Haupt-Akkorden I (Tonika), IV (Subdominante) und V (Dominante). Weil diese Akkorde die grundlegende harmonische Bewegung der westlichen Musik repräsentieren, basieren viele Stücke auf ihnen.

Dreiklang Zwei „übereinandergestapelte" Terzen. Je nach verwendeten Terzen entsteht ein Dur-Akkord, ein Moll-Akkord, ein verminderter Akkord oder ein übermäßiger Akkord.

Dur-Akkord Der Durakkord gilt als der konsonanteste („stabilste") Akkord. Ein Durakkord wird aus dem Grundton, der großen Terz und der Quinte gebildet. Dur-Akkorde werden häufig als „glücklich" klingend beschrieben.

Fingerpicking Der Anschlag mit dem Daumen und den Fingern im Gegensatz zum Plektrum-Spiel. Bei alleine spielenden Gitarristen beliebt, weil mit dieser Technik die Melodie und die Begleitung gleichzeitig gespielt werden können.

Ganzton/Halbton Einheit für die Distanz zwischen zwei Tönen. Ein Halbton entspricht einem Bund auf dem Griffbrett, ein Ganzton besteht aus zwei Halbtönen (zwei Bünde).

Gegenbewegung Zwei Melodien, die sich in entgegengesetzter Richtung bewegen. Die ersten drei Akkorde des Fingerpicking-Intros von „Stairway To Heaven" (Led Zeppelin) sind ein perfektes Beispiel für Gegenbewegung (der tiefste Ton der Akkorde bewegt sich abwärts, die jeweilige Oberstimme aufwärts).

Grundton Der Ton, der einem Akkord den Namen gibt (z.B. der Ton A bei einem A-Dur-Akkord). Der Grundton ist gewöhnlich (nicht immer) der tiefste Ton des Akkords.

Hammer-on Spieltechnik, bei der von zwei Tönen nur der erste angeschlagen wird – der zweite Ton wird durch kräftiges „Aufhämmern" des Greiffingers auf das Griffbrett erzeugt.

Kadenz Bezeichnung für eine harmonische Sequenz mit Schlusswirkung. Es gibt vier Grundformen der Kadenz: Authentischer Schluss (V–I), Plagaler Schluss (IV–I), Halbschluss (die Kadenz endet auf dem V-Akkord) und Trugschluss (der V-Akkord löst sich nicht in die Tonika, sondern einen Tonika-Vertreter auf).

Konsonanz Konsonante Intervalle oder Akkorde werden als „stabil" empfunden. Dieser Eindruck entsteht durch die Obertöne, die beim gleichzeitigen Erklingen der Töne entstehen. Konsonante Intervalle und konsonante Akkorde lösen die durch ein dissonantes Intervall entstandene Spannung auf.

Lage Die Position der Greifhand auf dem Griffbrett. Beim Spiel in der 1. Lage greift der Zeigefinger alle Töne im 1. Bund, der Mittelfinger alle Töne im 2. Bund usw. Für das Spiel in der 3. Lage wird also die Hand entlang des Halses verschoben; der Zeigefinger greift jetzt im 4. Bund, der Mittelfinger im 4. Bund usw.

Legato Oder „gebunden": zwischen aufeinanderfolgenden Tönen soll keine Lücke hörbar sein. Fingerstyle-Gitarristen schlagen beim Legato-Spiel nur den ersten Ton an, der zweite Ton wird mit einem Hammer-on oder Pull-off erzeugt.

Let ring (klingen lassen) Spielanweisung zu Beginn eines Stückes (in Klammern) oder für einen Abschnitt im Stück (mit einer gestrichelten Linie angegeben) die bedeutet, dass die bezeichneten Töne ineinanderklingen sollen.

Moll-Akkord Ein Mollakkord ist aufgrund der Beziehung zwischen Grundton und kleiner Terz etwas weniger konsonant (weniger „stabil") als ein Durakkord. Ein Mollakkord wird aus dem Grundton, der kleinen Terz und der Quinte gebildet. Mollakkorde, Arpeggien und Intervalle gelten als „traurig" klingend.

Notensystem System aus fünf horizontalen Linien, auf dem in traditioneller Notenschrift die Tonhöhe notiert wird. Besondere Symbole kennzeichnen die Dauer eines Tones oder einer Pause (Stille).

Offbeat Im 4/4-Takt liegen die Offbeats zwischen den Taktschlägen. Die Offbeats werden mit „+" (und) gezählt. Ein 4/4-Takt wird also „1 und 2 und 3 und 4 und" gezählt.

Offene Griff-Form Ein Akkord in der 1. Lage (oder mit Kapo in einer höheren), der Leersaiten enthält. Die fünf grundlegenden offenen Griff-Formen sind C-, A-, G-, E und D-Dur. Alle offenen Griff-Formen können nicht verschoben werden.

Ostinato Kurze Melodie oder ein Pattern, das ständig wiederholt wird, meist ohne Änderung der Tonhöhe.

Pinch Zwei mit dem Daumen und einem der übrigen Finger gleichzeitig angeschlagene Töne.

Powerchord Gitarrenakkord, der nur aus Grundton und Quinte besteht. Gelegentlich wird für volleren Klang auch noch die Oktave des Grundtons hinzugefügt. Da ihm die Terz fehlt, ist ein Powerchord weder ein Dur- noch ein Mollakkord. Powerchords werden mit dem Symbol „5" bezeichnet (z.B. C5 = C Powerchord).

Pull-off Spieltechnik, bei der von zwei Tönen auf einer Saite nur der erste angeschlagen wird – der zweite wird durch leichtes seitliches „Wegschnipsen" des Fingers von der Saite erzeugt.

Riff wiederholt gespieltes Pattern von meist 1-2 Takten Länge, oft auf den tieferen Saiten der Gitarre. Die Einleitung zu „Smoke On The Water" ist das wohl bekannteste Gitarren-Riff.

Sept-Akkord Ein Dreiklang, dem eine weitere kleine oder große Terz oberhalb der Quinte hinzugefügt wird. Die sechs Grundformen des Sept-Akkords sind: Dur-Sept-Akkord, Dominant-Sept-Akkord, Moll-Sept-Akkord, Moll/Dur-Sept-Akkord, verminderter Septakkord und übermäßiger Sept-Akkord.

Stimm-Mechaniken Drehbare Knöpfe mit Übersetzung, mit denen die Saiten gespannt werden. Jede Saite verfügt über eine eigene Mechanik, damit die Saiten unabhängig voneinander gestimmt werden können.

Slide Spieltechnik, bei der nur der erste Ton angeschlagen und der zweite durch Auf- oder Abwärtsrutschen auf der Saite erzeugt wird. Dabei muss der Druck des Greiffingers auf das Griffbrett erhalten bleiben, da sonst der zweite Ton nicht klingt.

Staccato Die Töne werden kürzer gespielt als ihr notierter Wert. Beim Fingerstyle-Spiel wird die Tondauer durch Verringerung des Drucks der Greiffinger verkürzt.

Synkopierung Die Betonung „schwacher" Taktschläge, um interessante Rhythmen zu erzeugen. Die schwachen Taktschläge sind der 2. und der 4. Taktschlag (im 4/4-Takt), oder die Offbeats (die Zählzeiten mit „+").

Tabulatur Stammt ursprünglich aus der Lautenmusik der Renaissance und ist eine vereinfachte Notationsform, die angibt, wo auf dem Griffbrett ein Ton gegriffen werden soll. Die Tabulatur enthält keine Angaben über die Tondauer oder die Pausen.

Tonleiter Abfolge von Tönen, die einem bestimmten Intervallschema (meist aus Ganz- und Halbtonschritten) folgt. Die meisten Tonleitern sind siebentönig wie die Durtonleiter, aber auch kürzere (die fünftönige Pentatonik) oder längere (die achttönige verminderte Tonleiter) sind möglich.

Übermäßiger Akkord Akkord aus zwei übereinandergeschichteten großen Terzen. Übermäßige Akkorde enthalten eine große Terz und eine übermäßige Quinte und sind stark dissonant, sie werden meistens als V-Akkorde eingesetzt (d.h. in einer authentischen Dur- oder Moll-Kadenz).

Umkehrung Ein Akkord, bei dem der tiefste Ton nicht der Grundton ist, sondern ein anderer Akkordton.

Verschiebbare Griff-Form Ein Riff, Arpeggio oder Intervall ohne Leersaiten, das deshalb überall auf dem Hals gespielt werden kann. Verschiebbare Pattern sind beim sogenannten Transponieren (in eine andere Tonart übertragen) äußerst nützlich.

Verminderter Akkord Akkord aus zwei übereinandergeschichteten kleinen Terzen. Verminderte Akkorde enthalten eine kleine Terz und eine verminderte Quinte und sind stark dissonant, sie werden meistens als Durchgangs-Akkorde oder zur Erzeugung von Spannung eingesetzt.

Vorschlag Ein Vorschlag hat keinen eigenen Zeitwert und wird möglichst kurz vor dem Hauptton mit einem Hammer-on, Pull-off oder Slide gespielt. In traditioneller Notation werden Vorschläge kleiner und normalerweise mit durchgestrichenem Hals gedruckt; in der Tabulatur sind sie meist kleingedruckt.

Index

Schräggedruckte Seitenzahl-Angaben beziehen sich auf Abbildungen von Personen.

Danksagungen

Quarto Publishing möchte sich bei den folgenden Agenturen für das freundliche Überlassen von Bildmaterial für dieses Buch bedanken:

pp. 13, 19, 93, 135, 140, 149, 152, 155, 171, 173 Getty Images
pp. 79, 103, 121 Rex Features
p. 126 Corbis

Ausserdem bedanken wir uns bei:

p. 97 copyright © 2010 SONY MUSIC ENTERTAINMENT
p. 98 Geffen Records
p. 109bl Laserlight
pp. 109, 127, 153 A&M Records
p. 141 Country Stars; Polygram Int'l